살아서, 살아서
행복하라

초판 1쇄 인쇄일 2015년 07월 30일
초판 1쇄 발행일 2015년 08월 05일

지은이 실천미학(심경섭)
펴낸이 김양수
편집·디자인 곽세진

펴낸곳 돌셈 맑은샘
출판등록 제2012-000035
주소 경기도 고양시 일산서구 중앙로 1456 604호(주엽동 18-2)
대표전화 031.906.5006   팩스 031.906.5079
이메일 okbook1234@naver.com
홈페이지 www.booksam.co.kr

ISBN 979-11-5778-060-0 (03190)

「이 도서의 국립중앙도서관 출판시도서목록(CIP)은 서지정보유통지원
시스템 홈페이지(http://seoji.nl.go.kr)와 국가자료공동목록시스템
(http://www.nl.go.kr/kolisnet)에서 이용하실 수 있습니다.(CIP
제어번호: CIP2015020988)」

HO'O PONO PONO

평온하고 풍요하고
행복한 일상으로 인생을 꾸려 가는 방식과
그와 반대되는 삶,
그 사이에 얼마나 많은 갈림길이 있는지를 모르고
길을 나선다는 것은
언제 돌아올지 모르는
긴 방랑을 시작하는 것과 같습니다.

당신은 본래
풍요의 인자를 품고
선한 영혼을 지닌
무엇이든지 가능한 신성이었습니다.

신성의 삶이란
본래를 회복해 가는 신비한 여정입니다.

머리말

삶의
진리가 진리일 수 있으려면
그것은 삶이 증명할 수 있어야 하는 것,
그 이야기를 당신에게 들려 드립니다.

온 세상이 새로운 세기를 앞두고 저마다 희망과 축복으로 들떠 있었던 1999년의 마지막 날에도, 모두의 희망과 소원을 실은 21세기호가 첫 출항을 한 2000년의 첫날에도, 그리고 21세기의 첫 설날에도, 저는 사랑하는 사람들과 함께일 수 없는 곳에서 고향을 향해 큰절을 하며 눈물을 삼켰습니다.

무릎을 꿇고 부모님이 계신 쪽을 향하여 절을 올린 저는 하얀 눈밭에서 일어서지 못했습니다. 어린 아들이 보고 싶었습니다. 부모 앞에도, 자식 앞에도 떳떳하게 나설 수 없는 처지였지만, 어쩌면 그래서 더 사무치게 그리웠을지도 모르지만, 자식으로서도, 가장으로서도, 아빠로서도 완벽하게 실패한 제가 할 수 있는 것이라고는 참는 것밖에 없었습니다.

"나는 왜 여기에 와 있는가? 부모님은 왜 나로 인하여 고통을 겪어야 하는가? 내 아들은 자신의 의지와 상관없이 왜 이런 아픈 경험을 해야 하는가? 도대체 운명이란 무엇인가? 산다는 것은 무엇인가? 인생이라는 것이 왜 내 뜻대로 잘 살아지지 않는 것인가?"

지금도 가끔은 그렇지만, 그 시절에 저는 '스스로 묻고 사색하기'로 밤잠을 설치는 날이 부지기수였습니다. 배우기로는 착한 사람, 공부 잘한 사람, 열심히 일한 사람, 이런 사람들은 잘살아야 하고 행복해야 당연한 건데, 그렇지가 않은 세상은 혼란과 고뇌의 밤을 있게 했습니다.

다시 세상에 나와, 인터넷상에 '마음 씻기'라는 제목으로 글을 연재하면서 운명, 공간 에너지, 마음, 수행 등에 관해 상담하였고, 여러 가지 영성 기법들을 인생에 대입해 보았습니다. 새로운 의문들이 생겨났고, 매일 사색과 고뇌의 시간을 보내야 했습니다. 여러 사람의 인생을 살피고 함께 고민하면서 말이지요.

공부를 아주 잘하여 1등을 놓치지 않았던 사람, 법 없이도 나쁜 짓 절대 하지 않을 만한 사람, 독실한 신앙생활을 하는 사람, 새벽부터 밤늦게까지 정말 열심히 일하는 사람, 특별한 비밀과 같은 다양한 방법들을 시도하는 사람, 이런 사람들의 인생은 잘 풀리고 수월해야 하는 것 아닌가 하는 의문들, 그리고 지지리도 공부를 못했던 사람, 법이 있어도 나쁜 짓을 일삼는 사람, 아무 종교도 믿지 않고 심지어 신을 인정하지 않는 사람, 대충대충 일하는 사람, 특별한 비법을 모르는 사람, 이런 사람들의 인생은 뭔가 뒤처져야 옳은 것 아닌가 하는 의문에 대한 사색과 연구가 거의 일상이 되었습니다.

지식의 힘, 기도의 힘, 노력의 힘, 수행의 힘, 방법의 힘, 마음의 힘 등 이보다 더 강한 힘이 우리의 인생에 관여하고 있음을 알게 되었습니다. 그것이 당연한 진리임을 이해하고 인정하게 되었습니다. 그것이 우주의 방식임을 알게 되었습니다. 그리고 지식, 기도, 노력, 수행, 방법, 수단, 도구, 마음의 힘 등도 우주의 방식에 근거하여 기능하고 있음을 알게 되었습니다.

인생이라는 것이 기도로, 지식으로, 노력으로, 수행으로, 방법으로, 마음으로 다 바뀔 수 있는 것이라면 인간 세상은 이미 오래전에 낙원이 되어 있어야 했고, 그렇게 쉬운 것이 인생이라면 그토록 많은 종교, 그렇게 많은 비법은 애초에 필요하지 않았을 것이며, 빈곤이나 질병으로 고통받는 인생은 이미 사라졌어야 했습니다.

사람들은 지금 이 시각에도 하나의 방법론이 만능인 것처럼 착각하고, 만병통치약이라도 얻은 것처럼 의기양양해 합니다. 하지만 단언컨대 그것은 그다지 바람직하지 않습니다. 삶이라는 것은 고정된 매뉴얼대로 펼쳐지는 것이 아니기 때문입니다. 수많은 비밀과 한량없는 요인들을 기초 자료로 하여 변화하는 속성을 지니고 있으니까요.

진실은 이렇습니다. 인간에게 만능의 방법이나 만병통치약은 결코 주어지지 않습니다. 하지만 원하는 삶에 최대한 근접해 갈 수 있는 삶의 방식은 있습니다. 그 이야기를 하겠습니다.

지금보다 더 나은 인생이 될 수 있는, 존재가 지향해야 할 '행복한 삶'에 대한 이야기를 하겠습니다. 위대한 방법 중 하나인 것이 분명한, 호오포노포노를 어떻게 사용하여야 당신의 인생이 원하는 방향으로 흘러갈 수 있는지에 대한 진실을 이야기하겠습니다. 사랑합니다.

- 실천미학 -

차례

들어가는 글

영혼의 충고를 행동으로 풀어내는 것, 그것이 정화입니다. 영혼의 한숨을 잠재우는 것, 그것이 정화의 기쁨입니다. 그 모든 것들이 우리의 인생 안에서 이뤄지도록, 그런 오늘을 살아가기를 우리는 함께 시도해 보기로 합니다. 삶이란, 내 영혼과 내 마음과 내 몸이 함께하는 신성한 작업임을 우리는 기억하기로 합니다.

"인생은 살아 숨 쉬는 생명체와 같아서 언제나 유동적이다. 그러므로 인생을 위해 시도하는 모든 방법은 '살아있는 방법'이어야 하고, 길잡이는 그에 알맞은 방법을 권해야 한다."

수많은 사람의 인생과 운명을 들여다보면서 얻은 결론입니다. 많은 사람이 추상적이고 형이상학적인 언어의 유희에 놀아나고 있는 것을 보게 될 때마다 참으로 미안하고 안타깝습니다.
우주 안의 모든 현상은 나름의 고유한 '운동성'에 의해 일어납니다. 우주 안의 모든 존재는 운동성에 의해 존재합니다. 모든 진리와 방법들은 특정한 운동성입니다. 몸, 뇌, 마음, 생각, 감정, 의식, 무의식, 잠재의식 등 인간을 이루고 있는 모든 구성 요소는 운동성으로 유지됩니다. 우리의 인생은 운동성에 의해 펼쳐집니다.

뜨거운 여름이 차가운 겨울로 변하는 것은 '우주의 운동성'입니다. 괜찮은 인생이 곤란한 인생으로 변하는 것은, 혹은 그 반대 경우도 어떠한 운동성에 의한 것입니다.

운동성의 특징은 무엇일까요? '고정됨이 없다'입니다. 그래서 인생은 늘 '무상'한 것입니다. 무상이라 함은 일정하지 않다는 뜻입니다. 인생은 고정됨이 없이 늘 변합니다. 그러므로 곤란함에서 빠져나오는 것, 부자가 되는 것, 성공하는 것 등 어떠한 목적을 이루기 위해 당신이 하려고 하는 방법은, 그것이 무엇이든 운동성을 고려해서 선택해야 합니다.

추상적이고 실체가 없는데도 아주 멋진 말로 그럴싸하게 포장하여 세상에 내놓은 방법들로 적지 않은 사람들의 인생이 혼란을 겪고 있습니다. 방법이라고 하는 것은 그 말이 중요한 것이 아니라, 그 작용력이 중요합니다. 또한, 그 작용력에 대하여 정확히 이해하는 것이 중요하지요.

당신은 기도에 의지할 수도 있고, 어떤 단체에서 권하는 특정한 실천법에 의지할 수도 있습니다. 당신이 어떤 방법에 의지하든 그것은 당신의 몫입니다. 물론 결과 또한 당신의 몫이지요. 다만 강조하고 싶은 것은, 인생은 고정된 기기의 작용이 아니라는 점입니다. 살아서 꿈틀거리는, 어디로 튈지 모르는 생명력을 지니고 있는 것이 인생입니다. 그렇다면 방법 또한 그래야겠지요. 당신의 인생 안에서 호오포노포노는 살아있는 방식으로 사용되어야 합니다.

이 책은 영혼이, 마음이, 인생이 아플 때 그 아픔을 치유하는 약이 되며, 정신적으로 물질적으로 성장을 가능하게 하는 성장 촉진제입니다. 당신은 하루에 한 알씩 꾸준히 복용하기만 하면 되는 것이지요. 이 책은 행복 캡슐입니다.

인생에 대하여, 당신은 작가이며, 당신의 현재는 당신의 손으로 빚어내는 당신의 작품입니다. 한 생각이 강하게 계속해서 일어나면 행동으로 표출됩니다. 그러나 어떤 생각에 대해 감정이 거부하면 그것은 행동으로 일으켜지지 않습니다.

'생각함'이라는 내면의 활동에는 저마다 일정한 패턴이 형성되고, 그것은 그 사람만의 '생각하는 기능의 습관'으로 굳어집니다. 또한, 어떤 현상에 대한 감정의 반응도 사람마다 일정한 패턴이 형성되고, 그 패턴의 반복은 '느끼고 반응하는 기능의 습관'으로 굳어집니다.

어떤 생각에 대하여 감정이 좋은 반응을 하면 그것은 행동으로 표출될 확률이 높아지고, 행동이 진행되는 동안 감정에 좋은 자극이 주어지면 우리는 그것을 다시 경험하고 싶어 합니다. 하나의 습관은 그렇게 만들어집니다. 그 습관의 지시대로 하루를 살고, 한 달을 살고, 일 년을 살아내기를 거듭할 때, 그것은 인생이 되고 운명이 됩니다.

당신의 현재는 곧, 당신이 습관적으로 했던 생각, 습관적으로 일으켰던 감정, 습관적으로 했던 행동이 만들어 낸 것입니다. 삶을 바꾸기 위한 답은 뜻밖에 간단합니다. 만약 당신의 현재가 고달프다면 당신이 오래도록 잘못된 삶의 방식으로 살아왔다는 것입니다. 그러므로 답은 당신이 하루하루를 보내는 패턴을 바꾸면 됩니다.

당신은 어떤 생각으로 하루를 보내고 있습니까?
당신은 어떤 마음으로 하루를 보내고 있습니까?

살아서, 살아서 행복하라

당신은 어떤 감정으로 하루를 보내고 있습니까?

당신은 어떤 언행으로 하루를 보내고 있습니까?

당신의 삶이 오랜 고단함에 시달리고 있다면, 잘못된 삶의 방식이 오래도록 이어지고 있다는 것을 의미합니다. 누차 강조하지만, 그냥 열심히 하루를 보내는 것은 정답이 아닙니다. 무릇 이렇습니다. 잘못된 길을 가는 것은 삶에 있어서 매우 위험합니다. 잘못된 길을 잘못된 방식으로 가는 것은 더욱 위험합니다. 잘못된 길을 잘못된 방식으로 아주 열심히 가는 것은 눈을 감고 불구덩이 속으로 빠르게 들어가는 것과 같습니다.

당신은 혹시 잘못된 길을 잘못된 방식으로 아주 열심히 달려온 것은 아닌지요? 당신이 하루하루를 보내는 패턴을 바꾸면 당신의 삶은 분명히 바뀝니다. 삶의 방식을 바꾸십시오! 지금은 결단을 내려야 할 때입니다. 지금은 당신의 강한 의지가 발휘되어야 할 때입니다.

결단을 내리십시오!

강한 의지를 발동하십시오!

강한 에너지를 일으키십시오!

그리고 그것을 매일 생각하고 매일 느끼고 매일 행동에 담으십시오! 삶은 바뀝니다. 당신의 삶은 분명히 바뀝니다. 가난함에서 부유함으로, 곤란함에서 편안함으로, 슬픔에서 기쁨으로, 불행에서 행복으로, 안됨에서 잘됨으로, 서서히 그러나 꾸준하게 변화할 것입니다.

할 수 있습니다. 당신은 분명히 할 수 있습니다. 당신은 아직 제대로 해 본적이 없으므로, 자신이 얼마나 많은 것들을 이루어 낼 수 있는지 정확하게 알지 못할 뿐입니다. 마음을 고요히 하십시오. 그리고 지금까지의 삶의 방식을 하나도 빠짐없이 기록해 보십시오. 어떤 생각을 하며 하루를 보내고, 어떤 감정 속에 하루를 보내고, 어떤 마음으로 하루를 보내고, 어떤 행동으로 하루를 보내는지, 밥 먹을 때는 어떻게 먹는지, TV 볼 때는 어떤 자세로 보는지, 길을 걸을 때는 어떤 얼굴, 어떤 자세로 걷는지, 사람을 대할 때는 어떤지, 인사할 때 표정은 어떤지, 인사할 때 말투는 어떤지, 일에 대해서 어떤 감정이 이는지, 일에 대해서 어떤 생각이 드는지, 일하러 갈 때 마음 상태는 어떤지, 상사의 지시를 받을 때는 어떤지, 동료와 대화할 때는 어떤지, 어떤 때 짜증이 나는지, 어떤 때 기분이 나쁜지, 해야 할 것들을 얼마나 잘 실천하고 있는지, 평소 차 안의 상태는 어떤지, 평소 책상의 상태는 어떤지, 술을 마신다면 일주일에 몇 번을 마시는지, 술을 마실 때 어떻게 마시는지, 술을 마실 때의 습관은 무엇인지, 심지어 화장실에서는 어떤지… 더 많이 열거해 볼까요? 더 세세히 알려드려야 할까요?

당신의 일상을 낱낱이 파헤쳐 보십시오. 그 시간이 얼마이든, 노트 한 권으로 모자란다 할지라도 당신은 해야 합니다. 삶의 방식을 바꾸려면 먼저 어떻게 삶에 임하고 있는지부터 상세하게 알아보기 바랍니다.

귀찮습니까? 좀 더 한가한 시간에 하고 싶습니까? 평일에는 바쁘니 휴일에 하고 싶습니까? 휴가철이니 휴가 다녀와서 하고 싶습니까? 오늘은 친구와 약속이 있으니 내일부터 하고 싶습니까? 머리로 생각해 보니 대충 어떻게 살아왔는지 알 것 같습니까? 글을 읽는 동안에 벌써 답이 나왔습니까? 만약 당신이 지금 그런 생각을 하고 있다면, 단언하건대 당신은 실패자의 삶을 살아갈 확률이 대단히 높은 사람입니다.

살아서, 살아서 행복하라

삶이 잘 풀리지 않는다면 고쳐야 할 것 또한 그만큼 많고 견고하다는 것을 의미하며, 그것은 곧 당신이 그만큼 견뎌내야 한다는 것을 의미합니다. 삶은 결코 쉽게 변하지 않습니다. 삶이라는 것은 대충대충 해낼 수 있는 것이 절대 아닙니다. 당신은 늘 말합니다. 잘 살고 싶다고. 그러나 당신은 잘살기 위해서 뼈를 깎는 고통은 참아낼 마음이 없었습니다.

당신은 늘 현실이 마음에 들지 않습니다. 당신은 언제나 자신의 현재 모습이 마음에 들지 않습니다. 그러나 그것이 다였습니다. 현실이 마음에 들지도 않으면서 어제의 방식대로 오늘을 살고, 현재의 내가 마음에 들지도 않으면서 어제의 생각, 어제의 습관, 어제의 마음, 어제의 감정을 당신은 버리지 못하였습니다.

"잘 살고 싶다!", "나를 바꾸고 싶다!", "인생을 바꾸고 싶다!" 날마다 이런 마음입니다. 하지만 오늘을 사는 패턴은 어제와 다를 것이 없습니다. 그렇게 주어진 시간은 허무하고 빠르게 과거 속으로 사라져 갑니다. 당신은 당신의 나태함보다는 훨씬 빠르게 인생의 종착역에 도착하겠지요.

각오하십시오! 선택하고 결정하십시오! 매일 실천하십시오! 그리고 그것을 멈추지 마십시오! 어제처럼 대충대충 살다가 초라하게 인생의 종착역에 다다를 것인지, 뼈를 깎는 고통이 따를지라도 삶을 바꿀 것인지, 언제나 선택은 당신의 몫이며, 실천 또한 당신의 몫입니다. 그리고 그 결과 또한 당신의 몫입니다. 영광스럽거나, 비참하거나.

하나의 조언을 더 드린다면 '아무것도 선택하지 않음'도 선택이며, '아무 결단도 하지 않음'도 결단이며, '아무 행동도 하지 않음'도 행동이라는 사실입니다. 하지만 당신은 그렇게 살기 위해 당신 어머니의 배에 참기 힘든 고통을 주며 이 세상에 온 것이 아니었습니다.

정화하세요! 못난 인생에 익숙해져 버린 당신의 모든 것을 정화하세요! 당신은 그렇게 살아서는 안 되는 귀한 존재입니다. 당신은 풍요해야 합니다. 당신은 행복해야 합니다. 풍요하세요. 행복하세요. 반드시 그런 삶을 살아가세요. 그리고 당신의 풍요와 당신의 행복을 세상에 베푸세요. 당신은 더욱 풍요해지고 더욱 행복해질 것입니다. 당신의 풍요와 행복을 응원합니다.

제1장

호오포노포노

내 안의
무엇이 이것을 있게 한 것입니까,
신성이여
그것이 무엇이든
모두
정화하고 교정하고 재배치되기를 바랍니다.

미안합니다
용서하세요
고맙습니다
사랑합니다

우리는 모두 우주의 자녀, 빛의 존재입니다.

당연한 사랑,
당연한 진리,
당연한 풍요,
당연한 기쁨,
당연한 행복,

당신이 누려 마땅한 가치들이
당신의 인생에 늘 함께할 것을 축복합니다.

우주는 당신을 창조했으니
당신은 '행복창조자'로서 삶을 잘 해내기 바랍니다.

햇볕이 창문으로 들어와 방에 온기를 있게 하듯이,
호오포노포노가 인생에 들어와,
존재의 어둠을 밝게 하고,
영혼의 겨울을 녹이는 따스한 햇볕이 되기를 바랍니다.

호오포노포노를 있게 한 인물들

행복한 인생을 창조하는 진짜 이야기를 하기에 앞서, 호오포노포노에 관해 학습하는 게 좋을 듯싶습니다. 이 부분은 조 바이텔과 이하레아카라 휴 렌의 책 《호오포노포노의 비밀》에 실려 있는 내용을 토대로 하고, 호오포노포노의 논리를 바탕으로 이야기를 전개합니다. 호오포노포노에 대해 있는 그대로 전해드리는 것이 호오포노포노에 대한 예의일 것이기 때문입니다. 당신이 호오포노포노에 대해 아주 잘 알고 있다면 이 부분은 건너뛰어도 좋습니다. 먼저 호오포노포노가 세상에 나오게 한 인물들을 살펴보겠습니다.

모르나 날라마쿠 시메오나(Morrnah Nalamaku Simeona)

1913년 하와이 호놀룰루에서 카후나(주술사)의 딸로 태어난 모르나 여사는,

세 살 때 카후나 치유법을 전수받았으며, 하와이인들이 옛날부터 문제를 해결하는 방식으로 사용한 호오포노포노를 현대화하는 업적을 이루었습니다.

그녀는 회개와 용서, 사랑과 감사를 주요 수단으로 하는 호오포노포노를 미국의 12개 주에 널리 알렸으며, 독일과 네덜란드, 스위스, 프랑스, 러시아, 일본 등 유럽과 아시아 국가에도 방문하여 호오포노포노를 전파하였습니다.

또한 하와이 대학교와 존스 홉킨스 대학교, 국제 연합과 세계 보건 기구, 국제 평화 회의, 인디언 전통 의학회 등 수많은 대학과 국제기구에 초청받아 호오포노포노를 전파하였지요.

이하레아카라 휴 렌(Ihaleakala Hew Len)

하와이에서 태어난 심리학자 휴 렌 박사는 1982년 모르나 여사의 주술적 호오포노포노 치유 기술을 배우고, 이를 적용하여 하와이 주립 병원에서 중증 정신 장애로 입원한 환자 30여 명을 치료하면서 놀라운 경험을 합니다.

나중에 조 바이텔 박사를 만나면서 호오포노포노를 세상에 본격적으로 알리는 일에 동참하지요.

조 바이텔(Joe Vitale)

인터넷 마케팅 회사 ㈜힙노틱 마케팅 대표이자 베스트셀러 작가입니다. 온라인 마케팅 업계의 대부로 불리는 조 바이텔은 영화〈시크릿〉에도 출연하는 등 다양한 분야에서 활발한 활동을 펼치면서, 휴 렌 박사와 함께《호오포노포노의 비밀》이란 제목의 책을 출간하여 호오포노포노를 세상에 알렸습니다.

호오포노포노에 대해서 공부하기 전에 하나의 제안을 합니다. 다음의 문구를 조용히 소리 내서 읽어 보시기 바랍니다.

살아서, 살아서 행복하라

"미안합니다 용서하세요. 고맙습니다. 사랑합니다"

호오포노포노 관점으로 보는 개념 정리

호오포노포노에서 사용되는 개념을 정리해 보겠습니다. 여기의 개념들은 호오포노포노의 관점에서 정리한 것이므로 사전적 의미와는 조금 다를 수도 있습니다.

1. 사랑해

'사랑해' 라는 말의 위력은 굳이 설명하지 않아도 이미 당신이 충분히 알고 있을 것입니다. 호오포노포노에서는 '사랑해' 라는 말을 정화 언어 도구로 사용합니다. 즉, '사랑해' 라는 말은 내면을 청소하는 도구로 활용됩니다.

당신의 삶이 어떠한 문제를 겪고 있다면 그것은 부정적 기억의 재생입니다. 마음속으로 조용히 말해 보세요.

'이 문제를 있게 한 기억들아, 사랑해. 너희들과 나 모두를 자유롭게 할 기회를 줘서 고마워.'

'사랑해', '사랑합니다.' 라는 말은 몇 번이고 반복해도 지나치지 않습니다. 당신이 기억을 내쫓지 않는 이상 기억은 떠나지 않습니다. '사랑해' 는 그것을 가능하게 합니다. '사랑해' 는 시간과 장소, 상황과 관계없이 평소에 자주 사용하면 좋습니다.

2. 고마워

이 말 역시 정화 언어 도구입니다. '사랑해' 와 함께 사용해도 좋고 '고마

워' 만 사용해도 좋습니다. '고마워', '감사합니다.' 라는 말도 자주 사용할수
록 좋습니다. 정화의 기능을 하는 말입니다.

3. 블루 솔라 워터

호오포노포노에서는 물을 충분히 마시는 것도 기억을 삭제하는 데 굉장
히 도움이 된다고 주장하며, 블루 솔라 워터를 만들어 마시기를 권합니다. 블
루 솔라 워터 역시 무의식 안에서 재생되는 기억을 무로 변환시킵니다.

파란색의 유리병에 물을 담아 코르크 마개나 비닐로 병의 입구를 막은 후
에 태양의 빛이나 백열등의 빛을 한 시간 이상 쏘여 주면 그 빛이 유리병을
통과하면서 물의 성질이 긍정적으로 변하는데, 그 물을 블루 솔라 워터라고
부릅니다. 이 글을 읽고 성질 급한 당신은 당장 블루 솔라 워터를 만들려는
시도를 하고 싶겠지만 우선 참기를 권합니다.

4. 자아

우리가 합리적인 판단을 할 수 있도록 하는 자기 주체성입니다. 신성, 초의
식, 의식, 무의식으로 구성되어 있으며, 신성의 반응인 공과 무한에 기초하고
있다는 것이 호오포노포노의 설명입니다.

5. 신성

무한하며, 자기 주체성과 영감을 창조하며, 기억을 공^空으로 변환시키는 기
능을 하는 것이 호오포노포노에서의 신성입니다.

6. 초의식

의식과 무의식을 감독하고 있으며, 초의식의 역할은 의식이 호오포노포노를 사용하여 창조주에게 부탁하는 것을 시작하면, 그것을 검토하여 다시 알맞게 변형시켜서 신성에게 보내는 것입니다. 무의식 안에서 재생되는 기억에 영향을 받지 않으며, 신성시되는 창조주와 하나 되는 가장 높은 차원의 의식으로 정의되는 것이 호오포노포노에서의 초의식입니다.

7. 의식

선택의 능력을 지니고 있습니다. 무의식과 의식이 기억들을 경험하도록 명령하는 역할도 하지만, 호오포노포노의 끊임없는 실천을 통해 기억들을 풀어버릴 수도 있습니다.

8. 무의식

창조의 시작부터 모인 기억의 저장고입니다. 기억이나 영감의 재생이 이루어지는 경험의 장소입니다. 또 호오포노포노에서는 문제가 기억의 반응으로 존재하는 곳이라고 설명합니다.

9. 무

공空입니다. 자아와 우주의 근원입니다. 신성과 무한으로부터 영감이 솟아오르는 장소입니다. 호오포노포노는 무의식 안에서 기억들이 재생하면 변위된다고 말하고 있습니다.

10. 무한

호오포노포노에서의 '무한'은 말 그대로 한계가 없는 무한한 신성입니다.

영감을 있게 하는 힘이며, 영감은 덧없는 장미처럼 무한으로부터 공으로 흘러 들어 기억의 가시들을 제거해 버린다고 호오포노포노는 주장합니다.

11. 영감

무한한 신성의 창조물이며 공으로부터 무의식 속으로 나타난다고 호오포 노포는 말합니다.

12. 기억

무의식 안에 기록되는 과거의 경험입니다. 어떤 계기에 따라 기억은 과거의 경험을 재생하는 역할을 하며, 기억은 호오포노포노에서 가장 중요한 개념입니다.

13. 문제

호오포노포노에서는 삶에서 일어나는 모든 문제가 무의식 속에서 반복하여 재생되는 과거의 경험이며 기억이라고 주장합니다.

14. 경험

우리가 경험하는 모든 것은 무의식 안에서 일어나는 기억의 재생 혹은 영감의 결과일 뿐이라는 것이 호오포노포노적 관점입니다.

15. 운영 체계

모든 운영 체계는 공, 영감, 기억과 함께 자아를 움직이고 있다고 호오포노포는 말합니다.

살아서, 살아서 행복하라

16. 회개

'기억을 무無로 바꾸어 달라'고 하는 의식으로부터의 신성에 대한 청원입니다. 회개를 시작하면 모든 문제는 무의식 속에서 기억이 재생된 것임을 의식이 자각하며, 회개는 호오포노포노 과정의 맨 처음입니다.

17. 용서

호오포노포노에서의 용서의 개념은 의식적인 마음이 무의식 속의 기억을 '무로 바꾸어 달라'고 하는 의식으로부터의 신성에 대한 청원입니다. 의식은 언제든 신성에게 용서를 구할 수도 있다는 것이 호오포노포노적 관점입니다.

18. 변형

무언가를 변형시키는 것은 오직 신성을 통해서만 일어나고, 무의식 속의 기억을 중화시켜 무로 풀어 놓는 것은 신성의 변형을 통해서만 이루어진다는 것이 호오포노포노의 논리입니다.

19. 부富

흔히 알고 있는 물질적 개념의 부가 아니라, 호오포노포노에서의 부는 자기주체성의 의미를 지닙니다.

20. 빈곤

호오포노포노에서는 현실에서의 빈곤을 내면의 자리를 차지하고 있는 궁핍한 기억들의 결과로 봅니다. 빈곤은 신성의 지혜가 무의식 속으로 들어가 영감이 솟아나는 것을 방해합니다.

호오포노포노란 무엇인가

믿기지 않을 정도로 쉬운 호오포노포노는 '말의 힘'에 의지하는 실천법입니다. 우리가 흔히 알고 있는 주문처럼 호오포노포노에서는 "미안합니다. 용서하세요. 고맙습니다. 사랑합니다."라는 네 마디를 정화 작용을 하라는 주문으로 시도합니다.

이 네 마디는 아주 간단하고 단순합니다. 하지만 이 말들이 우리의 삶에 미치는 영향력이 얼마나 대단한지는 이미 세상 사람들이 다 아는 이야기입니다. 그러나 안타깝게도 호오포노포노를 자신의 삶에 제대로 적용할 줄 아는 이들은 뜻밖에 많지 않으며, 호오포노포노를 잘못 이해하거나 잘못 수용하거나 잘못 사용하는 이들이 적지 않습니다.

'호오'는 하와이 말로 '원인'이란 뜻이고, '포노포노'는 '완벽함'을 뜻하는데, 호오포노포노는 문제 해결의 과정이며, 그 모든 과정은 우리의 내면에서 이루어진다고 보는 것이 호오포노포노의 견해입니다. 즉, 내면이 바뀌면 외부 현실이 바뀐다고 보는 것이 호오포노포노입니다.

호오포노포노는 '바로잡다.' 혹은 '오류를 수정하다'라는 뜻을 지니고 있으며, 호오포노포노의 핵심은 '사랑'입니다. 미용고사(미안합니다 용서하세요. 고맙습니다. 사랑합니다)를 정화 언어로 하여, 우리 내면에 쌓여 있는 부정적인 에너지들을 밖으로 내보내는 과정을 통해서, 원하는 결과를 창조할 수 있도록 하는 것이 호오포노포노의 방식이며 의도입니다.

고대 하와이인들은, 인생에서의 갖가지 오류는 과거의 고통스러운 기억들에서 비롯된다고 믿었습니다. 즉, 인생에서 경험하는 모든 일은 기억이 재생되는 것으로 확정합니다. 그러므로 호오포노포노는 부정적인 기억들을 정화하고 나면 인생이 정화된다고 말합니다. 기억을 다 지우고 나면 뭐가 남을까요? 바로 '무無'이죠. 호오포노포노에서는 이를 '제로 상태'라고 말하며, 이 과정을 '정화한다.'라고 정의합니다.

좀 더 요약하여 정리해 보면,

우리가 경험하는 모든 일은 우리 안의 기억들이 만들어내는 것인데, 과거의 상처들로 인하여 생성된 부정적 기억들이 우리 인생에서 겪고 싶지 않은 고통의 경험들을 있게 한다. 만약 우리가 우리 안의 기억들을 모두 지워 제로 상태가 된다면 새로운 인생을 경험하게 된다. 기억을 지우는 도구는 바로 '미용고사'이다.

이것이 호오포노포노의 주장이며 핵심이자 전부입니다.

모든 일은 내 안에서 비롯되는 것이라는 주장에 따라, 호오포노포노에서는 '정화는 나로부터 시작된다'고 정의합니다.

또한 모든 일은 내 안에서 비롯되기 때문에 당연히 모든 책임은 전적으로 나에게 있다는 전제를 합니다. 자신의 인생에서 일어나는 모든 일은 그것이 무엇이든 자신의 책임으로 하며, 그것은 타인의 일이라 해도 그렇습니다. 예를 들어 당신 가족 중 누군가에게 좋지 않은 일이 생겼다면, 그 원인과 책임이 당신에게 있다고 가정하며, 그러므로 당신의 내면이 정화되어야 그 일이 해결된다는 것이 호오포노포노의 논리입니다.

하고 싶지 않은 고통스러운 경험들을 현실에서 있게 하는 것은, 우리 안의 고통스러운 생각들, 기억들이며, 호오포노포노는 그것을 오류의 에너지라고 정의합니다. 이 오류의 에너지들을 방출하는 방법으로 호오포노포노에서는 '미용고사'를 제안합니다. 즉, 모든 일은 내 책임이라는 마음을 가지며, 끊임 없이 "미안합니다 용서하세요. 고맙습니다. 사랑합니다"를 되뇌는 것이지요. 물론 이때 "사랑합니다."라는 말을 되풀이하는 것으로 사용해도 무방합니다.

어떠한 문제가 발생하면 호오포노포노는 그것을 시련이 아니라 기회로 정의합니다. 왜냐하면, 그 문제는 과거에 대한 부정적 기억들이 재생되는 것으로써, 과거에 대한 부정적 기억을 정화하면 그 문제는 자연히 해결된다고 보기 때문이지요. 그러므로 문제를 사랑의 눈으로 보고 행동을 다르게 할 기회를 얻는 것이라고 해석할 수 있습니다.

우리는 신성이 우리를 위해 올바른 결정을 내릴 것을 믿어야 한다고, 내 안을 청소하면 밖에서 원하는 결실을 얻을 수 있다고, 우리의 내면에는 무한대가 있으며, 마음속의 무한대를 믿는 순간, 진짜 기적이 찾아온다고 믿는 것이 호오포노포노입니다.

당신이 호오포노포노와 더 친해질 수 있도록, 당신에게 호오포노포노에 관한 이야기를 좀 더 들려드리겠습니다.

조 바이텔 박사가 처음에 호오포노포노에 대해서 알기 위해 휴 렌 박사와 메일을 주고받았는데, 휴 렌 박사가 조 바이텔 박사에게 보내는 편지 내용을 요약해 보면,

블루 솔라 워터를 마시면 무의식 속에서 되풀이되며 문제를 일으키는 기억들을 변화시킬 수 있답니다. 문제는 내 무의식 속에서 재생되는 기억입니다. 나는 사람들과 일하면서 언제나 내 무의식 속에서 인식, 생각, 반응으로 되풀이되는 기억들을 변화시켜 달라고 신성에게 간청하고 있습니다.

신성과 함께하면 내 무의식 속에서 기억들이 변화되고, 이것은 다시 모든 이들의 무의식 속 기억들도 변화시킵니다.

기억들을 우리의 무의식 속에서 해방시키기 위한 것입니다. 호오포노포노의 가장 큰 목표는 자아를 재충전해서 신성에서 비롯한 지혜의 자연스러운 리듬을 회복하는 것입니다. 그렇게 본래의 리듬을 재구축했을 때 제로의 문이 열리고 영혼은 영감으로 충만해집니다.

휴 렌 박사는 하와이 주립 종합 병원에서 3년 동안 일을 했는데, 정신병을 앓는 범죄자들을 수용한 그 병동은 위험한 곳이어서 의사들은 한 달을 못 버티고 그만두기 일쑤였습니다. 하지만 몇 달이 지나자 범죄자들도 직원들도 변했습니다.

조 바이텔 박사가 물었습니다.

"어떻게 그들을 변화시킨 겁니까?"

그러자 휴 렌 박사가 대답하기를,

"내가 그들과 공유한 부분을 정화한 것뿐입니다."

내가 온 세상의 창조자이기 때문에 그들을 변화시키려면 나 자신부터 변해야 한다고 말하는 그에게 어떻게 치유했느냐고 물으니까 휴 렌 박사는 다음과 같은 대답을 내놓았습니다.

"그 환자들의 기록을 보면서 그냥 '미안합니다' 와 '사랑합니다.' 라는 말만 하고 또 계속했습니다."

"나 자신을 사랑하는 것이 나 자신을 개선하는 최선의 방법이며, 나 자신을 개선하면 내 세상을 개선할 수 있습니다."

"나와 내 환자에게 문제를 유발하는 내 안의 그릇된 생각들에 대해 미안하게 생각하고 용서를 구합니다."

그의 말을 풀이해 보면,

심리 치료사가 참회하고 용서를 빈 데 대한 반응으로 사랑은 그릇된 생각들을 변화시키기 시작합니다. 이것은 영적인 교정 과정의 첫 단계로서, 사랑이 문제를 일으키고 분노와 두려움, 화, 비난, 혹은 혼란을 야기했던 그릇된 감정들을 중화합니다. 그다음 단계로 중화된 에너지들을 생각 밖으로 몰아내면 마음이 텅 비면서 진정한 자유의 상태로 남겨지고, 텅 빈 마음은 다시 사랑으로 채워집니다. 그러므로 무슨 문제가 생길 때면,

"내 안의 무엇이 이 문제를 일으키는 걸까?"
"어떻게 하면 이 문제를 바로잡을 수 있을까?"

자신에게 물으라고 그는 말합니다.

휴 렌 박사의 설명에 의하면, 다음과 같습니다.

"모르나는 호오포노포노를 현대화하면서 자아의 세 가지 요소를 포함시켰습니다. 우니히필리(아이, 무의식), 우하네(어머니, 의식), 아우마쿠아(아버지, 초의식), 이 세 자아는 모든 물질의 분자 속에 존재합니다. 이 '내면의 가족'이 조화를 이룰 때 사람은 신성과 조화를 이루고, 인생이 순조롭게 풀립니다. 따라서 개인의 균형을 회복하는 것이 우선이고 모든 창조물은 그다음 일입니다."

휴 렌 박사의 말을 좀 더 살펴보겠습니다.

"호오포노포노는 정말 단순합니다. 고대 하와이인들은 모든 문제가 생각에서 비롯된다고 믿었습니다."

"사랑을 주면 변화가 일어납니다. 모든 것은 생각에서부터 시작되며 가장 위대한 치유자는 사랑입니다."

"외부에 존재하는 것은 없습니다. 모두 내 안에 있습니다. 우리가 무엇을 정화하든 그 경험은 우리 내면에서 일어납니다."

"신성은 관리인이 아닙니다. 뭔가를 달라고 요구하지 마세요. 그냥 정화하세요."

"그것은 무의식속에서 솟아납니다. 내가 그것을 정화하지 않는 한 계속해서 그곳에 머무를 것입니다."

"마음이 제로에 있을 때 창조가 일어납니다. 제로 상태에서는 모든 것이 가능합니다."

"누군가와 분쟁이 생겼다면 그건 그 사람 때문이 아닙니다. 기억이 활동하는 거죠. 우리가 상대하는 건 그 기억입니다. 우리는 바로 그 기억과 싸우고 있는 겁니다. 그 사람이 아니죠."

"한계가 없는 제로 상태에 이르기 위해서는 상상을 초월할 정도로 많은 정화 작업을 반복해야 합니다."

"무작정 억누르기보다는 기억을 사랑하세요. 기억이 사라지고 신성만이 남을 때까지 말입니다."

'호오포노포노'의 공동 저지인 조 바이텔의 말도 엿들어 보도록 하겠습니다. 조 바이텔은 '돈의 비밀'이란 주제로 세미나를 여는 장소에서,

"투명한 사람은 얼마든지 돈을 벌 수 있으며, 빈털터리라면 그것은 그 사람이 투명하지 않다는 증거죠. 즉, 기억은 돈을 쫓아냅니다. 돈에 대해 투명하다면 그걸 가질 수 있지요. 우리가 돈을 받아들인다면 우주가 돈을 줍니다. 기억이 중간에서 그걸 막거나 보지 못하도록 방해하는 겁니다."

누군가 묻습니다.
"어떻게 해야 투명해지요?"
조 바이텔이 답합니다.
"계속 '사랑합니다.'라고 말하세요."
이어서 조 바이텔이 다시 말합니다.
"하지만 뭔가를 얻기 위해 하지는 마세요."
"무엇을 말하느냐가 아니라 어떤 마음이냐에 따라 얻는 것이 달라집니다."

이번에는 호오포노포노식 정화 방법을 알아보겠습니다.
정화 방법은 간단합니다.

'사랑합니다', '미안합니다', '용서해주세요', '고맙습니다'

이 네 가지 말을 신성에게 끊임없이 전하는 것이지요. 이 네 가지 말이 호오포노포노를 대표하는 정화 도구입니다. 이 네 가지 말을 함으로써 정화할 수 있다고 호오포노포노는 주장합니다. 예를 들면,

"나의 내면의 무엇이 허리 통증으로 나타났을까. 그것이 무엇이든 사랑합니다. 미안합니다. 용서해 주세요. 고맙습니다."

"미안합니다. 외부의 문제로 나타난 내 안의 문제가 무엇이든 용서해 주세요. 사랑합니다. 미안합니다. 용서해 주세요. 고맙습니다."

"내 안의 무엇이 이 문제를 만들어 내고 있는 것입니까? 신성이여, 미안합니다. 용서해 주세요. 고맙습니다. 사랑합니다."

즉, 자신의 어떠한 문제에 대해서 내 안의 신성에게 끊없이 도움을 청하는 것입니다.

"사랑합니다. 미안합니다. 용서해 주세요. 고맙습니다."

타인의 일에 대해서도 우리는 정화할 수 있습니다. 이때 중요한 것은 타인의 일도 나의 책임이라는 전제에서 출발한다는 점입니다. 내 안의 잘못된 무언가가 타인의 경험으로 나타났을 뿐이라는 발상인 것이지요.

"내 안의 무엇이 저 사람의 슬픈 일로 나타난 것입니까. 신성이여, 그것이 무엇이든 용서를 바랍니다. 사랑합니다. 미안합니다. 용서해 주세요. 고맙습니다."

그리고 또 하나의 강력한 정화 방법으로는, 모르나의 기도문입니다.

- 모르나 기도문

"아버지와 어머니, 자식이 하나로 존재하는 신성한 창조주여.
만일 내가, 내 가족이, 내 피붙이가, 내 조상이,
당신과 당신 가족, 피붙이 조상에게,
태초부터 현재까지
생각으로 말로 행동으로 상처를 주었다면 부디 용서를 바랍니다.
모든 암울한 기억과 장애물, 불안들을 씻어내고 정화하고 해방하여
이 원치 않는 에너지들을 순결한 빛으로 변형하소서!
이제 됐습니다. 사랑합니다. 감사합니다."

모르나 기도문의 요지는 이렇습니다. 모든 책임은 나에게 있으니, 용서를 구함으로써 치유의 길을 튼다는 것, 우리의 행복에 걸림돌이 되는 것은 다름 아닌 '사랑의 결핍'이었다는 것, 용서는 회복의 문을 열어주는 열쇠라는 것입니다.

모든 정화에 있어서 가장 확실한 방법은 '사랑합니다.'라는 말과 함께하는 것, 이것이 치유의 문을 여는 열쇠라고 호오포노포노에서는 주장합니다.

살아서, 살아서 행복하라

우리 일생의 의무는 싫든 좋든 내 인생에 들어온 모든 것에게 '사랑한다'고 말하는 것이며, 그것은 모든 것을 살아 있는 것으로 여기는 것에서 출발합니다.

모르나 기도문은 필요에 따라 반복해서 독송합니다. 예를 들어 안 좋은 일이 있을 때, 마음이 불편할 때, 답답할 때, 두려울 때 등 모든 상황에 사용할 수 있습니다.

호오포노포노의 원칙에 대해서 알아보겠습니다.

원칙1. 무슨 일이 벌어지는지 우리는 전혀 모른다.
원칙2. 우리는 모든 것을 할 수 없다.
원칙3. 어떤 일이든 치유할 수 있다.
원칙4. 자신이 겪는 모든 경험은 전적으로 본인 책임이다.
원칙5. '사랑합니다' 는 무한대로 이르는 티켓이다.
원칙6. 영감은 의지보다 중요하다.

지금까지 우리는 호오포노포노에 대해서 살펴보았습니다.

인간의 행동은 의식적이든 무의식적이든 자신의 '앎을 바탕으로' 하여 행해집니다. 앎은 인간의 선택과 행동에 대하여 절대적 기준점 역할을 합니다. 인간은 자신이 알고 있는 것에 의해 선택과 행동을 결정합니다. 인생에 대해 연구하다 보면, 행동과 선택의 부분을 고민하지 않을 수 없는데, 이를 좀 더 깊이 파고 들어가면, 결국 앎의 부분이 굉장히 중요한 문제로 대두됩니다.

그런데 이 '안다' 라고 하는 것이 참 맹랑합니다. '안다' 라고 하는 것은 '이해와 수용' 이후의 일입니다. 이해하고 수용하지 않으면 인간의 앎은 성립되지 않는 것이지요. 그런데 많은 경우, 이해한다는 것이 '수박 겉핥기' 에 지나지 않는다는 점이 문제입니다. 수박의 겉모양이나 소리만 들어보고서 그 수박에 대해 이해하고 그 정보를 수용하는 것, 많은 사람의 앎이 그렇습니다. 좀 더 나은 경우는 수박을 직접 쪼개서 눈으로 확인하는 것이지만, 이 또한 수박에 대한 완전한 진실이라 할 수 없습니다.

우리가 수박에 대한 '정확한 앎' 을 얻으려면, 수박을 쪼개서 눈으로 확인하고, 직접 먹어 봐야만 합니다. 직접 맛을 보고 나서의 이해와 수용이 '수박에 대해 진짜로 아는 것' 이지요. 그런데 수박을 쪼개는 과정 이전에 이미 이해와 수용 단계가 일사천리로 진행되는 경우가 허다합니다.

우리의 선택과 행동, 그리고 인생에 오류가 많은 이유가 바로 여기에 있습니다. 세상의 수많은 진리와 가치, 그리고 삶에 관한 여러 가지 방법에 대하여 잘못 이해하고 잘못 수용하여, 선택과 행동을 있게 하는 기본 자료에서부터 오류가 시작되고 있는 것이지요.

우리가 인생에 관한 진리와 가치, 그리고 방법에 대해 제대로 이해하고 제대로 수용해 본다면 좋을 것 같습니다. 막연함으로 습득했던 정보들에 대해 속속들이 정확하게 진실을 알려고 시도하세요. 물론 호오포노포노에 대해서도 당신은 쪼개고 눈으로 보고 맛을 보는 일련의 과정을 거치는 것이 좋습니다. 사랑합니다.

제2장

삶과
호오포노포노

하염없는 존재의 여행을 하고 있는

존재 여행자,

그 영혼이

잠시 머무는

영원의 어느 한 부분

삶,

그리고 호오포노포노

우리는 모두 우주의 자녀, 빛의 존재입니다.

당연한 사랑,
당연한 진리,
당연한 풍요,
당연한 기쁨,
당연한 행복,

당신이 누려 마땅한 가치들이
당신의 인생에 늘 함께할 것을 축복합니다.

우주는 당신을 창조했으니
당신은 '행복창조자'로서 삶을 잘 해내기 바랍니다.

하염없는 존재의 여행을 하고 있는 존재 여행자,
그 영혼이 잠시 머무는 영원의 어느 한 부분
삶, 그리고 호오포노포노

삶의 절대적 재료

시간이 없는 인생은 성립 자체가 불가능합니다. 인생의 절대적인 재료는 시간입니다. 인생의 유무는 절대적으로 시간의 권한입니다. 사회적으로 시간은 돈이요, 존재적으로 시간은 생명입니다. 인생에서는 시간의 쓰임에 따라 많은 것들의 결과가 달라집니다. 시간은 많은 것을 제한하고 정의합니다.

살아있는 모든 사람에게 시간은 공평하게 주어집니다. 그러나 시간의 측면에서 본다면 모든 인생에서 공평하게 살아있는 시간이 되지는 않습니다. 시간은 누구에게나 귀하게 주어집니다. 그러나 시간이 누구에게나 귀한 가치를 획득하지는 못합니다. 시간이 주어지는 것은 똑같지만, 시간을 사용하는 방식은 사람마다 다르기 때문이지요.

시간의 기능은 모두에게 일률적이지만, 모든 인생에 시간이 똑같은 역할을 해내지는 않습니다. 사용자에 의해 시간의 효용이나 가치는 얼마든지 달라질 수 있기 때문입니다. 당신은 무無의 세계에서 유有의 공간으로 온 '시간 사용자'입니다.

삶의 또 다른 재료 욕망

욕망의 동물, 뭇 생명들 중에서 가장 고차원적 욕망을 지닌 인간, 어느 누구를 막론하고 욕망하지 않는 사람은 없습니다. 욕망하지 않음은 곧 삶의 끝을 의미합니다. 욕망은 인간을 이루고 있는 구성 요소 중 하나입니다. 본래부터 우리 안에 있는 것으로, 터부시하거나 부정해야 할 것이 아니지요.

스님들, 성직자들, 봉사자들, 수도자들, 산속 깊이 들어가 외부와 단절하고 득도에 뜻을 둔 사람들, 이들은 욕망이 없는 존재들일까요? 이들의 삶은 욕망이 사라진 삶일까요? 아닙니다. 욕망의 종류가 다를 뿐입니다. 욕망이 다르게 쓰일 뿐이지요.

욕망은 삶의 또 다른 재료입니다. 살아있다는 것은 무엇인가를 욕망하고 있다는 반증입니다. 어떤 부류의 사람들은 욕망을 나쁜 것, 나를 해치는 것, 인생을 망치는 괴물 같은 것으로 취급하지만, 욕망은 사실 좋은 것도 나쁜 것도 아닙니다. 욕망은 그저 존재의 한 구성 요소일 뿐입니다.

욕망을 어떻게 다루고, 욕망이 어디에서 어떻게 쓰임 되느냐에 따라, 그 결과에서 좋고 나쁨으로 갈라지는 것이지, 욕망 자체로는 선도 악도 아닙니다. 욕망함 보다 더 경계해야 할 것은 욕망을 나쁜 것으로 인식하는 그 마음입니다. 욕망을 더러운 것, 죄의 온상으로 규정함, 그것은 '편협'입니다.

우리는 욕망을 부정적으로 바라보는 마음의 눈부터 정화해야 합니다. 욕망에서 자유로울 수도 없으면서 욕망을 가까이해서는 안 되는 것으로 여기는 그 마음, 그 모순, 욕망의 손을 잡고 인생길을 가면서 욕망을 욕하는 그 엇갈림, 오류는 거기에서 시작이 됩니다.

욕망은 인간을 살게 하는 근원의 힘이며, 우리의 인생이 더 나은 삶, 더 행복한 삶이 될 수 있게 하는 중요한 동력입니다. 차라리 우리는 욕망을 사랑하는 편이 욕망에서 더 자유로울 수 있습니다. 다만 욕망을 잘 다루고 잘 써야 한다는 전제 조건이 따를 뿐이지요. 그것은 욕망을 무작정 억누르는 것보다 훨씬 더 안전하고, 욕망을 정화하는 것보다 더 가치 있는 일입니다. 당신은 욕망으로 욕망의 세계에 온 '욕망 사용자' 입니다.

삶, 존재의 법칙

우주의 모든 존재는 '운동성에 의해 존재함' 이 가능하고, 존재를 있게 한 맨 처음은 우주의 운동성이었습니다. 존재의 가장 기본적인 운동은 채움과 비움입니다. 모든 존재는 채움과 비움이라는 서로 다른 성격의 행위를 조화롭게 함으로써 존재할 수 있습니다. 그것은 우주 자체도 마찬가지입니다. 우주는 단 한 순간도 멈추지 않고 채움과 비움의 운동을 적절하게 조율함으로써 존재할 수 있으며 이는 절대적입니다.

채움과 비움은 삶의 법칙이며 생존의 법칙입니다. 채움과 비움은 존재함을 가능하게 하는 절대 조건이며, 채움과 비움의 균형은 존재의 건강함을 좌우합니다. 채움과 비움이 어느 한 쪽으로 치우치게 되면 반드시 탈이 나고, 만약 채움과 비움, 둘 중에 하나만을 일방적으로 계속하게 된다면, 그 존재는 존재함을 멈추게 됩니다. 당신은 채움의 존재이자 비움의 존재입니다.

삶, 기본 원리

수레가 있습니다. 그 수레는 우리의 인생을 싣고 가는 존재의 수레입니다. 수레는 두 바퀴로 굴러갑니다. 한쪽은 내면의 힘으로 구르는 바퀴, 한쪽은 외부의 힘으로 구르는 바퀴, 그러므로 우리는 내면의 힘에 관계된 무언가를 하면서, 외부의 힘인 현실적으로 해야 할 것들에도 정성을 쏟아야 합니다. 한쪽 바퀴에 가해지는 힘과 똑같은 세기의 힘이 반대쪽 바퀴에도 전달되어야 수레는 비로소 반듯하게 나아갈 수 있는 법이지요.

시크릿이나 호오포노포노 기타 비슷한 부류의 방법론에 의지하는 사람들은 대부분 내면의 힘에 관계된 바퀴에만 열심히 힘을 가해 줍니다. 다른 한쪽 바퀴에는 거의 마음을 주지 않습니다. 오류입니다. 내면의 힘이 전부라는 착각입니다. 그 수레는 제자리를 뱅뱅 돌 수밖에 없지요.

우주의 기본 원리는 상대되는 두 힘의 균등한 작용으로 운행된다는 것입니다. 우주 안의 모든 작용이 그렇습니다. 우리의 인생을 싣고 가는 존재의 수레는 한쪽 바퀴의 힘만으로 굴러갈 수 있는 게 아닙니다. 한쪽에만 힘을 가하면 수레는 제자리를 뱅뱅 돌 뿐이니까요. 이 방법 저 방법 다 써 봐도 인생이 확 나아지지 않는 이유는 바로 이것입니다. 내면의 힘으로 구르는 바퀴에만 정성을 쏟으니 반대쪽 바퀴는 꿈쩍하지 않고 수레는 제자리만 뱅뱅 도는 것이지요. 당신은 '운명 수레 운전자'입니다.

삶, 이유 그리고 목적

"당신 삶의 이유는 무엇입니까?"라고 물으면 당신은 뭐라고 대답할까요? 이 물음에 대한 대답은 사람마다 다릅니다. 누군가는 물질, 누군가는 정신,

누군가는 관계, 누군가는 성공, 누군가는 사랑, 그리고 의외로 상당한 비율을 차지하는 '글쎄' 까지, 삶에 대한 이유는 참으로 다양합니다.

세부적인 면에서 삶의 이유는 사람의 수만큼이나 다양하고 복잡합니다. 그러나 전체적이고 존재적인 큰 틀에서 삶의 이유는 모두에게 거의 동일한 의미를 지닙니다.

영원의 시간을 두고 하염없는 존재의 여행을 하는 영혼, 그 영혼이 몸을 빌려 지금의 시간, 지금의 공간에 머무르고 있는 것, 그것이 바로 삶입니다. 삶의 조건은 몸과 몸이 살아있는 시간, 그리고 몸에게 주어지는 경험, 몸에게 경험을 제공하는 공간입니다. 살아있는 몸, 살아있는 시간, 살아있는 경험, 살아있는 공간, 이 네 가지는 삶의 절대 조건입니다. 삶의 조건은 하나의 공통된 절대성을 갖게 되는데, 그것은 현재라는 시간의 가치입니다.

과거의 시간으로부터 온 우리는 미래를 향하여 가는 현재의 존재이며, 삶의 무대는 언제나 현재입니다. 우리에게는 아주 오래된 과거(전생)가 있었고, 현생에 도달하기 전의 경험에서 비롯된 과거의 일들이 있습니다. 그 일들 중에는 옳지 않았고, 나 또는 누군가에게 상처였으며, 존재계에 빚으로 남은 일들이며, 그로 말미암아 청산해야 할 존재적 채무가 있었습니다. 청산해야 할 것을 청산하는 것, 그것이 바로 현재를 향유하고 있는 모든 존재에게 주어진 삶의 이유 중 하나입니다.

우리는 미래(후생)를 향하고 있습니다. 현재의 몸에 주어진 시간은 유한하고, 그 시간이 다했을 때 우리의 몸은 현생을 종료해야 합니다. 그때가 되면 우리의 영혼은 또 다른 몸을 빌려 '또 다른 현재'를 맞이하게 되겠지요. 지금의 삶이 과거로부터 비롯되었듯이 말이지요. 현생은 늘 전생이 됩니다. 현재의 삶에서 하는 모든 행위는 훗날, 시공간을 달리하는 아주 먼 훗날로 자연스럽게 연결이 됩니다. 현생의 모든 일은 결국 후생에 책임져야 할 원인이 됩니다. 그러므로 우리는 언제나 지금을 잘 살아야 합니다. 바로 이것이 현재의 삶에 부여된 또 다른 이유입니다.

크게 이 두 가지 이유, 즉 '전생에서의 일들에 대한 책임을 지는 것'과 '후생에 책임져야 할 양을 줄이는 것'을 거듭하며, 우리의 영혼은 더 나은 존재로 성장해 가고, 더 나은 존재함을 완성해 갑니다. 그렇게 우리는 영혼의 평화와 행복을 완성해 갑니다. 더 나아지는 존재함, 바로 이것이 존재에게 주어진 삶의 이유입니다.

물질적, 정신적, 물리적, 사회적, 관계적 등에서 사람은 저마다 나름의 목적을 이루기 위해 안간힘을 쓰며 살아갑니다. 종류를 기준으로 한다면 인간은 모두 다른 목적을 지니고 있지만, 가치를 기준으로 하면 인간의 목적은 딱한 가지입니다. '행복하기'. 인간은 누구나 행복을 바라고, 각자 자신만의 방식으로 그것을 이루려고 합니다. 그러나 행복이란, 엄밀히 말해서 목적이 될수 없습니다. 행복을 목적으로 하는 순간 우리는 이미 행복과 정반대의 길을 가게 되기 때문입니다. 그러므로 우리는 삶의 목적 또한 '더 나은 존재로 성장'해 가는 데에 있습니다. 삶이 추구하는 궁극의 목적 또한 하염없이 존재의 여행을 하는 '영혼의 평화와 행복을 완성'해 가는 데에 있는 것이지요.

아침에 눈을 뜨면 하루가 가고, 밤에 눈을 감으면 아침이 오는 것, 가난한 사람이나 부자인 사람이나 행복한 사람이나 불행한 사람이나 하루는 그렇게 오고 그렇게 갑니다. 놀라우리만치 많은 사람이 '그냥' 살아갑니다. 눈을 떴으니 그냥 출근하고 그냥 일하며 그냥 퇴근하고, 밤이 되었으니 그냥 술을 마시고 그냥 잠을 잡니다. 누구나 막연하게 더 잘 살아야겠다는 생각은 가지고 있지만, '그냥'의 형태로 하루를 보내는 이들은 의외로 많습니다. 서글픈 일이지요. 삶을 그냥 산다는 것은 나를 있게 한 근원의 힘에게 미안한 일입니다.

삶의 이유와 목적을 마련해야 합니다. 그리고 그것을 잊지 않아야 합니다. 그것을 기준으로 하여 생각하고, 계획을 세우고, 행동해야 합니다. 오늘은 오늘로 끝나는 것이 아니라, 내일을 만드는 인생의 재료입니다. 내일은 언제나 오늘의 자식입니다. '나'는 수많은 타인과 연결된 존재입니다. 설령 '나'가 외딴곳에서 홀로 단절되어 살아간다고 하더라도 '나'는 언제나 타인과 연결된 존재입니다. 그러므로 우리는 '그냥' 살아서는 안 됩니다. 당신은 '모두와 연결된 자'입니다.

삶은 에너지의 작용

인생은 에너지 작용의 결과물입니다. 지금껏 그래 왔듯이 앞으로도 우리의 인생은 에너지 작용의 결과일 뿐입니다. 정화를 하든 안 하든 인생은 에너지 작용의 결과입니다. 우리가 호오포노포노를 아주 열정적으로 실천한다고 하여도, 우리의 인생은 언제나 정화의 결과가 아니라, 에너지 작용의 결과입니다. 호오포노포노의 작용이 우주 에너지를 비롯한 다양한 에너지 작용보다 우위에 있을 수는 없습니다. 그 에너지 작용 안에서 호오포노포노의 작용이 이루어집니다. 호오포노포노는 에너지 작용을 정화하는 것이지, 호오포노포노가 에너지 작용을 대신할 수는 없습니다. 이 점을 명확하게 구분 지어 이해해야 합니다.

모든 존재와 생명이, 모든 물체와 물체 아닌 것이, 모든 현상과 상황이, 모든 장소와 공간이, 모든 형태와 형태 아닌 것이, 그리고 우주와 신까지, 모두는 언제나 에너지로 상호 영향권 안에서 존재하고, 서로 에너지 교류 중이며, 서로 에너지로 작용을 합니다.

호오포노포노를 한다는 것은 그 작용에 긍정적 변화를 주자는 것입니다. 가장 맑은 작용, 가장 밝은 작용, 가장 자연스러운 작용, 가장 원하는 대로의 작용을 말이지요. 호오포노포노는 맑고 밝은 에너지를 생산하는 실천법입니다. 당신은 '실천가'여야 옳습니다.

삶은 설정의 결과

인간은 자신의 내면에 설정되어 있는 자료를 바탕으로 하여 생각을 일으키고 행동합니다. '공부는 필요한 것'이라는 세팅이 공부를 하게 만들고, '돈은 많아야 좋은 것'이라는 세팅이 돈을 버는 행위를 일으키고, '호오포노포노는 ~ 것'이라는 세팅이 우리를 호오포노포노에 의지하게 만듭니다. 이렇듯 자신의 내면에 무엇이 어떻게 설정되어 있느냐가 생각과 행동을 좌우합니다. 그것이 곧 삶이 됩니다. 내 안에 무엇이 어떻게 설정되어 있는가를 진지하게 물어야 할 이유입니다. 당신은 하나의 시스템입니다.

삶, '앎'이 아니라 '함의 작용'

우리가 가장 쉽게 저지르는 실수가 '앎'에 대한 믿음입니다. 어떠한 방법을 알게 되면 저절로 문제가 해결되고, 원하는 것들이 저절로 이루어지고, 저절로 돈이 들어오고, 저절로 삶이 나아질 것으로 믿습니다.

살아서, 살아서 행복하라

정보에 대하여 머리로 이해하고 고개를 끄덕일 때, 우리의 가슴은 삶에 대한 희망으로 차오르며, "이제 됐어", "이제 다 잘 될 거야"라는 기대와 확신을 하게 됩니다. 그러나 시간이 흐르면 흐를수록 삶은 우리에게 '여전히 곤란한 중'임을 확인시켜 줍니다.

왜 그럴까요? 삶은 왜 여전히 변화가 없을까요? '앎'에 머물렀기 때문입니다. 안다는 것은 준비의 단계이지, 결과의 단계가 아닙니다. 앎이 밖으로 튕겨나와 '쓰임'이 되었을 때, 비로소 그 정보는 현상이 될 힘을 얻게 되며, 앎이 지속되었을 때, 문제는 해결되고 원하는 것들이 손에 들어오며, 삶의 질이 향상될 수 있습니다.

무엇이 중요할까요? 무엇이 우리 삶에 변화를 가져오게 할까요? 앎에 머무르지 않고, '함'을 거듭하게 될 때 우리의 삶은 순조로워지고, 풍요로워지며, 성장을 하고 변화합니다. 그동안 즐거왔던 앎에 의지하는 방식을 이제는 버려야 합니다. 앎에 대한 믿음에서 '함에 대한 믿음'으로 전환해야 합니다. 아는 것이 힘이 아니라, '하는 것이 힘'입니다. 앎이 기적을 낳는 것이 아니라, 함이 기적을 낳습니다.

앎이 앎으로만 머물면 도리어 우리의 인생을 멍들게 할 수도 있습니다. 앎에 머무르는 방식은 우리를 주저하게 하고, 게으르고 미루게 하며, 할 바를 하지 않게 하기 때문입니다. 앎을 뛰어넘어야 합니다. 앎에 인생을 거는 방식을 과감하게 버리고, 함에 우리의 인생을 걸어야 합니다. 우리는 정화해야 합니다. 앎에 의존했던 안일한 방식부터 정화해야 합니다. 호오포노포노가 우리의 인생에서 가장 먼저 해야 할 일은 바로 그것입니다.

무언가에 대해서 지식으로 아는 것과 느낌으로, 체험으로, 실천으로 아는 것은 결코 같지 않습니다. 행복에 기여하는 공로로 봤을 때, 지식으로 아는 것은 그다지 큰 역할을 하지 못한다는 것을 삶이 거듭될수록 우리는 확인하게 됩니다.

지식으로 아는 것은 필요한 순간보다 언제나 늦고, 절실한 순간에는 생각조차 나지 않는 경우가 더 많습니다. 엄밀히 말하면 지식으로 아는 것은 온전한 앎이 아닌 것이지요. 지식이 체험을 통해 무의식까지 녹아들었을 때, 비로소 우리는 그 지식을 '안다' 라고 할 수 있습니다. 그래야 일상에서 제대로 쓰임이 될 수 있습니다.

지식이 지혜로 승화되고, 지식이 영감을 깨우면, 그것은 인생에 결정적 역할을 하게 됩니다. 우리가 할 일은 분명합니다. 앎에 의존하는 삶에서 빠져나오는 것. 그것은 해야 할 것을 함으로써 가능해집니다. 지식이 아니라, 지식을 섭렵하고 '함' 을 잘 해내는 나에게 의존하는 삶, 그 전환을 위한 호오포노포노를 해야 합니다. 당신은 '함' 으로 존재합니다.

삶은 상반된 기운이 돌고 도는 것

봄을 받았을 때, 그 봄을 잘 써야 겨울을 잘 보낼 수 있고, 겨울을 받았을 때, 그 겨울을 잘 소화해내야 봄이 오기가 쉬워지는 것인데, 많은 사람들이 좋은 것이 왔을 때는 그저 취해서 허투루 써 버리고, 나쁜 것이 왔을 때는 너무나 쉽게 절망해 버립니다.

인생이란 좋음과 나쁨이 서로 갈마들며 전개되고, 좋음과 나쁨은 별개가 아니라 서로 깊은 영향을 주고받는 유기적인 형태로 인생에 나타납니다. 그러므로 우리는 좋음은 잘 쓰고, 나쁨은 무리 없이 소화해 내기를 잘해야 하며, 그것은 존재한에 대한 각성과 감정에 대한 정화로 가능합니다.

우리는 가끔 물어야 합니다. "나는 어떤 의미로 현생을 얻은 것인가?" 이러한 물음의 거듭됨이 존재함에 대한 각성의 차원을 높여 갑니다. 또한 되도록 마음을 자주 청정한 환경에 두는 것도 좋습니다. 고요한 상태를 자주 경험하면 감정은 절로 정화됩니다. 그러는 중에 우리는 받은 것을 잘 쓰는, 나쁜 것을 잘 소화해내는 지혜로운 사람이 되어 갑니다. 당신은 받는 자, 쓰는 자, 주는 자입니다.

반드시 나타나는 방해꾼, 그리고 나

인생길. 큰돈을 벌고, 성공도 하면서, 건강하고 행복한 인생길을 가고 싶습니다. 우리는 얼마든지 그럴 수 있는 사람들입니다. 도중에 방해를 받지 않거나, 방해를 받는다고 해도 그것을 뛰어넘을 수만 있다면 말이지요.

인생길에는 도처에 방해 요인이 숨어 있기 마련입니다. 그것은 어느 인생에서나 다르지 않습니다. 울퉁불퉁하거나 웅덩이가 있거나 질척거림이 있는 것은 어느 인생길이나 마찬가지입니다. 다만 장애 요인을 만나는 우리의 태도와 방식이 다를 뿐이지요. 바로 그 차이가 인생의 성공과 실패를 가르고, 인생에서의 차등을 있게 합니다.

방해꾼을 만났을 때 우리는 '잘하는 정화'를 해야 합니다. 이때 잘하는 정화란 장애를 만난 상황이 아니라, '장애 앞에 서 있는 나'를 정화하는 것입니다. 장애물 앞에서 나약해지고 도망치려는 비겁함을 먼저 정화해야 하는 것이지요. 용기는 상황을 반전시키는 승자의 성품입니다.

인생에는 필연적으로 방해자가 나타나기 마련이지만, 인생에 있어서 나를 가장 많이 방해하는 것은 바로 '나' 입니다. 나를 가장 괴롭히는 것도 나이며, 나를 가장 가난하게 만드는 것도 나이며, 나를 가장 나답지 못하게 하는 것도 나이며, 나를 유혹에 약하게 만드는 것도 나이며, 나를 가장 불행하게 만드는 것도 나이며, 세상에서 내가 가장 무서워하고 가장 두려워하며 가장 경계해야 할 자는 언제나 나입니다. 가장 강력하고 가장 무서운 방해꾼은 언제나 나 자신입니다.

인생에서는 언제나 그렇습니다. 나의 게으름이, 나의 나약함이, 나의 나태함이, 나의 비겁함이, 나의 우유부단함이, 나의 오염 됨이, 나의 부정됨이 언제나 내 인생의 가장 강력한 훼방꾼이 됩니다. 내가 내 안의 좋은 것들의 기를 죽이지 않아야 인생이 건강하고 행복할 수 있습니다. 그러므로 우리는 언제나 나를 정화하기로 합니다. 장애 앞에서 주먹을 불끈 쥘 수 있는 용기가 우리에게는 필요합니다. 당신은 '스스로 방해하는 자' 입니다.

빌미는 자신이 제공하는 것

인생이 있는 곳, 그 외부에는 항상 다음과 같은 '대기 상태' 가 있습니다. 행복 인자와 불행 인자가 늘 함께 서 있습니다. 그 둘은 시시때때로-우리의 인생-문을 살짝 열어 보고 안의 상황을 엿봅니다. 불행 인자와 행복 인자 둘 중 누구에게 더 어울리는 환경인지를 엿보는 거지요. 그리고 누가 들어갈 것인지를 결정합니다. 그 둘의 결정 방식은 언제나 같습니다. 들어가서 더 편안할 수 있는 인자가 들어가는 것.

풍요 인자와 빈곤 인자, 슬픔 인자와 기쁨 인자, 행운 인자와 불행 인자, 사랑 인자와 미움 인자, 인생의 문밖, 바로 그 앞에서는 언제나 서로 상반된 인자가 안의 상황을 엿보고 있으며, 무엇이 들어오든 빌미는 언제나 우리 자신이 제공합니다.

어떨까요? 우리는 어떤 인자가 더 편안할 환경을 만들고 있는 것일까요? 행복 인자가 쉽게 들어올 수 있는 환경을 만들어 주는 것, 그것이 우리가 평소에 꾸준히 해야 할 일입니다. 우리는 바로 그것을 위해 정화합니다. '평소, 그 안의 모든 것'을 우리는 정화해야 합니다. 일상의 모음, 그것을 일러 우리는 인생이라 부릅니다. 호오포노포노는 최상의 환경 조성을 위해 실행되는 실천법입니다. 당신은 '환경 관리자'입니다.

삶과 몸

사람들은 정신을 강조하며 몸은 홀대해도 되는 것으로, 몸을 아끼고 몸 건강에 신경 쓰는 것은 저차원인 것으로 여기는데, 그런 견해야말로 어리석기 짝이 없는 저차원적 사고방식입니다.

영혼이나 마음, 정신을 앞에 두고 몸은 마치 부속물인 것처럼 여기는 것은, 인간을 동물과 구분 짓고자 하는 오만에서 비롯된, 다른 생명들에 대한 존재적 권위 의식입니다. 묻고 싶습니다. 몸은 죽으면 썩어 없어지는 것이니 오직 마음을 살피라고 외치면서 몸에 좋다는 것은 왜 그렇게 서둘러 챙기는지.

인생이란 무엇입니까? 다양한 형태의 활동이 연속되는 것, 그게 바로 인생입니다. 활동은 어떻게 가능합니까? 몸의 움직임을 통하여 가능합니다. 가만히 누워서 아무것도 하지 않음은 머리나 마음도 잘해낼 수 있습니다. 그러나 일어나 움직임은 몸이 해내지 않으면 안 되는 것들이지요. 몸이 없는 인생은 있을 수가 없습니다.

삶이란 몸 따위는 제쳐놓고 마음하고 영혼이 알아서 해내는 것이 아니라, 몸이 제 기능을 함으로 마음이나 영혼이 현재에 존재할 수 있는 것입니다. 생각의 틀을 깨 보세요. 몸이 없이는 마음이나 영혼은 현생에서의 존재함이 불가능합니다.

우리는 몸을 귀하게 대하는 것부터 잘해야 합니다. 나의 몸은 나만의 것이 아닙니다. 우리는 모두 각자의 몸에 대하여 주인이 아니라 '관리인' 일 뿐입니다. 누구도 자신의 몸을 함부로 할 권리가 없다는 뜻이지요.

몸은 세상 모든 것들과 연결되어 있습니다. 시간과 공간, 우주와 자연, 생명과 비생명, 물질과 비물질… 그리하여 몸은 세상에 대하여 자극과 반응을 주고받으며 존재합니다. 몸은 단순한 고깃덩어리가 아닙니다. 머리는 편견의 지배를 받아도 몸은 언제나 공정합니다. 마음은 늘 오락가락하지만 몸은 언제나 진실합니다. 머리와 마음은 거짓말을 해도 몸은 거짓말을 하지 않습니다. 몸을 귀하게 대해야 합니다. 몸이 귀해져야 인생이 귀해지고 몸이 귀해져야 존재함이 귀하게 됩니다. 귀한 몸이 되어야 귀한 운명이 펼쳐집니다. 당신은 '몸' 입니다.

삶은 몸의 움직임

'생각만 움직임' , '마음만 움직임' , '머리만 움직임' , 많은 사람이 삶에 임하는 방식입니다. 가난하고 실패할 확률이 높은 이들이 즐겨 하는 방식이기도 하지요. 이는 살아있으나 죽은 삶입니다. '몸이 움직임' 은 소수의 사람들이 인생을 경영하는 방식입니다. 자신의 뜻을 이루고, 부를 얻은 성공자들의 공통적인 방식이기도 하고요.

마음으로 갑부를 꿈꾸고, 생각으로 숱하게 빌딩을 지었다가 부수고, 머리로 대단한 계획을 세우고, 늘 이것만 잘하는 사람은 늘 그 상태로 머물 수밖에 없습니다. 갑부가 되기 위해, 빌딩을 짓기 위해, 계획을 실현하기 위해 필요한 몸 움직임을 잘하는 사람은 언제나 어제보다 더 나은 오늘을 창조하면서 자신의 뜻을 이루어 갑니다.

원하는 것이 무엇이든 그것을 자신의 인생에 있게 하려면, 우리는 정화하기에만 의지해서는 안 됩니다. '움직임', 즉 정화하는 중에 움직임을 일으켜야 합니다. 반드시 그래야 합니다. 바라는 무엇은 바란다고 무조건 자신의 것이 되는 것이 아니라, 자신의 것이 될 수 있게 되는 조건이 부합되어야만 합니다. 그 조건을 위한 움직임을 일으켜야 합니다.

현실은 우리에게 움직일 것을 요구합니다. 돈이 부족하면 돈을 아낄 움직임과 돈을 벌 움직임이, 아프면 병원에 갈 움직임과 운동할 움직임이 있어야하지요. 이처럼 삶은 우리에게 움직일 것을 요구합니다. 현실이 요구하는 움직임을 제때에 잘할 수 있는 자세가 필요합니다.

모든 신들의 마음을 훔쳐라!
그대 몸의 수고함으로.

인생은 몸이 움직인다는 것을 의미합니다. 우리는 몸을 움직입니다. 움직임은 생명력입니다. 죽은 자는 움직이지 않습니다. 움직임이 산 자의 방식입니다. 움직여야 합니다. 움직여야 좋은 에너지가 생겨나고, 움직여야 좋은 운이 들어옵니다.

정화해야 합니다. 꿈쩍하지 않으려는 자신의 부정적인 의식, 게으른 근성을 정화해야 합니다. 움직임이 없는 삶의 방식은 죽은 자의 방식입니다. 당신은 죽은 자입니까, 산 자입니까. 몸을 움직이세요. 몸 움직임은 강력한 정화입니다. 살아있다는 것은 움직인다는 것입니다. 변화는 형태와 질의 움직임을 의미합니다. 창조는 에너지의 움직임입니다. 마음에 들지 않는 지금의 삶에서, 마음에 드는 다른 삶으로 이동한다는 것의 전제 조건은 '움직임'입니다.

성공한다는 것은, 부자가 된다는 것은, 더 나은 삶으로 성장한다는 것은 모두 움직임이 절대 조건입니다. 몸 움직임을 사랑하세요. 몸 움직임을 즐겨 하세요. 몸 움직임을 감사히 행하세요. 그것이 얼마나 위대하고 가슴 벅찬 일인지는 당신의 삶이 증명합니다. 당신은 '움직여야 사는 존재'입니다.

삶과 방법론

삶이란, 나 자체의 에너지, 우주 에너지, 운명이 지니고 있는 에너지, '나'가 접하는 대상의 에너지, 그리고 나를 둘러싼 환경 에너지 등이 복잡하게 얽히고설키는 가운데 펼쳐집니다.

어떠한 방식이 누군가에게는 삶을 치유하는 약이 되고, 누군가에게는 아무런 효과가 없는 시원찮은 약이 됩니다. 심지어 누군가에게는 오히려 또 다른 아픔을 있게 하기도 하지요. 에너지로서의 인간은 제각기 다른 에너지이고, 저마다 다른 상황 속에 있으면서, 다른 상호작용을 하기 때문입니다. 이것이 똑같은 실천을 하고도 결과가 다 다른 이유입니다.

당신이 당신에게 맞지 않는 옷을 샀다면 그 옷은 당신에게 아무 소용이 없는 원단의 조합에 불과하듯이, 당신이 당신에게 맞지 않는 약을 복용한다면 그 약은 당신에게 아무 소용이 없거나 오히려 독이 됩니다. 아무리 훌륭한 방법이라 하여도 당신과 맞지 않는 방법론은 당신에게 아무 소용이 없거나 오히려 역효과를 낳게 됩니다.

우주 안에 진리는 수도 없이 많습니다. 인간 세상에 방법론은 넘치도록 많습니다. 그러나 그 모든 진리와 방법이 내게 다 옳을 수는 없습니다. 무릇 내게 맞는 방법을 내게 맞는 방식으로 실천했을 때 가장 효과적일 수 있는 것이지요. 당신은 모든 방법이 다 통할 수 있는 존재가 아닙니다.

습관이 곧 삶, 역시 움직임

습관이 곧 인생임을 논한다는 것은 이제 새삼스러울 것도 없습니다. 누구나 이미 다 아는 사실이니까요. 그래서 더욱 습관에 대한 채찍을 놓을 수가 없습니다. 알면서도 잘 안 되고 있기 때문입니다.

나쁜 습관을 가장 빨리 개선할 수 있는 방법, 나쁜 습관이 더 이상 인생을 침범하지 못하도록 보호막을 칠 수 있는 유일한 방법, 그것은 '몸 움직임' 입니다. 좋은 습관이 가장 빨리 일상에 뿌리내리게 하는 방법, 좋은 습관이 인생 안에 오래도록 머물 수 있도록 보호막을 칠 수 있는 유일한 방법, 그것도 몸 움직임입니다.

머리로 좋은 습관에 대해 아무리 많이 알아낸다 한들, 마음으로 "습관을 바꿔야 해" 아무리 다짐한들, 그것을 몸이 실행하지 않으면 아무 소용없습니다. 몸 움직임은 억지로라도 해 보는 것이 중요합니다. 몸 움직임으로 희열과 속 시원함과 보람을 맛보게 되고, 그 '맛봄' 이 거듭되면 될수록 몸 움직임을 쉽게 즐겁게 하는 사람이 됩니다.

가난하다는 이유만으로 얼마나 많은 걱정과 설움을 견뎌내고 있습니까?

돈의 농간이 아니라면 착하디착한 당신은 지금쯤 꽤 괜찮은 삶을 살고 있었을 것입니다. 그런데 왜, 왜 습관에 그리 너그러운 것입니까?

몸 움직임은 에너지를 정화시키고, 마음을 정화시키고, 의식을 정화시키고, 감정을 정화시키는 힘이 있습니다. 몸 움직임은 살아 꿈틀거리는 정화입니다. 당신의 못된 습관을 당신의 인생 안에서 퇴출시킬 수 있는 힘, 바로 당신의 몸 움직임에 있습니다. 부디 그것을 당신이 직접 체험해 볼 수 있기를 소망합니다. 당신은 '습관의 존재' 입니다.

삶, 그 작용의 고집

에너지는 하나의 방향으로 흐르기 시작하면 어지간해서는 그 흐름을 바꾸려고 하지 않습니다. 에너지의 속성 중 하나가 '가려고 하는 곳을 계속 가려고 하는 고집' 이기 때문이지요. 에너지의 이러한 속성은, 당신이 매일 정화를 하고, '수행이 삶이요, 삶이 수행인 삶' 을 지향해야 하는 이유 중 한 가지입니다.

사람들은 자신의 하루하루 행동에 대한 흐름도 쉽게 바꾸지 못하면서 오래도록 이어져 온 인생의 물줄기를 한 방에 바꾸려 합니다. 어떨까요? 뜻대로 쉽게 바뀔까요? 당신은 이미 알고 있습니다. 그것은 어지간한 노력으로 가능한 일이 아니라는 것을. 그것은 방법의 문제가 아닙니다. 에너지의 흐름에 관한 문제입니다. 거대한 흐름은 방법의 힘보다 훨씬 더 강력하고 끈질긴 면이 있습니다. 그런데 사람들은 괜찮다 싶은 '방법론' 하나를 알게 되면 금방이라도 부자가 되고, 원하는 지점까지 단숨에 다다를 줄로 압니다. 엄청난 착각이지요.

우리 눈에 보이는 모든 현상은 에너지의 작용입니다. 당신의 눈에 보이지는 않으나 당신의 감각으로 알아차릴 수 있는 모든 현상도 에너지의 작용입니다. 우리의 귀에 들려오는 모든 소식은 에너지의 작용, 그것의 결과입니다.

우리의 인생에서 우리가 경험하게 되는 모든 것은 에너지의 작용이며, 그것은 일정한 패턴이 있고, 그 패턴은 쉽사리 바뀌지 않습니다. 어떻게 해야 할까요? 하루하루 조금씩, 조금씩 방향을 트는 시도를 해야 합니다. 그리고 그 시도를 멈추지 않고 끈질기게 해야 합니다. 그랬을 때 어느 순간 원하는 인생으로 변화되어 있음을 확인할 수 있게 됩니다. 그렇게 당신은 원하는 삶을 경험할 수 있게 됩니다. 당신의 인생 안에서 당신은 한 방의 존재가 아닙니다.

자신감이 미치는 영향

자격과 자신감이 있을 때 원하는 삶이 우리 앞에 펼쳐집니다. 아무것도 하지 않은 채, 마땅히 해야 할 것을 건성으로 하면서 미안하다, 용서해라, 고맙다, 사랑한다, 수천 번을 외쳐댄들 우주와 신은 당신의 외침에 결코 응답하지 않을 것입니다.

내가 내 인생에 대하여 자신하지 못하면, 신이라 하더라도 장담할 수 없습니다. 자신감의 있고 없음은 삶의 갈림길에서 서로 다른 길을 향하게 합니다.

부자가 되고 싶습니까? 성공하고 싶습니까? 그렇다면 부자 될 자격, 성공할 자격을 갖추기 위한 노력부터 하십시오. 무슨 일이 있어도 해낼 수 있다는 자신감을 장착하는 것, 그것이 자격의 시작입니다. 그랬을 때 당신이 그토록 바라는 부자도, 성공도 당신의 인생이 될 수 있습니다. 당신은 '자신감 사용자'입니다.

삶은 그 자체로 기회

기회는 누구에게나 옵니다. 그러나 많은 사람이 자신에게는 기회가 오지 않는다고 합니다. 사실은 기회가 오지 않았던 게 아니라, 온 기회를 보지 못했고, 잡지 못했다는 것을 모르기 때문이지요.

"누구에게나 세 번의 기회는 온다", 당신도 수차례 들어 보았을 이 말은, 많은 사람에게 희망을 주기도 하지만 절망을 주기도 합니다. 인생에 오는 기회는 딱 세 번 정도라고 한정한 이 말은 희망이면서 절망입니다. 진짜로 그럴까요? 정말 인생에 기회가 세 번 올까요? 아닙니다. 기회는 여러 번 옵니다. 작은 기회는 우리의 생각보다 훨씬 더 많이 옵니다. 다만 큰 기회는 세 번 정도 오는 게 맞습니다. 기회와 관련하여 인생에는 비밀이 하나 있습니다. 작은 기회를 잘 살린 사람의 인생에만 큰 기회가 제대로 쓰일 수 있다는 것. 그러나 사람들이 모르는 인생의 진짜 비밀은 '삶이란 그 자체로 기회' 라는 것입니다. 삶은 곧 기회입니다. 살아있음은 기회입니다. 오늘이 곧 기회입니다. 인생에서 모든 오늘은 기회의 날입니다. 당신은 '기회를 품은 존재' 입니다.

삶은 실수를 포함하는 것

우리는 흔히 누구나 실수할 수 있다고 말을 합니다. 맞는 말입니다. 살아있는 모든 존재에게는 실수의 가능성이 내포되어 있습니다. 실수는 삶을 구성하는 하나의 요소입니다.

"누구나 한 번쯤은 실수할 수 있어. 괜찮아." 우리는 실수할 때마다 이 말로 위안을 삼고 실수에 대해 잊어버리기를 시도합니다. 그러나 그 전에 우리는 살피기를 먼저 해야 합니다. 정말 괜찮을 수 있는 실수인지, 정말 잊어도

살아서, 살아서 행복하라

되는 실수인지를 살펴보고 나서 어떻게 할 것인지를 결정해야 합니다.

한 번의 실수가 인생을 통째로 날려버리는 경우는 얼마든지 많습니다. 결코 괜찮을 수 없을 실수 앞에서 "누구나 한 번쯤은 실수할 수 있어. 괜찮아." 이런 허황된 말로 위안을 삼으며 그 실수를 잊어버리려 시도를 하는 것, 바로 그것이 돌이킬 수 없는 치명적인 실수가 될 수도 있음을 잊지 않아야 합니다. 가볍게 여긴 실수가 인생 전체의 흐름을 좌우할 수도 있기 때문입니다.

삶은 실수를 포함하고 있습니다. 실수에 대하여 우리는 지나치게 관대하지도, 지나치게 매몰차지도 않는 것이 좋습니다. 무엇보다 당신이 실수를 실망으로 확대시키지 않는 지혜와 용기를 지니고 있기를 바랍니다. 신도 실수를 합니다. 그리고 우리는 사람입니다. 당신은 '실수 가능한 존재'입니다.

삶은 문제를 포함한다

문제가 발생했습니다. 어떤 이는 문제를 해결하려는 현실적이고 즉각적인 시도를 합니다. 어떤 이는 해결보다는 피해를 최소화하려는 노력을 기울입니다. 전자는 긍정적인 적극성이요, 후자는 부정적인 적극성의 발현입니다. 문제 앞에서 아무것도 하지 않는 무대책보다는 매우 훌륭한 방식이지만, 후자보다는 전자의 방식이 삶을 더 성장시키는 방식입니다.

어떤 이는 피해를 최소화하려고도 하지 않고, 삶의 문제를 해결하려고도 하지 않은 채 그냥 대충대충 지냅니다. 가장 소극적인 방식입니다. 이렇듯 사람은 문제 앞에서 다양한 반응, 다양한 태도, 다양한 방식을 보여 줍니다. 당신은 어떨까요?

현실이 볼품없고 형편없습니다. 어떤 이는 긍정적인 적극성으로 변화를 시도합니다. 어떤 이는 그런대로 살 만하다며 그대로 살아갑니다. 불편한 현실 앞에서 누군가는 반드시 변화하기를 시도하고, 누군가는 대충 적응하며 살아가려 합니다. 당신은 어떻습니까?

모든 삶은 문제를 포함하고 있습니다. 어떤 삶도 문제가 전혀 없는 제로 구역에서 실현되지 않습니다. 문제를 무엇으로 보고, 문제 앞에서 무엇을 어떻게 하느냐가 중요할 뿐입니다. 당신은 문제를 포함하여 존재합니다.

연결된 존재의 연결된 삶

우주 안의 모든 것, 모든 존재는 모든 시간에 서로 에너지를 주고받는 중입니다. 더불어 우리는 모든 상황, 모든 현상과 에너지를 주고받는 중입니다. 우리는 모든 시간에 모든 것들과 연결되어 있습니다. 에너지로, 에너지의 작용으로.

당신의 삶이 그러합니다. 당신은 연결된 존재로서 당신이 아닌 것들과 연결된 삶 중에 있습니다. 당신의 인생을 개선하는 데 있어서 당신만 바라봐서는 안 되는 이유지요.

삶은 연속성을 지닌다

삶의 가장 큰 특징은 '연속성'에 있습니다. 오늘과 내일이라는 시간은 삶의 무대인 공간에서 각각 단절되는 것이 아니라 연속적으로 이어진다는 점이 우리가 오늘을 잘 살아야 하는 이유입니다.

오늘의 이야기가 내일의 이야기를 낳고, 오늘은 인因이 되어 내일의 과果로 이어져 다시 '인과'를 거듭하니 삶은 연속적으로 물고 물리면서 이어집니다. 오늘을 잘못 살았는데 내일 갑자기 잘 살 수는 없습니다. 오늘은 어제의 자식이며 내일의 어머니입니다. 오늘을 닮지 않은 내일을 낳을 수는 없습니다. 우리는 오늘 존재하기를 잘해야 합니다.

삶은 요행이 아니다

유교 경전 '중용中庸'에 "군자는 소박하게 살며 천명을 기다리고, 소인은 위험을 행하여 요행을 구한다."라는 구절이 있습니다. 요행은 하늘의 복이 아니라서 요행을 구하는 것은 위험하므로 군자는 요행을 멀리하는데 소인은 이를 몰라 요행을 구하며 스스로를 위험에 빠뜨린다는 뜻입니다.

우주 에너지는 보상의 차원으로 요행을 일으키는 것이 아니라, 잘못에 대한 책임을 묻기 위한 전초 작업으로 요행의 작용을 일으킵니다. 요행은 일종의 테스트인 셈이지요. 신은 선의의 뜻으로 요행을 만들지 않습니다. 그러므로 이해할 수 없는 뜻밖의 행운이 당신의 삶에 찾아들거든 당신은 기뻐하기보다는 경계하기를 먼저 하여야 합니다. 삶은 요행이 아닙니다. 그런데도 일부러 요행을 찾아 길을 떠나는 이들이 너무나 많습니다.

삶의 또 다른 구성 요인, 위험

바둑 격언에 '아생연후살타我生然後殺他'라는 게 있습니다. "상대를 공격하려면 먼저 자신의 안위부터 굳건히 하라"는 뜻이지요. 인생을 경영함에 있어서도 이와 같아야 합니다. '나'라는 개체가 온전하지 않고서 이룰 수 있는 것은 아무것도 없으며, 설령 이룬다 해도 의미가 없기 때문입니다.

무엇을 목적하고, 어떤 계획을 세우든지 자신을 온전하게 하는 습관을 지니고 있어야 합니다. 평소에 자신을 온전하게 하는 것, 그것은 존재에 대한 공경심이며, 나에 대한 당연한 사랑이며 자비입니다. 그러한 이유로 당신은 위험한 시간, 위험한 장소, 위험한 사람, 위험한 행동을 경계하는 게 좋습니다.

위험한 시간에는 그곳이 어디이든 위험한 장소가 될 확률이 높고, 위험한 장소에서는 위험한 사람을 만날 확률이 높으며, 위험한 사람은 위험한 행동을 할 확률이 높고, 위험한 행동은 시간과 장소에 관계없이 가장 먼저 자신을 위협하기 마련입니다.

위험은 삶을 구성하는 또 다른 요인입니다. 이는 조심을 하여도 피하기 어려울 때가 있다는 뜻입니다. 하물며 방심까지 해서야 어찌 될까요?

음식과 삶

음식은 인간이 정상적인 생명 활동을 할 수 있게 하는 기본적이면서 절대적인 조건입니다. 음식은 인간의 삶에서 다양한 역할과 기능을 담당하고 있으며, 음식과 인간의 삶에는 매우 복잡한 상관관계가 있습니다.

인간이 생을 살아가면서 누릴 수 있는 기쁨의 종류는 제한이 없지만, 기쁨의 양은 한정되어 있습니다. 그러므로 음식을 지나치게 탐하여, 음식으로부터 많은 기쁨을 누리게 된다면 다른 부분에서의 기쁨은 그만큼 줄어들게 됩니다. 이러한 이유로 소식하는 것이 이롭습니다. 음식에서 얻을 수 있는 기쁨을 줄이면 다른 부분에서의 기쁨을 늘리는 것이 가능하기 때문입니다.

당신의 인생에는 '기쁨의 총합'이 있고, 그것은 무한정하지 않습니다. 어느 부분의 기쁨을 더 많이 누릴지는 당신의 선택이지만, 풍요하고 행복한 인생을 바란다면 음식의 기쁨은 적당히 누리는 것이 좋습니다. 식탐이 지나치게 발동하는 것을 아무렇지 않게 여기지 마세요. 식탐이 강해진다는 것은 귀하고 중요한 다른 가치의 상실이 예견되고 있는 것입니다.

음식에 대하여 또 하나 중요한 것은 마음가짐입니다. 고기만이 생명이라는 선입견을 버려야 우리는 존재적 성장을 할 수 있습니다. 당신의 입으로 들어가는 모든 음식은 한때 생명이었습니다. 그러므로 당신은 음식 앞에서 경건해야 합니다. 존재함을 위해 음식을 먹는 것을 죄악이라 할 수는 없지만, 타 생명에 대한 존중심은 같은 우주의 자식으로서 마땅히 지녀야 할 성품입니다.

음식과 삶의 관계는 생물학적인 면이 다가 아닙니다. 삶의 질을 좌우하는 여러 가치에 식습관이 깊이 연관되어 있음을 이해하고 잊지 않기를 바랍니다.

삶과 소비함

살아있음과 살아감은 다양한 '소비'로 인하여 가능한 물리적 작용입니다. 시간을 소비하고, 마음을 소비하고, 몸을 소비하고, 돈을 소비하는 등 우리는 무엇인가를 소비함으로써 삶을 경험하고 있는 것이지요.

소비의 속성은 '사라짐'입니다. 소비의 기능은 필요의 충족이나 욕구의 충족입니다. 즉, 충족이 내 인생으로 들어오고, 대신에 내게 있는 무언가가 내 인생에서 사라지는 것, 그것이 소비입니다. 서래지요. 그러므로 우리는 소비를 허투루 할 수가 없습니다.

우리는 모든 순간에 소비를 하고 있습니다. 그런데 우리는 모든 순간에 이 사실을 잊은 채 소비를 합니다. 그 결과로 우리는 올바른 소비를 하지 못하며 살아갑니다.

소비에는 낭비성 소비와 투자성 소비가 있습니다. 모든 소비의 결과는 둘 중 하나입니다. 낭비와 투자. 반드시 그런 것은 아니지만 이성적 소비, 계획적 소비는 대체로 투자의 결과로 나타나고, 감정적 소비, 즉흥적 소비는 대부분 낭비의 결과로 나타납니다. 소비함에 슬기로움이 깃드는 것, 풍요하고 행복한 삶은 거기에서 출발합니다.

삶을 성장시키는 물음과 답

당신은 어떻게 해서 현재의 생을 얻게 되었을까요? 당신은 무슨 이유로 현재의 생에 다시 머물게 되었을까요? 당신의 영혼은 왜 좀 더 고차원의 세계를 선택하지 않고 고뇌로 가득 찬 이 세상에 오기를 원했을까요? 당신의 영혼은 이전의 삶에서 충분히 고통을 경험하였을 텐데도 불구하고 왜 또 이 세상을 통해 존재를 거듭하려 했을까요? 당신의 영혼이 당신 부모를 통해 당신의 몸을 빌려 이 세상을 선택한 이유는 무엇일까요?

이 존재적 물음에 대한 대답이 당신의 삶을 가로막는 장애가 되고, 당신의 삶에 문제로 나타나는 모든 것들의 이유가 되며, 당신이 살아가는 내내 정화해야 할 목록이 됩니다. 그 물음에 대한 답이 당신 삶의 숙제가 되고, 당신 운명의 잣대가 됩니다. 그 물음에 대한 답을 정화하면 당신이 고통스럽게 견뎌내고 있는 많은 어려움은 점차 해결됩니다.

많은 사람이 여러 가지 시도를 해도 삶이 크게 달라지지 않는 이유는, 그 물음에 대한 답이 해결되지 않고 있어서입니다. 이는 매우 중요한 부분입니다. 이는 여러 치유법들을 더 잘 해내려는 노력보다 훨씬 더 중요합니다. 스스로 묻고 답하는 시간을 마련해 보기 바랍니다.

"나는 왜 이 세상을 살고 있는 것일까?"
"내 영혼은 왜 이 세상에 다시 와야 했을까?"
"도대체 내 영혼은 이 세상에서 무엇을 하려는 것일까?"

그것은 당신이 자기 계발서 백 권을 읽는 것보다 훨씬 더 의미 있고 대단한 시도가 될 것입니다. 그 물음에 대한 답이 삶의 해답을 여는 열쇠가 될 수 있고, 당신은 그것을 할 수 있습니다. 당신은 영원을 사는 '존재 여행자' 입니다.

삶과 잡념

잡념은 내 영혼을 온전히 현재에 머물지 못하게 합니다. 잡념은 내 몸이 지금 해야 할 것을 못하게 합니다. 잡념은 내 감정을 여기저기 마구잡이로 끌고 다닙니다. 잡념은 내 의식이 현재에 집중하지 못하도록 합니다. 잡념은 무의식의 편에 서서 새로운 삶이 창조되는 걸 방해합니다.

잡념은 살아있으나 진정 살아있는 것이 아닌 삶 속에 나를 있게 합니다. 잡념은 몸도 마음도 지치게 만들면서 시간만 낭비하게 합니다. 잡념은 삶을 방해하고 더불어 내 안의 신성의 활동도 방해합니다.

많은 사람이 꽤 많은 시간을 잡념으로 소진합니다. 안타깝고 안쓰러운 일이지요. 잡념을 잘 다스리세요. 잡념도 방치하면 중독이 되고 습관이 됩니다. 잡념의 시간은 진정한 삶이라 할 수 없습니다.

삶, 그 절망의 순간

희망을 잃은 정신적 상태, 우리는 이것을 절망이라고 부릅니다. 도저히 답이 보이지 않는 상황, 해결의 실마리가 어디서도 찾아지지 않는 상황은 분명 절망의 조건이지만, 이 최악의 상황이 모든 사람에게 절망이 되는 것은 아닙니다.

가령, 열 명을 똑같은 시련의 시간, 똑같은 어려운 상황에 놓이게 하면 열 명이 똑같이 절망의 상태에 빠질까요? 그렇지 않습니다. 주어진 자극은 같아도 그 사람의 정신적 힘에 따라 반응은 제각각 다르게 나타납니다. 이는 절망이라고 하는 것이 사람에 따라서는 극복 가능한 상태라는 것을 의미합니다. 다만 강인한 정신력과 실천력이 요구될 뿐입니다. 절망과 희망의 차이는 딱 한 가지입니다. '조금 더 건너 보기'를, '조금 더 찾아보기'를 실행할 수 있느냐 없느냐, 거기에서 희망과 절망은 갈리게 됩니다.

삶과 직업

당신은 왜 직업을 가졌습니까? 왜 직업을 가지려 합니까? "돈을 벌기 위해서"라고 답하겠지요. 물론 우리 인생에서 직업의 1차적 역할은 돈을 끌어오는 것입니다. 그러나 직업은 단순히 돈을 버는 것, 그 이상입니다. 직업을 통한 모든 행위는 다른 사람들의 삶과 연결되고, 세상과 연결되고, 더 나아가 우주와 연결됩니다. 직업을 수단으로 하여 당신이 하는 모든 행동은-아무리 하찮은 것이라 해도- 세상에 영향을 미치게 됩니다. 당신의 직업은 당신 혼자만의 일이 아닙니다.

삶과 책

공부하고 연구하고 사색에 사색을 거듭하여 터득한 것을 몇 줄의 글로 옮겨 놓은 것, 인생에 관한, 치유에 관한, 책들은 - 진짜라면 - 그렇게 세상에 나옵니다. 압축, 그렇습니다. 수많은 생각, 수많은 사색, 수많은 연구 끝에 얻은 결론을 압축하고 압축하여 글자와 단어를 조합해 엮은 것, 진짜로 깨달은 진짜의 진리들은 그렇게 우리 곁으로 옵니다.

깨달음을 글자로 표현해 내려면 어마어마한 글자가 동원되어야 하지만, 그건 현실적으로 불가능합니다. 그래서 글자 몇 개, 단어 몇 개로 압축해서 표현할 수밖에 없는 것이지요.

그러므로 깨달음의 성격을 지닌 책은 한 번 읽기만 해서는 그 뜻을 제대로 깨닫기가 매우 어렵습니다.

특히 영적인 면을 수단으로 하는 방법론에 관한 책은 한두 번 읽어서는 저자가 알리고자 하는 뜻의 반도 얻지 못하게 되는데, 사람들은 책을 한 번 읽고 나면 다 아는 것으로 착각합니다. 그럴 수밖에 없는 것이 책이라는 게 누구나 아는 단어, 누구나 아는 글귀로 구성되어 있기 때문입니다. 그러나 엄밀히 말해서 그것은 글자를 이해하는 것뿐이지 그 글이 지니고 있는 진짜 뜻을 아는 것은 아닙니다. 거기에서 오류가 일어납니다. 글자를 이해하는 것을 뜻을 깨닫고 습득하는 것으로 여기는 것, 대부분의 사람들이 책을 대하는 방식입니다.

"삼국지를 열 번 읽은 사람과는 상대하지 말라"는 말이 있습니다. 책이란 읽으면 읽을수록 깨달음의 깊이가 다르기 때문입니다. 호오포노포노 책도 마찬가지입니다. 한 번 읽으면 다 이해가 갑니다. 그러나 그 이해라는 것이 사실은 글자에 관한 것이지 그 뜻에 관한 것이 아닙니다.

공자는 "배우고 때때로 익히니 이 얼마나 기쁜가!" 라고 하며 '앎' 에 대해서, '앎의 기쁨' 에 대해서 일갈하였습니다. 진짜 '안다' 고 하는 것은 배운 것을 수십 번 생각해 보고 연구해 본 후에라야 얻을 수 있다는 뜻이며, 그렇게 해서 얻은 기쁨이 얼마나 가슴 벅찬지를 말한 것이지요. 대성인인 공자도 하나를 배우면 그 하나를 진짜로 알기 위해서, 읽고, 읽고 또 읽기를 거듭하고, 그것에 대해서 생각하고, 생각하고 또 생각하기를 충분히 한 후에야 비로소 '안다' 고 했습니다. 그런데 평범한 우리는 단 한 번 읽고서 감히 '안다' 고 말하고, 자랑까지 합니다. 과연 우리는 진짜로 알고 있는 것일까요?

삶과 집

인간, 시간, 공간, 이 셋은 인생을 구성하는 절대 요소입니다. 인간이 시간을 만나는 것, 이는 '살아있음' 을 가능하게 합니다. 인간이 공간을 만나는 것, 이는 '살아감' 을 가능하게 합니다. 인간, 시간, 공간, 이 셋은 '에너지' 라는 공통의 속성을 지니고 있습니다. 인간이 공간에서 시간을 사용하는 것, 이것을 우리는 '인생' 이라고 부릅니다.

인간에게 시간만 주어지고 공간이 주어지지 않는다면 인생은 성립되지 않습니다. 공간은 삶의 무대입니다. 공간의 형태와 질에 따라 그곳에 머무는 인간이 달라지고, 인생이 달라집니다. 공간 중에서 우리가 가장 많이 가장 오래 머무는 곳은 집입니다. 인간은 주어진 시간 중에서 절반 가까이를 집이라는 공간에서 존재합니다. 즉, 인생의 절반은 집이라는 공간의 영향을 받는다는 것을 의미하는 것이지요. 집에 의해서도 삶은 얼마든지 달라질 수 있습니다. 당신이 당신의 집을 보살피고 정화해야 할 이유입니다.

삶, 상처 회복력

가정에서, 직장에서, 모임에서, 길거리에서, 삶의 현장 모든 곳에서, 우리는 언제든 상처를 입을 수 있습니다. 밥을 먹는 중에, 일을 하는 중에, 커피를 마시는 중에, 전화를 하는 중에, 삶의 모든 행위 중에 우리는 언제든 상처를 입을 수 있습니다.

사람이, 물건이, 장소가, 상황이, 삶과 관련된 모든 것은 언제든 우리를 상처 입게 할 수 있습니다. 사랑이, 법이, 돈이, 삶의 모든 가치는 언제든 우리에게 상처를 입힐 수 있습니다.

상처를 주고, 상처를 받고, 상처가 나고, 상처가 아물고… 상처는 바로 우리 삶의 한 단면입니다. 누군가는 가벼운 상처에도 삶이 흔들리고, 누군가는 심각한 상처에도 불구하고 삶을 더욱 굳건히 합니다. 바로 아물게 될 작은 상처를 비롯하여 인생 자체를 곤란하게 하는 큰 상처까지, 살아가면서 우리는 언제든 상처를 입을 수 있습니다.

상처는 살아가는 자가 언제든 자신의 일로 맞이할 수 있는 아픈 경험입니다. 무엇이 필요할까요? 언제든 상처받을 수 있는 우리는 언제든 회복할 수 있는 빠르고 강한 회복력을 지니고 있어야 합니다. 호오포노포노의 도움을 받으면 좀 더 수월할 수도 있겠지요.

삶과 처방

우리는 아프면 병원에 갑니다. 의사는 진찰을 하고 처방을 내립니다. 처방전은 환자의 상태에 따라 그 내용이 달라집니다. 처방전은 사람마다 다릅니다. 아픔의 종류가 사람마다 다르고, 아픔을 겪고 있는 당사자의 상태가 다르기 때문입니다. 그런데 인생이 아플 때는 왜 모든 사람이 같은 처방전에 매달릴까요?

같은 감기 환자라고 해도 의사는 처방을 다르게 내립니다. 사람마다 각기 상태가 다르고, 약을 받아들여야 할 몸 또한 다르기 때문이지요. 병으로조차 여기지 않는 흔한 감기에서도 이렇게 다른데, 하물며 인생의 아픔에서는 얼마나 다양하고 복잡한 처방전이 있어야 하는 것일까요? 그런데 왜 사람들은 똑같은 처방전에 인생을 맡기는 것일까요?

사람마다 이유가 다르고, 환경이 다르고, 정서가 다르고, 운세의 흐름이 다른데, 모든 사람이 다 똑같은 처방전에 매달리기 때문에 누군가는 효과가 있고, 누군가는 아무 효과도 없는 것입니다.

삶은 언제라도 아플 수 있습니다. 오만하거나 방심하지 않더라도 우리의 삶은 때때로 아프게 됩니다. 우리는 처방에 대해 정확히 이해하고 있어야 합니다. 치유의 시작은 올바른 처방에 있기 때문이지요.

삶과 폐

신이 자신과 같은 능력을 심어줄 수는 없다 하여, 태초에 완벽하지 못한 상태로 빚어진 우리 인간은 어쩔 수 없이 누군가에게 '폐'를 끼칠 수밖에 없는 존재입니다. 폐는 그 발생의 이유와 지속되는 시간에 따라 서로의 인생에 미치는 영향이 다릅니다.

'폐'는 남에게 끼치는 피해입니다. 남에게 괴로움을 주는 것, 남을 수고롭게 하는 것입니다. 하지 않아도 될 수고를 하게 만들고, 당하지 않아도 될 괴로움을 당하게 만드는 것이지요.

실수로 인한 폐는 대부분 순간적이고 인간적이기 때문에 그래도 큰 피해가 따르지 않습니다. 본의 아니게 끼치는 폐는 어느 정도의 이해를 구할 수 있고, 상대도 크게 무리 없이 수용할 수 있지만, 그러지 않을 수도 있는데 끼치는 폐는 자칫 상대에게 원망만 듣게 됩니다. 더구나 지속적으로 끼치는 폐는 충격을 지속적으로 가하는 것과 같아서, 서서히 상대를 병들게 하는 것과 같은 의미를 지닙니다. 좋을 리가 없지요. 서로에게 좋을 리가 없습니다.

주변을 둘러보면 신세를 자주 지거나 오래 지는 사람, 오래도록 주변 사람들에게 폐만 끼치면서 사는 사람은 대부분 가난하고 인생이 그다지 순탄치 못함을 알 수 있습니다.

폐를 끼치다 보면 인간관계의 문이 닫혀서 결국 혼자 고립되게 됩니다. 인간관계의 문이 닫힌다는 것은 돈의 문, 행운의 문, 사랑의 문, 행복의 문도 함께 닫힌다는 것을 의미합니다. 왜냐하면 돈도, 행운도, 사랑도, 행복도, 사람을 통해 들어오기 때문이지요.

지속되는 폐이거나 반복되는 폐는 결국 그 피해와 손해를 고스란히 내 인생이 감당하게 됩니다. 또한 폐는 운세를 깎아 먹는 행위입니다. 이 점을 당신은 꼭 기억하고 있어야 합니다.

삶과 일

대다수의 사람이 일을 하는 이유는 '일을 안 하기 위해서'입니다. '일을 안 하는 삶', 그것을 위해 사람들은 오늘도 부자가 되려고 안간힘을 씁니다. "얼른 돈 벌어서 일 좀 안 하고 살았으면 좋겠네" 사람들은 한숨을 쉬고 푸념하지만, 바로 이것이 풍요를 방해하고, 사랑을 방해하고, 행복을 방해합니다.

일을 안 하는 삶을 좋은 삶으로 여기기 때문에 일을 계속 할 수밖에 없는 삶이 이어지고, 일을 안 하는 삶을 살기 위해 돈을 벌기 때문에 돈이 많이 벌리지 않으며, 일을 안 하는 삶을 살려고 하기 때문에 일하는 것이 즐겁지 않고, 일을 안 하는 삶을 살려고 하기 때문에 삶이 고달프고 힘이 듭니다.

일을 안 하려고 한다는 것은 일의 개념을 부정적으로 이해하고, 일함은 힘든 것이라는 잘못된 의식 때문입니다. 만약 당신도 그러하다면 당장 그 잘못된 이해와 설정부터 바꾸는 것이 좋습니다.

성공자들을 보십시오. 그들은 일 자체를 즐거워합니다. 참 신기하게도 가난할수록 일을 억지로 하고, 부유할수록 일을 즐겁게 합니다. 가난한 사람들이 보기에 부자들은 골프나 치고 늘 편하게 노는 것처럼 보이지만, 그렇지 않습니다. 그들은 사실 굉장히 일을 좋아하고 실제 일을 많이 하며 살아갑니다. 바로 이 점이 매우 중요합니다.

일을 즐거움으로, 일하는 것을 기쁨으로 여기는 것은 좋은 에너지를 만들어내고, 일을 힘겨움으로, 일하는 것을 고통으로 여기는 것은 좋지 않은 에너지를 만들어냅니다. 에너지의 속성 중 하나인 '유사성의 원리'에 따라 좋은 에너지는 좋은 것을 끌어당기고, 나쁜 것은 나쁜 것을 끌어당기는 까닭에 일을 대하는 감정 상태에 따라 우리의 삶에 당겨져 오는 것이 달라집니다.

또 다른 측면에서 일을 바라봐도 일함은 좋은 것임이 증명됩니다. 일을 한다는 것은 움직인다는 것이고, 움직임은 살아있음의 특징입니다. 죽은 자의 가장 확실한 특징은 무엇입니까? '움직임이 없다' 입니다. 즉, 움직임이 없는 삶은 죽은 자의 형태입니다. 게으름, 나태함, 미룸 등이 나쁜 이유는 바로 이것입니다. 죽은 자의 모습이기 때문이지요. 죽은 자에게 돈이 필요한가요? 죽은 자에게 좋은 옷이, 좋은 차가, 좋은 집이 필요한가요? 죽은 자에게는 물질적인 것들이 필요치 않습니다. 그래서 죽은 자의 형태로 살아가는 사람들에게는 부자 에너지가 깃들지 않고, 물질적인 풍요함이 어려워집니다. 일은 곧 삶입니다.

삶과 잠

잠들기 30분 전부터 잠이 드는 순간까지는 되도록 고요한 상태에 있는 것이 좋습니다. 몸으로 큰 움직임이 요구하는 행동을 삼가고, 휴대폰, 텔레비전, 라디오 등 의식을 분산시키는 외부 기기를 삼가고, 술, 담배, 음식 등을 삼가는 등, 최대한 아무것도 하지 않는 것이 좋습니다. 고민, 화, 걱정 등도 내려놓아서 감정까지 고요하다면 최상입니다.

잠은 쉼의 시간, 정리의 시간입니다. 몸과 마음은 쉼에 들어가고, 뇌는 당신이 잠들어 있는 그 시간에 아주 중요한 작업을 합니다. 하루 동안에 뇌세포 속으로 들어온 수많은 정보들을 정리하고 기억들을 정리하는 시간이지요. 쉼과 정리가 제대로 되려면 잠이 들기 전에 미리 평온하고 안정된 환경을 조성해 주는 것이 좋습니다. 당신의 몸에게, 당신의 세포에게, 당신의 감정에게, 의식에게, 무의식에게 말이지요.

또한 잠에 드는 시간은 되도록 너무 늦지 않아야 좋습니다. 오늘과 내일은 서로 에너지가 다르고, 당신에게 미치는 영향력 또한 다릅니다. 오늘과 내일 사이에는 경계가 있습니다. 되도록 오늘의 경계를 넘기 전에 잠에 드는 것이 좋겠지요.

당신이 오늘의 경계를 쉼과 정리 없이 넘게 된다면 당신 안에서는 일거리가 밀리게 되고, 그것이 반복되면 오류가 발생합니다. 그리고 그 오류는 고스란히 당신의 현실로 나타나게 됩니다. 이것은 대단히 중요한 일이지만, 많은 사람들은 이러한 이치를 모른 채 새벽을 뜬눈으로 맞이하기도 합니다. 우주가 인간의 삶에 미치는 영향력은 실로 광범위하고 절대적입니다. 부디 우주 에너지와 조화를 이루는 삶의 방식을 습득하십시오. 그것은 어떤 실천법보다 위대합니다. 잠은 또 다른 삶입니다.

삶과 호오포노포노

많은 사람들이 호오포노포노만 하면 그걸로 삶이 자신의 뜻대로 바뀌는 줄로 착각하고 있습니다. 그러나 사람들이 잊고 있는 것이 있으니, 삶은 단순한 몇 가지 이유만으로 창조되는 것이 아니라는 점입니다. 삶의 변화 또한 한두 가지 방식으로 가능한 것이 아님을 사람들은 모르고 살아갑니다.

- 우주는 에너지의 작용으로 운행된다.
- 인간은 에너지다.
- 인간의 삶은 수많은 에너지의 상호작용으로 창조된다.

진실이 이와 같은데 어찌 한두 가지의 방법으로 인생의 모든 것을 다 해결할 수 있을까요? 그러한 착각에서 벗어나는 것이 먼저입니다. 무엇을 하든 이 진리에 입각해서 한다면 당신은 헛수고와 시간의 낭비와 실망을 줄일 수 있을 것입니다.

살아서, 살아서 행복하라

감정이 정의함

해야 할 것과 하지 말아야 할 것에 대해서 당신의 감정을 믿지 마세요. 당신의 머리가 아는 것을 당신이 행동으로 제대로 해냈다면 당신은 지금쯤 매우 대단한 삶 중에 있을 것입니다.

사람들은 누구나 다 알고 있습니다. 어떻게 해야 부자가 되는지, 어떻게 해야 성공하는지, 어떻게 해야 행복할 수 있는지에 대해서. 사람들은 누구나 다 알고 있습니다. 무엇을 하지 말아야 위험하지 않을 수 있는지, 무엇을 하지 말아야 사람다울 수 있는지, 무엇을 하지 말아야 제대로 사는 것인지에 대해서.

옳고 그름에 대해서, 할 것과 하지 말 것에 대해서 사람들의 머리는 정확히 알고 있습니다. 하지만 그것을 잘 해내며 사는 사람은 그리 많지 않습니다. 왜 그럴까요? 감정이 동의하지 않기 때문입니다. 인간은 감정이 동의하지 않는 일은 좀처럼 하지 않으려고 하는 어리석은 고집을 지니고 있는 동물입니다. 한 사람의 인생에 대한 정의는 대부분 감정이 내립니다.

믿음이 현상되는 것, 그것이 삶

인류가 탄생한 이래 인간은 행복한 삶과 영원한 평화에 대한 깨달음을 얻기 위하여, 그리고 굴곡진 운명을 안정시키기 위하여 부단히 노력하고 연구해 왔습니다. 그 결과 현재 우리가 존재하고 있는 이 지구별에는 헤아릴 수 없이 많은 종교와 그보다 더 많은 수행법과 실천법이 난무하고 있습니다.

과학이 아직 첨단화되지 못했던 시절에는 사람들이 알 수 있는 진리나 수행법이 그리 많지 않았습니다. 전달 매체가 그리 다양화되지 못했으니까요. 하지만 지금은 인터넷이라는 대단한 매개체로 인해 사람들은 알고자 마음만 먹으면 무엇이든지 알 수 있는 시대가 되었습니다. 덕분에 우리는 다양한 방법들을 어렵지 않게 접하게 되었습니다.

그러나 누가 알았겠습니까? 쉽게 알 수 있고 쉽게 터득해지는 만큼, 쉽게 포기되고 쉽게 다른 방법을 찾아가게 된다는 것을. 그것이 결국 삶을 좀먹는 역할을 하게 될 줄 누가 알았을까요?

사람들은 하나의 방법을 알게 되면 신이 나서 행하다가도 얼마 지나지 않아 열정이 식게 되고, 그때쯤에는 신기하게도 다른 방법이 저절로 눈에 들어오게 되는 패턴을 반복합니다. 그리고 삶은 여전히 한숨과 걱정 속에 있습니다.

몇 가지 궁금증이 생깁니다. 분명 삶을 개선할 수 있는 방법은 하나둘 늘어가건만, 고단한 삶 중에 있는 사람들의 비율은 왜 늘 그대로일까요? 그리고 사람들은 왜 방법을 찾아 이리저리 옮겨 다닐까요? 그 이유는 이렇습니다. 사람들이 이 방법, 저 방법 찾아 옮겨 다니는 것은 '나에 대한 믿음'이 절대적이지 않기 때문입니다. 또한 사람들이 행하는 위대한 방법들이 별 성과를 이루어내지 못하는 것도 나에 대한 믿음이 약하기 때문입니다.

나에 대한 믿음보다는 방법에 대한 믿음이 강하기 때문에 어떠한 방법이 금방 효과를 나타내지 않으면 금방 열정이 식게 되고 다른 방법을 찾아 나서게 됩니다. 내 인생에 대한 믿음 보다는 방법에 대한 믿음이 강하기 때문에 아무리 훌륭한 방법을 행해도 효과가 잘 나타나지 않는 것입니다.

시작부터 '이루어지기 어려운 방식'으로 출발하고 있는 것이지요. 기본은 언제나 '나에 대한 절대적인 믿음'을 전제로 하고 거기에 어떠한 방법이 대입되어야 하는 것인데, 사람들은 어떠한 방법에다 나의 삶을 대입시키는 잘못된 시도를 하고 있습니다.

살아서, 살아서 행복하라

즉, 나의 삶을 증명하기 위해 방법을 삶에 대입시키는 것이 아니라, 어떠한 방법을 증명하기 위해 나의 삶을 대입하는 잘못되는 시도를 하고 있는 것이지요.

그 이유는 믿음이 나를 향해 있는 것이 아니라 방법을 향하고 있기 때문입니다. 나를 믿어야 하는데 그렇지 못하고 방법을 믿기 때문입니다. 나에 대해서는 믿지 못하고 방법을 믿기 때문입니다. 내 인생은 믿지 못하고 방법을 믿기 때문입니다. 그래서 자꾸 방법을 쉽게 바꾸게 됩니다. 나를 굳게 믿는다면 방법이야 무엇이든 뭐 그리 대수일까요?

주체가 '나'인 것이 중요한데, 스스로 주체가 되는 것이 아니라 방법을 주체로 하여 나를 방법에 끼워 맞추는 식이 되고 맙니다. 나를 믿지 못하는데 어찌 나를 변화시키겠다는 것인지, 내 인생을 믿지 못하면서 어찌 내 인생을 나아지게 하겠다는 것인지, 참으로 의아한 일입니다.

기도를 하든, 정화를 하든, 수행을 하든, 주체는 언제나 나이고, 내가 가장 굳게 믿어야 할 것도 나이며, 내가 끝까지 믿어야 할 것도 나이며, 내 인생이어야 합니다.

"호오포노포노는 위대한 방법이니까 내가 그것을 제대로 행하기만 하면 내 삶은 확 바뀔 거야"가 아니라, "나는 맑고 강한 에너지의 소유자니까 내가 호오포노포노를 행한다면 내 삶은 훨씬 더 좋아질 거야"가 되어야 합니다. 전자는 바보인 내가 훌륭한 방법을 만나는 것이기 때문에 결과가 신통치 않고, 후자는 똑똑한 내가 훌륭한 방법을 만나는 것이기 때문에 결과가 좋을 수밖에 없습니다.

훌륭한 방법이니까 내 삶이 좋아지는 것이 아니라, '내가 그 방법을 행하니까 내 삶이 좋아지는 것'입니다. 방법론이라는 것은 나와 맞는 것이 있고,

나와 맞지 않는 것이 있게 마련이지만, 그보다 중요한 것은 '나 스스로에 대한 믿음', '내 운명에 대한 믿음' 입니다.

'나' 가 흔들림 없이 굳건해야 '나' 에게 대입되는 방법론이 효력을 발휘하는 것이지, '나' 가 흔들리고 약하면 아무리 훌륭한 방법을 대입해 본들 삶을 변화시키기란 어렵습니다.

아무리 뛰어난 명약도 그 약을 받아들이는 몸에 따라 그 효력은 달라지게 마련이듯이, 아무리 위대한 방법론도 그 방법론을 소화해야 할 '나' 가 아니고는 아무 소용없습니다.

호오포노포노가 아니면 인생의 평화는 없는 것일까요? 아닙니다. 그것은 아는 한 가지일 뿐입니다. 방법은 많습니다. 하지만 '나는 언제나 나 한 사람뿐' 입니다. 내 인생에서 '나' 는 언제나 하나입니다. 그러므로 우리는 언제나 '나' 를 믿어야 합니다. 내 인생을 믿어야 합니다. 방법이 '나' 를 바꾸는 것이 아니라, 방법을 활용해서 내가 나를 바꾸는 것입니다. 방법이 내 인생을 바꾸는 것이 아니라, 방법을 사용해서 내 인생이 내 인생을 바꾸는 것입니다.

당신의 인생에서 일어나는 그 어떤 일도 당신과 무관하게 일어날 수가 없으며, 당신의 세계에서 이루어질 수 있는 그 어떤 소원도 당신과 무관하게 이루어질 수가 없습니다. 잊지 마십시오! 당신의 세계에서는 언제나 '당신이 답' 이라는 것을. 당신의 인생에서는 언제나 당신이 답이고 '당신의 일상이 답' 입니다. 언제나 관건은 '나에 대한 굳은 믿음', '내 인생에 대한 절대적인 믿음' 이고, 그것이 가장 중요한 요소이며 비결입니다.

사람과의 거리 설정

존재적으로 사람은 사람에게 다 같은 사람이지만, 사회적으로 사람에게 사람이란 모두 같은 의미 또는 같은 가치일 수가 없습니다. 우리는 사람에 대하여 각자 다른 의미와 각자 다른 가치를 매겨야 하고, 그 결과에 따라 사람과 사람 간에는 각각 다른 거리가 설정됩니다.

사실 사람들은 자신이 알고 있는 사람들 모두를 동등한 의미, 동등한 가치로 여기지 않습니다. 그러나 많은 사람들의 경우 그것이 감정의 결정에 의해 판가름 나기 때문에 타인과의 알맞은 거리 설정 따위는 애초에 없게 됩니다. 그때그때의 기분이나 정, 혹은 다른 다양한 감정에 의존하여 가까운 사람이나 먼 사람이 시시각각 달라지지요. 그래서 늘 사람과 사람 간에는 실망과 서운함이 있게 됩니다.

사람들은 자신의 이해관계나 감정에 따라 자신이 알고 있는 사람들에 대하여 늘 다른 마음, 다른 태도, 다른 눈빛, 다른 표정, 다른 대접을 하면서 정작 '미리 거리를 설정하라' 는 이야기에는 "그러면 사람 사이가 너무 삭막해지는 거 아니냐?" 하는 딴소리를 합니다.

당신의 올바르고 상생하는 인간관계를 위해 진실로 권하건대, 당신이 알고 있는 사람이 몇이든 그들과 당신 간에는 각각 다르고 각각 알맞은 거리가 설정되어야 하고, 그것은 언제나 급하고 중요한 일이 됩니다. 사회적 관계로는 그리하는 게 좋습니다. 다만 사람을 사람으로 대하는 일을 소홀히 해서는 안 되겠지요.

삶과 우연

살다 보면 계획하지도, 전혀 예상하지도 않았던 일들을 맞이하게 됩니다. 이것을 흔히 '우연'이라고 하지요. 우연한 만남, 우연한 상황, 우연히 떠오른 생각, 우연히 가게 된 장소 등 우리는 종종 우연을 경험하게 됩니다.

계획했던 일, 의도했던 일 등이 내 안에서 밖으로 작용되는 것이라면, 우연은 외부에서 내 인생으로 들어오게 되는 제3의 작용입니다. '우연'은 나를 둘러싼 에너지의 상태를 알려주는 신호입니다. 사람들은 자주 이렇게 말합니다.

"우연히 만난 그 사람 때문에 인생이 이렇게 꼬이게 될 줄은 몰랐다", "우연히 그 사람을 만난 것이 내 인생 최고의 행운이었다", "우연히 그곳을 지나게 되었는데~", "우연히 그 생각이 떠올라서~", "우연히~"

인생에서의 큰일들은 대체로 우연이 만들어내는 경우가 많습니다. 그것이 큰 성공의 시작이든, 큰 불행의 시작이든 말이지요. 운의 흐름이 좋을 때는 우연히 일어나는 일들이 내게 좋은 작용을 합니다.

반대로 운의 흐름이 나쁠 때는 우연히 만난 친구 때문에 유흥이나 도박에 빠지기도 하고, 우연히 들른 곳에서 시비가 붙어 사고를 치기도 하고, 우연히 떠오른 생각 하나 때문에 일이 꼬이기도 하는 등 인생에 나쁜 작용을 하게 되지요.

우연을 살피는 습관을 지녀 보면 내 운세의 흐름을 어느 정도 가늠할 수 있게 되고, 당신은 그 흐름에 알맞은, 즉 순리에 맞는 삶을 살아갈 수가 있습니다. 우연의 내용이 좋지 않으면 조심하고 삼가는 방어적인 자세를 취하고,

우연의 내용이 좋으면 좀 더 공격적으로 인생을 운용할 수 있는 것이지요.

쉼도 삶이다

쉼도 삶입니다. 쉼은 더욱 잘해야 하는 중요한 삶의 시간입니다. 삶은 수행입니다. 쉼도 수행입니다. 쉼을 그저 먹고 마시고 즐기며 사용하는 것으로 착각하는 사람들이 많습니다. 아닙니다. 쉼은 또 다른 정성과 사랑을 쏟아야 하는 삶입니다.

쉼을 잘못 사용하여 인생이 곤란하게 되거나 쉼을 제대로 활용하지 못하여 더 자랄 수 있는 인생의 성장을 멈추게 하는 사람들이 많은 점은 우리 모두가 걱정해야 할 부분입니다. 쉼은 인생 밖의 일이 아닙니다. 쉼은 인생 밖의 또 다른 시간이 아니라 인생 안의 시간입니다. 쉼의 차이는 인생의 차이를 부릅니다. 당신의 쉼은 어떨까요?

운동과 운, 그리고 삶

운동은 에너지의 불균형을 바로잡고, 에너지의 흐름을 순조롭게 하며, 더불어 감정까지 안정시켜 줍니다. 몸과 마음의 에너지가 안정되고 흐름이 원활해지면 일상에서 점차 상승 흐름의 에너지가 생성됩니다.

소위 사회에서 잘나간다는 부류들의 일상을 보면 그들은 주기적으로 운동을 하고 있음을 알 수 있습니다. 그들이 잘나가서 운동을 하는 것이든, 운동을 해서 잘나가는 것이든, 그들이 운동을 주기적으로 하고 있다는 점에 주목해야 합니다. 그들은 자신들의 성공 요인을 꼽을 때, "운이 좋았다"는 말을 빼놓지 않습니다. 여기에 비밀이 한 가지 숨어 있습니다.

먼저 운동이라는 한자를 살펴볼까요? 運動(운동)은 '운수'를 뜻하는 '운' 자와 '움직임'을 뜻하는 '동' 자의 결합입니다. 動(동)은 몸을 움직이는 것이고, 運(운)은 운수입니다. 이 글자에는 우주의 이치가 담겨 있습니다. 움직임과 운은 불가분의 관계에 있으므로, 몸을 움직여 몸 에너지가 활발해지고, 균형을 이루고, 맑아지고, 순환이 잘 되면 운이 좋아진다는 진리가 담겨있는 것이지요. 운동은 몸을 움직여 운을 움직이는 효과를 얻는 높은 차원의 행위입니다. 바로 이 점 때문에 잘 나가는 이들은 운동을 필수로 하는 것입니다. 당신의 인생 프로그램에 운동의 시간이 있다면, 그리고 그것을 꾸준히 행한다면 운의 흐름에 긍정적 영향을 줄 수 있습니다.

스위치 조절에 따라 삶은 다르다

우리 인간의 삶은 몸으로 뭔가를 표현하거나 어떤 행동을 함으로써 가능해집니다. 어떤 생각을 하든, 어떤 마음을 먹든, 어떤 감정을 일으키든, 몸으로 표현되지 않고, 몸으로 행함이 없으면 우리가 누리는 모든 경험들은 정지하게 됩니다. 즉, 몸의 움직임 여하에 따라 삶은 그 질도, 그 형태도, 그 양도 달라지는 것이지요.

우리는 찰나에도 수많은 생각을 하지만, 그 생각 모두가 몸의 움직임으로 이어지지는 않습니다. 우리는 필요에 따라 여러 마음을 먹지만, 그 마음 모두가 몸의 움직임으로 나타나지는 않습니다. 우리의 감정은 시시각각 다르게 형성되지만, 그 감정이 몸을 통해 발현되는 것은 대체로 제멋대로입니다.

우리 안에는 매우 복잡하고 다양한 생각, 다양한 마음, 다양한 감정이 있으

살아서, 살아서 행복하라

며, 거기에는 언제나 밝음과 어둠, 긍정과 부정을 담당하는 정반대의 두 스위치가 있습니다. 이 스위치 중에서 어떤 스위치가 켜지느냐에 따라, 생각이, 마음이, 감정이 몸으로 발현되는 것이 달라집니다. 그러나 많은 사람들이 이 스위치를 방치하고 살아가기에 몸으로 나타나는 것이 제멋대로가 되며, 그렇기 때문에 몸이 실수를 하고, 몸이 할 바를 안 하게 되고, 몸이 가지 않아야 할 곳을 가고, 몸이 옳지 않은 무언가를 하게 됩니다. 인생의 오류는 자주 거기에서 비롯됩니다.

삶, 섣부른 판단은 금물

현재는 언제나 '흐름의 어느 한 부분'입니다. 물론 현재가 과거의 결과인 것은 분명하지만, 인생 전체적인 흐름에서 현재는 언제나 부분입니다. 부분만 보면 그것은 실패일 수도 있고, 고통일 수도 있습니다. 그러나 전체적인 관점에서 그 부분은 성장 중일 수도 있습니다.

당신의 현재가 암흑으로만, 실패로만, 고통으로만, 뜻대로 되지 않는 것으로만 느껴질 수 있지만, 사실은 잘 되고 있는 중일 수도 있습니다. 그렇다면 그것은 어떻게 구분할 수 있을까요? 당신의 뜻이 올바르고, 당신이 정말로 온 힘을 기울이고 있다면, 그리고 그것이 당신 운세의 흐름에 알맞다면, 비록 현재가 뜻대로 되지 않는 것 같아도 그것은 잘 되고 있는 중이라 확신해도 좋습니다. 현재에 대하여 감정적인 판단을 하지 않는 것, 그것은 정화할 이유를 미리 만들지 않는 또 다른 정화입니다.

삶, 권리와 의무

존재에게는 '권리와 의무'가 동일한 크기로 부여됩니다. 마음껏 먹을 권리와 먹은 만큼 싸야 하는 의무, 자연의 혜택을 마음껏 누릴 권리와 자연을 건강하게 지켜야 하는 의무, 사랑을 누릴 권리와 사랑을 베풀 의무, 월급을 받을 권리와 일할 의무 등 모든 것에 권리와 의무가 같은 무게로 주어집니다.

권리는 '당연히 누릴 수 있는 사격'입니다. 의무는 '당연히 지켜야 하는 일'입니다. 양팔저울의 한쪽에는 권리를, 다른 한쪽에는 의무를 올려두었을 때 어느 쪽으로도 치우침이 없는 삶, 그것은 우리 인간에게 숙제로 주어진 '인간의 의무'입니다. 그런데 사람들은 권리는 한없이 누리려 하면서 의무는 그 반도 하지 않으려 합니다. 자식으로서의 권리는 당연하게 여기면서, 자식으로서의 의무는 누린 권리의 반도 하지 않으려는, 심지어 그것이 당연한 것으로 아는 사람들이 있습니다. 많이 받고 적게 주는 것, 적게 주고 많이 받는 것, 이것은 '거래의 도'가 아닙니다. '거래에 대한 예의'도 아닙니다.

모든 곳에서, 모든 것에서 권리는 큰 목소리로 주장하고, 의무는 최대한 적게 하려고 하는 것은 참다운 인간의 모습이 아닙니다. 이롭지도 않지요. 권리와 의무의 실행에 대한 격차가 크면 클수록 그 삶에 오류는 빈번해지고, 행복에서 멀어지게 됩니다. 당장은 아닐지라도 그것은 분명한 진실로 확인이 됩니다. 그 인생 안에서.

삶, 그 익숙함

사람은 익숙해지면 계속하려 하고, 익숙해진 것이 사라지려고 하면 그렇게 되지 않도록 하려는 방법을 모색하게 됩니다. 익숙해진 장소에서는 계속 머무르려 하고, 익숙하지 않은 장소는 잘 가지 않으려고 합니다. 익숙함은 계속 붙들려 하고, 익숙함에 계속 머무르려 하는 것은 인간의 속성입니다.

존재는 익숙한 것을 더 많이 더 자주 하려고 합니다. 한 사람의 인생은 익숙한 것들의 결과라고도 할 수 있는 것이지요. 현재 가난하다면 가난을 부르는 것들에 더 익숙하게 살아왔다는 것을 의미하고, 잘 풀리지 않는 삶이라면 막히는 기운에 익숙해져 있었다는 것을 의미합니다.

반복적으로 행하면서 편안하고 좋은 자극을 받으면 그곳에서 '익숙함'이 형성됩니다. 일상에서 무엇에 익숙하고 무엇에 어색해 하는가는 결코 가볍게 여길 사안이 아닙니다. 그것이 곧 인생이기 때문입니다. 당신은 무엇에 익숙해 있습니까? 당신은 무엇이 어색하고, 당신을 불편하게 하는 사람이나 상황은 무엇입니까?

삶과 운

운의 가장 큰 특징은 '변한다' 입니다. 운의 또 한 가지 특징은 '쉽게 변하지 않는다' 입니다. 운은 '고정성과 유동성' 을 동시에 지니고 있습니다. 운은 운동성의 흐름입니다. 한 번 형성된 흐름은 그 흐름을 계속 유지하려는 의지를 지니게 됩니다. 하지만 조건이 충족되고 계기가 주어지면 운(흐름)은 변화합니다. 그러나 조건의 충족과 계기의 마련이 말처럼 쉬운 것이 아니라는 데에 어려움이 있습니다.

운은 인간의 삶에 형성되는 우주 에너지를 비롯한 제3의 힘입니다. 인간의 영역 밖에서 인간의 삶으로 들어오는 힘이기에 매우 강력합니다. 그래서 가장 무서운 상대는 '운이 좋은 사람' 입니다. 쉽게 변하지는 않지만 변할 수 있는 것, 그것이 운입니다. 몫은 당연히 우리 자신에게 있습니다.

삶은 응원을 필요로 한다

아무도 없는 경기장에서 하는 시합, 어떨까요? 그냥 맥이 빠지겠지요? 반면에 응원의 함성이 울려 퍼지는 경기장이라면 어떨까요? 활기가 넘칩니다. 선수들은 승부욕에 불타고, 지켜보는 이들은 선수들과 호흡을 같이합니다.

어린 유치원생도 응원을 받으면 더 잘하고 싶어 하고, 인간의 말을 배우지 못한 동물들도 응원을 받으면 더 잘하려고 애를 씁니다. 응원은 '불가능을 가능으로 바꾸는 힘'이 있습니다. 불안한 마음을 날려버릴 수 있고, 자신감을 불어넣어 주며, 원래 가지고 있던 능력보다 더 뛰어난 실력을 발휘하게 하는, 기적을 부르는 강력한 도구입니다.

응원에는 조건이 있습니다. 선수(팀)가 있고, 승부에 임하고 있어야 하는 것이지요. 세상살이에 대하여 우리는 모두 선수이며, 더 나은 삶을 목표로 향해 간다는 것은 승부에 임하고 있는 것입니다. 우리에게는 응원이 필요합니다. 응원은 실제 행위에 대한 살아있는 격려이기 때문에, 응원을 받은 사람이 더 잘하고 싶어 하는 것은 당연한 이치입니다.

'응應'은 요구에 응해 주는 것입니다. 요구에 대답하는 것입니다. 요구하는 것을 승낙해 주는 것입니다. 당신이 스스로를 응원하면 우주와 신이 당신의 요구에 응할 것이고, 답할 것이며, 승낙할 것입니다. '원援'은 원하는 것을 당기는 것입니다. 원하는 것을 구하는 것입니다. 원하는 것을 얻을 수 있게 돕는 것입니다. 당신이 스스로를 응원한다면 당신은 원하는 것을 당겨 오고, 구하고, 얻을 수 있게 스스로를 도울 것입니다.

살아서, 살아서 행복하라

타인에 대한 응원도 우리가 소홀히 할 수 없는 부분입니다. 타인에 대한 응원은 하면 할수록 내게 이롭습니다. 응원은 진짜 위로입니다. 응원은 진짜 격려입니다. 응원은 우리가 하나임을 증명하는 진짜 사랑입니다.

정신계와 물질계는 하나이면서 둘이다

역사상 정신적 깨달음을 얻은 이들은 수없이 많았으나 그들 중 물질계의 삶을 훌륭하게 살아낸 이는 그리 많지 않았습니다. 왜 그랬을까요? 사람이 공부가 되면 될수록 보이는 것이 일반인과 다릅니다. 그래서 어느 정도 공부가 되면 선택의 순간이 옵니다.

"정신계의 기쁨을 추구할 것인가, 물질계의 기쁨을 추구할 것인가"

왜 이런 선택의 순간이 올까요? 보이기 때문입니다. 정신계의 깨달음을 통해 얻게 되는 기쁨을 키워 가면 키워 갈수록 물질계의 기쁨은 줄어들고, 물질계의 기쁨을 키워 가면 키워 갈수록 정신계의 깨달음에서 오는 기쁨은 줄어든다는 것이 보이기 때문입니다. 한 손으로 두 가지 기쁨을 다 키워 갈 수는 없다는 것이 보이기 때문입니다.

그와 반대로, 역사상 크게 부자가 된 이들은 많았지만, 그들 중 정신적 깨달음을 얻은 이들은 거의 전무했습니다. 아주 어렸을 때 기인들의 삶을 이야기로 풀어낸 책에 이런 내용이 있었습니다. 정확한 문맥은 기억나지 않지만, 대충 이런 말이었습니다.

"부자를 꿈꾸는 사람이 지나치게 정신적 깨달음에 관심을 가지면 돈 귀신이 도망가는 법, 적당히 청정해지고 적당히 편하게 살든지, 크게 깨달을 작정을 했다면 부를 포기하고 살든지, 크게 부자가 되려거든 득도를 포기하든지 양단간에 결정부터 하고 오너라. 가장 어리석은 자는 돈도 많이 벌면서 신선 흉내를 내려는 너 같은 놈이다. 아느냐, 큰 깨달음도 얻고, 큰 부자도 되려는 너의 그 마음이 얼마나 오만하고 추한 것인지."

적당히 깨끗하고 적당히 부자가 될 수는 있습니다. 그러나 정신계에서 크게 깨닫고, 동시에 물질계에서 크게 부자가 되기는 쉽지 않습니다. 정신계에 사용되는 에너지와 물질계에 사용되는 에너지가 다르기 때문입니다.

손을 더럽히지 않고 큰 부자가 될 수 있는 길은 이 세상에 없습니다. 손을 더럽히지 않고 황금을 캘 수는 없기 때문입니다.

당신은 적당히 깨달음을 추구하며 적당히 부를 추구할 수 있고, 큰 깨달음을 추구하며 큰 부는 포기할 수 있으며, 큰 부를 추구하며 깨달음을 포기할 수도 있습니다. 또한 가장 안타까운 모습이지만, 당신은 계획하지도 목표하지도 행하지도 않은 채, 그냥 되는 대로 살아갈 수도 있습니다.

당신이 어느 삶을 목적으로 하든 중요한 것은 결정하고 그 결정을 충실히 이행해야 합니다. 수많은 실천법을 기웃거리면서 물질계의 변화를 이루지 못하는 사람들의 특징 중 한 가지는 어중간하다는 것입니다. 물질적으로든 정신적으로든 큰 성공자들 중에는 대체로 우유부단한 사람이 없습니다. 크게 이룸에는 결단력이 요구된다는 뜻이지요.

정신계와 물질계는 하나이면서 둘이고, 둘이면서 하나입니다. 정신계와 물질계는 연결되어 있으면서 떨어져 있고, 떨어져 있으면서 연결되어 있습니다.

살아서, 살아서 행복하라

당신은 호오포노포노를 하는 내내 이 이치를 이해하고자 노력해야 합니다.

삶과 힘

부정적인 말이 입에 배어 있는 것, 부정적인 행동을 자주 하는 것, 감정이 쉽게 어두워지고, 그 어둠이 편안하고 좋게 여겨지는 것, 표정이 늘 어두운 것, 이 모든 것의 원인은 '힘의 부족'에 있습니다. 마음의 힘이 부족하고, 몸의 힘이 부족하고, 정신의 힘이 부족하고, 사랑의 힘이 부족하기 때문에 부정적인 생각을 하고, 부정적인 행동을 하게 됩니다.

힘이 곧 정의인 것은 존재계에서 절대의 진리입니다. 착함이라고 하는 것도 힘이 없으면 실현 불가능한 가치로 전락합니다. 힘없는 착함이 정의가 되지 못하는 이유입니다. 힘없는 착함이 세상을 구하지 못하는 이유입니다. 당신의 인생에서도 다르지 않습니다. 힘을 기르세요. 마음의 힘, 몸의 힘, 정신의 힘, 사랑의 힘, 영혼의 힘, 필요한 모든 힘을 기르세요. 당신이 원하는 삶은 그 이후에 가능한 이야기입니다. 힘을 기르세요. 힘이 약하면 호오포노포노도 소용없습니다. 강한 힘을 지니고 있어야 호오포노포노의 응원이 인생에서 소용이 있게 됩니다.

"돈 내고 시크릿 강좌도 여러 번 참가해 보고, 돈 빌려서 호오포노포노 휴렌 박사 세미나도 다녀오고, 교회도 열심히 다니는데, 현실은 왜 이렇게 안 풀리나요?"

이렇게 물어오는 이들이 꽤 많습니다. 무엇이 잘못된 걸까요? 시크릿이, 호오포노포노가, 교회가 사기를 치고 있는 것일까요? 아닙니다. 그 방법들은 매우 훌륭하고 위대합니다. 다만 삶이라는 것이 어느 하나의 방법으로 다 해결될 수 있는 것이 아니고, 인생에는 매우 복잡하고 다양한 이유들이 개입하며, 그 이유 중에는 '방법 이상의 힘'으로 작용되고 있는 것들도 있기 때문입니다.

종교에 의지하거나 다른 실천법을 행하면 일단 마음은 편안해집니다. 그러나 물질계의 일은 그것만으로 쉽게 움직여지는 게 아닙니다. 정신계의 일은 수행만으로 어느 정도 가능하지만, 물질계의 일은 절대 그렇지 않습니다.

정화에 있어서도 마찬가지입니다. 정화한다는 것은, 더러웠던 도화지가 새로운 그림을 그릴 수 있도록 깨끗해진다는 것을 의미하는 것이지, 원하는 그림이 자동으로 그려지는 게 아닙니다. 그렇게 쉬운 것이 인생이었다면 이 세상에는 전쟁도, 범죄도, 가난도, 갈등도 오래전에 다 소멸되었을 것입니다.

당신은 호오포노포노 정화와 함께 '인생 흐름과 조화'하려는 시도와 노력을 해야 합니다. 그리고 그것은 내면과 외면, 안팎에서 함께 이루어져야 합니다. 그랬을 때 당신의 삶은 가장 최선의 길을 찾아갈 수 있습니다.

'나'라고 하는 존재, 그 깊은 내면에는 무수히 많은 '잠재적 나'가 있습니다. 지금까지 가장 앞서서 반응했던 '나'가 만들어낸 것이 현재의 삶입니다. 만약 지금의 삶이 실패한 삶이라면, 우리는 '지금의 나'에게 퇴장 명령을 내리고, '새로운 나'를 출전시키는 강수를 둬야 합니다. 그리고 그것은 지금 당장 결행해야 하는 일입니다.

하지만 그 전에 전제 조건이 하나 있습니다. 내 안에 '괜찮은 나'가 있어야 한다는 것이지요. 내 안에 잠재되어 있는 '또 다른 나'도 지금까지의 나처럼 별 볼 일 없는 존재라면 삶은 여전할 테니까요. 여기서 왜 일상이 수행 모드여야 하는지에 대한 이유가 명확해집니다.

내 안에 있는 '또 다른 나'를 밖으로 나오게 하는 것은 '선택'에 관한 부분입니다. 하지만 선택이 위기의 삶을 구하고, 원하는 삶을 완성하는 신의 한 수가 되려면, 선택할 수 있는 '뛰어난 나'가 이미 존재하고 있어야 합니다. 우리가 일상을 수행으로 살면서 내 안의 나를 끊임없이 '육성育成'하고 있어야 가능한 시나리오지요.

'나'는 내 안의 '또 다른 나'를 발견하고 선택할 수 있습니다. 그러나 엄밀히 말하면 '또 다른 나'는 '선택이 아니라 육성의 문제'라 할 수 있습니다. '실패한 나' 안에는 '실패할 나'가 있을 확률이 높기 때문입니다. 그러므로 내 안에 있는 '여러 나'를 '성공할 나'로 기르는 육성 작업이 선행되어야 합니다. 바로 그것, 육성 작업이 곧 수행입니다. 일상이 그래야 하는 것이지요. 그리고 그러한 일상에 호오포노포노를 참여시키는 것, 그것이 우리가 삶을 위해 하려고 하는 일입니다.

인간의 운명은 우주의 법칙인 인과율(因果律, 원인에 알맞은 결과가 필연적으로 나타나는 법칙)에 의거해서 형성되는 특징이 있습니다. 오늘의 상황은 오늘 이전의 모든 사실들에 기초합니다. 한 사람의 삶으로 나타나는 모든 현상들은 그 영혼이 경험한 사건들을 기본 자료로 하여 현생의 여러 조건들과 상호작용을 함으로써 일어나고 사라집니다.

마음의 일으킴, 마음의 펼침, 감정의 일으킴, 감정의 펼침, 육체의 에너지, 정신의 에너지, 의식과 무의식의 에너지 등이 복합적으로 작용되어 인생의 에너지 흐름을 형성하고 있습니다. 그 에너지 흐름은 그에 맞는 진동률(振動律, 고유한 에너지에 알맞은 파동)을 갖게 되고, 그 진동률은 우주 에너지와 상호 교류를 하고, 인간관계망에서 또 다른 에너지와 교류하여 작용을 일으킵니다.

인과율은 의식으로는 전혀 감지할 수 없는 오래된 정보에서부터 현재까지의 수많은 정보를 바탕으로 발생하고, 진동률은 감각으로 미처 다 감지할 수 없는 현재의 수많은 정보를 바탕으로 발생합니다.

인과율은 인간의 행위에 대한 우주의 법칙이고, 진동률은 인간에 대한 인간의 법칙입니다. 인과율이 반드시 일어날 수밖에 없는 필연의 설정이라면, 진동률은 인과율로 인해 예정되어 있는 설정에 어떠한 영향을 미치는 현재적인 조건이라 할 수 있습니다. 그리고 그 몫은 부정적으로 작용하든 긍정적으로 작용하든 당사자에게 있습니다.

제아무리 큰 죄를 지은 영혼도 현 세상에 올 때는 신성이 충만한 신의 일부로서 오는데, 그렇다고 해도 그 영혼이 인과율에서 자유로워진 건 아닙니다. 즉, 그 영혼의 인과율은 존재의 기억으로 저장되어 있지만, 탄생 시 의식은 신성한 상태인 것이지요.

육체의 입장에서 삶은 제한적이고 단편적이지만, 영혼의 입장에서 삶은 끝이 없는 연속이기에 우주는 늘 영혼의 경험에 의거해서 점수를 매기고 상과 벌을 책정하며, 그것을 시시때때로 정산하려 합니다. 그러는 과정에서 신의 일부였던 영혼은 때로 고통받게 되고, 또 다른 부정을 잉태하게 됩니다.

우리가 매일 정화하고 수행해야 하는 이유는, 영혼의 에너지 정보를 정화하여 우리 내면의 시스템을 맑은 상태, 밝은 상태로 전환하기 위함입니다. 끝이 없는 영혼의 여행을 좀 더 수월하게 하기 위함입니다.

한편, 몸의 입장에서는 오늘의 고통이 억울하기만 할 수도 있습니다. 자신은 존재하지도 않았던 오래고 오랜 옛날에 영혼이 저지른 실수 때문에 자신까지 고통을 감수해야 하는 것이 현생에서 몸의 처지이기 때문입니다. 그러므로 가끔 당신의 영혼은 당신의 몸에게 정중하게 사과하는 것도 좋습니다. 그것이 몸의 입장을 이해하고 위로할 수 있는 영혼의 방식이므로.

　당신이 당신의 영혼을 위로하고, 당신의 몸이 기뻐할 수 있도록 하는 최선의 방법은 당신이 당신을 진정으로 사랑하는 것입니다. 일상이 정화와 수행의 시스템이 된다면 당신은 비로소 자신을 진정으로 사랑하고 있다 말해도 좋습니다.

제3장

일상이 답

지금이 곧 평생

일상이 곧 인생

모든 기적은 일상에 있다.

우리는 모두 우주의 자녀, 빛의 존재입니다.

당연한 사랑,
당연한 진리,
당연한 풍요,
당연한 기쁨,
당연한 행복,

당신이 누려 마땅한 가치들이
당신의 인생에 늘 함께할 것을 축복합니다.

우주는 당신을 창조했으니
당신은 '행복창조자'로서 삶을 잘 해내기 바랍니다.

일상의 마음, 일상의 얼굴, 일상의 감정, 일상의 언행,
일상의 자극과 반응, 이런 것들을 제대로 보는 것에서
사람다운 삶, 행복한 삶은 시작됩니다.

　사람답게 살기, 사람으로 살기, 행복하게 살기 이런 것들은 특별한 방법이
아닌 일상의 기특함에서 시작이 되고 완성됩니다.

　미리 말하지만, 없는 것을 있게 하는 것이 호오포노포노가 아닙니다. 당신
안에 있는 것을 밖으로 나오게 하는 것, 일상에 있는 것을 더욱 잘 있게 하는
것, 그것이 호오포노포노입니다. 호오포노포노만 하면 돈도 많이 벌고, 성공
도 하고, 사랑도 하고, 행복도 할 것, 만약 당신이 이런 믿음을 가지고 호오포
노포노를 시작하려 한다면, 당신은 이미 행복하기 어려운 인생길에 들어서 있
는 것이나 마찬가지입니다. 당신이 원하는 삶에 대한 해답은 당신 안에 있습
니다. 당신의 그 답은 당신의 일상에 있습니다. 그 답을 당신 안에서 밖으로
나오게 하고, 그 답이 당신의 일상에서 더욱 활발하게 전개될 수 있도록, 호

오포노포노는 그렇게 쓰이는 것이 가장 이상적입니다. 자신 안에, 자신의 일상 안에 답이 있음을 모르거나 확신하지 못할 때, 우리는 내가 아닌 곳에서, 일상 밖에서 답을 찾으려고 방황하게 됩니다. 가장 어리석은 일이지요. 다시 말하지만, 호오포노포노는 없는 것을 있게 하는 것이 아닙니다.

"호오포노포노 책에 보면 정화만 하면 문제는 다 해결되고, 돈도 잘 들어온다고 되어 있는데 왜 문제도 해결 안 되고, 돈도 들어오지 않는 겁니까?"

이런 질문을 받을 때마다 반문해 봅니다.

"70억 인구 중 대다수는 종교나 수행 혹은 다른 방법 중 최소한 한 가지 정도는 행하고 살아갑니다. 그런데 왜 그들은 아직도 가난하고, 아직도 고통스럽고, 아직도 불행할까요?"

인생이, 운명이 그렇게 쉽게 바뀔 수 있는 것이라면, 왜 그렇게 많은 사람들이 힘겹게 살아가고 있는 것일까요? 그토록 오랜 역사, 그토록 뛰어난 인류의 스승들이 있었음에도 불구하고 말이지요.

사람들은 늘 착각을 합니다. 기도, 시크릿, 호오포노포노, 명상, 잠재의식, 그 외 헤아릴 수 없이 많은 실천법과 수행법들을 요술방망이로 착각합니다. 마치 도깨비 방망이라도 되는 양 잔뜩 기대를 품고 휘둘러봅니다. 이렇게 휘둘러보고 저렇게 휘둘러보지만 삶은 여전하고, 변함없는 자신의 삶 앞에서 끝까지 놓고 싶지 않은 기대와 좀처럼 나타나지 않는 효과에 실망하고 일희일비하며 살아갑니다. 그렇게 세월은 흐르고 그렇게 기회를 잃어가며 그렇게 행복에서 멀어져 갑니다.

왜 그러는 것일까요? 쉽게 얻으려 하기 때문입니다. 한 방에 해결하려고 하기 때문입니다. 한 방에 다 해내려고 하니 바라는 한 방은 오지 않고, 쉽게만 하려고 하니 인생은 더 어려워진다는 것을 모르거나 외면하기 때문입니다.

살아감에 있어서 공식은 공식일 뿐, 방법은 방법일 뿐, 그것이 그 자체로 모든 것을 다 해결하고 다 이뤄내는 게 아닙니다. 우리는 그것을 모르거나 알면서도 외면하기 때문에 삶에 새 옷을 입히지 못하고 있습니다.

진리는 분명합니다. 바라는 것이 무엇이든, 그것은 인생의 고유한 흐름과 조화를 이룰 때 가능할 수 있다는 우주의 법칙, 아무리 훌륭하고 위대한 방법론도 우주 에너지의 흐름을 거스를 수는 없습니다. 그러므로 당신은 하나의 수단이나 도구에 인생 전체를 맡기는 오류를 범하지 않아야 하며, 한 방에 해결하려는 도둑놈 심보부터 버려야 합니다. 당신의 인생에서 가장 먼저 정화해야 할 것은 바로 그것입니다. 호오포노포노가 위대한 도구는 될 수 있어도 모든 것을 한 방에 해내는 마법의 지팡이가 될 수는 없습니다. 정화해야 합니다. 잘못된 이해와 어긋난 기대부터 정화해야 합니다. 당신의 인생에서는 언제나 '당신이 보내는 일상'이 정답입니다.

크게 성공한 사람들, 크게 부자가 된 사람들은 보통의 사람들과는 '다른 무엇'이 있습니다. 그들은 원칙이 있고 철학이 있습니다. 그들은 그릇이 다르고, 때때로 당장의 계산으로는 손해인 행동들을 거침없이 하곤 하는데, 보통 사람들의 눈에는 보이지 않는-눈앞의 작은 이익 너머 큰 이익이 그들의 눈에는 보이기 때문입니다. 그렇다면 평범한 사람들도 그러한 눈을 가지면 되는 것 아닐까요? 하지만 그게 그리 쉬운 것이 아닙니다.

일반 사람들의 눈과 조금 다른 그러한 눈은 가치에 중점을 두는 삶의 방식일 때 열리기 때문에, 당장의 이익이 날아가면 울화통이 터지고 잠을 이루지 못하는 보통 사람들의 방식으로는 열리지 않습니다.

작은 이익은 사람과의 거래를 통해서 얻을 수 있지만, 큰 이익은 초월적인 힘과의 거래를 통해서만이 얻을 수 있습니다. 성공자들이 명분을 중시하는 이유가 여기에 있습니다. 명분이 바르지 못하고, 명분이 악하면 우주 에너지의 뜻을 얻을 수 없다는 것을 그들은 본능적으로 알고 있기 때문입니다. 그들의 이러한 삶의 방식은 어쩌다 한 번 그런 것이 아니라 일상입니다.

우물 안 개구리는 고래가 누리는 넓은 바다의 기쁨을 절대 경험할 수 없습니다. 우물 안 개구리가 우물이 좁다고 매일 불평만 할 뿐, 우물에서 탈출할 시도를 하지 않는다면, 우물 안 개구리는 비좁은 우물 속에서 죽어가는 중에도 끝내 불평만 하는 운명일 것입니다. 우물에서 나오기를 시도해야 합니다. 우물에서 나와 과감하게 바다에 뛰어들어야 합니다. 그리고 반드시 살아남아야 합니다. 가치를 중시하는 방식, 명분을 중요하게 여기는 방식이면 가능한 삶입니다.

빈 지갑을 가슴속에 숨기고 자식들에게 '인간은 위대한 존재다' 라고 백날을 떠들어 본들 당신의 그 한마디는 실패자의 초라한 말장난일 뿐입니다. 우리는 현실 속에서 점점 더 대단한 사람이 되어 갈 수 있습니다. 실제는 초라한데 인간은 위대한 존재라며 애써 위로해야 하는 허탈한 삶이 아닌, 실제로도 위대할 수 있는 삶을 향해서 갈 수 있습니다.

아무리 어렵더라도 적은 이익에 눈이 머는 것을 경계하십시오. 당신의 그릇이 커지면, 당신의 돈주머니가 커지고, 당신의 돈주머니가 커지면 그 크기에 알맞게 돈이 담겨 옵니다. 한 손에는 가치를, 한 손에는 명분을 쥐어 보면 지금껏 보이지 않았던 새로운 길이 보입니다. 좁은 속을 정화하면 우리는 분명 신세계를 경험하게 됩니다. 지금껏 보이지 않았던 가치 중심의 것들이 하나씩 보이게 되지요. 정화하세요. 당장의 작은 이익을 포기하게 되더라도 평온한 가슴으로 잠을 잘 자는 사람이 되십시오. 큰돈이 오는 길이 보일 것입니다. 일상을 이러한 방식으로 살아가면 당신의 삶은 분명 성장합니다.

인간은 보고, 듣고, 말하고, 맛보고, 냄새 맡고, 느끼고, 생각을 합니다. 만약 인간이 볼 수도 없고, 듣지도 못하고, 말하지도 못하고, 맛볼 수도 없고, 냄새 맡을 수도 없고, 느낄 수도 없고, 생각을 할 수도 없다면 우리 삶에 어떤 일이 벌어질까요? 만약 인간이 그러한 능력을 상실한다면 인간은 하고 싶은 것이 없게 될 것입니다.

보고, 듣고, 맛보고, 냄새 맡고, 느끼고, 이것이 곧 우리의 일상입니다. 일상을 기특하게 잘 보내면 우리의 삶은 저절로 좋아집니다. 호오포노포노는 일상을 기특하게 보내기 위해 일상에서 사용되는 것이 가장 위대합니다.

1년은 365일입니다. 그중 토요일과 일요일 그리고 공식 휴일이 약 113일 정도 됩니다. 365일에서 113일을 빼면 252일, 각종 애경사, 크고 작은 일의 발생, 휴가, 몸 아픔, 연말연시를 비롯한 각종 모임 등으로 약 30일 정도 소진됩니다. 252일에서 30일을 빼면 222일, 남은 222일 중에서도 어떤 날은 누군가와 다퉈서, 어떤 날은 친구나 동료 만나느라, 어떤 날은 술이, 어떤 날은 게으름이, 어떤 날은 유흥이, 어떤 날은 감정이 당신을 아무것도 못 하게 만듭니다. 과연 당신에게-행복한 인생을 위하여 준비하고 노력하고-잘할 수 있는 기회라도 주어지는 날은 며칠이나 될까요?

우리에게 주어진 한정된 날들이 이렇게 어이없이 우리의 인생에서 사라져

가는데, 어찌 당신은 여기저기 기웃거리기만 하고, 어찌 당신은 오늘 할 일을 내일로 미루기를 그렇게도 잘하며, 어찌 당신은 유흥으로 시간을 낭비하고 탕진하기를 아무렇지 않게 하고, 어찌 당신은 잘못 보내는 오늘을 매일 반복할 수 있단 말입니까?

오늘 하루가 곧 평생입니다. 우리는 누구나 '한정된 오늘'을 살아가고 있습니다. 우리는 누구나 언제라도 내일을 맞이하지 못할 수도 있는 오늘을 살아갑니다. 내일 정화하기를 계획하지 말고, 내일 완벽하게 정화하기에 기대지 말고, 오늘을 잘 살아내십시오.

오늘 할 바를 오늘 다 하고, 오늘을 의미 있게, 오늘을 가치 있게, 오늘을 기특하게 보내십시오. 오늘을 헛되이 보내고 내일을 잘할 수는 없습니다. 내일이 되면 우리는 다시 오늘 속에 있기 때문입니다.

오늘만 게으르고, 오늘만 미루고, 오늘만 잘 못 하고, 오늘만 유흥을 즐기고, 오늘만, 오늘만, 언제나 오늘만을 외치는 당신, 언제까지 오늘만을 둘러댈 것입니까? 오늘이 인생의 마지막 날이 될 가능성은 당신이라고 예외일 수 없습니다.

내일부터는 미루지 말자, 내일부터는 열심히 하자, 내일부터는 성실하자, 내일부터는 잘하자, 늘 내일부터 잘하려는 당신, 내일을 맞이하지 못할 가능성은 당신이라고 예외일 수 없습니다.

오늘을 잘 보내세요. 오늘을 기특하게 하세요. 오늘이 곧 평생입니다. 당신이 찾아 헤매는 그 어떤 방법보다 더 훌륭하고 더 위대한 것은 바로 '일상을 잘사는 것'입니다. 일상을 잘하세요. 일상을 잘한다는 것은 오늘 할 바를 오늘 잘한다는 것이요, 지금 할 바를 지금 한다는 것이며, 일상이 요구하는 것에 집중하고, 일상이 요구하는 것을 잘해낸다는 것을 의미합니다. 일상을 잘 해내면 평생을 잘 해내게 됩니다. 일상을 잘 해내면 당신이 원하는 부유함, 평온함, 행복함은 저절로 당신의 인생이 됩니다. 일상을 잘 해내십시오. 일상이 곧 인생입니다.

모든 오늘은 내일을 있게 하는 씨앗입니다. '삶은 영향력'입니다. 당신의 오늘은 당신의 내일을 있게 하는 인자이면서, 누군가의 삶에, 이 사회에, 이 세상에 미치는 영향력입니다.

어느 누구도 세상에 대하여 아무런 영향력이 아닌 사람은 없습니다. 설령, 당신이 아무도 없는 무인도에서 산다고 하여도 당신은 세상에 어떠한 영향력을 미치고 있습니다. 어디에 있든, 어느 때든, 당신은 세상에 어떤 식으로든 무언가를 내보내고 있는 중입니다.

당신이 오늘을 잘 보내야 하는 이유이며, 당신이 어디서나 기특해야 하는 이유이며, 특히 옳지 않은 유혹 앞에서 흔들리지 않고 뒤돌아서야 하는 이유입니다.

우리는 누구나 잘하고 싶습니다. 우리는 누구나 잘살아내고 싶습니다. 우리는 누구나 괜찮은 사람, 괜찮은 인생이 되고 싶습니다. 우리는 누구나 유혹 앞에서 과감하게 돌아서고 싶습니다. 하지만 우리는 그러지를 못합니다. 가슴이 말을 잘 안 듣기 때문이지요.

살아가는 일에 필요한 많은 지식이나 상식 그리고 정보들을 수집하고 익히는 것은 분명 머리의 공이 절대적이지만, 그것들을 잘 사용해서 인간답게, 풍요하게, 행복하게 잘 살아내는 최종적인 실행 기능은 머리가 아니라 우리의 가슴에 있습니다.

당신의 가슴을 잘 다독이세요. 일상에서 그리하세요. 기특함은 가슴의 역할이 중요한 법입니다. 정화하세요. 당신의 가슴을 정화하세요. 일상에서 그리하세요. 행복은 당신의 가슴이 아니고서는 불가능한 경험입니다. 일상이 기특할 수 있도록, 일상에서 가슴을 잘 정화하기 바랍니다.

문에서 삐거덕삐거덕 소리가 납니다. 소음 때문에 괴롭습니다. 문을 만지면서 정화 언어를 읊습니다.

"내 안의 무엇이 이 문을 아프게 하는 것일까요? 신성이여, 이 문을 아프게 하는 내 안의 부정적 기억들을 모두 정화해 주세요! 미안합니다. 용서하세요. 고맙습니다. 사랑합니다."

계속 정화 언어를 읊습니다. 어떻게 될까요? 과연 문에서 소음이 저절로 사라질까요? 그렇지 않을 것임을 당신은 잘 알고 있습니다. 많은 사람이 이와 같은 믿음, 이와 같은 방식으로 호오포노포노를 사용합니다. 무엇을 해야 합니까? 무엇을 해야 삐거덕거리는 문이 정상으로 회복될까요? 문에 기름칠해야지요.

인생이 삐거덕거릴 때, 사람들은 이와 같은 방식으로 호오포노포노를 사용합니다. 삐거덕거리는 인생에 기름칠을 할 생각이나 시도 같은 것은 전혀 하지 않은 채 말이지요.

물리적 세계의 일에는 행동으로 비롯되는 실체적 힘이 투입되어야만 원하는 변화에 대한 가능성이 생기는 법입니다. 현실 세계에 대하여 호오포노포노는 그렇게 사용되어야 합니다. 실체적 행위를 더 잘하기 위해 내면을 정화하는 것, 호오포노포노가 일상에서 그와 같이 사용된다면 분명 삶은 더 풍요해집니다.

무엇이든 멀어지면 거리가 생깁니다. 그것은 에너지의 법칙입니다. 가까워지면 계속 가까워지려 하고, 멀어지면 계속 멀어지려 하는 것, 그것은 에너지의 운동성입니다.

호오포노포노 실천도 마찬가지입니다. 호오포노포노가 일상생활이 되지 못하면, 점차 소홀해지게 됩니다. 당신은 단 하루라도 호오포노포노와 멀어지는 것을 가볍게 여기지 않는 것이 좋습니다. 수행의 시계가 멈추면 인생에서 진리의 시계도 멈추게 됩니다. 호오포노포노를 수행으로 매일 실천하기를 권합니다. 정신계의 일이든, 물질계의 일이든 수행은 언제나 답입니다.

어떤 위대한 방식이라도 그것만으로는 인생의 모든 요구를 충족시킬 수 없습니다. 아무리 뛰어난 비법도 그것만으로는 우주 에너지의 변수를 감당할 수 없고, 운명이 담고 있는 고유한 비밀들을 완벽하게 소화해낼 수도 없습니다.

팀이 승리하기 위해서는 어느 한 명만 잘하는 게 아니라 팀원이 골고루 잘해야 하듯이, 승리하는 인생, 성취의 인생, 원하는 인생을 창조하기 위해서는, 그리고 그 인생을 유지하기 위해서는 두루두루 잘해야 합니다. 당신의 몸도, 당신의 감정도, 당신의 뇌도, 당신의 의식도, 당신의 무의식도, 당신의 영혼도, 두루두루 다 잘해야 합니다. 생각하는 것, 느끼는 것, 반응하는 것, 움직이는 것, 먹는 것, 배설하는 것, 사랑하는 것, 화내는 것, 미워하는 것 등 모든 면에서 두루두루 잘해야 합니다.

간이 안 좋은데 심장만 좋다고 해서 건강할 수 있는 것이 아니듯이, 인생이라고 하는 것이 마음은 못 하는데 몸만 잘한다고 해서 잘 되는 것이 아니고, 생각은 못 하는데 행동만 잘한다고 해서 잘 되는 것도 아닙니다. 두루두루 잘해야 합니다. 인생이라고 하는 것은 하나의 고정된 매뉴얼로 조종할 수 있는 것이 아닙니다. 그러므로 당신은 '일상'을 잘 살아내는 데에 집중하고 정성을 들여야 합니다. 누구의 인생에도, 어떤 운명에도 '일상이 답'입니다. 당신의 일상을 정화하세요! 당신은 모든 공간, 모든 시간에 정화 중이어야 합니다. '일상이 정화'라면 당신의 인생은 할 수 있는 가장 최선의 경험들을 하는 중입니다.

만약 당신이 명품 구두를 신고 있는데, 다 떨어진 옷을 입고 있다면, 당신은 명품인 사람일까요? 만약 당신의 얼굴 중에서 코를 완벽하게 수술을 하고 나머지 눈이나 입, 볼 등은 아주 못생겼다면, 당신은 아름다운 얼굴일까요?

만약 당신이 날마다 호오포노포노를 정성 들여 실천하면서, 일은 소홀히 하고, 유흥을 즐기는 등 기특하지 못한 일상이라면, 당신의 인생이 과연 풍요하고 행복할 수 있을까요? 아무리 훌륭한 방법론도 '일상이 답이다'를 근간으로 하지 않으면 소용이 없습니다.

– 20대 후반에 결혼해서 40대 중반이 될 때까지, 독실한 기독교 신자인 그녀는 아이들에게는 지혜롭고 따뜻한 엄마요, 남편에게는 착하고 상냥한 아내였다. 그러던 어느 날, 친구가 점심이나 먹자고 해서 외출을 했다.

약속된 식당에 갔더니 친구는 애인(남편이 아닌)과 앉아 있었고, 맞은편에는 낯선 남자(친구 애인의 친구)가 앉아 있었다. 내키지는 않았지만 어쩔 수 없었고, 술과 음식을 먹으며 서로 웃고 떠들다 보니 처음의 낯설고 서먹한 분위기는 온데간데없이 사라졌다.

식사가 끝나고 옆에 앉은 남자가 카페에 가서 커피나 한잔하자고 했다.

일행은 자리를 옮겼고, 커피를 마시며 다시 웃고 떠드는 시간이 한참 흐른 뒤, 가끔 만나서 커피도 마시고 식사나 하자는 이유 같지 않은 이유로 그녀와 남자는 서로 연락처를 주고받았다. 그 후 그녀의 인생은 평탄하게 잘 살아왔던 삶과는 전혀 정반대의 방향으로 흐르고 말았다. -

- 오랜만에 회식을 했다. 술을 마셨고 누군가의 제안으로 노래방에 갔다. 노래를 부르고 춤을 추고, 그러다 직장 선배 언니가 "우리 오랜만에 나이트 가서 조금만 놀다 갈까?" 했고, 그다지 늦지 않은 시간이라 그래도 되겠다 싶어 그러자고 했다. 거기서 한 남자를 알게 됐고, 그 후 그녀의 인생은 그녀가 한 번도 생각해 보지 않은, 전혀 원하지 않는 방향으로 흐르고 말았다. -

- 그녀는 나이 오십이 넘어 처음으로 초등학교 동창회에 참석했다. 그곳에서 남자 동창 한 명과 연락처를 주고받았고, 이후 가끔 만나 커피도 마시고 밥도 먹고 술도 마시고, 여러 날이 흘러 정신을 차렸을 때는 소중한 많은 것들이 엉망이 되어 있었다. -

위의 글은 상담 일지 내용의 일부입니다. 인생이라고 하는 것이 사소한 계기로 너무나 어이없이 망가지고 힘들어지고 불행해지는 경우는 굉장히 많습니다.

"끝날 때까지는 끝난 것이 아니다." 이 말은 미국 메이저리그의 전설적인 포수였던 요기 베라의 명언입니다. 이 말에는 중요한 조언과 충고가 담겨 있습니다. 현재 지고 있는 팀에게는 "끝날 때까지는 끝난 것이 아니므로 미리,

그리고 절대 포기하지 말라' 는 조언이며, 현재 이기고 있는 팀에게는 "끝날 때까지는 끝난 것이 아니므로 끝까지 단 한 순간도 방심하지 말라" 는 충고의 말이지요.

사람들은 대부분 '끝까지 방심하지 않기' 를 잘 못 합니다. '끝까지 포기하지 않기' 는 당장 눈에 보이는 부분이고, 느껴지는 부분이기 때문에 잊을 수도 없고 신경을 쓰지 않을 수도 없지만, '끝까지 방심하지 않기' 는 보이지도, 느껴지지도 않기 때문에 어렵습니다. 그래서 "어쩌다 한 번 그랬다가", "딱 한 번의 실수가" 이런 탄식의 결과가 나오는 것이지요. 그러나 더 위험한 사실은 일상 자체가 온통 방심인 사람들이 너무나 많다는 점입니다.

호오포노포노를 실천하고 있는 이들 중에도 위와 같은 삶 중에 있는 이들은 많습니다. 실수를 하지 않기 위해 미리 정화를 실천하는 것이 아니라, 실수를 한 뒤에 찾아온 곤란함에서 해방되고자 정화를 실천하는 삶, 인생길을 평탄하게 잘 가기 위해 정화를 하는 것이 아니라, 방심하고 실수하여 진흙탕 인생길에 접어들어서 그곳에서 벗어나게 해 달라는 정화를 하는 사람들이 많습니다.

정화의 의도와 정화의 목적을 앞으로 끌고 나오십시오. 곤란함에서 벗어날 의도, 수렁에 빠진 후에 그곳을 탈출할 목적, 즉 사건 후의 정화는 이제 그만 멈추고, 곤란함에 빠지지 않음을 의도하는 정화, 수렁에 빠지지 않음에 목적을 두는, 즉 정화를 사건 전으로 끌고 나오십시오. 일상의 모든 순간순간을 잘 살아내려는 의도와 목적으로 행해지는 정화, 그것이 당신의 인생을 위해서 할 수 있는 가장 위대한 정화입니다. 호오포노포노는 그렇게 사용하는 것입니다.

살아서, 살아서 행복하라

수행은 도저히 가늠할 수 없는 많은 비밀들을 간직하고 있으며, 삶이 수행이 되면 당신은 그 비밀의 힘에 대해 알아가는 것이 점점 늘어납니다. 삶이 수행이요, 수행이 삶인 방식으로 당신이 일상을 보낸다면, 뜻밖의 것을 뜻밖의 시간에 깨달을 수 있는 기회를 만나게 됩니다. 신이 미리 당신에게 알려주지 않았던, 그래서 미리 예측할 수 없었던 기회들을 우연히 만나게 됩니다. 그저 그렇게 사는 어정쩡한 삶을 '수행이 삶이요, 삶이 수행인 삶'으로 바꿔 보세요. 당신이 꼭 그렇게 해 보기를 간절히 권합니다. 삶이 많은 것들을 증명할 것입니다.

사람들은 '나중'에 대한 믿음이 늘 지나치고, '나중'을 지나치게 깔보는 경향이 있습니다. 얼마의 시간 뒤, 지금 뒤의 차례, 순서상으로도 시간상으로도 뒤에 오는 것이 '나중'입니다. '나중'이 지니고 있는 가장 확실한 특징은 오지 않을 수도 있다는 것이고, 어떻게 될지 모른다는 것입니다. 그런데 사람들은 오지 않을 수도 있는 나중을 지나치게 믿고, 어떻게 될지 모르는 나중을 지나치게 깔보고 있습니다.

삶이라고 하는 것은 언제든 정지될 수 있습니다. 대부분의 사람들에게 그럴 수 있는 가능성이 그리 높은 것은 아니지만 분명한 사실이며, 그것(삶이 정지되는)이 현실이 될 수 있는 이유는 너무나 많습니다. 자연재해, 교통사고, 예기치 않은 사고, 사람의 실수, 정신 이상자의 돌발 행동 등 삶을 당장 정지시킬 수 있는 요인은 무수히 많습니다. 그리고 그것은 당신이라고 해서 예외일 수 없습니다. 어제 오후에 갑작스러운 사고로 생을 달리한 사람도 어제 아침에는 자신이 오후에 죽을 거라고 전혀 예상하지 못했고, 뉴스에 나오는 사고들은 나와 무관한 일로 여기며 살았습니다. 누구나 그렇습니다.

그러므로 우리는 언제나 '지금'을 잘 살아야 합니다. 지금 행복할 줄 알아야 하고, 지금 감사할 줄 알아야 하며, 지금 사랑하고, 지금 기쁘고, 지금 세상에 이로운 무언가를 하며, 지금, 지금을 기특하게 잘 살아야 합니다. '지금 잘 존재하는 것' 이것을 위한 정화를 하십시오. 그리고 지금을 잘 존재하십시오. 지금이 곧 평생입니다. 언제나 지금의 일상이 답입니다.

정화법을 실천합니다. 마음이 편해집니다. 정화의 효과입니다. 어떠한 수행을 합니다. 마음이 편해집니다. 수행의 효과입니다. 정화를 하든 명상을 하든 다른 수행을 하든, 그것은 우리의 날뛰는 마음을 고요하게 해 주고, 우리의 어두운 마음을 밝고 편안하게 해 줍니다. 이 부분에서 우리는 착각을 합니다.

마음이 편해지면 삶에 관계된 현실적 고통들이 저절로 치유가 되고, 원하는 것이 쉽게 손에 들어올 것으로 착각합니다. 마음이 편해졌다는 것은 사격을 앞둔 선수가 숨을 고르게 한 것에 불과합니다. 물론 이는 매우 중요합니다. 그러나 여전히 방아쇠를 당기지 않았다는 것은 그다음에 무엇이든 해야 할 것을 해야 한다는 것을 의미합니다. 많은 사람들이 간과하는 것이 바로 이 부분입니다. 마음의 힘을 너무 믿어서일까요? 일상에서 할 바를 하지 않는 방식으로는 제아무리 훌륭한 방법론을 펼친다 해도 원하는 인생은 쉽지 않은 일이 됩니다.

가난, 어긋난 인간관계, 뜻대로 되지 않는 일 등 여러 문제로 고통을 받고 있으면서도, 그 고통에서 하루라도 빨리 해방되고 싶으면서도, 곤란하고 고통스러운 삶을 평안하고 풍요하고 행복한 삶으로 바꾸고 싶으면서도, 사람들은 내가를 지불하려 하지 않고 공짜로 얻어내려고만 합니다.

'힘듦'은 누구나 싫어합니다. 그러나 힘듦이 내 인생의 일이 아닐 수 있도록, 힘듦을 그만 경험할 수 있도록 하기 위해서는 힘듦의 시간을 반드시 지나가야만 가능합니다.

사람들은 누구나 지금의 힘든 삶을 바꾸고 싶어 하고, 그러기 위해 여기저기 기웃거리며 마땅한 방법을 찾으려 노력합니다. 그런데 여기서 사람들은 오류를 범합니다. 삶을 개선하기 위한 방법을 찾을 때 사람들은 대부분 힘들어 보이는 방법은 거부하고 쉬운 방법을 선택합니다. 몸은 가만히 놔두고 그저 입이나 머리만 사용해서 할 수 있는 방법을 선택하게 되지요. 대체로 그러한 방법들은 고상해 보이고 신비로워 보입니다. 물론 훌륭하고 뛰어난 장점과 효과를 지니고 있는 경우도 있습니다. 그러나 입으로 중얼거리는 것으로, 머리로 상상만 하는 것으로 달라질 정도로 인생이나 운명이 쉬운 것일까요? 그렇게 쉬운 것이었다면 지금쯤은 힘들어하는 사람들이 단 한 명도 없어야 했습니다. 아니 최소한 힘들어하는 사람이 힘들지 않은 사람보다 훨씬 더 적기라도 했어야 합니다. 인간 세상에 인류를 구원하려 했던 큰 스승들은 몇 천 년 전부터 있어 왔으니까요.

어떤 방법을 선택하든 '몸을 수고롭게 하는 방식'을 병행하는 것이 더 빨리 더 수월하게 원하는 것을 이루는 지름길입니다. 그렇지 않고 몸은 아주 편안하게 두고 머리로만 입으로만 곤란한 인생을 편안한 인생으로 바꾸려 하는 것은, 몸이 아픈 사람에게 병원 침대에 가만히 누워서 머리로만 입으로만 해도 몸이 건강해질 수 있다고 우기는 것과 같습니다. 운동을 병행해야 건강해지는데 말이지요. 이는 약한 사람을 더욱 약해지게 할 뿐입니다.

머리로만 입으로만 해내려 하는 것은 곤란한 인생을 더욱 곤란하게 할 뿐입니다. 일상의 수고로움에서 도망가지 마세요. 일상의 힘듦을 한숨으로 대하지 마세요. 일상에서 몸이 수고하고 마음이 힘들어야 하는 것, 그 이유가 삶의 변화를 위한 것이면 그것은 반갑고 기쁜 일입니다.

복은 복 있는 사람을 더 좋아하고, 행운은 행운아를 더 좋아합니다. 복이란, '원하는 대로 충분해지는 에너지'입니다. 맑고 밝고 강하고 순조로운 흐름이 에너지인 것이지요. 그래서 당신이 복 있는 사람, 복 받는 사람이 되려면 먼저 당신이라는 에너지가 맑고 밝고 강하고 순조로운 흐름을 형성하고 있어야 합니다. 생각도, 의식도, 감정도, 몸도 말이지요. 중요한 것은 상황에 상관없이 그래야 한다는 것입니다. 일상에서 늘 그럴 수 있으면 복은 늘 당신 인생 안에 있게 될 것입니다.

좋을 때는 누구나 좋을 수 있습니다. 그러나 나쁠 때도 좋을 수 있는 것은 아무나 할 수 있는 것이 아닙니다. 그래서 곤란함에 처해 봐야 그 사람의 본모습을 볼 수 있게 되는 것이지요. 맑고 밝고 강하고 순조로운 흐름의 에너지를 지니십시오. 처지에 상관없이 그리할 수 있다면 당신은 비로소 복 있는 사람이 됩니다. 그것은 운세를 미리 정화하는 것과 같습니다. 당신의 삶에는 언제나 당신과 알맞은 복이 들어옵니다. 당신은 어떤 사람입니까?

스포츠 세계에서 팀 분위기에 따라 성적이 두세 계단 정도 오르락내리락하는 것은 흔하게 볼 수 있는 현상입니다. '기세氣勢'는 보이지 않는 또 다른 실력입니다. 축 처진 분위기의 팀이라면 아무리 강팀의 실력을 갖추고 있어도 결코 1위를 차지할 수 없으며, 사기가 충전해 있는 분위기의 팀이라면 아무리 약팀이라 해도 섣불리 패배하지 않는 법이니, 이것은 개인의 인생에서도 다를 게 없습니다.

기운이 강한 사람은 일이 잘 풀릴 확률이 높고, 도움이 될 수 있는 사람을 만날 확률 또한 높습니다. 그러므로 평소 기운을 맑고 강하게 유지하려는 노력은 굉장히 중요합니다. 당신의 인생은 평소의 기운과 비슷한 흐름으로 흐를 확률이 매우 크기 때문입니다. 정화하세요. 약하고 탁한 기운을 정화하세요. 그것은 평소에 매일 해야 하는 것입니다. 일상의 기운, 당신의 인생은 그것이 좌우합니다.

"내 인생은 빈곤함에 찌들어 있었고, 젊은 시절은 이미 한참 지났고, 곧 더 큰 시련이 올 것 같았다. 나는 그대로 인생을 망칠 수는 없었다. 그렇다면 무조건 실천해야 했다. 인생이 점점 더 곪아가고 있었으니까 무엇이든 해낸다는 생각뿐이었다."

하루하루 살아내기도 벅찬 당신이 훗날 이처럼 여유 있는 회상을 하려면, 지금부터라도 일상을 잘 해내야 합니다. 뭐 좋은 방법 없나 하고 기웃거리기를 멈추고 지금보다 훨씬 더 치열한 일상을 살아내야 합니다.

삶은 전쟁터라지요. 사방에서 총알이 날아드는 전쟁터, 언제 어디서 총알이 날아들지 몰라 잠시도 한눈을 팔아서는 안 되는 전쟁터, 오직 살아남을 생각만 하고, 오직 이길 생각만 하는 전쟁터, 삶에 완전하게 집중이 되어야 합니다. 모든 세포, 모든 마음, 모든 정신이 오직 지금에 집중되어 있는 상태, 당신은 그것을 잘하는 것이 중요합니다. 호오포노포노는 그다음입니다. 호오포노포노보다 일상의 잘해냄을 앞에 두는 방식의 삶으로 전환해야 합니다. 그래야 당신은 지금의 고통에서 해방될 수 있습니다. 그래야 당신은 원하는 삶을 얻을 수 있습니다. 호오포노포노와 일상이 동시에 행해진다면 더 바랄 게 없겠지요.

운동복 차림을 한 사람을 보면 "운동을 좋아하는 사람이구나", "운동하고 오는 모양이구나" 등 그 사람과 운동을 결합한 판단을 하게 됩니다. 작업복을 입고 버스를 탄 사람을 보면 "직업이 몸으로 일을 하는 사람이구나.", "몸으로 하는 일을 하러 가나 보구나." 등의 유추가 가능합니다. 경찰복은 경찰임을 알려주고, 가수는 무대 의상을 입음으로써 자신을 알리고, 그 상황과 조화를 이루려 합니다. 이처럼 옷은 자체로 타인에게 많은 말을 하게 됩니다.

옷이란 결코 멋에 관한 역할로만 끝나지 않습니다. 옷을 아무 생각 없이 입는다 해도, 옷은 자연스럽게 그 사람에 대한 사회적 기능을 하게 되며, 화장도 이와 같은 의미, 이와 같은 기능을 하게 됩니다. 하지만 옷에는 화장과 달리 하나의 제약이 따릅니다. 한 번 입고 밖을 나서면 한동안 갈아입을 수 없다는 것, 즉 조정이 불가능하다는 특징을 갖습니다. 이는 일정한 에너지를 계속적으로 내보내는 것과 같습니다. 일상에서 옷차림은 그저 멋 내기의 역할만 하는 것이 아니라는 사실을 당신이 충분히 인지하고 활용할 수 있다면 당신은 인생에 대하여 고수가 될 수 있습니다.

인간의 삶에는 필연적으로 위험한 시기가 있고, 이 세상에는 다양한 종류의 위험 요인이 있습니다. 사람, 장소, 물건, 상황, 시간 등 우리는 언제든 어디서든 위험 요인과 맞닥뜨릴 수 있는 세상에 살고 있습니다. 사람들은 대부분 자신의 목적지를 향하여 질주할 뿐, 위험 요인에 대한 살핌이나 준비는 간과합니다. 매우 위험한 방식이라 하지 않을 수 없습니다.

위험은 언제나 일상의 곳곳에 도사리고 있으며, 일상 중 어느 시간이든 위험 인자는 그 정체를 드러낼 수 있으며, 호오포노포노가 모든 위험을 감당해낼 수는 없습니다. 당신이 일상의 모든 순간에 깨어 있는 마음으로 존재해야 하는 이유입니다.

종교와 기도, 명상, 시크릿, 호오포노포노, 마음 치유, 그 외 무수히 많은 실천법들, 치유법들, 누군가는 방법론에 '의지하여' 삶을 개선하려 하고, 누군가는 방법론을 '활용하여' 삶을 개선하려 합니다.

약한 사람은 방법론에 의지하고, 강한 사람은 방법론을 활용합니다. 패배자는 끝까지 방법론에 의지하며 살아가고, 승리자는 방법론을 활용하여 그것이 현실적으로 해야 할 것들에 녹아들게 합니다. 가난한 사람은 방법론에 절대적으로 의지하기에 현실적인 정성이 부족하게 되고, 부자인 사람은 방법론을 활용하며 현실적인 정성에 모자람이 없습니다. 우리는 방법론에 의지하지 말고 활용하는 사람이 되어야 합니다.

깨어나십시오! 제발 깨어나십시오! 종교를 비롯한 모든 방법론은 인간의 모든 문제를 완전하게 해결할 수 있는 요술 방망이가 절대 아닙니다. 인간의 문제를 해결하는 데 큰 도움이 되고, 인간의 삶을 평화롭고 윤택하게 하는 데 큰 도움이 되는 위대한 도구인 것은 분명하지만, 그것이 절대적인 힘이나 무한 능력을 갖게 해 주는 것은 아니라는 것을 하루라도 빨리 깨우쳐야 합니다. 그래야 당신은 지금 해야 마땅한 것들을 소홀히 하지 않을 수 있습니다.

부자이고 싶고, 괜찮은 삶이고 싶은 당신을 위해 인생에 대한 궁극의 진리 하나를 알려드립니다. 아무리 위대한 방법도, 아무리 뛰어난 능력자도, 우주 에너지의 작용을 뛰어넘을 수는 없다는 것.

삶이 그 해답이 되고 있습니다. 하나의 방법이라는 것은 그것이 통할 수 있는 상황에서는 유용하지만, 인간의 삶에 대한 우주 에너지의 작용은 우리를 시시각각 다른 상황 속에 있게 합니다. 방법이 통하지 않을 때가 많다는 것을 의미하지요. 방법은 고정되고 일정한 매뉴얼이지만, 삶은 늘 유동적이고 일정하지 않습니다. 이것이 특정한 하나의 방법으로는 인생 전체를 책임질 수 없는 이유입니다.

당신의 문제가 무엇이든 그에 대한 해답은 당신의 일상에 있습니다. 당신의 소망이 무엇이든 그에 대한 열쇠는 당신의 일상이 쥐고 있습니다. 일상은 우주 에너지와 더불어 펼쳐지기 때문입니다. 일상을 잘 해내세요. 당신이 잘해야 할 것 중에 가장 잘해야 하는 것이 바로 당신의 일상입니다.

그것이 무엇이든 딱 하나의 캡슐로 모든 것이 다 치유될 수는 없습니다. 시크릿이라는 캡슐, 호오포노포노라는 캡슐, 기도라는 캡슐, 다른 치유의 캡슐 등이 아무리 대단하고 뛰어나다고 해도 딱 하나의 캡슐로 모든 것이 다 해결되는 것, 인생에서 그런 일은 절대 일어나지 않습니다. 다람쥐 쳇바퀴 도는 것, 그것을 잘 해내는 것이 곧 인생을 잘 사는 최고의 비결입니다. 가장 위대한 기적은 언제나 일상에 있습니다.

진정한 마음의 평화는 두 가지의 가능성에 의해서 기대해 볼 수 있습니다. 하나는 현실과 상관없는 마음, 즉 현실을 초월할 경우이고, 하나는 현실을 원하는 근사치에 알맞게 개선하는 경우입니다.

기도를 하든, 정화를 하든, 명상을 하든, 수행을 하든, 상황이 곤란하고 몸이 고달픈 삶에서는 마음 또한 곤란해지고 고달프게 됩니다.

인간이란 물질계에서 완전히 초월하여 존재한다는 것이 불가능에 가깝기 때문에 결국 우리의 정신계는 각자가 내딛고 서 있는 물질계와 상호 의존할 수밖에 없으며, 물질계를 외면한 방식은 그것이 무엇이든 결과적으로 실패할 확률이 높아집니다. 현실을 떠나지 않는 한 물질계의 도움 없이 정신계의 온전한 치유는 망상이나 다름없습니다. 그러므로 당신은 물질계와 정신계를 동시에 치유할 의도와 계획과 목적을 마련하는 것이 이롭습니다.

매우 특별한 경우가 아니면 정신계와 물질계 그 어느 쪽에도 지나치게 치우치지 않는 삶을 지향하는 것이 가장 중용의 삶이며, 가장 행복한 삶입니다. 일상이 중용에서 멀어지지 않도록 하는 것, 그것이 최고의 방식입니다.

사람에게는 각자의 상황에 알맞은 '감정적 시계'가 있습니다. 인생에는 각 흐름에 알맞은 '개념적 시계'가 있습니다. 아기 때는 그때에 맞는 시계와 시간이 있고, 어린 시절, 청소년기, 성인기를 지나는 동안 인생에도 그에 맞는 시계가 있고, 그것에 맞게 주어지는 시간이 있습니다. 그리고 현생에서 주어진 시간이 모두 소진되고, 더 이상 시계의 바늘이 있어야 할 이유가 사라져 버리는 때, 모든 인생에는 그때가 예정되어 있습니다.

돈으로 시간을 만들어 낼 수는 없고, 시간이 없으면 돈을 만들어 낼 수 없습니다. 시간은 생명입니다. 시간은 우주가 존재에게 준 생명의 한정된 곡식입니다. 당신이 지금을 잘 살아내야 하는 이유입니다.

시간을 헛되이 보내고도 주어지는 행복은 없습니다. 시간을 헛되이 보내고도 후회하지 않을 사람 또한 없습니다. 시간을 헛되이 보내는 사람을 보며, 어쩌면 우주와 신은 서로의 손을 맞잡고 이렇게 후회하고 있을지도 모르겠습니다.

- 인간아, 그대가 시간을 엉망으로 보낼 줄 알았다면

그대에게 그렇게 많은 시간을 책정하지는 않았을 것을 -

우주와 신이 실망이나 한숨 대신에 흐뭇한 미소를 띠는 당신의 오늘이었으면 좋겠습니다. 언제나 그랬으면 좋겠습니다.

우리는 우주의 시간을 마음대로 지배할 수는 없지만, 시간의 쓰임은 얼마든지 지배할 수 있습니다. 언제나 그렇지만 오늘이라는 시간을 다 소진하고 나면 누군가는 후회를, 누군가는 보람을 느낍니다.

우리의 현생에 단 한 번의 기회로 주어진 오늘, 당신의 오늘이 당신의 소망을 앞당기는 힘이 되고, 당신의 행복을 더욱 완성해 가는 마법이 되기를 기도합니다. 시간이 곧 당신이며 시간이 곧 운명입니다. 시간의 마음을 얻는 행동을 하세요. 모든 시간에 기특함으로 머무는 것, 그것이 바로 시간에 대한 정화입니다.

우리는 누구나 '빚을 진 사람들' 입니다. 우리는 세상에 빚진 것이 많은 사람입니다. 한눈팔 시간이 없습니다. 우주에게, 신에게, 조상에게, 부모에게, 나라에게, 자연에게, 모든 존재에게 우리는 모두 '빚진 자' 입니다. 일상을 허투루 보내지 마십시오. 그것은 빚진 자가 절대 해서는 안 되는 일 중 하나입니다. 당신이 시간을 품는 마음, 신은 오직 그것을 봅니다. 당신이 시간을 사용하는 몸짓, 신은 오직 그것을 봅니다.

온몸과 온 마음으로 치열하게 해내는 사람은 아름답습니다. 사랑이든 일이든 삶에서 중요한 가치를 지니는 것에 대해 온 정성을 다하는 사람의 인생은 다릅니다. 진정한 프로의 모습이지요. 인생의 프로, 존재의 프로, 프로는 아름답습니다.

그러나 사람들이 좋아하거나 즐겨 하는 방식은 아닙니다. 사람들은 힘든 방식을 싫어하고 당장 편안하게 하는 방식을 기웃거립니다. 그리고 그것을 이용하여 돈벌이 수단으로 삼는 이들이 내놓는 그럴싸한 방식에 의존합니다. 결국 그들의 삶은 고달플 수밖에 없는 형태로 전개됩니다. 힘들지 않게만 하려 했기 때문에 힘들어야만 하는 삶이 되는 것이지요. 힘든 것을 외면하기 때문에 삶은 더욱 힘들어집니다.

일상에서 온몸과 온 마음을 다했더라면 결과적으로 편안한 삶으로 변화되었을 거라는 걸 그들이라고 알지 못했던 건 아니지만, 당장 힘든 것이 싫기 때문에 그들은 일단 힘든 것을 멀리하고 봅니다. 그 결과로 인생은 점점 더 힘듦에서 벗어나지 못하게 되지만, 그것은 나중의 일이기 때문에 당장 사람의 마음을 강하게 움직이는 요인이 되지 못합니다.

온몸과 온 마음을 다해 살아내세요. 그 어떤 위대한 방법보다 더 중요한 것이 바로 그것입니다. 현실이 요구하는 것을 온몸과 온 마음으로 잘 해내는 이가 바로 인생의 프로, 존재의 프로입니다. 그것은 앞으로 당신의 모습, 당신의 인생일 수 있습니다.

인생길, 길을 걸어갑니다. 어느 날, 너무 힘이 들어 주저앉았습니다. 돌에 부딪혀 찢기고 멍이 든 다리, 냄새나고 온갖 오염 물질로 더러워진 자신을 봅니다. 옷을 빨고 몸을 씻고 다리의 상처에 약을 바르고 붕대를 감습니다. 옷을 빨고 몸을 씻고 상처에 약을 바르려고 마음먹은 것, 그리고 실제로 그렇게 한 것은 칭찬받아 마땅한 일입니다. 훌륭하고 위대한 일이지요. 몸을 씻고 깨끗한 옷을 입으면 '새로운 나'가 되고, 상처가 나으면 다시 씩씩하게 걸어갈 수 있으니까요. 일상에서 해야 할 것을 한다는 것은 그런 것입니다. 희망이며 가능성입니다.

인생길, 길을 걸어갑니다. 길을 잘 살피며 돌에 부딪히지 않고, 먼지가 묻으면 바로바로 털고, 웅덩이가 나오면 안전하게 돌아가고, 가끔 다리도 주물러 주고, 가끔 옷도 털어 줍니다. 길을 잘 살피는 것, 길의 사정에 맞게 걷는 것, 일상의 나를 관리해 주는 것, 이것을 자주 하는 것은 위의 방식보다 훨씬 더 안전하고 빠르게 목적지에 도달할 수 있게 해 줍니다. 희망의 실현이요, 가능성의 실현입니다.

그러나 위와 같은 방식보다 더 나은 방식을 우리는 해낼 수 있습니다. 흙탕물을 뒤집어쓰고 나서 그것을 그대로 두지 않고 씻는 것은 아주 잘하는 일이지만, 미리 흙탕물을 알아차리고, 미리 흙탕물을 피하고, 미리 흙탕물을 멀리하는 것, 이러한 방식이 가장 최상입니다. 당신도 충분히 할 수 있는 방식이지요.

가장 훌륭한 정화는 정화할 필요를 사전에 예방하는 정화입니다. 가장 똑똑한 정화는 정화가 필요한 상황을 미리미리 줄여가는 정화입니다. 가장 위대한 정화는 지금을 가장 잘 살아내는 정화입니다. 언제나 일상이 답입니다. 일상이 곧 인생입니다.

일상의 모든 순간, 일상의 모든 곳에서 '몸과 함께하는 정화'가 당신의 인생 안에 녹아들 수 있다면, 당신은 참다운 자신을 발견하게 될 것이며, "어떻게 살아야 하는 것인가?" 이 질문에 대한 가장 알맞은 해답을 스스로 얻게 될 것입니다.

일상에 소홀하거나 일상을 잘못 보내거나 일상을 망가뜨려 놓거나 일상에서는 아무 생각도 없다가 따로 시간을 마련하여 정화를 하는 방식, 이제 그만

하십시오. 아무리 완벽한 정화라 하더라도 그런 식으로는 인생을 제대로 살아내기가 어렵습니다.

나중에 정화를 하기보다는 일상의 모든 시간을 잘 보내고, 일상의 모든 상황에 잘 반응하며, 일상의 모든 곳에서 기특함, 이것이 진짜 정화입니다. 이것이 당신이 원하는 삶 속으로 들어갈 수 있는 가장 완벽한 방법입니다.

'나중에 정화' 하는 계획은 세우지 않아도 좋습니다. 지금을 잘 살아내십시오. 일상이 곧 기억의 심장입니다. 일상이 팔딱팔딱 생기가 돌아야 기억도 생기를 얻는 법입니다. 일상을 잘살아내면 지워야 할 기억은 점차 줄어듭니다. 일상을 잘살아내면 좋은 기억들만 당신의 무의식에 자리하게 됩니다. 언제나 일상이 답입니다.

사나운 파도가 치는 바다는 보는 것만으로도 무섭고, 위험하기 짝이 없으며, 할 수 있는 게 없어서 아무도 가까이 가지를 않습니다. 이와 같이 평정심을 잃은 감정은 주변 사람들을 불안하게 하고, 그 상태에서는 아무것도 올바로 할 수가 없게 됩니다.

사나운 파도가 여기저기 부딪치고 깨진 후에야 평온해지듯이, 격해진 감정은 안에서든 밖에서든 충분히 부딪치고 깨진 후에야 진정될 수 있습니다. 그리고 그 과정에는 반드시 파괴가 있게 됩니다. 자신을 파괴하든, 제3의 대상을 파괴하든 말이지요.

평온한 마음, 평온한 감정, 평온한 몸은 '평온한 나'를 만들고, 평온해지면 지혜로워지고 인간다워지며 이성적인 나가 됩니다. 당연히 사랑이 되고, 당연히 현명한 판단을 하며, 당연히 올바른 행동을 하고, 당연히 좋은 결과를 얻고, 당연히 일상의 흐름이 평온해집니다. 어떠한 실천법이 가동되어야 할 일이 줄어들고, 당연히 인생이 평온해집니다. 일상에서 평온하기를 다하기 바랍니다.

일상의 그 어떤 것도 인생과 따로 분리되어 있지 않습니다. 당신이 하루에 하는 모든 생각들, 모든 행동들은 그 어떤 것도 당신의 인생과 별개일 수가 없습니다. 심지어 당신이 화장실에서 볼일을 보는 그것마저도 인생과 별개일 수 없습니다.

일상의 모든 생각, 모든 행위는 본디 하나로 연결이 되고, 서로 상호작용하면서 인생이라는 큰 흐름을 만들어 냅니다. 그러므로 당신은 어느 생각, 어느 행동 하나도 허투루 할 수 없습니다. 당신은 어느 생각, 어느 행동 하나도 정화하지 않을 수 없습니다. 당신은 '수행이 삶이요, 삶이 수행인 삶'을 지향함이 옳습니다. 일상이 수행이 되게 하세요. 결코 쉽지는 않지만, 당신이 반드시 지향해야 할 삶의 방식입니다.

당신은 무한한 잠재 능력을 소유한, 무한대로 성장 가능한 사람이 분명하지만, 당신의 삶은 어쩔 수 없이 여러 부분에서 한계를 맞이하게 되는 것 또한 분명합니다.

당신에게 주어진 시간 중 당신이 사용할 수 있는 시간의 한계, 당신에게 주어진 몸 에너지 중 인생의 일을 감당할 수 있는 체력의 한계, 당신에게 주어진 환경 중 당신이 자유로이 활용할 수 있는 환경의 한계, 인간관계, 일, 사랑 등 모든 면에서 당신은 한계에 맞닥뜨리게 됩니다.

당신의 인생에는 군데군데 한계선이 설치되어 있습니다. 이것이 중요합니다. 한계를 인성하는 것, 이편이 한계를 부정하는 편보다 훨씬 더 사실적이고 이롭습니다.

이론적으로, 심리적으로 우리에게는 한계가 없습니다. 하지만 많은 조건들에 둘러싸여 있는 우리의 인생은 여러 면에서 한계를 정하게 됩니다. 인생에 대하여, 마음에 대하여, 정화나 치유를 목적으로 하는 방법들은 수도 없이 많습니다. 그러나 당신은, 당신이 하고 싶은, 혹은 당신이 해야만 할 것 같은 모든 방법들을 다 해 볼 수는 없습니다. 사용할 수 있는 한계가 주어지기 때문입니다. 당신은 그 한계 내에서 할 수 있는 만큼만 하면 됩니다.

당신의 위치는 언제나 '현실'입니다. 그러므로 당신이 시도하려는 모든 방법은 언제나 현실에 기반을 두고 있어야 합니다. 당신의 생각, 당신의 행동이 현실과 너무 멀리 떨어져 있어서는 안 됩니다. 열대 지방에 사는 사람이 추운 지방의 방식으로 살아갈 수는 없듯이, 당신은 현실을 벗어난 삶의 방식대로 살아갈 수는 없습니다.

아직은 영혼만을 위한 수행을 할 수 없는 현실에 처해 있기에, 우주는 당신이 당신의 위치에서 제 역할을 충실하게 해 주기를 기대하고 있습니다. 당신의 영혼은 아무것에도 걸림이 없는 대자유의 깨달음을 얻고 싶겠지만, 지금은 당신의 현실적 인생이 요구하는 것들에 집중해야 할 때입니다. 그것은 사회적 인간으로 존재하는 당신의 책임입니다.

지금의 당신에게는 당신의 일상이 곧 도道입니다. 당신 아내가, 당신 남편이 부처이고 예수이며, 당신 자식이 예수이고 부처입니다. 당신 아내의 투정이, 당신 남편의 무뚝뚝한 한마디가 예수의 말씀이며, 부처의 설법입니다. 당신 자식의 어긋남이 곧 수행이고, 당신 아내의 바가지가 곧 수행입니다. 당신을 화나게 하고, 당신을 힘들게 하는 사람이 곧 예수이고, 부처이며, 당신을 지치게 하고, 당신을 절망하게 만드는 일들이 곧 수행의 관문이 됩니다.

고단하고 팍팍한 삶을 견뎌내느라 안간힘을 쓰는 당신이 너무나 안쓰럽고 안타깝지만, 그래도 당신의 삶 안에 들어와 있는 모든 것들이 당신을 살아가게 하는 동력임을 알고, 감사하며 웃으며 살아가는 방식을 택해야 합니다. 그리고 당신에게 주어지는 시간과 공간 속에서 당신에게 유익함을 줄 수 있는 치유 수행에 열정을 쏟아 보세요. 어느 순간 당신은 빈드시 실맛 나는 세상을 맞이하게 될 것입니다.

지금의 처지가 어떠하든 당신은 특별하고 귀한 사람입니다. 자신을 믿으십시오. 당신의 처지에 상관없이 당신은 당신을 믿어야 합니다. 당신에게는 당신의 일상이 곧 진리입니다.

우리는 불만이 쌓이거나 스트레스가 쌓이면 누군가를 붙들고 '푸념하기'를 시도합니다. 왜 그럴까요? 그렇게 한바탕 쏟아내고 나면 뭔지 모르게 개운해지기 때문입니다. 푸념한 후 웃으며 마무리가 되면 이는 푸념이 올바르게 제 기능을 한 것입니다. 그런데 어떤 경우에는 술을 마시며 시작된 푸념이 신세 한탄으로 이어지거나, 자기 비하로 확산해서 우울한 결말로 끝나기도 합니다.

수행이 깊어지면 푸념이 삶에서 저절로 사라지지만, 보통 사람들에게 푸념은 자연스럽게 나오는 해소 행위이니 무리하게 억누르거나 억지로 참으면 오히려 내적 상황을 더 악화시키는 결과를 초래합니다.

푸념은 생각을 푸는 행위입니다. 내 안에 쌓인 어둡고 부정적인 것을 밖으로 끄집어내 소멸시키고 속을 진정하게 하려는 목적에서 푸념이 일어납니다. 푸념은 잘 활용하면 삶의 활력소가 되고 불편한 내면을 치유하는 약이

살아서, 살아서 행복하라

됩니다.

푸념이 삶에 도움이 되게 하려면 마무리가 좋아야 합니다. 푸념은 대체로 한숨과 함께 넋두리로 시작하지만, 어느 정도 시간이 지난 후에는 반드시 속 시원한 감정과 함께 밝고 희망적인 말을 사용하여 마무리해야 합니다. 그래야 푸념이 삶에 긍정적인 기능을 하게 됩니다.

죽은 자의 혼령이 자신의 억울한 사정과 한 맺힌 이야기를 죽 늘어놓고 그 것을 풀어달라고 하는 것이 넋두리입니다. 그러므로 '산 자'인 우리는 되도 록 넋두리를 하는 푸념이 아닌, 불만이나 불편한 것을 해소하는 긍정 행위로 서의 푸념을 해야 합니다.

일상이 푸념에 점령당해 버리면 푸념할 일이 더욱 늘어나는 법입니다. 푸념 이 없는 삶이 최상이겠으나 우선 푸념을 푸념으로만 하도록 주의하는 것부터 잘할 필요가 있습니다.

알찬 인생, 좀 더 수월하고 좀 더 질 좋은 인생을 바란다면 일상을 잘 잡 으세요. 보람찬 인생, 큰 성취, 큰 풍요함, 큰 성공을 꿈꾼다면 일상을 잘 섬겨 보세요. 순간을 헛되이 보내거나 하루를 잘못 보내고 나서 정화하는 방식의 삶이라면 제아무리 완벽한 정화를 실천한다고 하여도 그 삶은 그다지 순탄치 않을 것입니다.

순간순간을 올바름과 제 길에서 이탈하지 않으려는 의지로 최선을 다하 고, 하루하루를 제대로 정성 들여 살아내는 삶이라면, 정화하지 않더라도 그 삶에는 알맞은 풍요와 안정됨, 그리고 행복이 깃들게 됩니다.

많은 사람이 일상을 잘못 보내고 나서 정화를 실천합니다. 이는 마치 죄를 짓고 나서 용서를 구하는 것과 같습니다. 애초에 죄를 짓지 않으려 온 힘을 기울이는 게 맞는데, 많은 사람이 호오포노포노를 사용하는 방식은 죄를 짓고 나서 용서를 구하는 방식입니다.

일상에서 할 바를 다하고, 일상이 요구하는 것을 잘 해내며, 일상의 유혹들에 무너지지 않고, 일상을 기특하게 잘 살아내는 것이 가장 훌륭한 삶의 방식인데, 다수의 사람들은 일상을 잘살아내려는 의식보다는 그저 정화를 열심히 하려는 의식이 강한 것 같습니다.

정화를 잘 실천하는 것은 인생을 위해서 좋은 일입니다. 그러나 정화에 신경을 쓰고 정성을 쏟기 전에 먼저 일상을 잘 보내는 것에 마음을 쓰고 온 힘을 다하는 것이 가장 위대한 삶의 방식입니다.

일상이 답입니다. 순간순간, 하루하루, 일상을 잘 잡고 일상을 잘 섬기는 삶을 지향하세요. 정화할 것을 줄이는 삶이, 정화를 잘하는 삶보다 훨씬 더 수월하고 아름다운 삶이 됩니다.

당신의 몸은 무수히 많은 '부분'이 하나가 되어 공동 운명체를 이루고 있는 '전체'입니다. 오장육부, 살과 뼈, 손과 발, 눈과 귀를 비롯한 여러 '부분'이 결집되어 하나 된 '전체'를 이루고 있는 것이 당신의 몸입니다. '부분이 곧 전체'인 것이지요. 그래서 몸은 이빨이라는 부분만 아파도 고통이 오고, 만약 그 부분의 고통을 치료하지 않는다면 몸은 결국 죽음을 피할 길이 없게 됩니다.

감기나 가벼운 상처처럼 심각하지 않은 몸의 아픔은 바로 치료가 되지만, 또한 몸이라는 전체의 안위에 크게 위협되지도 않지만, 만일 이것을 방치한다면 가벼운 아픔은 결국 온몸을 죽음으로 몰고 가는 원인으로 돌변합니다. 인

살아서, 살아서 행복하라

생도 이와 다르지 않습니다.

가끔 실수도 하고 탈이 나는 날이 있지만, 가벼운 실수나 약간의 탈에 인생이라는 전체는 크게 흔들리지 않습니다. 하지만 그것이 중복되고 반복되면 이야기는 달라집니다. 가벼운 실수가 큰 화를 불러오기도 하고, 약간의 탈이 큰 상처를 내는 일로 확대되기도 하는 것이 인생입니다.

그러므로 당신은 일상을 잘 해내려 노력해야 합니다. 인생이라는 건 결국 일 초의 모음이며, 순간의 모음입니다. 순간을 잘 해내고 일상을 잘 해내야 인생이 편안하고 순조로울 수 있습니다.

사소한 실수에 실망하거나 낙담할 필요는 없지만, 아주 미미한 실수라고 해도 방심하거나 방치해서도 안 됩니다. 자칫 인생 전체가 불치의 아픔을 겪게 될 수 있는 상황으로 치달을 수도 있으며, 그것은 언제라도 누구에게나 일어날 수 있는 일입니다. 당신도 예외는 아닙니다. 일상에서 가볍게 여겨도 좋은 것은 없습니다. 인생은 곧 일상입니다.

인생에는 그 사람의 에너지장이 가장 최적화된 쪽으로 펼쳐지려는 물리적 작용이 있습니다. 마라톤에 가장 최적화된 사람이 마라톤을 잘하게 될 확률이 높고, 씨름에 가장 최적화된 사람이 씨름을 잘하게 될 확률이 높은 것처럼, 승리에 최적화된 팀은 승리할 확률이 높고, 패배에 최적화된 팀은 패배할 확률이 높고, 부유함에 최적화된 사람은 풍요할 확률이 높고, 궁핍함에 최적화된 사람은 빈곤할 확률이 높습니다.

모든 존재는 에너지이고, 인간의 활동은 에너지 활동이며, 인간의 삶은 에너지의 작용이 현상되는 결과이기 때문에 그렇습니다. 그렇다면 한 인생의 에너지장은 어떻게 형성될까요? 그 사람의 내적, 외적 요인의 복합적인 작용으로 형성됩니다. 내면의 질과 외부의 환경적 요인이 에너지화되어 한 인생의 고유한 에너지장을 형성하는 것이지요.

당신은 어떤 삶에 가장 최적화되어 있을까요? 당신의 모든 것을 정화하세요. 현재의 삶이 그다지 마음에 들지 않는다면 당신은 당신의 모든 것을 바꾸는 시도를 해야 합니다. 당신이 원하는 삶에 가장 최적화된 '새로운 에너지장' 으로 말이지요.

사람은 자신한테 중요한 사람에게 더 잘하려 하고, 중요한 일을 더 먼저 하려 하고, 중요하게 여기는 수단을 더 선호하게 마련입니다. 그러므로 인생에서 '무엇에 중점을 두느냐' 는 매우 중요합니다.

인생을 위한 도구나 수단에 있어서도 마찬가지입니다. 당신이 인생을 더 나은 쪽으로 바꾸려고 마음먹고, 그것을 이루기 위해 무엇을 주요 수단으로 하느냐는 그저 무심코 정할 일이 아닙니다.

당신의 인생을 확 바꿔 줄 진짜 답은 무엇일까요? 당신의 인생을 풍요하고 행복한 쪽으로 새롭게 창조하게 해 줄 수 있는 진짜 수단은 무엇일까요?

"내가 답이다", "사랑이 답이다", "일상이 답이다"

내가, 사랑으로, 일상을 잘 해내는 것이 진짜 답입니다. 인생살이에서 그보다 더 정확한 답은 없습니다. 그러나 아는 것만으로는 안됩니다. 아는 것이 매일 작동되고 있어야 합니다. 아는 것을 당신의 의식과 당신의 마음과 당신의 감정이 매일 함께 실행해야 합니다. 그렇게 하면 진짜 답이 당신의 무의식으로 들어가게 됩니다. 그때가 되면 비로소 당신 안의 시스템이 그 답대로 작동하게 됩니다.

당신은 그렇게 풍요를 이루어 갑니다. 당신은 그렇게 원하는 것을 성취해 갑니다. 당신의 인생은 그렇게 완성되어 갑니다. 당신에게 확신을 가지고 권합니다. 답이 마련되거든, 그 답이 당신의 의식에, 당신의 마음에, 당신의 감정에 스며들게 하고, 답을 행동으로 옮기는 것을 게을리하지 않기를 바랍니다. 일상에서 그리하기를 진심으로 권합니다.

"나는 무엇으로 이 시대를 존재해야 하는가?"
"이 시대에 나의 인생은 무엇이어야 하는가?"

이 물음에 대한 답이 당신의 평소 모습이 되게 하고, 이 물음에 대한 답이 당신의 인생이 되게 하세요. 이 물음에 의지하고 이 물음의 답대로 행동하세요. 자주 혹은 가끔 일부러 챙겨서라도 그리하세요.

현생에서 당신은 세상에 어떤 역할을 해야 할까요? 당신의 현생은 어떤 기능을 해야 할까요? 당신의 일상이 그것을 잊지 않는다면 당신의 존재함은 어떤 형태로든 세상에 이로움이 될 것입니다. 당신의 삶은 상당한 가치와 의미를 얻게 되겠지요. 이 시대에 머물게 된 당신의 영혼은 무엇을 하고 싶은 것일까요?

호오포노포노를 사랑하되 당신의 일상을 더욱 사랑하세요. 호오포노포노에 정성을 다하되 당신의 일상에 더욱 정성을 다하세요. 호오포노포노를 진심으로 하되 당신의 일상에 더욱 진심을 다하세요. 당신의 일상을 잘 살아내기 위해 호오포노포노를 당신의 일상으로 초대하는 것이지, 호오포노포노를 잘 해내기 위해 일상이 호오포노포노의 품으로 들어가는 것이 아닙니다.

많은 사람이 인생을 위한 호오포노포노가 아니라, 호오포노포노를 위한 호오포노포노를 하고 있습니다. 혹시 당신의 인생에서도 그와 같은 엉뚱한 일이 매일 반복되고 있는 것은 아닌지요?

텅 빈 공간에 혼자 있다면, 당신에게 - 시각으로도 청각으로도 촉각으로도-아주 미세한 영향이라도 줄 만한 것은 단 한 가지도 없는, 오로지 당신 혼자뿐인 방이라면 어떨까요? 이 순간에도 당신은 에너지 교류 중입니다. 당신의 기억은 과거로 미래로 시간 여행을 하고, 그곳에서 당신은 이미 만났었던-당신에게 좋았거나 나빴던-사람들을 다시 만나고, 아직은 알지 못하는-그러나 만나게 될-누군가를 만나게 됩니다. 그 모든 일련의 과정들이 모두 에너지의 작용입니다. 당신마저도 에너지 작용입니다.

그렇다면 아무도, 아무것도 없는 곳에서 당신이 잠이 든다면 어떨까요? 당신은 아무런 행동을 하지 않고, 생각도 하지 않겠지요. 그러나 이때도 당신은 여전히 에너지 교류 중입니다. 왜냐하면 그곳에는, 그러니까 당신 눈에 텅 빈 공간으로 보이는 그곳에는 이미 어떠한 에너지가 형성되어 있었으니까요. 그 에너지는 당신이 잠들어 있는 순간에도 당신의 모든 것에 영향을 미칩니다. 당신의 영혼, 당신의 몸, 당신의 세포, 당신의 의식, 그리고 당신의 무의식은 이 순간마저도 에너지와 교류하는 중인 것이지요.

당신은 에너지이며, 당신이 가는 모든 곳에는 고유한 에너지가 형성되어 있고 방출 중이며, 당신이 만나는 모든 대상-사람, 동물, 물건, 사건, 상황 등-은 에너지이며, 그 모든 대상들은 자기만의 고유한 에너지를 방출합니다. 그 모든-당신을 포함한-에너지들은 모든 것에 서로 영향을 주고받으면서 변형되어

살아서, 살아서 행복하라

가지요. 그리고 그 모든 일은 언제나 일상에서 이루어집니다. 당신이 일상을 가볍게 여기지 않아야 하는 이유입니다.

학교 숙제를 잘하면 선생님의 칭찬을 받듯이, 인생의 숙제를 잘하면 우주의 칭찬을 받게 됩니다. 선생님이 내 주는 숙제를 잘하면 성적은 저절로 올라가듯이, 우주가 내 주는 숙제를 잘하면 삶은 저절로 성장을 합니다. 일상의 잘해냄, 당신의 숙제는 언제나 일상입니다.

평생을 두고 당신이 잊지 말아야 할 단 하나의 말이 있다면 그것은 "일상이 답이다", 이 말입니다.

일상이 답이다.

막연하지만 신의 사랑에 의지한 채 살아가는 것이 마음 편하고, 잘 알지는 못하지만 방법론에 매달리며 살아가는 것이 그나마 희망적인 삶, 이 시대를 살아가는 우리들의 모습은 대체로 이와 같습니다. 어리석고도 안쓰럽기 짝이 없지요. 우리는 이제 그러한 삶과 결별할 때가 되었습니다. 비록 인생이 무엇인지를 어렴풋이 짐작만 할 뿐이지만, 사랑, 풍요, 평화, 행복, 기쁨 등의 해답은 언제나 일상에 있음을 우리는 아주 잘 알고 있습니다. 일상은 평범함 중의 비범함이며 진리 중의 진리입니다. 우리는 축복합니다. 우리의 일상을.

제4장

변화를 약속하는
'책 사용법'

당신은
당신을 믿어도 좋습니다.

당신은
당신의 삶을 믿어도 좋습니다.

그리고

당신은 이 책을 믿어도 좋습니다.

우리는 모두 우주의 자녀, 빛의 존재입니다.

당연한 사랑,
당연한 진리,
당연한 풍요,
당연한 기쁨,
당연한 행복,

당신이 누려 마땅한 가치들이
당신의 인생에 늘 함께할 것을 축복합니다.

우주는 당신을 창조했으니
당신은 '행복창조자'로서 삶을 잘 해내기 바랍니다.

당신의 운명이 호오포노포노를 만났다는 것,
그것은 '가능성' 입니다.
당신의 운명이 이 책을 만났다는 것은
'가능성의 꿈틀거림' 입니다.

　당신이 이 책을 통해 '일상이 정화' 인 삶을 매일 해낸다는 것은 '가능성의 실현' 입니다. 당신이 이 책을 통해 일상을 잘 해내는 사람이 된다는 것은 '가능성의 완성' 입니다. 그것은 당신의 소망이 무엇일지라도 그렇습니다.

　그런 사람이 됩니다. 누군가에게는 세상에서 가장 귀한 사람이 되어 주고, 누군가에게는 슬픈 때에 큰 위로가 되어 주며, 누군가에게는 주저앉고 싶을 때 다시 일어설 수 있는 용기가 되어 주고, 누군가에게는 꿈이 되어 주며, 누군가에게는 살아있음이 무한한 감사임을 알게 하는 사람이 되어 주고, 누군가에게는 살아가는 일에 훌륭한 길잡이가 되어 주며, 누군가에게는 평생 잊지 못할 은인이 되어 주고, 누군가에게는 세상은 그래도 아름다운 곳이라는 걸 증명하는 사람이 되어 주며, 누군가에게는 인간의 위대함을 깨닫게 하는 사람이 되어 주고, 누군가에게는 돈은 너무 크게 욕심부리지 않는 것이 행복할 수 있는 것임을 몸소 보여 주는 사람이 되며, 누군가에게는 인내함이 얼마나 대단한 것인지를 보여 주는 사람이 되고, 누군가에게는 사랑이 얼마나 큰 기적인지를 알게 해 주는 사람이 되며, 누군가에게는 단 한 순간도 떨어져서는 안 되는 사람이 되고, 누군가에게는 존재함 자체로 가슴이 꽉 채워지는 사람, 우리는 이렇게 아름다운 사람이 됩니다.

이 책을 통하여 당신이 세상에 이로운 존재로 재탄생하였으면 좋겠습니다.

당신이 어떠한 글을 한 번 읽을 때 당신의 머리는 이해를 합니다. 하지만 엄밀히 말하면 아주 얕은 이해일 뿐입니다. 당신이 글을 두 번 읽을 때 당신의 머리는 처음에 느끼지 못했던 무엇인가를 이해하게 됩니다. 당신이 세 번 이상을 읽을 때 당신의 머리는 좀 더 이해를 하게 되고, 당신의 뇌와 무의식 속에 정보로 저장되기 시작합니다.

이 세상에 어떠한 글도, 글쓴이가 전달하고자 하는 것을 완벽하게 표현해내지 못합니다. 그것은 글자가 지니고 있는 한계이니 어쩔 수 없습니다. 그러나 어떠한 글을 반복해서 읽는 횟수가 늘어나면 늘어날수록 글쓴이가 글에 담아 놓은 진리들을 하나하나 더 발견하고, 체감하게 됩니다. 하지만 많은 사람이 책 한 번 읽고서 안다고 말을 합니다. 당신은 어떨까요?

글자를 읽는 것은 겉만 안 것입니다. 글자를 통하여 뜻을 헤아려야 그 속을 알게 되는 것이지요. 머리로 읽고, 마음으로 읽고, 사색으로 읽기까지를 했을 때, 비로소 그 뜻을 미루어 짐작할 수 있게 됩니다.

많은 사람이 정화가 무엇인지 잘 모르는 채로 정화하고, 호오포노포노가 무엇인지 정확하게 이해하지 못한 채로 호오포노포노를 실천합니다. 마치 인생이 무엇인지 잘 모르는 채로 인생을 사는 것처럼 말이지요.

글은 아무리 잘 읽어도 읽는 것만으로는 부족합니다. 사색, 읽은 것을 화두 삼아 충분한 시간 동안 사색을 해 보아야 합니다. 그랬을 때 그나마 조금 '안다' 라고 할 수 있는 것이지요. 어떻습니까? 당신은 혹시 '정화' 라는 화두를 두고 사색해 본 적이 있는지요? 말로 글로 이해하는 정화와 사색을 통하여 이해하는 정화는 차원이 같을 수가 없습니다.

이 책을 최대한 자주, 최대한 여러 번, 최대한 오랜 날 곁에 두고 읽기를 즐겨 한다면, 감히 장담하건대 당신의 인생은 분명 풍요해지고 행복해질 것입니다.

감기에 걸리면 당신은 감기약을 복용합니다. 머리가 아프면 당신은 두통약을 복용합니다. 감기에 걸렸을 때 당신은 약국에 가서 "두통약 주세요." 라고 하지 않습니다. 두통이 심할 때 당신은 약국에 가서 "감기약 주세요." 라고 하지 않습니다. 감기를 치료하려면 감기약을, 두통을 치료하려면 두통약을 복용해야 한다는 것을 당신은 아주 잘 알고 있기 때문입니다. 어딘가 아프면 그 아픔에 맞는 약을 복용해야 한다는 사실을 당신은 아주 잘 알고 있기 때문입니다. 그렇게 지혜로운 당신인데, 왜 삶의 치유에 있어서는 그러지 못하는 것일까요?

실천을 하더라도 올바른 방향 설정을 하고, 올바른 방식으로 해야 하는데, 많은 사람들이 그냥 죽기 살기로 하기만 하면 되는 줄 알고 있습니다. 알맞지 않은 노력은 힘만 들고 허사가 되기 십상인 법인데, 많은 사람이 붕 떠 있는 정화를 하고 있는 것 같아서 너무나 안타깝습니다.

정화해야 할 것을 정화해야 그나마 조금의 가능성이라도 기대해 볼 수 있을 텐데 막연하게 습관적으로 하거나 논리로, 지식으로 정화를 합니다. 맞지 않는 정화는 공염불이 되기 십상인데 많은 사람이 제대로 된 정화를 하지 못합니다.

정화가 필요한 것은 '나의 내면' 뿐만 아니라, 나와 관계된-유형, 무형의-모든 에너지가 탁하고, 흐트러져 있기 때문입니다. 당신이 호오포노포노를 하는 이유는 삶이 어딘가 아프기 때문입니다. 그런데 왜 당신은 막연한 정화를 하는 것일까요? 막연하게 "미안합니다, 용서하세요, 고맙습니다, 사랑합니다"를 되뇌는 것, 운명의 치유가 그렇게 쉽게, 그렇게 단순하게 될 거라고 믿기 때문일까요? 물론 막연하게라도 하는 것이 하지 않는 것보다는 더 나을 것입니다. 그러나 맹점은 원하는 대로 원하는 만큼 삶이 변화하려면 그것만으로는 턱없이 부족하다는 데에 있습니다.

작년에 아팠던 삶이 올해도 여전히 아파하고 있다는 사실을 확인하면서도, 여전히 작년과 똑같은 삶의 방식, 여전히 작년과 똑같은 정화 방식에 의존하고 있는 당신. 마라톤 선수가 100m 달리기에 적합한 훈련을 열심히 한다면 얼마나 어리석은 일일까요?

'맞는 노력', '맞는 정화', '맞는 생각', '맞는 시도'가 실행되어야 하는데, 그냥, 무작정, 막연히 하니까 에너지가 조화를 회복하지 못하게 되고, 삶이 좀처럼 나아지지 않는 것입니다. 당신 삶이 아파하고 있는, 그 아픔을 치유할 수 있는 '맞춤 정화'를 해야 합니다. 당신 삶이 고통스러워하고 있는, 그 고통을 치유할 수 있는 '맞춤 확언'을 해야 합니다.

정확히, 제대로, 도중에 멈추지 말고 꾸준히 말이지요. 에너지는 의식하는 곳에 더욱 강하게 작용하는 법, 당신의 의식과 의념을 당신의 목적에 맞추세요. 정화 언어 도구도 맞춤형으로 시도해야 하지만, 더 중요한 것은 일상의 모든 것을 거기에 맞춤형으로 해야 한다는 것입니다. 그렇게 안팎에서 공조를 이뤘을 때 당신은 원하는 대로의 삶을 얻을 확률이 높아집니다.

읽으면서 저절로 깨달아지고,
읽으면서 가장 최선의 답을 찾게 되고,
읽으면서 어떻게 살아야 하는지를 깨닫게 되고,
읽으면서 무엇이 중요한지를 알게 되고,
읽으면서 알게 된다.
무엇을 붙들고 무엇을 놓아야 하는지.

우리는 모두 누군가의 무엇입니다. 우리는 누군가의 자식이며, 누군가의 부모이며, 누군가의 형제이며, 누군가의 동료이며, 누군가의 선배이며, 누군가의 후배이며, 누군가의 사랑이며, 우리는 그렇게 누군가의 무엇으로 살아갑니다. 그리고 우리는 모두 누군가의 가슴에 살고 있는 무엇이기도 합니다. 어떤 사람은 누군가의 기쁨으로 살고, 어떤 사람은 누군가의 슬픔으로 살고, 어떤 사람은 누군가의 보람으로 살고, 어떤 사람은 누군가의 아픔으로 살고, 어떤 사람은 누군가의 절망으로 살고, 어떤 사람은 누군가의 희망으로 살아갑니다.

당신은 어떻습니까? 당신은 당신을 사랑하고 있는 누군가에게 무엇이 되어 살아가고 있습니까? 들리지 않습니까? 당신을 사랑하는 누군가가 간절히 외치는 한마디, "일어나!". 누군가의 간절함을 품고 살아가는 우리는 열심히 사는 것만으로는 변명이 되지 않습니다. 잘 살아야 합니다. 아무리 훌륭하고 아름다운 변명거리가 마련된다 하더라도 패배자는 누군가에게 아픔이 되고, 슬품이 되고, 절망이 될 뿐이라는 사실은 변하지 않습니다. 더 명확한 사실은 사람도, 세상도, 우주도, 패배자의 등을 토닥여 줄 수는 있어도, 패배자의 손을 잡고 함께 가지는 않는다는 것입니다.

다시 한 번 귀 기울여 보세요. 들리지 않나요? 당신을 향해 소리치는 간절한 한마디 "일어나!". 힘드십니까? 죽고 싶을 만큼 힘드십니까? 그래도 당신은 일어나야 합니다. 지금 일어나지 못하면, 당신은 영원히 일어날 수 없을지도 모릅니다. 당신이 일어날 수 있는 기회는 언제나 지금뿐일 수도 있는 것, 그것이 삶입니다.

선택하세요. 일어나기를 선택하세요. 당신의 영혼이 간절히, 간절히 외쳐대는 소리를 공허한 메아리로 만들지 마세요. 살아서 누리지 못하는 행복은 죽어서도 누리지 못합니다.

살아있는 지금,
지금 일어나기를 선택하세요!

살아있는 지금,
지금 행복하기를 경험하세요!

누군가의 간절한 희망이라는 사실만으로도 당신은 주저앉을 명분을 갖지 못한 사람입니다. 일어나십시오. 어떤 어려운 상황에 처해 있더라도 일단 일어나기를 선택하십시오. 됩니다. 당신은 할 수 있는 사람입니다. 일어나십시오. 일어나서 누군가가 간절히 바라는 희망, 그 희망을 증명하십시오. 당신이 지금 할 일은 그것입니다.

나를 바꾸고 행복한 삶을 완성하는 책 사용법

원하는 삶을 얻게 됩니다!

이 책은 당신이 바라는 '더 나은 인생'을 분명 가능하게 할 것을 감히 확신합니다. 당신이 제대로 활용하기만 한다면 말이지요.

저는 수많은 사람의 인생과 운명을 들여다보고, 연구하며, 각자에게 알맞은 '맞춤 수행'을 권하며 그 보람으로 살아가는 '길잡이'입니다. 실체 없고 형이상학적이며 멋스러워 보이는 글로 그럴싸한 실천을 제안을 하는 것이 아니라, 조금 수고롭고 조금 더디지만 각자에게 알맞은 '맞춤 실천법'을 제안하기를 고집하지요.

이 책은 '뜬구름 잡는 방식'이 아니라, 실제 상황을 잘 해내기 위한 '살아있는 이야기'입니다. 당신이 활용하기에 따라서 이 책은 당신의 인생에서 얼마든지 위대한 역할을 할 수 있을 것을 장담하며, 이 책을 제대로 활용할 수 있는 방법을 알려 드립니다.

더 나은 삶을 완성해 갑니다!

인생이라는 것은 수많은 요인이 복합적으로 얽히고설킴으로써 흐름이 형성됩니다. 어느 하나의 매뉴얼로 완전하게 작동시킬 수 없다는 뜻입니다. 당신이 인생을 가장 잘 살아낼 수 있는 최고의 방법은 '일상을 잘 해내는 것'입니다. 인생에서 수많은 현상들은 고정됨이 없고 시시각각 다른 형태로 일어납니다. 당신은 그때마다 반응을 잘해야 하고, 대응 또한 잘해야 합니다. 그러기 위해서 모든 시간에 당신의 의식은 깨어 있어야 하고, 당신의 감정은 평온해야 하며, 당신의 감각은 순수한 상태에 있어야 합니다. 그리고 이 책은 바로 그것들을 잘할 수 있도록 도와주는 역할을 할 것입니다.

목적이 없는 사람은 갈 곳이 없게 됩니다. 목적지를 정하지 못한 화살은 어디로 떨어질지 모릅니다. "미안합니다, 용서해주세요, 고맙습니다, 사랑합니다." 막연히 중얼거리는 정화 언어는 갈 곳을 정하지 못한 화살과 같습니다.

매일 이 책을 들고 아무 페이지나 펼쳐서(의도해도 됨) 해당 페이지의 글을 읽고, 확인을 주문처럼 외우다 보면 당신의 일상에 맑고 밝은 상승 에너지가 스며들고 당신의 삶은 점차 상승의 흐름을 형성하게 됩니다. 엄밀히 말하면 당신의 내면 정보에서부터 변화가 시작됩니다.

당신이 무심코 펼친 페이지에 해당하는 것들이 당신이 지금 정화해야 할 것들입니다. 당신의 일상에서 우선적으로 정화되어야 하는 것들이지요.

일상이 답입니다. 일상을 잘 해내는 것이 감각적으로 자동화만 된다면 삶은 최상의 작품이 될 수 있습니다. 당신에게는 일상을 잘 해내는 감각을 기르는 것이 관건입니다.

- 최소한 하루에 한 번 정도는 시도하세요.
- 뭔가 일이 막힐 때 시도하면 좋습니다.
- 책을 펼치기 전에 몸과 마음을 고요히 하면 좋습니다.
- 당부하건대 꾸준히 해 보십시오. 삶은 반드시 변화합니다.

방법 1. 책읽기에 대하여

1. 허리를 곧게 펴고 앉아 심호흡을 3회 한다.

2. 눈을 감고 책을 들고 아무 페이지나 편다.

3. 해당 페이지의 내용을 소리 내서 읽는다.

4. 눈을 감고 방금 읽은 내용을 상기해 본다.

방법 2. 확언에 대하여

1. 허리를 곧게 펴고 앉아 심호흡을 3회 한다.

2. 허리와 척추 부분을 두드린다.

3. 좌우 어깨를 번갈아 두드린다.

4. 두 손을 들어 털어 준다.

5. 목을 좌우로 가볍게 3회씩 회전한다.

6. 머리를 흔들어 뇌에 자극을 준다. (약 3~5분가량 전후좌우로 흔들어 주기도 하고, 도리도 리 하듯이 흔들어 준다.)

7. 확언을 소리 내서 3회 정도 읽는다.

※ 주의 : 6번의 머리 흔들기는 처음 며칠은 속도를 천천히 하되 점차 속도와 횟수를 늘려 간다.

도움 주기 :

1. 뇌세포가 확언을 이루기 위해 활발하게 활동하는 상상을 한다.

2. 확언이 이루어진 상상을 한다.

3. 사랑합니다, 감사합니다와 같은 정화 언어를 함께하면 더 좋다.

- 일상이 답입니다. 일상이 인생입니다. 일상이 좋으면 인생이 좋습니다. 일상을 이루는 여러 요소에 대한 감각을 습득해 놓으면 그것은 일상에서 행동으로 자연스럽게 나오게 됩니다.
- 무의식은 한때 의식이었습니다. 위의 방법대로 혹은 당신이 알고 있는 또 다른 방법대로 확언을 매일 의식적으로 반복하다 보면, 그것은 무의식에 정보로 저장됩니다.
- 무의식에 저장되고, 뇌세포에 각인되고, 감정이 동조하면 그것은 현상으로 나타나기 쉬워집니다. 당신의 인생에서 당신의 일로 현상이 되는 것이지요.

우주 안의 모든 존재는 서로 자극과 반응을 주고받으며 서로에게 영향을 미칩니다. 우리 인간은 자극과 반응의 존재입니다. 자극을 받고 자극을 주고, 반응을 주고 반응을 받는 것, 그것이 인생입니다. 삶은 자극과 반응의 결과물입니다. 사랑도, 일도, 풍요도, 행복도, 평화도, 모든 것은 자극과 반응에 따라 그에 알맞은 결과물이 만들어집니다.

상대 - 살아있거나 죽어있거나, 물질이거나 생명이거나, 세상의 모든 대상-의 반응은 내게 자극의 기능을 하고, 내 반응은 상대에게 자극의 기능을 하는 것, 그것이 인생입니다. 그러므로 인생을 잘 살아내려면 자극과 반응을 잘해야 합니다.

운이 안 좋다는 것은 외부에서 내게 가해져 오는 자극이 좋지 않다는 것이며, 나의 반응 또한 좋지 않다는 것입니다. 그러므로 운을 바꾸려면 나에게 '새로운 자극'을 마련해 줘야 하고, 내가 '새로운 반응'을 해야 합니다. 그래야 '새로운 운'의 통로가 열리는 것이지요.

늘 만나던 사람이 아닌 '새로운 사람'을 만나고, 늘 가던 길과 다른 방향의 길로 오가고, 늘 보던 종류의 책이 아닌 다른 종류의 책을 보고, 이런 식으로 늘 하던 방식과 다른 방식으로 일상에 변화를 시도하면, 외부로부터 나에게 가해져 오는 자극이 달라집니다.

호오포노포노는 나의 반응을 안정시키는 작업입니다. 세상에 대하여, 사람에 대하여 가장 이상적으로 반응하게 하여, 내가 외부를 가장 이상적으로 자극하게 하는 작업입니다. 반응이 바뀌면 자극이 바뀌고, 자극이 바뀌면 반응이 바뀝니다. 즉, 삶의 흐름이 바뀝니다. 자극과 반응의 변화는 운의 변화를 부르고, 인생의 변화를 부릅니다.

일이 잘 안 풀리거나 인생이 정체되거나 뜻대로 되지 않을 때, 이 글을 당신이 기억해 낸다면, 그리고 이 책이 권하는 대로 자극과 반응에 변화를 준다면, 당신은 분명 흐름을 바꿀 수 있습니다. 당신은 삶의 활로를 스스로 창조할 수 있게 됩니다. 당신을 응원합니다. 사랑합니다.

또 하나의 쓸데 있는 팁

본문 제6장에는 일상을 아우르는 여러 이야기들이 실려 있습니다. 짧지만 요점을 담으려 노력했고, 각 꼭지의 글 끝에는 당신이 사용하면 좋을 확언 한 마디를 실어 놓았습니다. 행복한 삶을 완성하는 오늘의 확언입니다. 자주 반복하면 무의식에 긍정적 정보로 저장되고, 뇌는 그것을 현실에서 현상하고자 시도하게 됩니다. 확언과 함께 '미용고사'를 한다면 더욱 좋겠지요. 당신은 당신의 뇌세포를 믿어도 좋습니다. 당신의 무의식을 믿어도 좋습니다. 당신은 당신의 인생을 믿어도 좋습니다. 그리고 이 책을 당신은 믿어도 좋습니다. 일상을 잘해낼 수 있는 감각을 이 책이 당신에게 선물할 것입니다.

또 하나의 유용한 팁

아침에는 다음과 같은 축복의 말로 하루를 시작하기를 권합니다.

온 우주를 사랑합니다.

온 신들을 사랑합니다.

내 나라를 사랑합니다.

내 조상을 사랑합니다.

내 부모를 사랑합니다.

내 형제를 사랑합니다.

내 동료를 사랑합니다.

내 인생을 사랑합니다.

온 우주에 감사합니다.

온 신들에 감사합니다.

내 나라에 감사합니다.

내 조상에 감사합니다.

내 부모에 감사합니다.

내 형제에 감사합니다.

내 동료에 감사합니다.

내 인생에 감사합니다.

온 우주를 축복합니다.

온 신들을 축복합니다.

내 나라를 축복합니다.

내 조상을 축복합니다.

내 부모를 축복합니다.

내 형제를 축복합니다.

내 동료를 축복합니다.

내 인생을 축복합니다.

그리고 '모르나 기도문'은 밤에 사용하기를 권합니다.

이유는 당신의 삶이 알려줄 것입니다.

일단 해 보기!

무조건 해 보기!

반드시 해 보기!

끝까지 해 보기!

제5장

호오포노포노
올바른 사용법

삶에 대하여

치유에 대하여

답은 호오포노포노에 있지 않습니다.

호오포노포노를 사용하는 자기 자신

답은 바로 거기에 있습니다.

우리는 모두 우주의 자녀, 빛의 존재입니다.

당연한 사랑,
당연한 진리,
당연한 풍요,
당연한 기쁨,
당연한 행복,

당신이 누려 마땅한 가치들이
당신의 인생에 늘 함께할 것을 축복합니다.

우주는 당신을 창조했으니
당신은 '행복창조자'로서 삶을 잘 해내기 바랍니다.

호오포노포노식 정화법은
무조건 따라 해도 좋을 만큼 괜찮고 훌륭한 방법입니다.
일단 하라는 대로 최대한 빨리 시작하는 게 좋습니다.
하지만 무작정 하는 것만으로는 부족합니다.

호오포노포노를 더 많이 더 깊이 더 제대로 이해하려고 노력하면서 행하는 것이 좋습니다.

어떤 사람들은 호오포노포노 책을 읽고 글자를 이해한 것을 호오포노포노를 이해한 것으로 생각하지만, 진정한 이해는 글자만 봐서 알 수 있는 것이 아닙니다. 지속적으로 실천하면서 몸으로 체험하고 마음으로 느끼고 깊은 사색의 과정을 거쳐야 비로소 깊고 넓은 이해를 얻을 수 있는 것이지요.

하지만 무엇보다 당신이 명심해야 할 것은, 호오포노포노에만 의지해서는 당신이 원하는 삶은 창조되기 어려울 것이라는 현실적 진실입니다. 이 말이 당신에게는 대단히 실망스러울 수도 있겠지만, 아무리 힘이 빠져도 진실은 미리 알고 출발하는 것이 좋습니다. 그래야 호오포노포노를 제대로 사용할 수 있고, 그래야 인생에 꼭 해야 할 것들을 할 수 있기 때문입니다. 답은 호오포노포노에 있는 것이 아니라, 호오포노포노를 사용하는 당신 안에 있습니다.

삶과 호오포노포노

하나의 방법론은-그것이 무엇이든-내게 맞을 수도 있고, 나와 맞지 않을 수도 있습니다. 또한 내게 아주 잘 맞는 방법이라고 해도 나와 잘 맞을 때가 있고, 나와 잘 맞지 않을 때도 있습니다. 내게 아주 잘 맞는 방법도 내 인생에 통할 때가 있고, 전혀 통하지 않을 때가 있습니다. 이유는, 하나의 방법이라고 하는 것은 '고정된 매뉴얼'인데, 나를 비롯하여 내 인생에 관계되는 모든 것은 아무것도 고정되어 있지 않고 늘 변화하기 때문입니다.

모든 방법은 고정된 매뉴얼인데, 방법을 사용할 나 자신은 '늘 다른 나'입니다. 때로는 생각이, 때로는 감정이, 때로는 행동이, 때로는 마음 상태가, 때로는 몸 상태가 언제나 '고정된 나'일 수가 없습니다.

어떠한 방법이 쓰여야 할 내 인생은 늘 움직이고 있습니다. 어떠한 방법을 씨앗으로 비유해 본다면, 그 씨앗이 심어져야 할 환경인 내 인생은 늘 다르다는 뜻입니다. 어제와 오늘이 다르고, 오늘과 내일이 다릅니다.

내 인생에 영향을 미치는 모든 것은 고정되어 있지 않습니다. 그래서 내 인생에 미치는 영향력 또한 늘 다르지요. 우주 에너지도, 나와 관계된 사람들도, 내가 먹는 음식도, 듣는 음악도, 보거나 듣는 방송도, 보는 것, 듣는 것, 하는 것 등 모든 것이 다 고정되어 있지 않습니다. 고정되어 있는 것은 딱 한 가지, 사용하기로 한 방법의 매뉴얼뿐.

이러한 이유로 인간 세상에 출현한 그 어떤 방법도 만능열쇠가 될 수 없습니다. 모든 문을 한 번에 열 수 있는 만능열쇠일 수 있는 방법론은 세상에 없습니다. 바로 이 점을 먼저 이해하고 깨달아야 하며, 앞으로 절대 잊지 않아야 합니다.

당신에 대하여, 당신의 인생에 대하여 호오포노포노 역시 같은 의미를 지니고 같은 기능을 하며 같은 결과를 보입니다. 통할 때가 있고 통하지 않을 때가 있으며 잘 맞을 때가 있고, 잘 맞지 않을 때가 있습니다.

호오포노포노라는 매뉴얼은 고정되어 있지만, 호오포노포노가 사용되어야 할 당신의 모든 것은 고정되어 있는 상태로 있을 리 없습니다. 예를 들면 어떠한 방법은 어떠한 옷으로 비유할 수 있습니다. 하나의 옷이 사계절 내내 다 통할 수는 없습니다. 여름옷이 여름에는 알맞은 기능을 할 수 있지만, 가을이 오고 찬바람이 불면 여름옷은 나를 지켜줄 수가 없습니다. 겨울옷이 겨울에는 나를 따뜻하게 지켜주지만, 봄이 오고 해가 뜨거워지면 겨울옷은 나를 힘들게만 할 뿐입니다.

호오포노포노는 만능열쇠가 아닙니다. 풍요의 방문을 언제든 열어젖히고, 행복의 문을 언제든 열어젖힐 수 있는 만능열쇠가 아닙니다. 바로 이 점을 당신은 정확히 이해하고 있어야 합니다. 그래야 호오포노포노가 당신의 인생에 올바른 쓰임을 할 수 있으며, 그래야 당신은 에너지의 낭비를 막을 수 있으며, 그래야 당신은 할 바를 소홀히 하지 않을 수 있습니다.

당신이 취할 수 있는 최선은 '일상을 잘 해내는 것'입니다. 당신의 인생에서 호오포노포노는 일상을 잘 해내는 중에, 일상을 더 잘 해내기 위해 사용되는 실천법이어야 합니다. 하지만 이 또한 호오포노포노가 당신에게 잘 맞는 방법이라는 결론을 얻었을 때의 이야기입니다.

인생은 참으로 오묘합니다. 인류가 출현한 지 그렇게 장구한 세월이 흘렀어도 여전히 인생은 미완성의 영역입니다. 참으로 신비로운, 영원히 풀 수 없는 수수께끼와 같습니다.

인간은 좀 더 나은 인생을 위한 방법을 알아내고자 무수히 연구하고 시도했습니다. 호오포노포노는 그중 한 가지입니다. 쉽고 인간 친화적이며 효과가 매우 뛰어난 정화법입니다. 내면을 정화하여 삶을 좀 더 수월하고 나은 쪽으로 전환시킬 수 있는 위대한 수단이요, 도구인 것이지요.

많은 사람이 호오포노포노에 자신의 인생을 걸어 봅니다. 그러나 그중 많은 사람의 인생은 여전히 문제와 고통 속에 있습니다. 왜 그럴까요? 사용법이 올바르지 않기 때문입니다. 도구는 도구일 뿐, 도구가 쓰임 되지 않았을 때나 잘못 쓰였을 때는 좋은 결과를 기대할 수가 없습니다.

칼이라는 도구를 잘 쓰면 유용하지만 잘못 쓰면 다치는 것처럼, 도구란 그것을 어떻게 사용하느냐에 따라 그 결과가 천차만별로 달라지기 마련입니다. 호오포노포노도 마찬가지입니다. 훌륭한 도구인 것은 의심의 여지가 없지만, 그것은 잘 사용했을 때의 이야기인 것이지요. 그렇다면 어떻게 하는 것이 호오포노포노를 가장 잘 사용하는 것일까요? 첫째, 자신의 뇌와 공조해야 합니다. 둘째, 자신의 감정과 일치해야 합니다. 셋째, 적용될 곳이 분명해야 합니다. 넷째, 자신의 몸을 수고롭게 해야 합니다. 다섯째, 인생의 흐름과 조화를 이뤄야 합니다.

당신의 인생에서 문제가 무엇이든, 당신을 고통스럽게 하는 것이 무엇이든, 당신의 욕망이 무엇을 목표하고 있든, 당신이 인생에서 무엇을 계획하고 있든, 호오포노포노는 당신의 인생에서 '신의 한 수'가 될 수 있습니다. 다만 올바로 잘 사용했을 때 가능한 이야기입니다.

당신이 호오포노포노를 제대로 잘 사용하려면 먼저 정확하게 이해하고 있

살아서, 살아서 행복하라

어야 합니다. 정확한 이해는 기준점이라 할 수 있습니다. 기준점이 흔들리면 전체가 흔들립니다. 호오포노포노에 대한 이해가 막연하거나 불안정하면 실천 또한 막연해지고 불안정해집니다. 당연히 결과도 막연해지고 불안정해지겠지요. 그러므로 당신은 실천하기를 계속하면서 호오포노포노에 대한 이해의 폭을 점차 넓혀가는 게 좋습니다.

불을 댕긴다. 나는 몸소 불을 일으킨다. 가까이 오는 모든 것을 인정사정없이 다 태워버릴 몰인정한 불길을.

내가 내 손으로 일으킨 그 불에 나를 던진다. 나의 생각, 나의 기억, 나의 욕망, 나의 탐욕, 나의 자만, 나의 오류, 나의 판단, 나의 분별, 나의 감정, 나의 지식, 내가 기억할 수 있는 모든 것들과 내가 알 수는 없으나 '나의 것'인 나의 모든 것들을 태우고, 태우고 또 태워서 내 안의 모든 것이 재가 되는 순간 나는 어제의 뒤틀린 내가 아닌 비로소 새 희망을 걸어 볼 수 있는 새로운 내가 되리라!

정화에는 용기가 필요합니다. 나를 온전히 발가벗겨서 우주 앞에 홀연히 세울 수 있는 용기가 필요합니다. 비록 쓰러지는 한이 있더라도 오랜 세월 내가 의지하고 지탱해 왔던 많은 부정한 지팡이들에서 손을 놓을 수 있는 용기가 필요합니다. 그랬을 때 우리는 궁핍하고 나약하고 마음에 안 드는 어제의 나와 아름다운 이별을 하고, 풍요하고 강인하고 마음에 쏙 드는 새로운 나를 만날 수 있게 됩니다.

말의 힘, 그럼에도 안 되는 이유

우리는 '말의 힘', '긍정의 힘'을 이해하고 믿습니다. 다양한 계층 다양한 전문가들의 다양한 실험을 통해 말의 위력을 충분히 실제적 현상으로 이해하고 인정하게 되었습니다.

기독교, 불교, 천주교, 기타 모든 종교, 모든 단체에서 좋은 말을 많이 하라고 합니다. 말의 힘을 믿기 때문이지요. 사람들은 실제로 좋은 말을 많이 하려고 무던히도 애쓰고, 좋은 말을 도구 삼아 하는 수행도 많이 합니다. 그럼에도 불구하고 현실의 문제들은 좀처럼 치유되지 않고, 여전히 고단한 인생을 힘겹게 살아가고 있는 이들이 대다수입니다. 좋은 말 많이 하고 기도하고 정화하고 나면 마음은 편안해지지만, 현실의 물리적 상황은 그다지 뚜렷한 변화를 보이지 않는 경우가 허다합니다.

인터넷상에서 어디를 가든 흔하게 볼 수 있는 장면이, 수 년 전에 힘들다고 함께 정화해 달라고 했던 사람들이 몇 년이 흐른 지금에도 여전히 힘들다고 함께 정화해 달라고 글을 올리고 있는 것입니다. 더 놀라운 사실은, 그들 중 상당수는 평소 글을 통해 "시크릿은 ~하는 것이다", "호오포노포노는 ~ 해야 한다" 등등 자신의 '앎'을 뽐낸다는 것입니다. 왜 이런 일이 일어나고 있는 것일까요? 시크릿은 훌륭한 도구임이 분명하고, 호오포노포노 또한 위대한 수단임이 분명하며, 종교를 가지고 있고, 날마다 개선을 위한 노력도 열심히 하는데 삶은 왜 여전히 고단한 걸까요?

좋은 말의 위력은 무생물에게도 영향을 미칠 만큼 강력합니다. 그래서 사람들은 좋은 말, 긍정적인 말로써 열심히 정화를 합니다. 그런데 사람들이 미처 깨닫지 못한 것이 있는데, 그것은 바로 '말의 무엇이 위력을 발휘하고 있느냐'에 대한 부분입니다.

살아서, 살아서 행복하라

'사랑해' 라는 말, '짜증나' 라는 말, 그 말의 위력은 그 단어에 있는 것이 아닙니다. 당신이 정화 도구 삼아 사용하는 말의 위력은 그 말에 실리는 감정의 에너지, 그 말에 실리는 감정의 파동이 좌우합니다. 에너지는 '감정과 파동' 에 실려 있기 때문입니다. 글자보다 더 중요한 것이 감정의 상태, 감정의 파동입니다.

'짜증나' 라는 말이 문제가 아니라, '짜증나는 감정' 이 문제인 것입니다. '사랑해' 라는 말이 중요한 것이 아니라, '사랑의 감정' 이 중요한 것입니다. '짜증나' 라는 단어가 중요한 것이 아니라, '짜증나는 파동' 이 중요한 것입니다. '사랑해' 라는 단어가 중요한 것이 아니라, '사랑의 파동' 이 중요한 것입니다.

만약에 '사랑해' 라는 말을 짜증이 잔뜩 섞인 말투로 하면 그건 이미 '사랑' 이 아닙니다. 만약에 '짜증나' 라는 말을 아주 사랑스럽게 말을 하면 그건 '짜증' 이 아니라 애교입니다. 당신이 사랑하는 누군가에게 아주 험악한 얼굴 표정을 지으며 짜증 섞인 말투로 '사랑해' 라고 한다면 상대방은 어떻게 반응할까요?

오래전부터 "살아있는 정화를 하라" 고, "감정이 개입되는 정화를 하라" 고 기회가 될 때마다 강조해 왔고, "감정이 움직이지 않으면 아무리 정화를 해도 소용없다" 고 강조해 왔습니다. 왜냐하면 감정이 개입되어야 정화 언어는 생명력을 얻고 비로소 '에너지화' 되기 때문입니다.

대다수의 사람들은 머리와 입과 가슴이 따로 노는 정화를 합니다. 늘 강조하지만 삶이 바뀌고 운명이 바뀌려면 에너지가 바뀌어야 합니다. 당신이 무언가를 얻고자 한다면 에너지가 바뀌고 바뀐 에너지가 활발한 작용을 충분한 시간 동안 해야 가능합니다.

곰곰이 자신을 들여다보세요. 진짜로 가슴속에 사랑이 충만한지, 진짜로 가슴속에 우주에 대한 확신이 있는지, 진짜로 가슴속에 자신의 운명에 대한 굳은 믿음이 있는지, 진짜로 가슴속에 인생이 잘 풀려나갈 자신감이 충만해 있는지, 진짜로 당신의 가슴속이 그러한지 살펴보세요.

사람들은 내 머리의 상태가 내 가슴의 상태인 걸로 착각합니다. 내 입에서 나오는 말과 내 가슴이 어긋나는 불일치한 방식, 당신의 호오포노포노가 그런 것은 아닌지요?

삶을 몹시도 사랑하는 당신, 자신의 영혼이 너무나 안쓰러운 당신, 하는 일마다 되는 일이 없어 답답한 당신, 우선 호오포노포노를 실천하는 마음가짐과 방식부터 점검해 보기를 권해 봅니다.

설정의 틀부터 깨자

호오포노포노는 인생의 모든 현상들이 기억에서 비롯된다는 설정에서 출발합니다. "모든 것은 기억의 재생이다" 그러나 이 설정부터 다시하기를 권합니다. 당신의 인생에서 당신이 경험하게 되는 모든 일들은 단순하게 '기억의 재생', 이 하나의 원인으로 발생하지 않습니다. 그렇게 쉬운 것이라면 인간을 소우주라고 부르지도 않았습니다.

우주가 얼마나 광대하고 신비롭고 비밀스러운 이야기들을 담고 있는지 당신은 이미 알 것입니다. 세상의 모든 일들은 우주의 원리와 똑같습니다. 그런데 인간의 삶이 그렇게 단순한 이유들로만 펼쳐질까요? 그렇지 않습니다.

그러므로 당신은 '모든 것은 기억의 재생이다'에서 "모든 것은 복합적인 원인의 결과이다"로 다시 설정하는 것이 좋습니다. 그래야 그에 맞게 생각하고 그에 맞게 계획하며 그에 맞게 목표하고 그에 맞게 살아갈 마음을 가질 것이며, 그랬을 때 인생을 가장 알맞게 살아낼 수 있고, 그랬을 때 호오포노포노를 현실에서 알맞게 사용할 수 있습니다.

책 제대로 읽을 것

호오포노포노 책을 한두 번 읽어 보고는 호오포노포노에 대해 감히 '안다'라고 말할 수 없습니다. 더 읽고 더 사색을 해 본 후에야 우리는 호오포노포노의 진리를 조금씩 섭렵하게 되는 것이지요. 진리에 관한 책은 최소한 세 번 정도는 읽어야 그나마 조금이라도 본래의 뜻에 근접해 갈 수 있습니다. 그리고 읽음과 더불어 사색이 동반되어야 비로소 나의 것이 내 안에 자리 잡게 됩니다. 그랬을 때 책의 내용이 뇌세포와 무의식에 확고한 정보로 저장되는 것입니다. 때가 되면 현상이 될 살아있는 정보로 말이지요.

호오포노포노 아는 것은 아는 것일 뿐

호오포노포노에 대해서 우리는 넘치도록 많은 정보를 습득하였고, 그에 관한 단어들을 지나칠 정도로 많이들 알고 있습니다. 우리는 호오포노포노에 대해서 새로운 정보를 알게 될 때마다, 그에 관한 새로운 정화 언어를 알게 될 때마다 착각합니다.

"이제 됐어. 모든 게 다 잘 될 거야."

금방이라도 자신이 원하는 대로 인생이 풀려갈 것만 같습니다. 하지만 딱 거기까지입니다. 그것은 대부분 언제나 그렇습니다. 새로운 것을 알게 될 때마다 다 잘 될 것 같은 믿음이 생기지만, 그때마다 인생은 꿈쩍도 하지 않습니다. '앎은 언제나 앎, 딱 거기까지'입니다.

'앎'이 훌륭한 도구요, 수단인 것은 분명하지만, 인생은 수많은 이유들의 복합 작용입니다. 호오포노포노에 대하여 공부를 위한 공부를 하는 것, 알기만 하면 저절로 원하는 결과가 창조될 것 같은 착각, 당신은 먼저 이것을 버려야 합니다. 당신이 먼저 깨달아야 할 것은 바로 이 점입니다.

운동성으로 바라본 인생의 원리

인간의 삶은 다양하고 복잡한 이유들이 유기적으로 연결되어 펼쳐집니다. 그리고 그 모든 이유들은 시공간을 넘어 형성된, 우리가 흔히 '운명'이라고 부르는 힘의 영향을 받습니다. 운명의 힘은 한 사람의 인생에 대하여 우주 에너지가 적용되는 '우주의 각본'이라고 할 수 있습니다. 어느 정도의 수정이 가능하고 변화의 여지는 있지만, 한 사람의 인생에 대하여 제어하거나 끄는 힘이 굉장히 강력하지요.

수학적인 논리로 본다면, 하나 더하기 하나는 둘의 결과가 되어야 옳은 것인데, 인생의 일에서는 기울이는 노력의 결과가 매우 다양한 결과로 나타납니다. 우주의 각본이 개입하는 것이지요. 우주는 한 사람의 인생에 대하여, 존재적 인과의 법칙, 인연의 법칙, 우주 에너지의 법칙, 세상의 법칙 등에 따라 하나의 각본을 정하고, 그 각본대로 살아가게 하려는 의도를 지닙니다.

이것을 호오포노포노 정화법을 써서 전혀 다른 것으로 바꿀 수는 없습니다. 다만 수정과 변화의 여지가 있는 부분을 정화할 수는 있습니다. 이 원리를 당신은 명확하게 이해하고 있는 것이 좋습니다. 그래야 삶을 운용해 가는

데 있어서 존재함의 원리에 근접한 방식을 취할 수 있을 테니까요.

우주는 운동성의 원리에 의해 존재합니다. 삼라만상은 운동성의 결과입니다. 인생은 운동성에 의해 펼쳐집니다. 우주 안의 모든 현상은 운동성의 결과입니다. 당신 인생 안의 모든 현상들, 당신이 경험하는 모든 상황들은 어떠한 운동성의 결과입니다. 우리들 각자에게는 고유한 운동성의 흐름이 주어집니다. 그 흐름을 잘 타는 것, 그것이 순리입니다. 순리에 맞는 흐름대로 살아가면 누구나 괜찮은 인생을 창조할 수 있습니다.

호오포노포노가 아무리 위대하다고 하여도 순리를 뒤엎고 다른 순리를 창조할 수는 없습니다. 순리를 따르지 않고 한 방에 전혀 다른 흐름을 만들어 낼 수 있다고 믿는 것, 그리고 그렇게 믿고 실천하는 것, 많은 사람들이 호오포노포노를 실천하면서도 인생을 더 나은 방향으로 끌어가지 못하는 이유가 바로 이것입니다.

호오포노포노를 사용하여 전혀 새로운 순리를 만들어내려 하지 마세요. 당신 인생에서 어떠한 흐름이 순리인지를 살펴, 순리대로 더 잘 하기 위한 수단으로 호오포노포노를 사용하세요. 오히려 그편이 새로운 인생을 창조하기 더 쉽습니다.

무의식에 대한 올바른 인식

사람들과 대화해 보면 매우 걱정스러운 부분을 발견하게 되는데, 그중 하나가 '무의식에 대한 절대 신봉'입니다. "당신의 행동은 의식이 아니라 무의식의 명령에 의해 일어난다", 자기 계발이나 치유에 관계된 곳에서 강조하고 활용하는 방식은 대부분 의식보다 무의식을 더 중시하는 방식입니다. 그래서 사람들은 의식은 소홀히 하고 잘 알지도 못하면서 무의식이 절대의 진리인 양 섬깁니다.

물론 무의식이 인간의 행동에 지대한 영향을 미치는 것은 부인할 수 없는 사실이며, 무의식이 우리의 삶에 중요한 역할을 하는 것 또한 사실입니다. 그러나 그렇다고 해서 의식이 중요하지 않거나 의식이 아무런 역할도 하지 못하거나 소홀하고 방관해도 좋을 만큼 아무것도 아닌 것은 절대 아닙니다. 오히려 당신은 의식을 더 많이 사랑하고, 의식에 더 많은 관심을 갖고, 의식에 더 많은 정성을 쏟아야 합니다.

사람들은 의식과 무의식이 전혀 별개인 것처럼 여기지만 그렇지가 않습니다. 모든 무의식은 한때 의식이었습니다. 의식은 무의식의 어머니입니다. 무의식을 낳은 것은 바로 의식이었습니다. 당신이 현재 무의식적으로 하고 있는 모든 행동들은 한때 의식의 명령에 의해 이루어지던 것들입니다. 당신이 의식적으로 배우고 의식적으로 반복하여 당신의 내면에서 굳어졌기 때문에 이제는 무의식이 담당하게 되었을 뿐입니다.

애초에 당신의 의식이 한 번도 하지 않은 것은 당신의 무의식 속에 들어있지 않습니다. 그러므로 당신은 언제나 '의식 관리'를 잘해야 합니다. 잘 알지도 못하는 무의식을 운운하며 헛손질하기보다는, 평소에 의식을 잘 훈련시키고 잘 관리하는 편이 당신의 인생을 위해서 훨씬 더 현명합니다.

밝고 좋은 새로운 의식을 굳히면 그것은 곧 훌륭한 무의식이 됩니다. 이것이 바로 무의식을 정화하는 살아있는 방식입니다.

무의식 속의 자료는 의식의 학습에 의해서 조정이 가능합니다. 의식의 긍정적 학습은 긍정적 무의식을, 의식의 부정적 학습은 부정적 무의식을 형성하게 되지요. 무의식이 내 행동의 근간이라는 믿음에 치우쳐서 의식에 대한 사랑과 관심을 놓아버리는 것은 매우 위험합니다. 무의식이 내 행동의 근간인 것은 분명하지만, 무의식의 근간은 의식입니다. 건강한 무의식을 위해서라도 당신은 의식에 대해 더 많은 관심과 정성을 쏟아야 합니다.

내용과 감정이 일치하도록 할 것, 확언

"입은 화복禍福의 근원이다.", "말이 씨가 된다." 이러한 말에 관한 말들은, 말이라고 하는 것은 에너지가 담겨 있어서 어떠한 말을 하면 그 말은 어떤 식으로든 작용을 일으키는 원동력이 된다는, 말의 영향력을 한마디로 압축한 것입니다. 나쁜 말을 내뱉으면 나쁜 결과를 부르는 부정 에너지로 작용하며, 좋은 말을 하면 삶에 좋은 에너지로 작용한다는 의미를 담고 있습니다.

왜 그럴까요? 말이 현상으로 결과를 나타낼 수 있는 이유는, 말을 하면서 내용에 감정 에너지와 원(願, 바라는 마음)의 에너지가 함께 실리기 때문입니다. 기능적으로는 말이 뜻을 표현하고 전달하는 의사소통의 수단이지만, 그 말에 실리는 감정 에너지의 상태와 마음 에너지의 상태에 따라 말은 에너지의 흐름에 지대한 영향을 미칩니다. 말은 파동으로 전달되는데, 그 파동은 단어뿐만 아니라 그 단어에 담기는 감정에 따라 각기 다른 에너지가 됩니다.

도구로써의 정화 언어란, 단어의 뜻과 더불어 감정 에너지와 마음 에너지가 제대로 실렸을 때 진짜 제 기능을 하게 됩니다. 감정이 전혀 다르게 형성되어 있는 상태, 혹은 마음이 전혀 다른 곳에 가 있는 상태에서 정화 언어를 사용하는 것은 에너지가 분산되어 효과가 미미할 수밖에 없는 것이지요.

당신이 만약 미움과 분노의 감정으로, 눈에는 잔뜩 독기를 품고, 상대의 얼굴을 만지면서 "사랑해. 당신을 정말 사랑해!" 라고 하면 상대방은 어떨까요? 사랑을 느낄 수 있을까요? 아마 상대방은 온몸에 소름이 돋고, 부들부들 떨게 될 것입니다. 말은, 단어는 분명 '사랑' 이 맞는데 말이죠.

당신이 만약 현재의 막막한 처지를 떠올리고 한숨을 쉬면서, 미래에 대한 불안한 마음으로 "나는 나를 사랑합니다. 나는 부자가 되어 가고 있습니다." 라고 한다면, 당신이 하는 말은 분명 긍정이지만, 당신이 하는 말에 실리는 에너지는 강한 부정 에너지입니다. 세상에 내보내는 당신의 에너지는 강한 부정 덩어리인 셈이며, 당신이 얻을 수 있는 결과 또한 그와 유사한 부정적인 것들이 됩니다.

정화 언어 도구란, 단어의 선택과 더불어 감정의 상태, 마음의 상태가 중요합니다. 그러므로 평소 나 자신에 대하여, 내 인생에 대하여, 감정적으로 긍정화되어 있는 것이 좋습니다. 나의 머리가 믿는 것과 똑같이 나의 감정이, 나의 마음이 그렇게 작용하고 있어야 합니다.

말은 에너지입니다. 더구나 뜻을 담아 하는 확언은 더 강력한 에너지입니다. 확언을 한다는 것은 목적이 담긴 에너지를 세상에 방출하는 행위로, 확언과 유사한 에너지를 내 삶으로 끌어오겠다는 의도입니다. 그러므로 확언은 반복되면 될수록 그 에너지의 힘이 강해지고, 현실에서 현상되기 쉬워집니다.

삶을 위한 모든 실천법에 있어서 대충대충 해도 되는 것은 한 가지도 없습니다. 살아가는 일 자체가 대충대충 할 수 있는 것이 아니거늘 하물며 그 삶을 더욱 존귀하게 하는 행에 있어서 어찌 소홀히 할 수 있겠습니까?

살아서, 살아서 행복하라

경험하게 하라. 몸이 하면 더 완벽하다

중국 속담에 "말로 하면 잊을 것이다. 보여 주면 기억할지도 모른다. 하지만 경험하게 하면 확실히 이해할 것이다." 라는 말이 있습니다. 정화의 방식에 있어서 가장 좋은 것은 감정에 파동을 일으키는, 감정이 개입되는, 감정이 인정하고 동화되는 방식입니다. 살아있는 진짜 정화행이지요. 그러려면 정화하는 동안에 당신은 '감정적 경험 중' 에 있는 것이 좋습니다.

아무리 깊이 몰입하고 완벽하게 상상하더라도, 감정이 허용하지 않으면 그만큼 허술하고 내 것이 되지 못합니다. 바라는 것을 진짜로 이루고 싶다면 감정에게 경험을 시키고, 감정에게 허락을 구하세요. 그랬을 때 진짜 정화를 하는 것입니다. 더욱 좋은 것은 몸이 직접 그 상황을 경험하는 것입니다.

인간의 머리가 기억한 것은 잊기 쉽지만, 인간의 몸이 기억한 것은 쉽게 잊히지 않습니다. 수영을 예로 들어 보면, 당신의 머리가 아무리 열심히 수영 이론을 공부한다고 하더라도 시간이 조금만 지나면 기억나지 않지만, 당신의 몸이 한 번 수영을 익혀 놓으면 수십 년 동안 하지 않더라도, 어느 날 물에 들어가면 당신의 몸은 수영에 관한 거의 모든 것을 기억해 내어 무리 없이 헤엄을 치게 됩니다.

당신의 몸은 위대합니다. 당신의 세포는 당신이 상상도 할 수 없는 기억 능력을 지니고 있습니다. 부디 살아있는 정화행을 실천하십시오. 당신의 몸이 긍정적이고 에너지 넘치는 기억들을 많이 하면 할수록 당신은 삶에서 더 나은 선택, 더 나은 행동들을 하게 됩니다.

그래서 강력하게 권해 봅니다. 걸으면서 호오포노포노 실천법을 시도해 보세요. 몸을 수고롭게 하는 수행은 어떤 완벽한 이론보다 더 위대합니다. 산다는 것은 일차적으로 '몸의 일' 이며, 몸은 당신의 선입견이나 편견보다 훨씬 더 차원이 높습니다. 일어나세요. 문을 박차고 밖으로 나가 한껏 우주를 호흡하며 호오포노포노식 정화 언어 도구를 사용해 보세요. 당신의 가슴이 먼저 알아차릴 것입니다. 몸의 세포에 좋은 기억들이 차곡차곡 쌓이는 일이 얼마나 경이로운지.

필요한 움직임을 하면서 하라

당신을 괴롭히는 문제를 해결하기 위해서, 마음의 평화를 얻기 위해서, 풍요한 삶을 위해서 당신은 정화를 합니다. 호오포노포노는 당신이 삶의 안정과 마음의 고요를 얻기에 아주 적합한 실천법입니다. 하지만 당신이 삶과 운명의 순조로움을 위해서 하나 더 깨우치고 있어야 할 것이 있으니 그것은 '정화의 방식'입니다.

한 예를 들어 보겠습니다. 한 아이가 길을 가다 웅덩이에 빠졌습니다. 온몸이 흙탕물에 젖어서 더러워졌고, 짜증이 나고 기분도 좋지 않습니다. 아이는 눈을 지그시 감고 신중한 자세를 취하며 정화 언어를 시도합니다.

"내 안의 무엇이 내 몸을 더럽게 하였을까요? 신성이여, 그 이유가 무엇이든 내 몸과 마음을 용서하고 정화해 주소서! 미안합니다. 용서해주세요. 고맙습니다. 사랑합니다!"

아이는 정말 열심히, 정말 오랜 시간 정화 언어를 사용하였고 마치고 나니 마음이 편안해집니다. 기분도 좋습니다. 아이가 살며시 눈을 뜨고 자신의 몸을 바라봅니다. 여전히 자신의 몸이 더럽다는 것을 확인하니 다시 짜증이 나고 기분도 엉망이 되어 주저앉아 울고 싶어집니다. 많은 사람이 하는 정화의 모습입니다. 많은 사람이 삶의 문제 앞에서 보이는 모습입니다. 어쩌면 이 글을 읽고 있는 당신의 모습일 수도 있겠지요.

무엇을 해야 할까요? 움직여야 합니다. 갈아입을 수 있는 옷이 있는 곳으로 움직여야 하고, 더러운 옷을 벗는 움직임을 해야 하고, 더러워진 몸을 씻는 움직임을 해야 하고, 옷을 갈아입는 움직임을 해야 합니다.

움직임, 당신은 지금 움직임을 시작해야 합니다. 상황이 요구하는 움직임을 하면서, 당신 인생에 필요한 움직임을 하면서 호오포노포노를 실천하는 것이 옳습니다. 그랬을 때 비로소 당신은 원하는 결과를 좀 더 빨리, 좀 더 수월하게, 좀 더 완전하게 얻어낼 수 있습니다.

움직임과 함께하세요. 그것이 인생이 원하는 진짜 정화 방식입니다. 움직임이 없이 행하는 호오포노포노 실천은 인생의 문제를 해결하고 성장시키는 데 그다지 효율적이지 못합니다. 당신의 처지가 요구하는 움직임을 병행하면서 호오포노포노를 실천하기 바랍니다.

정화만 하라

사는 것이 너무나 고단해서, 삶의 문제를 해결하고 고통에서 해방되기 위한 방법을 찾아 여기저기 돌아다니던 중에, 대부분의 사람들은 호오포노포노와의 인연을 그렇게 시작합니다. 그리고 그 후에 사람들이 보여 주는 모습은 거의 비슷합니다.

"미안합니다, 용서하세요, 고맙습니다, 사랑합니다"

무슨 문제가 생겨도, 사고가 나도, 답답해도, 원하지 않는 일이 발생했을 때도, 원하는 것을 이루고 싶을 때도, 사람들은 '미용고사'를 합니다. 아주 잘하고 있는 것이지요. 입은 아주 잘하고 있는 것 맞습니다. 그런데 문제는

'미용고사'를 할 때의 마음입니다.

정화란, 말 그대로 맑게 밝게 '에너지를 변화시키는 것'인데, 사람들은 호오포노포노가 소원을 이뤄 주는 도구인 양 잘못 사용을 합니다. 호오포노노를 실천하면서 오히려 정화할 것들을 만들어내는 셈이 되고 마는 것이지요.

정화 행위는 기복祈福 행위가 아닙니다. 소원을 빌고 비는 것이 정화법이 아니라, 그저 부정적인 에너지를 맑게 밝게 하는 것, 그것이 호오포노포노를 잘 사용하는 것이 됩니다. 호오포노포노는 소원을 이루어 주는 도구나 수단이 아닙니다. 소원이 이루어질 수 있는 최적의 환경을 조성하는 것, 그것이 호오포노포노가 하는 일입니다. 정화를 하세요. 기도가 아니라 정화를 하세요. 호오포노포노를 실천할 때는 오로지 정화만 하세요. 그것이 호오포노포노를 잘 사용하는 방식입니다.

'미용고사'는 기도의 언어가 아닙니다. '미용고사'는 기도의 도구가 아닙니다. '미용고사'를 할 때는 오직 정화의 마음으로 하세요. 당신이 원하는 바에 힘을 더 싣고 싶어서 기도를 하고 싶다면, 기도의 시간은 따로 마련해서 하는 것이 좋습니다. 그때의 마음은 기도의 마음이어야겠지요.

미리 사용할 것

아무 일이 없을 때 정화하기를 잘하는 사람은 거의 없습니다. 문제가 생기고, 길이 막히고, 하는 일이 잘 안 되고, 실패하고 곤란해졌을 때, 사람들은 대체로 인생에 불편함이 발생했을 때 호오포노포노에 매달립니다.

많은 사람들의 경우 정화는 사후약방문死後藥方文으로 사용됩니다. 아프기 전에 관리 차원의 정화를 잘 했다면 약방에 가서 약 찾을 일이 없었을 것을,

살아서, 살아서 행복하라

사람들은 평화로울 때는 대충 살다가 인생이 아프게 된 후에야 호오포노포노를 발견하거나 생각해 냅니다.

평소에 하십시오. 정화하기를 일상으로 하십시오. 아무 일이 없을 때, 아프지 않을 때, 평화로울 때, 미리 호오포노포를 즐겨 하십시오. 아무리 호오포노포노 실천을 잘 해도 문제가 생긴 후에는 어쩔 수 없는 출혈이 있게 됩니다. 미리 하세요. 문제가 발생하기 전에 미리 하는 정화는 가래로 막을 걸 호미로 막게 해 주는 매우 경제적인 정화입니다. 그렇게 사용되는 것이 훨씬 더 호오포노포노다운 정화법입니다.

정화 언어 도구에 대한 정확한 이해

"미안합니다, 용서하세요, 고맙습니다, 사랑합니다." 호오포노포노는 이 네 마디의 정화 언어가 전부라고 해도 과언이 아닙니다. 그러므로 호오포노포노 정화법이 당신의 삶에 정말로 큰 보탬이 되도록 하려면, 먼저 정화 언어의 개념과 작용에 대해서 정확히 이해하고 있는 것이 좋습니다.

미안합니다

몇 해 전에 미국의 한 조사 기관에서 고소득자들을 대상으로 인터뷰를 한 결과가 있었는데, 그중 흥미로운 것이 고소득자일수록 "미안합니다(I am Sorry)"라는 말을 많이 한다는 점이었습니다. 그래서 그 인터뷰를 진행한 사람들은 '미안합니다'라는 말을 '돈 벌어 주는 한마디'라고 표현했었는데, 그 조사 결과를 보면 빈곤층으로 갈수록 사과하는 빈도수가 낮아졌고, 고소득층으로 갈수록 사과하는 빈도수가 높았다고 합니다.

또한 '미안합니다' 라는 말은 행복한 결혼 생활과도 관계가 깊은 것으로 나타났다고 하니 대단하고 사랑스럽기까지 합니다. '미안합니다' 라는 말을 하려면 용기가 필요한데, 자신이 잘못한 줄 알면서도 용기가 없어서 미안하다는 말을 못하는 사람이 의외로 많은 것 같습니다.

'미안합니다' 라는 말은 인격을 더욱 성숙하게 해 줍니다. 미안함을 갖는 마음은 자신의 잘못을 인정하는 것이며, 자신의 책임임을 인정하는 것이며, 예의를 다하는 것입니다.

'미안합니다' 라는 말은 실수를 되풀이하지 않게 해 줍니다. 미안함을 갖는다는 것은 그것이 잘못되었다는 것을 안다는 것이고, 반성한다는 것이며, 그것은 곧 실수를 줄이는 힘이 됩니다.

타인에 대해서 마땅히 미안함을 가져야하는 상황에서 미안한 마음을 일으키는 건 당연합니다. 당신에게 한 가지 더 요구하고 싶은 것은 내가 나에게 미안해할 줄 아는 것입니다. 모든 것은 언제나 나로부터 비롯됩니다. 그러므로 당신은 언제든 '마음의 나' 에게, '몸의 나' 에게, '뇌의 나' 에게, '감정의 나' 에게, '무의식 나' 에게, '인생의 나' 에게, '운명의 나' 에게 진심으로 미안해할 줄 알아야 합니다. 스스로에게 미안함을 알게 되면 내가 나에게 미안해하는 빈도수가 줄어들고, 내가 아닌 다른 대상에게도 미안해할 일이 당연히 줄어듭니다. 미안함을 알고 미안함을 인정하고 미안함을 표현하는 것은 위대한 정화의 기술입니다.

어떤 대상에게 마음이 편하지 못하고 부끄러워하는 것, 이것이 '미안' 입니다. 미안은 '나 때문' 이라는 인정함과 책임질 마음이 있음을 전제로 합니다. 양심의 토대 위에서 일어날 수 있는 마음이 '미안함' 입니다.

살아서, 살아서 행복하라

미안未安은 '편안하지 않음' 입니다. 나로 인하여 상대와 나 사이가 편안하지 않는 상태이며, 그로 인하여 나의 마음이 편안하지 않는 상태이며, 그것은 곧 내 삶의 일부분이 편안하지 않게 되는 원인이 됩니다. 이 불편함과 미안함은 상대의 이해와 용서로만 해소될 수 있으며, 그전에는 소멸되지 않습니다. 그러므로 '미안합니다' 는 오직 진심이어야 상대에게 제대로 전달될 수 있으며, 그랬을 때 불편함으로부터 자유로워질 수 있습니다.

진짜 미안한 사람은 가슴 속에 오직 미안함뿐이 없습니다. 그런데 호오포노포노 정화법에서 '미안합니다' 를 도구로 사용하는 많은 사람들은 진짜 미안한 감정이 아니라, 그냥 형식적으로 중얼거리면서 "내가 미안해. 그러니까 그만 나 좀 봐 줘!" 하는 마음으로, 자신의 목적을 이루기 위한 욕심만 부립니다. 의도대로 되지 않을 확률이 매우 높은 방식이지요. 의도를 갖지 말라는 것은 바로 이러한 이유 때문입니다. 이때의 의도함이란 진심을 방해하기 때문입니다.

어떤 상황일 때 우리는 미안하다고 할까요? 자신이 행한 일이 상대에게 좋지 않은 영향을 미치게 되었을 때, 우리는 그 대상에게 미안하다고 합니다. 어떤 상황일 때 우리는 "용서하세요" 라고 할까요? 어떠한 대상에게 잘못을 하였을 때, 우리는 그 대상에게 용서를 구하려고 합니다. 이 두 가지 상황의 특징과 공통점은 무엇입니까? 내가, 이미, 누군가(자기 자신도 포함)에게, 어떤, 잘못을 했다는 것입니다. 즉, 이미 미안할 짓을, 이미 잘못을 해 버린 후의 상황이지요.

무엇이 가장 편안하고 가장 괜찮은 방식일까요? 미안할 짓을, 잘못을 하지 않는 삶이 가장 최고의 방식입니다. 어떤 상황 후에 진심으로 정성으로 정화를 잘 하려고 하는 것보다 어떤 상황 전을 진심으로 정성으로 잘 살아내는 것, 그것이야말로 가장 최고의 방식입니다.

많은 사람이 사용하고 있는 정화 언어인 "미안합니다, 용서하세요, 고맙습니다, 사랑합니다"는 사람들의 심리 저변에, '잘못을 해도 미안해하고 용서를 구하면 된다'는 믿음을 형성하고, 그렇게 하면 용서해 줄 것이고 다 잘 해결될 것이라는 믿음을 갖게 합니다. 이는 거꾸로 "잘못을 해도 괜찮다. 정화를 하면 되니까"라는 안일한 심리적 분위기를 형성할 수도 있습니다. 이러한 심리적 함정이 포함되어 있는 것이 바로 "미안합니다, 용서하세요, 고맙습니다, 사랑합니다"라는 정화 언어입니다. 유의하고 조심하여 잘 사용해야 함을 의미하지요. 더러운 물을 깨끗한 물로 정화할 수 있는 '뛰어난 무엇(수단, 도구)'보다, 애초에 물을 더럽게 하지 않는 것이 가장 최고의 방식입니다.

용서하세요

어떠한 잘못에 대하여 벌을 주지 않고 덮어 주는 것이 '용서'입니다. 용서는 잘못을 한 사람이 아니라, 상대에게 권한이 주어지는 덕목입니다. 나의 뜻이 아니라 상대의 의지에 따라 성립될 수 있는 것이지요.

누군가 당신에게 손해를 입히고 상처를 주었다면, 당신은 그 사람을 바로 용서할 수 있을까요? '용서하기'는 누구에게나 쉽지 않은 일입니다. 나에게 상처를 준 타인에 대하여 없던 일로 하고 덮어 주려면 많은 용기가 필요합니다. 기꺼이 손해를 볼 용기, 고통을 스스로 감당할 용기, 다른 사람들의 수군거림에서 초연할 용기 등 용서한다는 것은 인간이 하기 어려운 일 중에서도 가장 어려운 일입니다.

당신이 호오포노포노 정화법을 하면서 "용서하세요"라고 하는 것은, 바로 그 어려운 것을 청하고 있는 것입니다. 그러므로 당신은 이때 오직 용서를 구하는 마음뿐이어야 합니다. 용서가 무언가를 얻어내려는 도구가 되어서는 안 됩니다. 목적을 위해 용서를 구하지 마세요. 그저 용서를 구하세요. 그래야 진짜 용서를 받을 수 있습니다. 그래야 용서를 받고 그 일에서 벗어날 수 있습니다.

용서란, 상대방이 그 일을 잊는다고 해서 용서를 받는 것이 아닙니다. 용서는 머리가 아니라 가슴이 하는 것입니다. 그러므로 당신 역시 머리가 아닌 가슴으로 용서를 구해야 합니다.

진심으로 뉘우치고 무엇이든 그 대가를 달게 받을 각오가 되어 있어야 합니다. 진짜 책임질 각오가 되어 있어야 합니다. 용서한다는 것은 인간이 타인을 위해 할 수 있는 숭고하고 위대한 일 중 가장 어려운 일이기 때문입니다.

고맙습니다

고맙게 여기는 마음인 '감사'에는 절대적 조건이 있습니다. 감사함을 느끼는 마음이 바로 그것으로, 아무 이유도 없이 우리의 감정에서 감사함이 일어날 수는 없습니다. 감사함을 느껴야 하는 것이지요. 물론 인사치레로 우리는 언제든 감사를 표현할 수 있습니다. 그러나 형식적인 감사 인사는 무미하고 건조할 뿐이어서 상대의 반응 또한 무미건조하게 일어납니다.

호오포노포노에서도 마찬가지입니다. 당신 안에서는 감사함이 전혀 일어나지 않는데 입으로만 "감사합니다"를 중얼거리면 그것이 진짜 정화의 효과를 가져 올 수 있을까요? 물론 전혀 효과가 없는 것은 아닙니다. 그러나 아주 미미한 수준일 뿐이지요.

진짜로 감사하는 마음이 담겨야 진짜로 정화의 효과를 기대해 볼 수 있습니다. 어떻게 해야 당신의 가슴에서 진짜로 감사하는 마음이 생길까요? 가끔 반대의 상황을 생각해 보면 됩니다. 당신이 정상적인 두 다리로 걸어 다니는 사람이라면, 이는 분명 감사한 일입니다. 반대의 상황이라면 어떨까요? 당신이 어떤 이유로든 다리를 쓸 수 없는 상태라면 어떨까요? 비록 한 가지 반찬에 먹어야 하는 밥이지만 이는 분명 크게 감사한 일입니다. 반대의 상황이라면 어떨까요? 당신이 몇 날 며칠을 굶어야 하는 처지라면 어떨까요? 비록 큰 액수의 돈은 아니지만 돈이 들어온다는 것은 정말 감사한 일입니다. 반대의 상황이라면 어떨까요? 당신에게 아예 돈이 들어오지 않는다면 어떨까요? 가끔 당신이 현재 가지고 있는 것, 당신이 현재 누리고 있는 것, 그리고 당신이 얻은 것들, 그 모든 상황의 반대를 생각해 보기 바랍니다.

당신은 지금의 처지가 어떠하든 감사할 것이 참 많은 사람입니다. 감사는 '받았음'을 전제로 합니다. 당신은 '이미 받은 사람'입니다. '받지 못함'의 상황을 떠올려 보세요. 그리고 이미 받은 것이 얼마나 크고 감사한 일인지를 가슴으로 느껴 보세요. 가장 위험하고 가장 하지 말아야 할 것은 감사를 머리로 하는 것입니다. 머리로 판단해서 하는 감사는 죽어있는 감사입니다. 그것이 습관이 되면 입에서 아무리 "감사합니다"가 많이 나와도 결코 감사의 기능을 제대로 할 수는 없습니다. 머리로 하는 판단은 보류하고 가슴으로 느끼기를 서두르세요.

감사는 가슴에서 우러나올 때 비로소 '정화의 수단, 정화의 도구'로 쓰일 수 있으며, 호오포노포노의 근간인 사랑에도 위배되지 않게 됩니다.

감사 능력 기르는 법

감사해야 당연한 상황, 감사를 표현해야 당연한 사람에게 감사할 줄 아는 것은 당연한 예의입니다. 호오포노포노에서는 감사를 정화 언어 도구로 사용을 합니다. 사회적인 기준으로 보면 감사하는 마음과 감사를 표현하는 것은

'능력'입니다.

'감사함'은 투자 대비 엄청난 이윤이 보장된, 대단히 경제성 있는 행위입니다. 인간에게는 더 나은 사람으로 평가받고 싶은 욕망이 있으며, 감사는 인간의 그러한 욕망을 채워 주는 효과가 있습니다. 누군가 내게 감사하다고 하면 그 사람에게 더 잘 해 주고 싶은 것이 인지상정입니다. 그러므로 감사할 줄 아는 마음과 감사한 마음을 표현하는 것은 사회적으로 능력이 됩니다.

감사에도 등급이 있습니다. 당연히 감사해야 할 것을 감사하다고 하는 것은 하수입니다. 우리의 삶에는 사실 온통 감사해야 할 것들로 가득합니다. 그런데 '감동 불감증'에 걸린 현대인들은 어지간한 일은 당연한 것으로 여기고 감사할 줄을 모릅니다.

크게 감사해야 할 것이 아닌, 일반적인 기준으로는 감사하지 않은 상황에도 감사할 줄 아는 것, 보이는 것이 아닌 보이지 않는 면에서 감사를 발견하고 감사함을 일으킬 줄 아는 것, 그것이야말로 최고의 감사 능력입니다.

밥을 사 준 사람에게 감사하다고 하는 것은 당연한 것이므로 그 감사함은 그다지 효율적이지 않지만, 햇살이 좋아서, 바람이 따뜻해서, 굶지 않을 수 있어서, 걸을 수 있어서 감사할 줄 아는 것, 즉 내가 직접적으로 뭔가를 받아서가 아니라 있는 그대로에 감사할 줄 아는 것이야말로 '진짜 감사'입니다. 그러한 감사야말로 있는 그대로의 감사이며, 우주적 감사입니다. 삶이 당연히 풍성해지고 행복해지지요. 어떻게 하면 그런 사람이 될 수 있을까요? 어떻게 하면 감사함이 내 안에서 자동으로 발현되는 사람이 될 수 있을까요?

- 사람이 아닌 대상에게 감사함 표현하기

예를 들어, 아침 햇살에게 "감사합니다", 밤하늘의 별들에게 달에게 "감사합니다", 어두운 골목을 환하게 밝혀 주는 가로등에게 "감사합니다", 버스에게 지하철에게 "감사합니다", 꽃에게 나무에게 숲에게 "감사합니다", 물에게 밥에게 과일에게 "감사합니다"

- 무형의 가치에게 감사함을 표현하기

예를 들어, 시간에게 "감사합니다", 여름날 바람에게 "감사합니다", 국가에게 "감사합니다"

- 나와 직접적인 관계에 있지 않는 이들에게 감사함을 표현하기

예를 들어, 새벽에 쓰레기를 치우고 있는 청소부에게 "감사합니다", 가로수 정비를 하고 있는 작업자들에게 "감사합니다"

- 감사한 상황에게 감사함을 표현하기

예를 들어, 신호등이 바뀌는 상황에게 "감사합니다", 버스나 지하철이 바로 오는 상황에게 "감사합니다", 걷다가 넘어질 뻔했는데 넘어지지 않는 상황에게 "감사합니다"

살아서, 살아서 행복하라

- 가거나 오거나 동네에 감사함 표현하기

예를 들어, 종로에 간다면 종로에 접어들었을 때 "종로, 감사합니다"

이런 식의 감사 표현을 매일 기회 있을 때마다 의도적으로 해 보세요. 몸짓까지 함께 한다면 더욱 좋겠지요. 어느 순간 당신은 '모든 것에서 감사할 줄 아는 사람', '가슴에서 진심으로 감사할 줄 아는 사람', '감사함이 에너지로 발현되는 사람' 이 될 것입니다.

호오포노포노를 통해서 당신이 목적하는 것이 무엇이든, 감사는 아주 중요한 열쇠입니다. 감사해야 당연한 것에 대한 감사는 물론, 높은 차원의 이해와 사랑이 요구되는 것에 대한 감사함, 나와 직접적인 관련이 없는 것에 대한 감사함 등 감사함을 머리가 아니라 가슴이 해낼 때, 감사함이 자연스러운 반응이 될 때, 그때 당신은 원하는 것을 현상으로 이루어내는 더 강력한 힘을 얻게 됩니다.

사랑합니다

사랑, 그 자체가 되어야 합니다. 아무도 없는 곳이라 해도 언제든 '사랑'일 수 있어야 하고, 일상의 모든 시간에 '사랑' 이어야 합니다. 애써 일으켜야 하는 것이 아닌, 필요할 때 찾아 나서야 하는 것이 아닌, 의도적으로 노력해야 하는 것이 아닌, 일상의 모든 곳에서, 모든 것에, 모든 시간에, 당신 '자체가 사랑' 이어야 합니다. 당신의 존재함 자체가 사랑이어야 합니다. 그랬을 때 비로소 사랑은 당신의 운명에 제 기능, 제 역할을 하게 됩니다. 있는 그대로의 사랑이란 바로 이런 것입니다.

사랑의 궁극적 목표는 당연히 사랑입니다. 사랑은 사랑을 주고받기 위해 하는 것입니다. 사랑은 주는 것이라고 고상함을 떨지만, 인간이 사랑을 하는 속사정은 사랑을 주고받기 위함에 있습니다.

사랑은 주는 것, 맞습니다. 주어야 받을 수 있는 것이 우주의 원리이니까요. 이기적 유전자의 소유자이며 뛰어난 두뇌를 지닌 인간은 사랑을 받기 위해서는 먼저 사랑을 주어야 한다는 것을 본능적으로 알고 있는 것일 뿐, 사랑은 근본적으로 주고받는 것을 목적으로 합니다. 우주의 원리는 일방적인 것이 아닙니다. 늘 쌍방이지요.

'사랑합니다'는 인간 내면의 '밀실 정치'가 개입되어 있습니다. 내면의 욕망들끼리의 담합이지요. 사랑이라는 것이 아무 이유도 없이 생겨나는 것 같지만, 인간의 내면 저 깊이 들어가 보면, 사랑은 애초에 목적성을 가지고 발동된다는 것을 알 수 있습니다.

사랑에 대하여 인간의 진실이 이러할진대, 호오포노포노 정화에서는 '사랑합니다'를 아예 드러내놓고 도구로 활용을 합니다. 바로 이 점에 대해 정확히 이해한 후에 정화 언어를 사용해야 합니다.

당신이 '사랑합니다'를 사용하는 순간에, 당신 안에는 무언가에 대한 '원함'이 있습니다. '사랑합니다'라는 말을 당신의 속내에 비춰 해석하면 "내가 사랑한다. 그러니 내 문제를 해결해 다오!", "내가 사랑한다. 그러니 내 뜻을 이루게 해 다오!" 등과 같습니다.

사랑은 인간의 삶에서 가장 위대한 가치이며, 가장 최고의 도구이며 수단이지만, 사랑이 쓰임으로써 원만한 작용력을 얻으려면, '진짜 사랑'이 되어야 합니다. 특히 정화법에서의 사랑은 목적성이 드러나 있어서, 사랑이 머리에서만 맴돌기 십상입니다. 바로 이 점을 경계해야 합니다. 정화의 도구로 사용하는 사랑은 진짜가 되어야 합니다. 그래야 사랑이 에너지로써 강력한 작용을 할 수 있습니다. 먼저 진짜 사랑을 주세요. 정화 언어에 진짜 사랑을 담으세요. 그래야 사랑이 스며들어 원하는 쪽으로 작용하게 됩니다.

일상에 미용고사 입히기

내면의 평화만을 위한 정화와 인생 전체를 아우르는 정화는 그 의미와 방법, 그리고 범위와 무게가 다릅니다. 돈, 명예, 관계, 직장, 사랑 등의 현실적인 부분을 무시한 채 내면의 평화를 시도하려는 자체가 이미 실패할 계획이지만, 어찌 됐든 정신계와 물질계는 그 실상만큼이나 그것을 움직이는 힘과 방법이 다를 수밖에 없습니다. 그러나 우리는 하나의 도구로 모든 것을 다 해내려는 무모하고 어리석은 욕심을 부리지요.

모두들 마음, 마음 하지만, 인간의 삶이란 마음을 다스리는 것만으로 다 해결되는 것이 절대 아닙니다. 인생과 운명에 관계되는 복잡다단한 이유들을 위한 정화는 마음이 가벼워지고 깨끗해지는 것만으로는 부족합니다. 인생이나 운명은 그렇게 쉽게 바뀔 만큼 만만치도 단순하지도 않습니다. 인생은 정신의 작용이 다가 아니라 물리적 작용이 더 많이 포함되는 작업이기 때문입니다.

우리는 살아가면서 수많은 일들을 두고 낯설거나 낯익은 타인들과 수도 없이 밀고 당기기를 하게 됩니다. 그때 상대의 입에서 내가 원하는 대답을 나오게 하는 것이 얼마나 힘들던가요? 사람 마음 하나 내 뜻대로 다루기가 그렇게 힘이 들거늘 우주와 신을 상대로 협상해 가며, 삶을 변화시키고 운명의 물줄기를 원하는 대로 트는 일이 그리 쉬울까요?

중요한 것은 특별한 어떤 방법이 아닙니다. 당신의 인생, 당신의 운명을 최상으로 하기 위해 당신이 할 수 있는, 그리고 해야 하는 최고의 시도는 '일상을 잘 해내는 것'입니다. 언제나 정답은 당신의 일상에 있고, 필요한 모든 기적도 당신의 일상에 있습니다. 그것이 가장 위대합니다. 그것이 인생에서 사랑과 풍요와 행복을 보장합니다.

일상이 정화되면 결국 인생 전체가 정화됩니다. 일상에서 정화를 약속 행위로 삼으세요. 일상에서 할 바를 잘하겠다는 약속, 일상을 잘하려는 마음 자세와 일상을 잘하려는 행동은 결국 삶을 잘 해내게 됩니다. 일상을 잘하는 것이 곧 삶에 대한 호오포노포노이며 정화입니다.

일상을 잘하지 못하고, 호오포노포노 정화만 잘한다고 하면 당신의 인생은 더 이상 기대할 것이 없는 인생이 됩니다. 호오포노포노 자체가 당신의 삶을 살리는 것이 아니라 호오포노포노를 통하여 일상을 잘 해내는 그것, 바로 그 행위들이 당신의 삶을 살립니다.

그저 기계적으로 막연하게 "미안합니다, 용서하세요, 고맙습니다, 사랑합니다"만 되풀이한다면, 그 정화 언어는 갈 곳을 잃고 배회하는 나그네의 쓸쓸한 독백에 불과합니다. '미용고사'를 일상에 입히세요. 일상의 할 바에 호오포노포노식 정화 언어를 입히세요. 언제나 일상이 답입니다.

진짜 미용고사

살아가는 일이 뜻대로 안 될 때 당신은 이렇게 말합니다.

"미안합니다, 용서하세요, 고맙습니다, 사랑합니다"

당신의 입은 정확하고 뚜렷하게 말을 합니다. 미안하다고, 용서해 달라고, 고맙다고, 사랑한다고. 당신의 마음도 그럴 것입니다. 미안해하고, 용서를 바라고, 고마워하고, 사랑할 것입니다.

진짜 미안한가요? 진짜 용서를 바라고, 진짜 고마워하고, 진짜 사랑하는 것 맞습니까? 그런데 몸은 왜 어제와 똑같은 삶의 방식을 고집하고 있나요? 그런데 왜 오늘의 형태는 어제와 다를 것이 없는 건가요? 그런데 왜 아무런 고통 없이 공짜로 얻어내려는 도둑놈 심보를 거두지 못하는 것입니까? 우주가 그렇게 만만해 보이고, 신이 그렇게 호락호락해 보이나요? 아니면 존재함이 그렇게 가벼워 보이나요?

진짜로 미안하다면, 진짜로 용서를 바란다면, 진짜로 고마워한다면, 진짜로 사랑한다면, 몸으로 보여 주세요. 어제와 다른 형태의 오늘을 보여 주세요. 일상에서 삶으로 보여 주세요.

진짜로 그렇다면, 공짜 심보부터 버리고, 몸을 움직여 현실에서 증명하기를 더 이상 늦추지 마세요. 우주에게, 신에게, 세상에게 보여 주세요. 왜 입으로만 때우려 하십니까?

몸을 일으켜 행동으로 보여 주세요. 몸을 일으켜 다른 오늘을 보여 주세요. 몸을 일으켜 우주에게, 신에게, 세상에게 확인시켜 주세요. "나, 달라지고 있다." 보여 주세요. 그것이 진짜로 미안해하는 것입니다. 그것이 진짜로 용서를 구하는 자세입니다. 그것이 진짜로 고마움을 느끼는 것입니다. 그것이 진짜로 사랑을 증명하는 것입니다. 그것이 진짜 호오포노포노입니다. 그랬을 때 당신의 삶은 원하는 결과를 기대해 볼 가능성이 마련되는 것입니다.

책임진다는 것

많은 사람이 호오포노포노를 실천하지만 정화의 효과는 일시적이거나 어느 부분에서만 효과가 있거나 할 뿐, 근본적으로 삶을 완벽하게 변화시켜 주는 경험을 하는 사람들은 그리 많지 않습니다. 왜 그럴까요? 호오포노포노에서 가장 먼저, 그리고 반드시 선행되어야 하는 것이 '회개와 용서' 인데, 많은 이들은 여기서부터 올바르지 않게 시작을 합니다.

회개란 무엇입니까? 회개란 나의 행위가 잘못임을 알고 뉘우치는 것입니다. 그런데 사람들은 이 부분에서부터 우주의 뜻과 맞지 않는 방식으로 전개합니다. 뉘우침이란 엄밀히 말하면 '내 마음과 내 마음 간의 타협' 일 뿐인데, 사람들은 뉘우치는 마음을 가지면 그것으로 나의 잘못에 대한 책임을 다한 것으로 착각합니다.

사람들은 정화 언어 도구를 사용하면서 이렇게 말합니다.

"이 일은 나의 책임입니다"

모두들 그렇게 말합니다. 그러나 말은 그렇게 하지만 실제로 기꺼이 책임지려고 하지는 않습니다. 많은 사람의 정화 방식이 그렇습니다. 우주와 신으로서는 인정되지 않는 방식이지요. 우주가 인정하는 방식의 책임이란, "내가 잘못했다. 내가 미안하다." 이렇게 그냥 말로만 끝나는 것이 아닙니다.

우주가 인정하고, 신이 인정하는 방식의 책임이란, 현실 속에서 그에 상응하는 고통을 당연하게 받아들이고 기꺼이 인내하는 것입니다. 그런데 사람들은 책임지겠다고 말은 하면서, 실제 현실에서의 책임은 안 지려고 하며, 지금의 고통을 없애달라고만 합니다. 이는 마치 죄를 지은 사람이 "나는 죄를 졌다. 그 죄는 내 책임이다. 하지만 내가 지금 뉘우치고 있으니까 벌은 받지 않게 해 달라" 는 것과 같은 것입니다. 이것이 정화에 있어서 사람들이 저지르는 첫 번째 실수입니다.

당신은 뉴스를 보고 있습니다. 뉴스에 어떤 사람이 중죄를 짓고는 이렇게 말합니다. "내가 잘못했다. 다 내 책임이다. 그런데 나 지금 충분히 뉘우치고 있으니까 감옥에는 가지 않게 해 달라" 그러면 당신은 이렇게 반응할 것입니다. "저런 나쁜 놈이 있나! 죄를 지었으면 응당 감옥에 가서 죄의 값을 치러야지." 라고. 이것이 맞습니다. 책임진다는 것은 바로 이런 것입니다.

바울은 "스스로 속이지 말라. 하나님은 업신여김을 받지 아니 하시나니 사람이 무엇을 심든지 그대로 거두리라" 라고 말하였고, 부처는 "모든 생물은 업보를 안고 살아가며, 업에 대한 책임은 생이 끝나도 사라지지 않는다" 고 설파했으며, 공자는 "하늘은 만물을 덮어 주는 데 결코 사사로움이 없다" 고 하였습니다. 결국 나의 행위에 대한 책임은 내가 현실적으로, 직접적으로 져야 한다는 뜻입니다. 호오포노포노에서 말하는 '온전한 책임' 도 이와 다르지 않습니다.

"내가 잘못했다. 미안하다. 용서해다오. 그러니까 이 현실의 고통을 없애다오" 가 아니라, "내가 잘못했다. 미안하다. 용서해다오." 라고 계속 청원하면서, "어떤 고통이 오든 내가 나의 잘못만큼 책임을 다 질 테니 그 후에 내 삶을 평온하게 해다오", "나의 잘못된 행을 책임진다는 것이 현실에서 얼마나, 언제까지 고통스러울지는 모르겠지만 나는 기꺼이 감수하겠다." 라고 하는 것이 책임에 대한 올바른 자세입니다. 몸소 현실의 고통을 묵묵히 견뎌내는 것, 그것이 우주와 신의 기준에 합당한 '책임지는 것입니다.

많은 사람이 호오포노포노를 하면서도 삶을 원하는 만큼 변화시키지 못하는 것은 우주와 신이 원하는 방식으로 책임지지 않기 때문에 우주와 신이 삶을 고단하게 하여 끝내 나로 하여금 책임지게 하려 하기 때문입니다.

내 안의 마음과 마음의 거래에서는 형태 없고 고통 없는 즉각적인 용서가 얼마든지 가능하지만, 세상과 신과의 거래에 있어서는 반드시 현상이 있는 방식으로 책임져야 하고 그 후에 진짜 용서가 이루어집니다.

잘못을 해 놓고 용서해달라고 열심히 기도한다고 해서 책임을 면할 수는 없는 것이 우주의 방식임을, 우주는 언제나 그 행위의 가볍고 무거움에 따른 현실적인 책임을 요구한다는 것을 잊지 마십시오.

몸으로 책임지고 자격 갖춰야

몸은 편안하게 둔 채, 입으로만 중얼거리는 형식적이고 무성의한 방식으로는-삶에 관계된- 차원 높은 힘을 움직이기 어렵습니다. 예로부터 모든 수행이 첫 과제로 '몸을 수고롭게' 하는 것을 중요하게 여긴 데에는 다 그만한 이유가 있는 것이지요.

당신이 신을 향해 "신이시여, 저는 당신을 사랑하나이다. 저의 소원을 들어주소서!" 한다고 해서 신이 덥석 "그래. 알았다." 하는 일은 결코 일어나지 않습니다.

신의 허용이라는 것이 그렇게 뜻 없이 일어나는 것이 아닙니다. 당신이 몸으로도 진정성을 보일 때 비로소 신은 당신이 청하는 것에 대해 관심을 가져볼 마음을 내게 됩니다.

가난이 지독하게 싫으면서 돈 쓰고 싶은 것을 참아야 하는 고통이나 그에 합당한 일을 해야 하는 고통은 감수하려 들지 않는 사람, 성공하고 싶으면서 힘든 것은 하고 싶지 않은 사람, 이는 마치 마라톤에서 우승하여 월계관을 쓰

살아서, 살아서 행복하라

고 싶은 욕심은 가득하면서 숨이 턱에 차오르는 고통을 감수하기는 싫어하는 것과 같습니다. 어찌 이루어질 수 있겠습니까? 삶을 위한 정화는 몸으로 책임을 다하려 했을 때 완성이 됩니다. 일상에서 몸으로 할 바 다함, 그것이 자격을 갖추는 것입니다.

화해하기

호오포노포노를 통하여 삶을 안정시키고 성장시키기 위해서 중요한 것 중 하나는 '화해' 입니다. 사람을 비롯한 모든 불편한 것들과의 화해는 인생을 긍정적으로 변화시키기 위해 꼭 해결되어야 할 조건입니다. 불편한 것들과 화해하면 당신은 안전해집니다. 무엇보다 먼저 자기 '자신과 화해하기' 를 권합니다. 특히 자신의 과거와 화해하는 것은 절대 빼놓을 수 없는 숙제와 같은 것이지요.

과거의 상처들과 화해하고, 과거의 시간들과 화해하고, 당신의 인생과 화해하고, 당신의 운명과 화해하고, 당신의 감정과 화해하고, 당신의 일상과 화해하고, 당신을 불편하게 하거나 당신을 불편하게 여기는 모든 사람, 모든 상황들과 화해하면 서로 편안하고 좋은 사이가 됩니다.

맺힌 것을 풀고, 얽힌 것을 푸는 시도가 화해입니다. 화해는 내면을 평화롭게 합니다. 화해는 관계를 편하게 합니다. 화해는 좋은 에너지를 자라게 합니다. 불편함을 풀어야 편함이 스며들 여지가 생기는 법, 화해는 그 자체로 정화입니다. 당신의 인생과 화해하기를 자주 하세요.

무심히 하더라도 계속 하기

"미안합니다, 용서해 주세요, 고맙습니다, 사랑합니다." 어쩌면 당신은 아무 생각도 없이 무심코 이 말들을 뱉어낼 수도 있습니다. 그러나 마음이, 감정이 담기지 않고, 자동으로 재생되는 건조하고 형식적인 중얼거림으로 원하는 현실은 어림도 없습니다. 그러나 그럼에도 불구하고 당신은 그렇게라도 정화 언어들을 매일 자주 쏟아내야 합니다. 감정이 말에 담기는 에너지를 정하는 법이지만, 반복되고 지속된다면 말이 감정을 움직이기도 하는 법이기 때문입니다. 그러므로 일단 반복적으로 지속적으로 '함'을 습관으로 장착시키는 것은 매우 중요합니다.

방식 다각화하기

우리는 정화할 게 참 많습니다. 슬프고 어두운 성질의 잠재의식, 올바르지 않은 정보로 가득한 무의식, 궁핍하고 외롭고 슬픈 부정적인 기억, 편협한 사고 체계, 일희일비하는 감정 등 우리에게는 정화할 것이 참으로 많습니다. 그러나 이것이 사람들이 정화를 하는 현실적 이유는 되지 않습니다.

호오포노포노를 실천하는 사람들이 정화를 하는 거의 모든 이유는 자신에게 정화할 게 많아서가 아니라 '원하는 게 많아서'입니다. 엄밀히 말하면 호오포노포노 정화라고 하기에 무리가 있는 것이지요.

진짜 정화는 지금의 나를, '있는 그대로의 나를 정화'하는 것이지, 지금의 '나'가 원하는 것을 들어 주기 위해서 하는 것이 아닙니다. 오히려 이러한 방식은 원하는 것을 방해하는 방해 공작이 될 수도 있습니다. 왜냐하면 원하는 게 많아서 하는 정화는 또 다른 정화거리를 생산하기 때문입니다.

살아서, 살아서 행복하라

지금의 당신, 있는 그대로의 당신, 지금까지의 당신을 정화하여, 새로운 나로 재탄생되는 것, 그것이 진짜 정화입니다. 하지만 목적을 위한 정화를 하지 않을 수는 없습니다. 아니 정화의 목적은 어떠한 목적을 이루기 위한 사전 작업이라고 할 수 있습니다. 그러므로 당신은 다양한 방식으로 호오포노포노에 접근할 필요가 있습니다.

당신이 호오포노포노 정화법을 실천하려는 이유가 물질계와 전혀 상관없는 정신적 평화로움에만 관계된 것이라면, 당신은 청정한 장소에서, 고요한 방식으로 실천하는 방식을 취하는 것이 좋습니다. 산속이어도 관계없겠지요. 그러나 당신이 적당한 마음의 평화와 더불어 물질계의 풍요를 목적으로 두었다면 당신의 정화 방식은 물리적 에너지의 강한 형성과 발현에 기반을 두고 행해져야 유리합니다.

만약 당신이 물질계의 풍요를 바라고 있다면, 몸의 움직임을 필수로 하는 방식을 취하세요. 당신이 부정적인 기억들과 부정적인 무의식의 정보들을 지우겠다고, 얌전한 자세로 방 안에 가만히 앉아서 호오포노포노 실천을 시도한다면, 물론 나쁘지는 않지만 비효율적인 것 또한 분명합니다. 물리적인 면에 있어서는 말이지요.

많은 사람들이 잘못 생각하고 있는 것이 부정적인 에너지를 제거하는 것이 내면에만 국한된 것이라는 인식입니다. 아닙니다. 인생에 관한 모든 작용에서는 '몸 에너지'를 먼저 일으켜서 행동으로 이어져야 훨씬 빠르고 강력하게 운용할 수 있게 됩니다.

부정적인 에너지를 정화함에 있어서도, 당신의 몸에 덕지덕지 달라붙어 있는 부정적인 기운들을 몸에서 먼저 제거하지 못하는 한, 당신의 정화는 반쪽

짜리 정화밖에 되지 못한다는 것을 명심하세요.

설령, 당신이 물질계에 전혀 관심도 없고 돈에 욕심도 없어서, 오로지 정신의 깨달음에만 목적을 두고 있다 하더라도, 당신이 가장 먼저 해야 할 수행은 '몸 에너지'의 변화를 위한 것이어야 합니다.

당신의 영靈과 당신의 육肉이 손잡고 있음으로 인하여 당신은 현재의 길을 걸어가고 있습니다. 당신의 육肉은 본능에 저항하는 힘이 약하여 부정적인 에너지가 쉽게 달라붙게 됩니다. 그러므로 당신이 물질계에서 무엇인가를 이루려고 한다면, 먼저 당신의 몸 에너지부터 변화하도록 시도하는 게 좋습니다. 그것은 몸을 움직이는 것으로 시작할 수 있습니다. 하나의 예를 든다면, '걸으면서 확언하기'를 권합니다. "미안합니다, 용서해 주세요, 고맙습니다, 사랑합니다."를 걸으면서 해 보세요. 머리로만, 입으로만 하는 방식에서 탈피해야 더 확실하게 삶에 변화를 끌어낼 수 있습니다. 움직이세요! 밖으로 나가세요! 걸으세요! 그리고 정화 언어와 확언을 사용하세요!

"미안합니다, 용서해 주세요, 고맙습니다, 사랑합니다."로 걷는 중에 확언을 하고, 걷는 중에 정화를 하면, 걷는 중에 에너지가 변화하고, 걷는 중에 에너지가 살아납니다. 그렇게 당신의 삶에 변화가 찾아옵니다.

당신의 체질이 바뀌어야 당신의 삶이 바뀝니다. 가난에 익숙한 체질에서 가난이 불편한 체질로 먼저 바뀌는 겁니다. 그다음에 부자의 체질로 변화를 시도하는 겁니다. 체질의 변화는 움직임을 바탕으로 이루어집니다.

몸, 마음, 감정, 생각, 의식, 무의식, 영혼은 기능과 역할이 저마다 다르지만, 이들은 각각이면서 하나입니다. 부분이면서 전체이며, 서로 매우 친숙하고 밀접하며 공생의 관계에 있습니다. 몸과 마음, 몸과 감정, 몸과 생각, 몸과 의식,

몸과 무의식, 몸과 영혼은 언제나 따로따로 존재하는 것이 아닌, 같은 공간 같은 시간 같은 상황을 공유하고 경험합니다.

인간의 삶, 그 모든 중심에 '몸'이 있습니다. 그러므로 당신에게 권하건대 '몸'을 잘 사용하세요. 예를 들면 이런 것입니다. 어떤 이유로든 감정이 매우 혼란스러울 때, 마음이 매우 불편하고 괴로울 때, 생각이 무질서하고 갈피를 못 잡을 때, 의식이 뒤죽박죽일 때, 무엇인가가 당신의 내면에서 평온함을 앗아 갔을 때, 그래서 불안하거나 두렵거나 괴롭거나 외롭거나 슬프거나 서럽거나 화나거나 막막할 때, '몸'을 움직여 보세요. 집 안 청소를 한다든지, 산을 오른다든지, 운동을 한다든지, 평소보다 몸을 더 수고롭게 해 보세요. 되도록 많이 되도록 힘들게 말이지요. 그러는 중에 정화가 되고 에너지가 전환됩니다.

모든 순간, 모든 상황에 입으로만 정화 언어를 사용하는 방식은 그 영향력이 약하고 더디며 한시적입니다. 몸을 사용하세요. 몸을 수고롭게 하세요. 내면에 평화가 오고 살아가는 일도 점차 편안해질 것입니다.

목표가 다르다는 것은 많은 요소들이 다르다는 것을 의미합니다. 당연히 방식도 달라져야 하는 것이지요. 바로 이 부분부터 당신은 새롭게 정립을 해야 합니다. "나의 목표는 무엇인가?", "나의 목표에 알맞은 호오포노포노 사용은 어떤 것인가?" 등에 대한 질문을 스스로 던져봐야 합니다.

사람들의 인생은 저마다 다르게 흘러갑니다. 현재의 문제, 현재의 상황은 사람마다 다릅니다. 현재 상황이 다르다는 것은 적용되어야 할 방식도 달라져야 한다는 것을 의미합니다.

호오포노포노의 올바른 사용법은 바로 여기에서 출발하는 것입니다. 호오포노포노의 원리와 방법은 하나지만, 그것을 사용하는 방식은 사람마다 인생마다 달라야 합니다. 병원에서 증상마다 처방이 다른 것처럼 말이지요.

더 나은 삶을 이루기 위한 수단으로 오직 정화만이 최고이며 정화만이 전부라고 우기며, 그것에만 의지하고 있는 당신의 고집부터 정화하세요. 정화됨은 기본적 조건일 뿐, 당신이 원하는 삶은 정화됨 그 이후의 일입니다. 필요에 따라서는 또 다른 수단, 또 다른 도구, 또 다른 방식이 당신의 삶에 개입되어야 한다는 뜻입니다. 호오포노포노도 한계가 있고, 호오포노포노도 단점이 있음을 인정하는 것이 호오포노포노를 보다 더 잘 사용할 수 있는 하나의 방법이 됩니다.

아는 것을 제대로 사용하기

사람들은 자꾸만 '앎'에 의지하려고 합니다. 인생길이 고단한 사람들은 앎에 더 의지하려고 합니다. 그래서 사람들은 자꾸 더 알려고만 합니다. 왜 그럴까요? 알기만 하면 다 그대로 될 것 같은 착각과 앎이 행보다 더 편하기 때문입니다. 그래서 사람들은 행하려고 하지 않고 자꾸 알려고만 합니다. 삶의 문제를 해결하는 데 유용한 도구로 쓰임하기 위해서 알아야 할 방법에 관한 지식은 사실 많지 않아도 충분한데 사람들은 자꾸만 더 알려고 합니다.

당신이 방법에 관한 여러 권의 책을 읽고서 얻을 수 있는 것은 대개 내적 만족으로서의 역할을 다 할 확률이 높습니다. 왜냐하면 방법에 관한 앎이란 쓰임이 되지 않으면 무용지물이 되고, 시간적 물리적으로 당신이 사용할 수 있는 방법은 제한될 수밖에 없기 때문입니다.

물론 독서는 꾸준히 하는 게 좋고, 다독多讀은 분명 유익합니다. 그러나 그것은 시야를 넓히고, 마음의 양식을 쌓기 위함에 있어야 하고, 깊이를 더 하기 위함에 그 목적이 있어야 하는 것이지, 다양한 방법을 전부 다 섭렵하기 위함이어서는 차라리 아니함만 못합니다. 어떠한 방법론에 관한 독서는 다독이 결코 유리하다고 할 수 없습니다. 일단 하나의 방법을 알았으면 그 방법에 매진해 보는 것이 중요합니다.

예를 들면, 자기 몸을 스스로 지키겠다고 호신술을 익히려고 하는 사람이, 오늘은 태권도에 대한 책을 보고, 내일은 합기도에 대한 책을 보고, 모레는 레슬링에 대한 책을 보는 식으로 접근한다면 그 사람은 머리로 아는 것은 늘어날지 모르겠지만, 애초에 자신의 목적이었던 자기 몸을 지킬 수 있는 확실한 호신술은 끝내 한 가지도 터득할 수 없게 됩니다. 그 사람이 자기 몸을 스스로 지키기 위해서 호신술을 익히려면, 일단 하나의 술(術, 방법)을 정하고, 그 기술을 최대한 완벽하게 습득하는 것이 최상입니다. 태권도를 익히려고 했다면, 우선 태권도를 최대한 완벽하게 터득하는 데 온 힘을 기울이는 것이 나를 지키는 길입니다. 태권도를 다 익힌 후라면 다른 기술에 대해 관심을 가져도 좋겠지요.

많은 사람이 인생을 치유하는 방법에 대한 접근을 무분별하게 하고 있습니다. 무지개를 찾아서 동쪽을 향해 출발했다가, 무지개가 바로 보이지 않으니까 얼마 못 가서 서쪽으로 방향을 틀고, 바로 무지개가 보이지 않으니까 조금 가다가 북쪽으로 방향을 틀고, 이를 계속 되풀이하면서 인생의 방황을 거듭하고 있는 것이지요. 변함없는 진리는 우리에게 경고합니다. 그 방황 중에도 시간은 빠르게 흐르고 그럴수록 우리의 인생은 더욱 힘들어진다는 것을.

방법이란 여러 가지를 아는 것이 중요한 게 아니라, 아는 한 가지를 확실하게 익히고, 확실하게 익힌 한 가지를 제대로 활용하는 것이 중요합니다. 호오포노포노를 선택했으면 호오포노포노를 믿고 전력을 다해 보는 것이 중요한 것이지요.

만능은 아니다

사람이 일평생을 무난함 속에서 잘 살아내기란 얼마나 어려운 것일까요? 높은 지성과 교양을 지닌 사람이 짐승만도 못한 일을 서슴없이 저지르기도 하고, 옆에서 보기에 안타까울 정도로 열심히 사는데도 하는 일마다 실패하고, 법 없이도 살 수 있을 만큼 착한 사람인데도 가난과 질병에 시달리는 등 하루하루 살아내는 일이 왜 그리도 모질고 고된 것일까요?

우리는 "모든 것은 마음먹기 나름이다. 그러니 마음을 단단히 먹어라" 라고 배웠고, 모든 것은 내 안에 있으니 나의 내면을 정화하면 나의 현실은 다 뜻대로 될 거라는 이야기를 숱한 책에서 보아 왔습니다. 그런데 사람들의 현실은 여전히 고달프고, 여전히 힘겹기만 합니다. 왜 그럴까요? 인간의 삶이라는 것이 단순하지 않기 때문입니다. 정신계의 정화는 마음에 관계된 것이기에, 흔히 말하는 마음 먹기 나름이라는 말처럼 마음을 잘 다스리면 됩니다. 그러나 물질계의 정화는 '거래의 성질'을 내포하고 있어서 단순한 정화로 해결되지 않습니다. 더 깊은 내막은 나중에 깨닫게 된다 하더라도 우선 이 사실을 명심해야 합니다.

"당신의 현실은 당신의 내면이 그대로 나타난 것뿐이다." 라고 말합니다. 이 말은 반은 맞고 반은 틀렸습니다. 정화만 제대로 할 수 있다면 우리는 일을 하지 않아도 돈이 들어오고, 정화만 제대로 할 수 있다면 우리의 소원이 마음먹은 대로 다 이루어질까요? 정녕 그럴까요? 그렇지가 않습니다. 인생이라는 이름으로 우리가 경험하게 되는 현상들은 매우 다양한 조건들이 물고 물리면서 발생합니다. 내면은 그 조건 중 하나일 뿐입니다. 아주 중요한 요인이기는 하지만 말이지요.

대부분의 사람들은 정화를 하면 물질계의 문제도 자연스럽게 저절로 해결될 것으로 생각하지만, 그렇지 않습니다. 물론 드물게는 현실적인 문제가 해결되기도 합니다. 그러나 그것은 엄밀히 말해서 그렇게 될 수 있는 이유가 있었기 때문에 가능했던 것입니다. 다른 조건들이 맞아떨어졌던 것이지요. 그러면 정화를 하나마나일까요? 아닙니다. 정화는 계속해야 합니다. 늘, 언제나, 계속 정화는 해야 합니다. 정화의 실천은 삶의 다양한 요인들에게 가장 최적의 환경을 제공할 수 있기 때문입니다. 다만 호오포노포노만 실천하면 인생의 모든 일이 다 마음대로 되리라는 생각은 하지 않는 것이 좋습니다. 당신이 만약 그러하다면 당신은 그 마음부터, 그 믿음부터 정화해야 합니다.

실천하면서 기다릴 것

사람들은 한 방을 참 좋아합니다. 오랜 세월 쌓이고 쌓인 부정적인 에너지를 사람들은 하루아침에 없애고 싶어 합니다. 유형의 것이든, 무형의 것이든 부정적인 에너지를 완전하게 정화하기란 엄청난 노력과 정성과 시간이 필요한 법인데 사람들은 한 방에 뚝딱 해결하려고 합니다.

짧게는 수년, 길게는 수많은 생애에 걸쳐서 덕지덕지 쌓이고 쌓인 부정적인 에너지를 어떻게 단기간에 정화할 수 있을까요? 아무리 완벽하게 한다고 해도, 그것은 그렇게 쉽게 정화되고 치유될 것이 아닌데 사람들은 단 한 방에 자신의 운명이 확 바뀌기를 바랍니다.

사람들은 시크릿이나 호오포노포노가 삶의 모든 문제를 단 한 번에 다 해결할 수 있으리라는 믿음을 갖지만 절대 그렇지 않습니다. 사안에 따라, 경중 輕重에 따라 효과의 시기가 다 다른데도 사람들은 삶의 모든 문제을 금방 뚝 딱 해결할 수 있을 거라는 기대를 품고 정화를 하고, 끌어당기기를 합니다. 그리고 실망합니다. 절망합니다. 여기저기 옮겨 다니면서 그렇게 방황은 끝날 줄을 모릅니다.

무릇 모든 병에 있어서 치료란, 그 병의 경중에 따라 투여되는 약과 소요되는 시간이 다르기 마련인데, 인간의 몸보다 더 어렵고, 더 복잡하고, 더 난해한 인간의 운명을 단시간에 해결하려는 억지를 부립니다.

어떤 의사도 중병 앞에서 "이 약만 먹으면 내일 금방 낫습니다." 라고 말하지 않습니다. 그런 약은 있지도 않습니다. 사이비 약장수만 그렇게 말을 합니다. 어떤 철학자도, 어떤 성자聖者도 "운명은 정화만 하면 금방 바뀔 거야", "당신의 운명은 끌어당기기만 하면 금방 바뀔 거야"라고 하지 않습니다. 그 관계자들만 그렇게 말합니다.

당신이 아무리 훌륭하게 정화한다고 해도, 당신이 아무리 끌어당기기를 완벽하게 한다고 해도, 지금 당장 그 효과를 바란다면 절망하게 되고 방황하게 됩니다. 그러지 마세요. 소주 한 잔 희석하는 데도 무려 만 배가 넘는 노력이 필요한 법이거늘, 하물며 인간의 운명에 있어서야 오죽할까요? 당신은 만 배의 정성을 들여 보았나요? 당신은 만 배의 시간이 흐를 동안 기다려 보았나요?

끌어당기기 몇 번 시도하고, 정화 언어 며칠 중얼거린다고 운명이 달라지는 거라면, 그렇게 쉽게 운명이 달라지는 거라면 인류에게 노력이나 기도, 정성

따위의 말은 필요하지도 않았습니다.

그렇게 쉽게 운명이 변할 수 있는 거라면, 우리는 굳이 탐욕을 멈출 필요도 없었습니다. 그렇게 쉽게 삶의 문제가 해결되는 거라면, 우리는 굳이 신중할 필요도, 정성을 들일 필요도 없었습니다. 그냥 우리가 하고 싶은 대로 하다가 잘못되면 그때마다 끌어당기기를 하고, 그때마다 정화 언어를 중얼거리면 해결될 테니 말입니다.

당신의 삶이 심하게 아프면 아플수록 그 치유 또한 시간이 걸리고, 정성이 요구될 것이며, 당신의 처지가 곤란하면 곤란할수록 그것이 해결되기까지에는 그에 상응하는 시간과 노력과 정성이 충족되어야만 합니다. 당신이 살아가면서 삶의 장애를 만나고, 삶의 문제에 봉착할 때마다 정성과 시간에 비해 빨리 결과를 얻고자 한다면 당신은 쉽게 실망하게 되고, 쉽게 절망하게 될 것입니다.

정화는 끝이 없다

호오포노포노식 정화를 통하여 물질적 삶의 질을 높이고자 하는 사람들은 묻습니다. 과연 얼마 동안이나 정화해야 완전하게 제로 상태가 되는 것이냐고. 답을 합니다. "당신이 완전무결하게 정화가 되는 때는 영원히 오지 않는다. 그러므로 당신의 정화는 당신이 존재하는 한 끝없이 행해져야 한다." 라고.

우리는 내 안의 상태가 완전하게 정화되기를 바라며 호오포노포노를 실천하지만, 그것은 사실상 현실에서 불가능한 일입니다. 이미 있는 부정성이 실천을 통하여 긍정성으로 변형된다고 해도, 또 다른 부정성이 나와 내 인생 속으로 유입됩니다. 나라는 존재가 생명력을 완전하게 상실하지 않는 한 그것은 계속 반복됩니다. 나는 유동적인 개체이기 때문에 하루 중 어느 상황, 어느 계기를 통해서든 부정성이 유입될 수밖에 없습니다.

'나'가 살아있다는 것은, '나' 안에 어둠의 에너지와 밝음의 에너지가 함께 내포되어서이지, 만약에 '나'가 완전하게 어둠의 에너지가 되거나 완전하게 밝음의 에너지가 된다면 '나'는 절대 살아있을 수가 없습니다. 이것이 우주가 존재를 이어갈 수 있는 이유이고, 이것이 세상이 굴러가는 이유이며, 이것이 정화를 단 하루도 멈출 수 없는 이유입니다.

'나'는 언제나 어느 정도의 부정성을 지니고 있는 것이 지극히 당연하다 할 수 있습니다. 관건은 긍정성과 부정성의 비율에 있는 것이지, '나'는 완전하게 극단의 순수함을 얻을 수도 없고, 얻을 필요도 없습니다. 당신 삶의 일도 이와 다르지 않습니다. 당신의 삶에서도 절대 백 프로 완전한 긍정성은 있을 수가 없습니다. 그러므로 당신은 부정성은 줄이도록 노력하고, 긍정성은 늘리도록 노력하면 됩니다. 당신이 행복하기에 그것이면 충분합니다. 당신이 얼마든지 해낼 수 있는 것들이며, 호오포노포노의 실천은 그것을 위한 작업입니다. 당신은 그 작업을 평생 그만둘 수 없습니다.

의도하라 / 느껴라 / 믿어라

목적에 맞는 강한 의념을 일으켜, 목적에 맞는 감정으로, 목적에 맞는 정화 언어를 사용하여 정화할 것. 물리적 세계에서의 호오포노포노는 그렇게 사용하는 것이 가장 효과적입니다. 목적에는 의도함의 힘이 강하지 않으면 끌어오는 힘도 약해지기 마련이어서 그 달성이 쉽지 않습니다. 또한 감정이 동조해 주지 않으면 그 목적은 이루어지기 어렵습니다.

막연하게 중얼거리는 것은 에너지 낭비이며 허공에 대고 허우적거리는 헛손질입니다. 정화 언어가 확언으로 이어지면 좋은 이유입니다. 시크릿의 성패는 의념의 강도에 좌우됩니다. 당신이 호오포노포노를 뭔가를 이루기 위함에 사용한다면 그와 같은 방식을 따르는 것이 좋습니다. 제발 당부하건대 저절로 될 거라는 생각은 버리기 바랍니다. 도대체 누가 당신에게 그런 말도 안 되는 약속을 했단 말입니까?

의식하면 에너지는 강해진다

잠에서 깨자마자 당신은 자신도 모르게 정화 언어를 중얼거리고 있는 자신을 발견합니다. 아무 의미 없이 그저 습관적으로 그럴 수도 있고, 무의식에 깊이 안착되어 그럴 수도 있지만, 그 진위 여부를 당신은 알지 못합니다.

사실 정신계의 안정과 평온을 위해서라면 굳이 알아야 할 이유도 없습니다. 그러나 물질계에 관계된 것이라면 다릅니다. 물질계는 에너지가 작용하여 현상으로 발현되어야 하기 때문에 당신은 가끔 물어야 합니다. "나는 왜 호오포노포노를 하는가?" 의식이 향하는 곳의 에너지는 더욱 강해집니다. 호오포노포노에 대하여 그 사용처에 의식을 집중하면 그 에너지는 더욱 강해집니다. 현상이 될 확률이 높아지게 되지요.

일상 호오포노포노화

일상에서 보여 주는 당신의 모든 것이 당신이 어떤 사람인가를 알려 주며, 그것이 당신 인생의 형태와 질을 결정합니다. 어쩌다 한 번 먹는 뛰어난 보약의 힘보다 날마다 지속적으로 먹는 평범한 음식이 훨씬 더 세고 강력하며, 그것이 당신의 몸 건강을 좌우합니다.

인생에 있어서, 어쩌다 한 번 사용해 보는 위대한 방법보다 매일 반복적으로 생각하고 행하는 것이 더 영향력이 강한 법입니다. 그러므로 호오포노포노는 어쩌다 한 번 몰입해서 하는 게 중요한 것이 아니라 일상의 모든 순간이 '호오포노포노화' 되는 편이 더 좋습니다. 생각도, 행동도, 평소에 그러해야 합니다. 그렇게 했을 때 당신의 인생은 호오포노포노의 사랑을 제대로 받을 수 있게 됩니다.

호오포노포노가 어쩌다 한 번 꺼내게 되는 상비약 취급을 받아서는 안 됩니다. 매일 모든 순간에 들이마셔야 하는 공기와 같은 것이어야 합니다. 하는 일이 잘 안 된다 싶을 때, 타인과 심하게 다투었을 때, 물건을 도둑맞았을 때, 갑자기 교통사고를 당했을 때, 살아감에 뜻하지 않은 곤란함이 발생했을 때, 이럴 때만 불쑥 꺼내서 사용하는 것은 참다운 호오포노포노 실천법이 아닙니다. 숨을 쉬듯이, 밥을 먹듯이 일상에서 저절로 되는 것이 진짜 호오포노포노입니다. 일상이 곧 인생이기 때문에, 모든 생각 모든 행동에 정화 의식이 함께하는 것, 이것이 진짜 정화입니다.

인생, 호오포노포노

큰 물통이 있습니다. 원래 통 안의 물은 맑고 깨끗한 물이었습니다. 그런데 흙먼지가 들어가고, 오가는 사람들이 오염 물질을 버려 날이 갈수록 통에 담긴 물이 더러워졌습니다. 우리의 삶이 이와 같습니다. 해맑은 아기가 세상의 온갖 찌꺼기에 오염되면서 어른이 되는 것이 우리의 모습입니다.

통 안의 더러워진 물을 그대로 방치한다면 그 물은 점점 더 썩어가고 악취는 갈수록 심해질 테지요. 통의 물을 맑게 하려면 어떻게 해야 할까요? 방법은 두 가지입니다. 통 안의 물을 그대로 둔 채, 맑은 물을 끊임없이 부어서 물이 점점 깨끗해지게 하는 것과 통의 물을 퍼내고 퍼내서 통을 비운 후에 맑은 물을 채우는 것, 둘 중 하나의 방법으로 통 안의 물을 맑게 할 수 있습니다. 이러한 행위는 정화 행위입니다.

그러나 맑고 깨끗한 물로 정화된 통에 다시 흙먼지가 들어가고, 오가는 사람들은 다시 오염물질을 버립니다. 그러므로 정화에 끝은 없습니다. 시시때때로 맑고 깨끗한 물을 지속적으로 부어 주어야 합니다. 일상이 정화여야 하는 이유지요.

그런데 많은 사람이 통의 물이 맑아졌으면 하는 소망만 품거나 가만히 앉아서 입으로 주문만 외우고 있습니다. 통의 더러운 물이 저절로 정화되기를 간절히 바라면서 말이지요. 막연한 기대에 의지한 채, 막연한 희망을 품고, 막연한 정화를 하며, 막연한 세월을 보내고 있는 사람들이 우리 주변에는 너무나 많습니다.

진짜 정화란, 가만히 앉아서 통에 담긴 "물이 더러우니 깨끗하게 해 달라"고 입으로만 중얼거리는 것이 아니라, 몸소 바가지를 들고 더러운 물을 퍼내는 수고로움을 기꺼이 하는 것입니다.

오늘도 퍼내고, 내일도 퍼내고, 더러워진 물이 완전히 없어질 때까지 퍼내고, 퍼내고, 또 퍼내기를 거듭하는 것, 그리고 맑고 깨끗한 물을 담고, 담고 또 담는 것, 맑은 물을 채우고 난 후에도 지속적으로 맑고 깨끗한 물을 부어주는 것, 이것이 진짜 정화입니다.

그 통이 당신의 운명이고, 그 통에 담긴 물이 당신의 에너지이며 인생입니다. 당신의 통에 담긴 물은 어떻습니까? 당신의 인생은 어떻습니까? 당신이 지금 해야 할 일은 무엇입니까? 거기에 당신 삶의 해답이 있습니다.

아직도 방 안에 가만히 앉아서 아무것도 하지 않은 채, 상상만 하고, 주문을 외우는 것으로 인생이 바뀔 수 있다고 믿고 있는 당신, 도대체 언제까지 그러고 있을 작정입니까?

"방법에 의존하지 말고 스스로에게 의존하라!" 이것이 정답입니다. 가장 훌륭한 방법은 방법에 의존하는 방법이 아니라, '방법을 활용하는 자신에게 의존하는 방법' 입니다.

아직도 모르겠습니까, 정답은 방법에 있는 것이 아니라, 방법을 사용하는 '나'에게 있습니다.

사용자에 관계없이 방법이 인생의 정답이었다면 지금쯤 인류는 모두가 풍요하고 모두가 행복해야 했습니다. 지구상에 인생을 더 나아지게 하기 위한 방법은 셀 수 없을 정도로 많으니까요. 눈을 떠야 합니다. 당신의 인생은 어떠한 방법이 아니라 그 방법을 사용하는 당신 자신에게 있습니다. 당신은 그것을 먼저 깨달아야 합니다.

시간과 정성, 그리고 기다림

우리는 인간입니다. 내면의 정화를 시도합니다. '인간인 우리가' 정화를 시도합니다. 그런데 가끔 인간이 기계인 것으로 착각을 하는 사람들이 있습니다. 버튼 몇 번 누르면 오류가 즉시 수정되는 기계로 착각하는 것이지요. 시간을 투자하려 하지 않습니다. 정성을 투입하려 하지 않고 기다림의 시간을 인내하려 하지 않습니다.

지금 당장 하얀 도화지를 꺼내 놓고, 연필로 도화지 어느 한 부분을 까맣게 칠해 보세요. 그리고 지워 보세요. 당신은 분명 어렵지 않게 지울 것입니다. 이번에는 도화지 절반을 까맣게 칠해 보세요. 이번에는 지우는 시간이 처음보다 한참 더 걸립니다. 이번에는 도화지 전체를 까맣게 칠해 보세요. 전체가 까맣게 변해버린 도화지가 지우개 몇 번 쓱싹 한다고 처음의 깨끗했던 상태로 돌아올까요. 절대 그렇지 않다는 걸 당신은 아주 잘 알고 있습니다.

이치는 같습니다. 물리적인 일이든, 무형의 에너지에 관한 일이든, 어지럽히고 더럽히는 시간보다 치우는 시간이 더 많이 소요되는 법입니다. 그러나 사람들은 자신이 자신의 인생에게 저지른 잘못에 대해서는 너무나 관대하고, 자신이 바라는 바에 대한 욕심은 크고 성급합니다.

방법을 알려줘도 방법을 찾습니다. 뚝딱 한 번에 되는 방법이 아니면, 방법으로 여겨지지 않기 때문에 자꾸만 방법을 찾아 방황합니다. 그러나 늘 그렇듯이 우주의 계산은 단 한 번도 틀려 본 적이 없습니다. 인간은 버튼 하나로 뚝딱 조작할 수 있는 기계가 아닙니다. 더구나 인생은 그렇게 간단한 이유만으로 조작되는 게 아닙니다.

부정적인 기억, 부정적인 에너지에 대한 정화는 시간을 필요로 합니다. 우리는 버튼 하나로 순간적인 변신이 가능한 기계가 아닙니다. 인생에 대한 정화 방식은 시간과 인내와 정성을 기본 연료로 합니다.

가장 올바른 사용법

우주의 운동성은 서로 상반된 성질의 것이 돌고 도는 것을 원칙으로 하고 있습니다. 그 하나의 현상으로 여름과 겨울이 번갈아 오는 것을 들 수 있습니다. 우주의 법칙은 모든 존재계에 그대로 적용이 되고, 그 결과로 우리의 인생길에는 오르막과 내리막이 있습니다.

우주 운동성의 법칙을 그대로 우리 삶에 대입해 보면, 처음이 너무 쉬운 것을 경계해야 함을 알 수 있습니다. 처음이 너무 쉽다는 것은 뒤에 어려움을 만나게 될 확률이 높다는 것을 의미하기 때문입니다.

실제 많은 이들의 삶을 살펴보면, 너무 쉽게 가려고 하기 때문에 어려워지는 것을 확인할 수 있습니다. 당연히 해야 할 수고는 하지 않은 채, 편하게 가만히 앉아서 상상으로만 원하는 것을 쟁취하려는 방식, 몸은 하나도 힘들게 하지 않으면서 입으로만 기도하고, 주문을 외고, 정화 언어를 중얼거려서 다 얻어내려는 방식과 같이 쉽게 얻으려고 하기 때문에 얻어지지는 않고 삶이 고단해지고 어려워지는 것입니다.

호오포노포노를 부정하거나 폄하하거나 무시하는 것이 아닙니다. 마땅히 해야 할 수고를 하지 않은 채, 오로지 머리로만, 오로지 입으로만 해내는 방식의 결과물 없는 결과를 말하고자 함입니다.

해야 할 노력을 열심히 하면서, 필요한 수고로움을 기꺼이 더 잘 해내면서, 누구보다 절박하게, 누구보다 간절하게, 누구보다 더 혼을 다하여 할 바를 해가면서, 호오포노포노를 하는 것, 그것이 진짜 호오포노포노임을 말하고자 함입니다.

현실을 똑바로 직시해야 합니다. 그리고 현실이 요구하는 행위를 해야 합니다. 목적을 정확히 인식하고 목적이 요구하는 행위를 해야 합니다. 그러는 중에 호오포노포노에게 도움을 청하는 것, 그것이 진짜입니다.

오류 전에 하는 호오포노포노

평소에 잘 먹고 잘 싸고 잘 자는 것, 이것보다 더 훌륭한 명약은 없습니다. 평소에 편식을 한다든지 몸에 좋지 않은 것들을 먹으면서 어쩌다 한 번 몸에 좋은 보약을 먹는다고 몸이 건강을 회복하거나 유지할 수는 없습니다.

평소에 잘 웃고 잘 반응하고 잘 사랑하는 것, 이것이면 마음은 건강할 수 있습니다. 평소에 늘 찡그리거나 쉽게 화를 내거나 자주 상처를 받거나 어떤 상황에 대해 늘 부정적으로 반응을 하거나 자주 다투고 미워하다가 어쩌다 한 번 웃거나 기뻐한다고 마음이 평온하거나 행복할 수는 없습니다.

평소에 할 바를 잘하고, 유혹을 잘 이겨내고, 순간순간 잘해내는 것, 이것이면 인생은 원하는 대로의 삶에 머물 수 있습니다. 평소에 해야 할 것을 하지 않고, 자주 유혹에 무너지며, 그저 되는 대로 살아가다가 어쩌다 한 번 열심히 한다고 해서 인생이 원하는 대로 풀려 나갈 수는 없습니다.

평소를 잘못 보내는 삶은 정화를 필요로 합니다. 평소를 잘못 보내고 정화하기보다는 평소를 잘 보내기 위한 정화를 하세요. 그리고 평소에 잘하세요. 그것이 당신이 당신의 인생에게 할 수 있는 최선의 행위가 됩니다.

오류를 수정하기 위해 정화하는 것이 기특한 일임에는 분명하지만, 미리 오류를 범하지 않는 것이야말로 진정으로 위대한 것입니다. 오류가 발생하기 전에 오류가 안 생기도록 정화하세요. '나중의 정화'가 아닌 '미리의 정화'를 하세요. 당신의 삶에 풍요와 행복이 함께할 것입니다.

절대 잊지 않아야 될 것

아무리 위대하고 놀라운 호오포노포노라고 해도 삶의 주동력은 일상입니다. 당신의 인생에서 호오포노포노는 주동력인 일상을 돕는 보조 수단, 보조 도구가 되어야 합니다.

"그때는 야간 경기가 끝난 뒤에도 매일 스윙 훈련을 한 뒤에 숙소로 돌아가는 것이 일과였다. 한번은 저녁 약속이 잡혔는데 마침 그 날 홈런을 치고 성적도 괜찮아서 감독님께 슬쩍 '약속도 있고 해서 오늘은 훈련을 하지 않고 식사를 하러 좀 나갔다 오면 안 되겠습니까' 하고 말씀드렸더니 표정이 싹 변하시더라. 그래서 아무 말도 못하고 배트를 들고 스윙하러 나갔다. 끝날 때까지도 감독님은 한마디도 하지 않으시더라. 겨우 훈련을 다 마치고 부랴부랴 약속 장소로 나갔던 기억이 있다."고 일화를 털어놨다.

그는 "한번은 인터뷰에서 대놓고 '이승엽은 훈련을 열심히 하지 않는다'고 하시더라. 나는 정말 죽기 직전까지 훈련을 한다고 생각했는데, 감독님이 보시기에는 턱도 없는 것이었던 모양"이라고 덧붙였다.

"당시 너무 스윙을 많이 해서 배트를 제대로 들지 못할 정도였다. 아프다고 해서 들어주실 분도 아니라 대충 끝낼 생각 같은 건 하지도 못하고 시키는 대로 다 했다"고 밝힌 뒤 "아마도 그런 것 때문에 내가 더 강해지지 않았나 싶다"며 감독에 대한 고마움을 드러냈다.

위의 글은 프로야구 선수 이승엽의 인터뷰 내용 중 일부입니다. 사람 좋고

정 많고 눈물 많고 겸손하고 얌전한 새색시 같지만, 그는 강한 사람입니다. 한 때 아시아 홈런 신기록 보유자였던 이승엽, 현재 한국 홈런 신기록 보유자 이승엽, 우리나라 중학교 교과서에 등재된 이승엽, 그는 엄청난 연습 벌레로 유명합니다. 죽을 만큼 힘들게 연습한다는 그는 말합니다.

"평범한 노력은 노력이 아니다. 혼을 담은 노력은 결코 배신하지 않는다."

그도 무명 시절이 있었고, 그도 슬럼프를 맞이합니다. 하지만 그는 언제나 이겨 냅니다. 이겨 내는 방법은 언제나 지독한 연습입니다. 초등학교 시절, 야구가 좋은데 아버지가 반대해서 한 달 동안 단식 투쟁을 했다는 그는 지독한 '실천가'입니다.

야구 하나로 수백억의 재산을 일군 이승엽, 아내가 원하는 것은 무엇이든 다 해 주고 싶다며 스스로 자신은 애처가라고 말하는 이승엽, 그는 진정 강한 사람입니다.

그는 성공하기까지 시크릿이 무엇인지, 호오포노포노가 무엇인지 알지 못했습니다. 그런 것이 있는지조차도 몰랐습니다. 그는 해야 할 것을 끝까지 실천해 내는 지독한 '실천가'였기에 성공할 수 있었을 뿐입니다. 그리고 그것만이 최고의 자리를 유지할 수 있다고 믿기에 그는 이미 충분히 성공했는데도 불구하고 엄청난 연습을 합니다.

그가 말합니다. "맨손으로 숱한 역경을 이겨내고 성공한 사람들은 모두 휴식을 좋아하지 않는다는 소리를 듣고 '아, 내가 성공하기 위해서는 죽기 살기로 연습하는 길밖에 없구나' 생각하고, 그때부터 지금까지 매일 죽도록 연습을 합니다."라고.

언젠가 그의 부인은 이런 말을 했습니다. "시합하느라 힘들고, 경기 끝나고 연습하느라 안 아픈 데가 없어서 매일 진통제를 달고 살면서도 연습을 하루도 빼 먹지 않아요. 너무나 안쓰러워 죽겠어요." 라고.

어떻습니까? 당신은 하루하루를 어떻게 살아가고 있습니까? 당신은 더 나은 인생이 되기 위하여 얼마나 노력하고 계십니까?

우리는 늘 성공한 사람들을 부러워합니다. 그들의 명예, 그들의 부유함. 하지만 그것을 이루기까지 목숨을 건 노력이 있었음을 우리는 보지 않습니다. 성공한 그들은 말합니다. "당신도 나처럼 노력하면 분명히 성공할 것이다." 라고. 하지만 그 말을 들은, 너무나 성공하고 싶고, 너무나 부자가 되고 싶은 100명 중에 끝까지 노력하는 사람은 20명도 되지 않습니다. 그리고 실천하지 못하는 그들은 또 다른 성공자의 이야기를 들으며 쓸쓸한 패배자로 살아갑니다.

사람들은 곧잘 착각합니다. 현실적인 노력은 게을리 해도 어떠한 실천법만 열심히 하면 성공하고, 부자가 될 거라고. 수행하여 참다운 나를 깨닫기만 하면 성공하고, 부자가 될 거라고. 교회에 가서, 절에 가서 기도를 열심히 하면 성공하고 부자가 될 거라는 믿음으로 살아가는 이들이 의외로 많습니다.

시크릿, 호오포노포노는, 기도는, 그리고 모든 수행은 요술 방망이가 아니라, 우리가 꿈을 이룰 수 있게 도와주는 강력한 하나의 보조 도구입니다. 그 자체가 바로 성공을 가져오고, 부유함을 가져오는 것이 아니라, 성공을 이룰 수 있게 도와주는 강력한 힘, 부유함을 이룰 수 있게 도와주는 아주 훌륭한 도구일 뿐입니다.

만약 이승엽 선수가 죽도록 연습하지 않고, 매일 방 안에 앉아 시크릿을 하고, 호오포노포노를 하고, 기도만 했다면, 홈런 신기록을 세웠을까요? 수백억을 번 오늘날의 이승엽이 있었을까요?

에디슨이 만 번에 걸친 실험을 하지 않고 매일 방 안에 앉아 시크릿을 하고, 호오포노포노를 하고, 기도만 했다면, 그는 결코 전기를 발명해 내지 못했을 것입니다.

'할 수 있다는 강력한 믿음을 가지고, 시크릿처럼 끊임없이 이룸의 상상을 하고, 호오포노포노처럼 끊임없이 부정적인 에너지를 정화하며, 매일 기도도 하면서, 자신이 해야 할 현실적인 노력을 죽기 살기로 하는 방식', 대부분의 성공자들을 살펴보면 이런 방식대로 살고 있음을 알 수 있습니다.

너무나 간절히 성공하고 싶은 당신, 너무나 간절히 부자 되고 싶은 당신, 너무나 간절히 행복하고 싶은 당신, 당신도 그렇게 하세요! 할 수 있다는 강력한 믿음을 가지고, 시크릿처럼 끊임없이 이룸의 상상을 하며, 호오포노포노처럼 끊임없이 부정적인 에너지를 정화하고, 매일 기도하며, 자신의 자리에서 해야 할 현실적인 노력을 죽기 살기로 하는 방식을 당신도 해 보기 바랍니다. 당신은 분명 성공할 것이고, 당신은 분명 부자 될 것이고, 당신은 분명 행복할 것입니다.

성취의 원리

어떤 방법이든, 어떤 수행이든, 그 자체가 당신의 인생을 바꿔 주거나 원하는 것을 이루게 해 주는 것이 아닙니다. 어떤 도구든, 어떤 수단이든, 그것이 당신의 인생을 저절로 풍요롭게 해 주거나 당신을 원하는 곳으로 데려다 주는 것이 아닙니다. 당신의 인생은 당신이 직접 창조합니다. 당신이 바꾸고, 당신이 원하는 것은 당신이 이루는 것입니다. 방법, 수행, 도구, 수단 등은 다만 당신을 도와주는 역할을 하는 것일 뿐이지요.

열 사람이 똑같은 병을 앓고 있을 때, 똑같은 약을 복용합니다. 그렇다면 열 사람이 똑같은 시간에 똑같이 나을까요? 그렇지가 않습니다. 낫는 시간은 다 다르고, 심지어 낫지 않는 사람도 있습니다. 약은 똑같지만 약이 작용하는 몸이 다르기 때문이지요.

수행이나 수련 등 어떠한 방법이나 도구나 수단도 인생에 대해서 같은 이치로 적용이 됩니다. 그 작용력은 사람마다 인생마다 다르고, 아무 효과가 없는 인생도 있는 법입니다. 관건은 언제나 '나' 자신이며, '내 인생' 입니다.

호오포노포노도 마찬가지입니다. 호오포노포노가 그 자체로 풍요를 가져다주고 원하는 것을 이루게 해 주는 것이 아니라, 원하는 것을 이룰 수 있도록 도와주는 역할을 할 뿐입니다. 결론은 언제나 당신 자신입니다. 답은 언제나 당신의 인생입니다.

당신이 당신의 인생에서 호오포노포노를 어떻게 쓰느냐가 중요하고, 더 중요한 것은 당신이 당신 자신을 당신의 일상에 어떻게 쓰임 되게 하느냐에 있습니다. 당신이 늘 상기해야 할 것은 실패하고 가난한 이들이 호오포노포노를 더 많이 찾는다는 점입니다. 성공하고 부를 이룬 사람들은 호오포노포노를 몰랐던 경우가 대부분입니다.

풍요를 이루고, 원하는 것을 이루는 진짜 요인은 호오포노포노에 있는 것이 아니라 '나 자신'에게 있습니다. 호오포노포노는 그것을 도와주는 역할을 할 뿐입니다. 당신이 무엇을 꿈꾸든 그것을 이루어 주는 힘은 당신 안에 있습니다. 무게 중심을 옮기세요. 호오포노포노에서 당신 자신에게로.

어떤 기술도, 어떤 방법도, 어떤 수단도, 어느 날 갑자기 한 방에 어제까지와 전혀 다른 삶으로 바꿔 주지 않습니다. 날마다 조금씩, 조금씩 변화의 싹을 키우는 것입니다. 사람들은 대부분 한 방을 기대하기 때문에 삶이 나아지지 않습니다. 한 방에 대한 기대를 버리세요. 그랬을 때 진짜 한 방을 현실로 경험하는 순간이 옵니다. 매일 꾸준히 할 바를 하면서 살아가면 분명 그리 됩니다. 호오포노포노가 당신의 인생에 당장 한 방을 선물해 주지는 않습니다. 다만 호오포노포노가 권하는 방식의 삶을 매일 꾸준히 이어가다 보면 어느 순간 당신이 기대하는 삶이 주어질 수는 있는 것이지요.

호오포노포노 사색해 보기

어떤 하나의 방법을 믿고 실천하는 사람은 많지만, 그 방법의 이치에 대해서, 그 방법의 작용력에 대해서, 그 방법의 본질에 대해서 충분한 시간 동안 깊이 살펴보는 사람은 많지 않습니다.

"당신은 호오포노포노에 대해서 얼마나 사색해 보았는가?", "당신은 호오포노포노의 본질에 대해서 얼마나 알고 있는가?" 이 질문에 대한 당신의 답은 무엇일까요? 호오포노포노 책을 읽고 인터넷을 활용하여 그와 관련된 지식을 쌓는 것, 이는 일방적인 학습일 뿐입니다. 이는 당신이 과일 가게에 가서 수박을 사려고 하는데 가게 주인이 "이 수박은 속이 빨갛게 아주 잘 익은 수박입니다." 할 때 확인해 보지 않고 그냥 사는 것보다 훨씬 더 어리석은 일입니다.

호오포노포노는 훌륭하고 위대합니다. 그러나 어쩌면 당신은 호오포노포노를 다 알지 못하고 있을 수도 있습니다. 호오포노포노 그 자체로는 껍데기에 불과합니다. 호오포노포노가 당신의 인생으로 들어왔을 때, 그것이 바로 수박의 속 알맹이와 같은 것입니다. 그 부분에 대해서 당신은 깊이 사색해 보기를 권합니다.

정화와 기도

인생이 곤란한 지경에 처하게 된 것은 부정적 상황입니다. 당연히 인생은 부정적 상황을 있게 한 원인부터 제거하기를 요구합니다. 일은 뜻대로 되지 않고, 오랜 궁핍함이 좀처럼 나아질 기미가 보이지 않을 때, 원치 않는 상황을 있게 한 원인을 호오포노포노에서는 '부정적 기억'에서 찾습니다. '더러워지고 오류가 난 것'으로 여기는 것이지요.

더러워졌을 때 그 더러움을 씻어내는 행위, 그것을 우리는 '정화'라고 합니다. 정화는 '원래는 깨끗했다'는 가정에서 출발합니다. 그래서 정화의 목적은 '원래의 회복'에 있습니다. 원래는 깨끗했는데 어쩌다 보니 더러워졌고, 더러워지고 나니 인생에 곤란함이 생기기 시작했습니다. 정화의 필요성은 여기에서 마련됩니다. 인생의 곤란함을 해결하기 위해 먼저 선행되어야 할 조건이 되는 것이지요.

많은 사람이 착각하고 있는 것이, 정화에 대한 효과의 범위 부분입니다. 사람들은 정화를 하면 원하는 삶이 저절로 무한정 창조되는 효과가 있을 거라는 믿음을 가지고 있습니다. 아주 허무하고 위험한 믿음이지요. "정화를 하면 원하는 것이 저절로 무한정 창조된다." 이것이 아닙니다. 정화의 효과는 '창조의 계기가 마련됨'에 있습니다.

많은 이들의 실천을 깊이 들여다보면, 정화를 하고 있는 것인지, 빌고 있는 것인지 분간이 안 될 때가 있습니다. "무엇을 이루게 해 달라", "무엇을 갖게 해 달라", "부자가 되게 해 달라." 이런 식으로, 갖고 싶은 것, 하고 싶은 것을 얻게 해 달라고 청원하는 것을 정화 행위로 잘못 인식하고 있는 사람들이 있습니다. 그것은 정화가 아닙니다. 정화란, 말 그대로 '맑게, 밝게, 깨끗하게, 순수하게' 로 돌아가는 것입니다.

나의 소원을 순조롭게 이룰 수 있게 해 달라고 신에게, 우주에게 청원하는 것은 정화가 아니라 기도입니다. 그것은 기복祈福행위입니다. 정화하기 위해 호오포노포노의 방식을 따라 하는 사람은 많은데 결과가 신통치 않은 이유가 여기에 있습니다.

바라는 것이 이루어지기 쉬운 상태를 만드는 것, 이것이 정화인데, 먼저 선행되어야 할 이 부분은 소홀히 하고, 바라는 것을 빨리 얻으려고만 하며, 그러기 위해 정화를 합니다. 사실은 정화가 아니라 기도와 비슷한 행위를 하는 것이지요.

사람들의 마음은 급합니다. 특히나 삶에 장애가 많은 사람들은 더 조급해 있습니다. 그래서 어떠한 방법에 대해 알게 되면 완전하게 이해되기도 전에 욕심이 발동하여 어설픈 시도를 시작합니다. 물론 그도 좋습니다. 삶을 위한 행이니까요. 그러나 안타까운 것은, 아무리 간절해도 그런 식의 실천은 인생에서 충분한 효과를 얻기 어렵다는 것입니다.

물질계에 대한 부분을 호오포노포노적인 관점에서 잠시 살펴볼까요? 되는 일이 없고, 하는 일마다 안되고, 자꾸 어긋나고, 물질계의 삶이 순탄하지 못하다는 것은 현실을 창조하는 기운이 조화를 잃었기 때문입니다. 탁한 에너지, 편중된 에너지, 약한 에너지가 만들어내는 것이지요. 그래서 가장 우선해야 하는 것이 정화인 것입니다. 비우는 것이지요. 비우고, 비우고 또 비우는 것이지요. 지우고, 지우고 또 지우는 것입니다.

호오포노포노에서는 삶의 안정을 꾀하는 사람이 가장 시급하게 가장 정성을 쏟아야 하는 것으로 정화를 꼽습니다. 기도는 그다음에 와야 하는 것이지요. 그래야 순리에 맞는 실천이 됩니다.

이미 망쳐 놓은 그림을 지우지는 않고, 그 위에 새로운 그림을 그리려 안간힘을 써 본들 그 그림이 원하는 그림이 될 리는 없습니다. 어떤 이유로든 그림을 잘못 그리고 말았다면, 일단 지워야 합니다. 마음이야 빨리 새로운 그림을 그리고 쉽겠지만, 인생이라는 것이 그리 쉽게 되는 것이 아닙니다.

현재 살아가는 일이 장애를 받고 있다면 우선 정화에 힘써야 합니다. 정화란 비우는 것입니다. 지우는 것입니다. 비우고, 비우고 또 비우는 것, 지우고, 지우고 또 지우는 것이 정화이지, 바라고, 바라고 또 바라는 것이 정화가 아닙니다. 비우고, 비우고 또 비우는 것이 어느 정도 진행되었을 때, 그다음에 비로소 바라는 기도가 가능해집니다.

잘못에 대하여 용서가 먼저이지, 얻고자 하는 것에 대한 부탁이 먼저가 아닙니다. 당신이 만약 신이라면 아직 용서에 대한 부분도 끝나지 않았는데 무언가를 부탁해 온다면 선뜻 들어주겠습니까? 실수든 아니든, 잘못된 많은 것들을 다 비워내야 그 자리에 바라는 것들을 채워 넣을 수가 있는 것입니다.

이것이 가장 빠르게 바라는 삶을 얻어낼 수 있는 가장 확실한 길입니다. 가끔 마음을 고요히 하여 자신이 하고 있는 정화에 대한 실천을 바라보세요. 실천의 올바르지 못한 방식은 결코 어려움에 처해 있는 사람의 조급함을 충족시켜 주지 못합니다. 정화와 기도를 당신이 혼동하지 않는 것은, 당신이 호오포노포노를 최상으로 사용할 수 있는 기본 조건입니다.

제로 상태

아무것도 없는, 즉 '제로 상태'에 이른다고 해서 반드시 우리의 인생이 즐거움, 평안함, 넉넉함, 풍요함, 행복함으로 실현된다는 보장은 없습니다. 태초의 시작이 그랬던 것처럼.

태초에 우주는 무無, 즉 완벽한 '제로 상태'였습니다. 그러나 '제로 상태'가 좋은 방향으로만 전개되지 않았다는 것은 이미 당신이 알고 확인한 그대로입니다. 제로 상태라고 하는 상황은 말 그대로 '무無'이며, 무엇이든 담기는 것이 가능한 상태임을 의미할 뿐입니다.

제로 상태는 결론이 아니라, 최상의 결론을 얻어내기 위한 꽤 괜찮은 토대가 마련된 것일 뿐입니다. 원하는 인생을 위해서는 당신이 여전히 무언가 의미 있는 행을 해야 함을 의미하지요.

당신 안으로 들어가기

마음으로 있든, 생각으로 있든, 감정으로 있든, 기운으로 있든, 당신 안에 있는 것은 언젠가는 밖으로 나오게 마련입니다. 그러므로 당신은 가끔 주의하면서, 당신 내면의 마을로 들어가 조용히 걸어 보기를 해야 합니다. 구석구석 꼼꼼하게 살펴보면서 말이지요.

당신은 불쑥 호통을 칠 수도 있을 것이고, 쓰다듬을 수도 있을 것이며, 위로할 수도 있겠지요. 당신의 내면 아이들에 따라서 당신은 적절한 눈빛과 표정과 말을 섞어 가며 해야 할 조치를 정확하고 단호하게 할 수 있을 것입니다.

청소해야 할 곳에 가지 않고서는 그 곳 청소가 불가능하듯이, 당신은 그곳으로 가야 합니다. 당신이 직접 청소해야만 하는 그 곳, 당신 내면의 마을로.

많은 사람들이 그렇듯이 입만 보내지 마세요. 눈도 가고, 가슴도 가고, 머리도 가서 모두의 견해를 구하고 종합하여 가장 알맞은 조치를 취하세요. 그랬을 때 당신이 그토록 원하는 삶으로의 변화가 수월해집니다. 당신 안에 있는 것이 맑고 밝고 강한 에너지로 머물게 될 테니까요.

호오포노포노의 목적

당신은 호오포노포노를 왜 하십니까? 사람 사는 모습이 다양한 만큼 이유도 여러 가지입니다. 그러나 우리가 정화를 통해 얻고자 하는 것은 결국 한 가지입니다.

'삶의 평화'

이 한 단어 속에 모든 것이 담겨 있습니다. 우리가 원하는 모든 것들이 여기에 담겨 있습니다. 우리는 삶의 평화를 얻기 위해 정화를 합니다. 당신의 삶이 평화로웠다면 어쩌면 당신은 정화에 관심을 두지 않았을지 모릅니다. 그러나 안타깝게도 이 세상에는 완전하게 삶이 평화로운 사람은 단 한 사람도 없습니다.

누군가는 돈 때문에, 누군가는 사랑 때문에, 누군가는 건강 때문에, 누군가는 일 때문에, 누군가는 사람 때문에… 문제가 되고 있는 이유가 다르고, 고통을 받고 있는 이유가 다르고, 그 종류와 정도가 다를 뿐 우리는 모두 삶의 문제 속에서 살아갑니다. 우리 모두에게는 정화가 필요한 것이지요.

정화를 하기는 하는데 정작 삶의 평화는 언제 올까요? 우리는 늘 그것이 궁금합니다. 답은 늘 그렇습니다.

조급함보다는 더디고, 의심함보다는 빠르게.

당신이 정성을 다하여 제대로 행하기만 한다면 정화의 효과는 반드시 당신의 인생을 방문할 것입니다. 더불어 당신의 삶에서 평화와 반대되는 상황은 점차 줄어들겠지요. 그렇게 당신의 삶은 평화를 완성해 갑니다. 당신 삶의 평화를 평화로운 마음으로 기도합니다.

제6장

하루에 한 알,
행복 캡슐 복용

잠시도 멈출 수 없는 호흡처럼

매일 먹어야 사는 밥처럼

행복 캡슐은

그런 것입니다.

일상의 기특함을 위해 의식적으로 챙기는 무엇,

그것은 행복 캡슐입니다.

사회적 존재인 인간에게는 사람과 사람 간에 알맞은 거리가 있습니다. 그런데 많은 사람들은 더 자주 보고 더 친한 기준으로 거리가 멀어졌다 가까워졌다 합니다. 막연하게 그때그때의 기분이나 정, 어울림 등에 따라 가까운 사람이 먼 사람이 되고, 먼 사람이 가까운 사람이 되기도 하는 것, 인간관계가 올바른 기능을 할 수 없는 방식이지요.

이상적인 인간관계를 위해서, 상생하는 인간관계를 위해서는 정과 더불어 이성적 기준에 의한 거리를 설정하는 게 좋습니다. 그것은 굉장히 중요합니다.

지금 당장 그 작업을 시작하세요. 삶에서 사람에 대한 실망이나 서운함은 더 이상 없을 것이며, 사람으로 인한 여러 말썽들이 줄어들 것이고, 서로 실망해 가면서 무의미하게 언쟁하는 시간 또한 줄어들 것입니다.

인간관계는 더욱 안정되고 풍성해질 것이며, 인생은 더욱 여유롭고 평화로워질 것입니다. 인간관계에 대하여 정화할 것 또한 저절로 줄어들지요. 사람에게 사람보다 더 귀한 것은 없고 사람에게 사람보다 더 큰 영향을 미치는 존재도 없습니다. 알맞은 거리를 설정하세요. 그것이 더욱 인간다운 관계임을 확인하게 될 것입니다.

" 나는 사람과 알맞은 거리를 유지한다 "

인간은 '자극과 반응의 존재' 입니다. 살아가는 일은 자극과 반응의 연속이며 반복입니다. 자극받고 반응하고, 반응하고 자극하는 것, 우리가 하는 일은 사실 그것이 전부입니다.

반응에는 의식적인 반응과 무의식적인 반응이 있고, 감정적인 반응과 이성

살아서, 살아서 행복하라

적인 반응이 있으며, 조건적 반응과 무조건적 반응이 있습니다. 그리고 이 중에는 통제와 조종이 가능한 반응이 있고, 즉흥적이고 돌발적이며 통제가 도저히 불가능한 반응이 있습니다.

인간은 본능적으로 자신에게 유리한 반응을 하려고 하지만, 그것이 늘 최선의 결과를 가져오는 것은 아닙니다. 더구나 반응의 단계부터 이미 실패한 반응을 우리는 너무 자주 저지릅니다.

현재를 깨어 있는 의식, 깨어 있는 마음으로 머무는 것, 현재에 집중하는 것, 그러한 시도가 계속된다면 우리는 삶의 자극에 대하여 가장 이상적인 반응을 하게 됩니다. 하나 더 첨부하자면, 진리에서 멀어지는 것을 경계해야 합니다. 우리의 생각이, 우리의 마음이, 우리의 행동이 진리를 기준으로 하여 움직이는 것이 습관화된다면, 반응 또한 진리를 따르게 됩니다. 반응을 잘할 수 있는 것이지요. 반응을 잘하는 것은 정화의 수고를 덜 수 있는 지름길입니다. 호오포노포노가 당신에게 줄 수 있는 최고의 선물은 자극과 반응을 잘 할 수 있는 존재로 거듭나게 하는 것입니다.

" 나는 언제나 올바른 반응을 한다"

인간은 모두가 다 귀한 존재이지만, 인간이 인간을 다 귀하게 대하지는 않습니다. 귀해 보이는 사람은 귀하게 대하고, 천해 보이는 사람은 천하게 대하는 것, 저절로 그리되는 것, 그것은 인지상정입니다.

어떤 사람은 옷을 아무렇게나 입어도 왠지 귀해 보이고, 어떤 사람은 화장을 하고 비싼 옷으로 치장을 해도 왠지 천해 보입니다. 이 차이는 어디에서 오는 것일까요? 사람마다 지니고 있는 고유의 이미지에서 나옵니다. 성품, 지성,

마음, 말, 행동 등 그 사람의 모든 것들이 어우러져 하나의 고유한 이미지를 형성하고, 그것은 사람마다 서로 다른 격을 나타내 보입니다.

스스로 자신을 귀하게 대하는 습관을 가지세요. 내가 나를 귀하게 여기지 않는데 누가 나를 귀하게 대할 것이며, 내가 나를 함부로 대하는데 우주인들, 신인들, 세상인들, 사람인들 나를 귀하게 대할 리가 없습니다.

생각도, 표정도, 말도, 행동도 귀한 사람답게 하세요. 귀함은 정화를 넘어선 힘이 있습니다. 아무 의미 없이 그저 습관적으로 행하는 호오포노포노이기 보다는 자신을 함부로 대하는 말이나 행동을 의식하며 정화해 보기 바랍니다. 당신을 당신이 먼저 귀하게 대해 주세요.

" 나는 귀한 사람이다. 내 인생은 귀하다"

소원, 꿈, 큰 목표 등은 지금 있는 자리에서는 보이지 않는, 까마득히 높은 곳에 있는 것이라서 쉽게 이루어질 리 없는 '이상적 가치'입니다. 그것이 '물리적 획득'에 있는 것이라면 더더욱 어렵습니다.

"미안합니다, 용서하세요, 고맙습니다, 사랑합니다." 이 정화 언어를 반복해서 되뇌면 마음이 평온해져서 물리적으로도 무언가 저절로 될 것 같지만, 쉽지 않습니다. 호오포노포노에서 말하는 "내면의 상태 그대로 외부에 투영된다." 라는 것은 정서적인 측면에서 그렇습니다. 하지만 물리적 획득은 현실에 기반을 둔 현실적 가치이기에 '거래' 없이는 불가능하고, 거래에는 필연적으로 '대상'이 존재하고, 대상이 존재한다는 것은 그 대상에게도 소원, 꿈, 큰 목표가 있다는 것을 의미하며, 거기에는 서로 상반된 에너지의 개입이 있게 된다는 뜻입니다.

현실의 일은 내면의 힘만으로 움직여지는 것이 아닙니다. 몸의 움직임을 통한 나만의 현실적 에너지를 강화해야 하는 것이지요. 그것은 인생에 대한 '사회적 에너지'입니다. 사람에게는 누구나 그 인생에 알맞은 사회적 에너지가 형성되어 있습니다. 현실의 일은 바로 그 힘에서 좌우되지요. 물론 내면의 상태는 대단히 중요합니다. 내면의 상태에 따라 외면으로 나타나는 행동이 달라지니까요.

하지만 물리적 획득에 관한 시도는 몸을 움직이는 것이 수반되어야만 가능해집니다. 몸을 움직이세요. 몸을 움직여 운동하고, 몸을 움직여 수행하고, 몸을 움직여 일하고, 몸을 움직여 사람을 만나고, 몸을 움직여 좋은 곳에 가는 등 성실히 몸을 움직이세요. 이것이 살아있는 정화입니다.

이상적 가치가 현실적 가치로 전환되지 못하면, 그것은 언제까지나 희망이라는 가면을 뒤집어 쓴 망상으로 머물 뿐입니다. 가만히 앉아서 "미안합니다, 용서하세요, 고맙습니다, 사랑합니다"를 되풀이하는 방식만 고집한다면, 당신의 꿈은 희망일 수는 있어도 현실이 될 수는 없습니다.

" 나의 사회적 에너지는 최고다"

살아있고, 살아있을 수 있으며, 살아있음을 확인할 수 있는 때는 오직 '지금뿐'임을 우리는 너무나 잘 알고 있습니다. 삶이 가능하고, 삶이 삶을 보장받은 시간은 오직 지금뿐임을 우리는 이미 잘 알고 있습니다. 그런데 우리의 행동을 보면 마치 영원한 생을 보장받은 불멸의 존재인 것만 같습니다. 영원을 살 것처럼 욕망을 키우고 잘못을 서슴지 않으며, 영원을 보장받은 것처럼 미루고 게으르며 함부로 살아갑니다.

‘나’는 무한한 시간을 가지지 못한 존재이기에, 우리의 인생에서 ‘지금’의 가치는 ‘평생의 가치’를 지닙니다. 우리는 언제라도 ‘지금 생이 끝날 가능성을 가진 존재’입니다.

미래의 하늘이 아무리 맑고 화창하다 한들 지금의 흐린 하늘보다 소중할 수는 없습니다. 과거의 영광이 아무리 화려하고 대단했다 한들 지금의 소박함보다 더 나은 가치를 획득할 수는 없습니다. 우리는 누구나 ‘지금이 평생’으로 기록될 수 있는 존재입니다.

지금 삶에 대한 예의를 다하고 있는가, 지금 삶에 집중하고 있는가, 지금을 진정으로 사랑하고 있는가, 지금 진정으로 살아있는가, 지금 하고 있는 것은 괜찮은 것인가를 자문해야 합니다.

‘지금이 곧 평생’임을, 그 이치를 명확하게 깨달을 수 있도록, 당신의 의식을 정화하세요. 그리고 그 이치에 맞는 행동, 그 이치에 맞는 일상을 보내세요. 잘하는 호오포노포노보다 잘 보내는 일상이 더 중요합니다.

“ 나는 지금에 집중하고, 지금에 예의를 다한다”

인간은 보고, 듣고, 말하고, 맛보고, 냄새 맡고, 느끼고, 생각하기 때문에 욕망이 생기고, 하고 싶은 것이 생겨납니다. 긍정도, 부정도 바로 거기에서 만들어지는 것이지요. 당신은 당신의 감각 기관을 정화해야 합니다. 당신은 당신의 감각 기관에게 끊임없이 사랑을 전해야 합니다.

만약 당신이 당신의 감각 기관을 조화롭게 다스릴 수만 있다면, 만약 당신이 당신의 감각 기관에 충분한 사랑을 줄 수만 있다면, 당신은 지금보다 훨씬 더 평화롭고 풍요롭고 행복한 삶을 얻고 누릴 수 있습니다. 인간인 이상 우리는 정화할 것이 너무나 많습니다. 의도하지 않아도 일상에서 저절로 된다면 당신은 호오포노포노를 잘하는 사람입니다.

"나의 감각 기관은 최상이다"

어딘가에 소속되어 있다는 것, 그것은 내 안에 잠들어 있는 용기를 깨우는 작용을 합니다. 조직은 나에게 쉽게 쓰러지지 않게 하는 버팀목이 되고, 쓰러져도 다시 일어설 수 있게 하는 힘이 되며, 좌절하지 않게 하는 힘, 포기하지 않게 하는 힘, 앞으로 나아가는 힘을 줍니다. 이러한 이유로 인간은 조직을 구성합니다. 존재함을 더 잘 해내기 위한 목적으로 우리는 조직을 구성하고, 그 첫째로 '가족'이라는 조직을 만듭니다.

인간 사회의 모든 조직은 상호 이익을 근간으로 하지만, 가족은 이해관계 이전에 사랑에서 출발하여 사랑을 실현하고 사랑으로 유지되는 조직입니다.

인간관계 중에서 가장 아름다운 조건으로 이루어지는 가족은 가장 특별한 조직이면서 작은 규모의 또 다른 사회입니다. 가족은 한 울타리 안에서 존재하는 공동 운명체입니다. 공동 운명체라는 것은 '살고 죽음이 함께 결정'된다는 뜻입니다. 즉, 가족 구성원은 '또 다른 나'인 셈이지요. 그러므로 가족에게 잘못하는 것은 나 자신에게 잘못하는 것과 같고, 가족에게 잘하는 것은 나 자신에게 잘하는 것입니다.

가족에게 잘하는 것은 호오포노포노를 잘하는 것보다 더 유익한 행위가 됩니다. 가족의 힘에서 생겨나는 이익은 최첨단 컴퓨터로도 계산이 안 되는,

위대한 거래 행위입니다. 신은 가족에게 잘하는 당신을 축복합니다.

" 나는 가족을 사랑하고, 가족에게 잘한다"

당신은 잉태의 순간부터 은혜를 입었습니다. 당신이 이 세상을 경험하기 위해 가장 먼저 한 것은 '도움 받음'이었습니다. 당신은 '도움 받음'으로 살아가고 있으며, 그것은 앞으로도 그럴 것입니다.

우리는 모두 '도움 받는 존재'입니다. 감사해야 마땅한 존재지요. '감사함' 이 안에서 자연스럽게 자라나야 마땅한 우리입니다. 모든 사람에게, 모든 식물과 모든 짐승과 모든 동물과 모든 물질과 모든 현상에 대해, 당신과 관계없는 사람에게, 하늘과 태양과 달과 별에게, 모든 존재, 모든 곳, 모든 시간, 모든 것에 대한 감사함이 당신 안에서 당연하게 자라나야 합니다. 그랬을 때 '감사'는 당신의 인생에 대해 제 기능, 제 역할을 하게 됩니다. 일상에서 그리해야 합니다. 이것이 진짜 감사입니다. 호오포노포노가 인생에서 진짜로 사용되는 것이지요.

" 나는 감사의 존재다"

영혼의 목적은 현재의 몸과 마음을 잘 조율하여 지난 여행에서 뿌려놓은 씨앗을 열매로 거두는 것과 다음 여행에서 열매로 거두게 될 씨앗을 새롭게 뿌리는 데 있습니다. 즉, 존재의 조화로운 성장을 지향하는 것이지요.

현생의 의의는 행복을 수용하고 누림에 있으며, 영혼의 존재 여행을 돕는 데 있습니다. 그런데 욕망이 방해를 합니다. 욕망은 대부분 영혼과 현생을 방

　　　　　　　　　　　　살아서, 살아서 행복하라

해하는 쪽으로 발현됩니다. 욕망은 본래 나쁠 수도 좋을 수도 있었지만, 많은 사람들의 경우 감정의 공격을 받아 욕망을 알맞게 사용하지 못합니다. 인간의 감정은 파도와 같아서 좀처럼 고요할 줄을 모르는데, 욕망의 오류는 바로 여기에서 비롯됩니다.

영혼은 늘 옳은 길을 제시하고, 이성적 자아는 대체로 올바른 판단을 하지만, 영혼이나 이성적 자아는 드센 감정의 횡포를 대체로 잘 견디지 못합니다. 감정은 인생 경영에 있어서 가장 주의하여야 할 정서적 기능입니다.

능력 외의 능력, 조건 외의 조건, 이유 외의 이유, 절대의 힘, 그것이 '감정'입니다. 당신은 호오포노포노를 부단히 실천하여 감정이 날뛰는 것을 예방하는 것이 좋습니다.

뛰어난 능력도, 완벽한 조건도, 확실한 동기도, 감정이 혼란에 쌓이면 아무 소용이 없습니다. 역사상 대단한 능력을 지녔음에도 불구하고 감정 다스림에 실패하여 대업을 그르친 영웅들은 수도 없이 많았습니다.

" 나는 뛰어난 감정 사용자다"

어떤 병도 단 한 방에 완치되지는 않습니다. 어떤 약도 단 한 알로 몸을 정상으로 돌려놓지는 못합니다. 아무리 가벼운 감기라고 해도, 치료 가능한 약의 복용과 알맞은 생활의 관리와 적당한 시간이 함께 충족되었을 때 낫게 됩니다.

그런데 사람들은 병든 인생을 단 한 방에 고치려고 합니다. 가벼운 병도 단 한 방에 낫지가 않거늘, 사람들은 고단하고 아픈 인생이 단 한 방에 고쳐질 수 있다고 믿습니다. 알고 있을까요? 바로 그런 생각, 그런 믿음이 인생을 더 병들게 한다는 것을.

호오포노포노가 단 한 방에 전혀 다른 인생으로 확 바꿔 줄 것으로 믿고 있는 사람들이 참 많습니다. 호오포노포노는 그런 것이 아닙니다. 그렇게 사용하는 것이 아닙니다.

오랜 세월 덕지덕지 붙어 있는 기억의 때를 조금씩, 조금씩 끈질기게 벗겨 내는 것이 호오포노포노입니다. 매일 정화하고 정화하여 점차 삶을 개선해 나가는 것, 그것이 순리에 맞는 호오포노포노 사용법입니다.

고장 난 삶을 한 방에 고치려 하지 말고, 하나씩 하나씩 고쳐 나가려는 마음을 가지세요. 한 방에 완전히 새 것의 인생을 만들 수 있다는 마음, 생각, 그런 의식부터 버리세요. 그런 것들은 언제나 제일의 정화 대상입니다. 호오포노포노는 고장 난 인생을 단 한 방에 고칠 수 있는 것이 아니며, 세상에 그런 방법은 없습니다. 그것은 존재계의 법칙이 아닙니다.

" 나는 날마다 성장한다 "

한 사람의 인생에는 저마다 다른 우주 에너지의 의도가 개입되기 마련인데, 인간은 우주의 의도와 달리 자신이 바라는 대로 하려는, 즉 '인간의 의도'를 지닙니다. 그리고 우주의 의도와 인간의 의도는 자주 충돌합니다.

한 사람이 자신의 인생에 대하여 우주의 각본대로 살지 않기란 매우 어려운 일입니다. 하지만 그렇다고 해서 우주의 각본대로만 살아갈 수는 없습니다. 인생이 막힘없이 잘 풀리고 풍요하고 행복하다면 모를까, 그와 반대라면 죽을힘을 다해서라도 우주의 각본과 다른 삶을 시도해야 합니다. 어찌 됐든 우리는 '행복하기'를 끝없이 지향해야 마땅하니까요. 다행인 것은 우주의 각

살아서, 살아서 행복하라

본이 수정 가능하다는 점입니다.

어떻게 해야 할까요? 어떻게 하면 삶을 바꿀 수 있을까요? '거꾸로 해 보기'입니다. 삶은 리듬입니다. 그리고 그 리듬은 대체로 우주의 각본대로 흐르기 십상입니다. 그러므로 삶을 바꾸려면 일단 자신의 습관을 거꾸로 해 보는 시도를 해야 합니다.

습관의 변화야말로 우주의 각본대로 살지 않을 수 있는 최고의 방법입니다. 습관을 거꾸로 하는 것의 결과는 '운명의 변화'입니다. 할 수 있는 모든 것을 거꾸로 해 보세요. 특히 곤란함에 빠졌거나 그 곤란함이 오래 지속되고 있다면 살아가는 일을 '거꾸로 해 보기'를 적극 권합니다.

내가 반복적으로 한 것이 현상으로 나타나는 것, 그것이 바로 인생입니다. 어제와 같은 방식을 고집하면서 다른 오늘을 기대한다는 것은 억지입니다. 정화하세요. 변화하지 않으려는 게으르고 못난 성품부터 정화하세요. 어쩌면 당신은 지금 '거꾸로 해 보기'가 절실한 상황인지 모릅니다. 호오포노포노를 거꾸로 해 보기에 적용해 보기를 권합니다. 그것은 무의식을 새롭게 발현시키는 방법이기도 합니다.

"나는 올바른 습관 사용자다"

우주의 시작은 '거래'였습니다. 하나의 점이 열과 공간과의 거래로 인하여 '빅뱅'이 일어난 것, 우주는 그렇게 시작이 되었습니다. 우주는 매일 거래를 통하여 변화하고 존재합니다. 흙과 물과 불과 바람의 거래를 통하여 사계절을 창조하는 것처럼 말이지요.

우주의 일이나 인간의 일이나 모든 현상에는 그것을 있게 하는 거래가 있습니다. 우주 안의 살아있는 모든 존재는-살아있거나 죽어있거나-언제나 거래 중입니다. 상호 거래를 통하여 존재함을 이어 갈 수 있는 것입니다.

그 어느 것도 거래 없이는 불가능합니다. 생명 유지도, 사랑도, 성취도, 성공도, 관계도 다 거래를 전제하고 있는 것이지요. 그런데 사람들은 실제로는 거래 중이면서, 그것을 잊고 살아갑니다. 그래서 탈이 자주 납니다.

거래의 기본은 무엇일까요? '주고받음' 입니다. 거래의 '도道' 는 무엇일까요? 주고받음의 정확성입니다. 그런데 사람들은 받음에만 치중하고 '줌' 에는 소홀합니다. 받으려고만 하고 주려고 하지 않습니다. 사람들은 받은 만큼 주려고 하지 않습니다. 사람들은 먼저 주려고 하지 않습니다. 바로 이것이 가난을 부르고, 불화를 부르고, 다툼을 부르고, 불행을 부른다는 것을 사람들은 모르거나 알면서도 모른 체하며 살아갑니다.

- 얻고자 하거든 먼저 줄 것 -

'줌의 철학' 을 익히세요. 제대로 거래하세요. 먼저 주세요. '줌' 의 철학은 '얻음' 의 첩경입니다. 우리는 모두 '거래적 존재' 입니다.

살아가는 일을 더 잘하기 위해 당신은 호오포노포노를 선택했습니다. 진짜 정화란 이런 것입니다. 우주의 원리에 맞게 사는 것, 우주의 원리는 언제나 '정확한 거래' 에 있습니다. 우주는 정확한 거래를 통하여 스스로 존재하면서 존재계를 다스립니다.

" 나는 거래하는 존재다"

살아서, 살아서 행복하라

아주 작은-당사자에게는 작지 않겠지만-걱정에도 당장 죽을상을 하고, 휘청거리는 모습들을 우리는 주변에서 어렵지 않게 볼 수 있습니다. "빨리 돈 많이 벌어서 걱정 없이 살고 싶다", "빨리 성공해서 걱정 없이 살고 싶다." 크든 작든 걱정거리들을 마주할 때마다 그들의 입에서 나오는 말들은 하나같이 이렇습니다. 부자가 되고 성공하면 가능하다고 믿는 걱정 없는 삶, 그러나 그것은 그토록 원하는 부자 됨과 성공을 방해하는 부정적 요인이며 착각입니다.

부자가 된다는 것은, 성공한다는 것은 더 큰 걱정, 더 많은 걱정 앞에 놓이게 된다는 것을 의미합니다. 그런데 부자도 되기 전에, 성공도 하기 전에 마주하게 되는 작은 걱정마저 감당해 내지 못하는 사람에게 어찌 큰 부유함과 성공이 주어질 수 있을까요?

주머니에 채워지는 돈이 늘어날 때마다 어깨에 놓이는 걱정 또한 늘어나는 법입니다. 성공의 계단을 오를 때마다 심장에 가해지는 압력 또한 거세지는 법입니다. 빨리 달리면 바람의 저항 또한 거세지는 법입니다. 이것이 아무나 부자가 못 되는 이유이며, 성공하기가 그토록 어려운 이유 중 하나입니다.

하루에도 수차례 감정은 흔들리고 걱정에 한숨을 쉬게 됩니다. 그때의 당신을 보세요. 당신은 딱 그만큼 돈을 얻고, 딱 그만큼 성공할 것입니다. 부자가 되고 싶나요? 성공하고 싶나요? 일희일비하는 당신의 감정부터 정화하세요.

걱정은 당연한 삶의 요소입니다. 걱정을 거부하지 마세요. 걱정하기를 두려워하지 마세요. 안 해도 되는 걱정을 하는 자신을 걱정하세요. 삶은 동전의 양면과 같아서 상응하는 반대의 것을 반드시 함께하게 됩니다. 부유함이든 성공이든 그 크기에 맞는 걱정이 함께 있게 되는 것, 그것이 인생입니다.

시도 때도 없이 날뛰고, 시시각각 걱정과 두려움이 올라오는 당신의 감정을 고요하게 하는 데에 호오포노포노를 사용하세요. 걱정은 성장과 비례합니다. 삶이 성장할수록 걱정도 더 커지고 늘어나는 법이지요. "그래 오늘은 걱정하기 좋은 날이구나." 이런 당신이라면 당신은 '행복하기'가 언제나 가능한 사람입니다. 당신의 걱정을 축복합니다.

" 나는 걱정을 걱정하지 않는다"

무표정하거나 축 처진 어깨, 느리고 힘없는 걸음으로 걷는 사람들, 삶에 대한 일점의 희망도 없는 것만 같은 표정으로 걷는 사람들, 사는 맛이 전혀 보이지 않는 걸음걸이의 사람들, 하수구 속에 갇혀 사흘을 굶고 나온 사람처럼, 많은 사람의 걸음걸이가 그렇습니다. 당신은 어떻습니까?

보통 사람들은 그냥 습관적으로 걷지만, 사실 걸음걸이는 굉장히 중요하며, 삶에 적지 않은 영향을 미칩니다. 힘없이 걸으면 에너지가 점점 바닥이 나고, 힘차게 걸으면 활력이 솟아나는 걸 당신도 한 번쯤은 경험해 보았을 것입니다. 걸음걸이는 그 기세에 따라 그에 합당한 에너지를 생성합니다.

걸음걸이는 우리의 생각, 우리의 감정, 우리의 행동에 꽤 깊은 영향을 미칩니다. 또한 나에 대한 타인의 평가에도 지대한 영향을 줍니다. 당당하게 걷는 습관을 지니세요. 인생이 당당해지고 운명이 쫙 펴집니다. 이것은 행동적 정화법입니다. 걸음걸이에 활력을 입혀 보세요. 당신의 인생 언저리를 기웃거리는 부정적 인자들이 정화됩니다. 세상 속으로 당당히 걸어감, 당신의 모습이

살아서, 살아서 행복하라

기를 바랍니다.

" 나는 언제나 당당하게 걷는다"

지나치게 계산적인 사람, 얻어먹기를 지나치게 좋아하는 사람, 공짜를 지나치게 좋아하는 사람, 부자 되기 어려운 유형들이라고 할 수 있습니다. 특히 현재 가난한 처지에 있는 사람이라면 가장 하지 말아야 할 것이 바로 이런 것들입니다. 돈이 오는 길을 막는 행위이기 때문이지요.

눈에 보이는 계산에만 치중하는 습관, 일단 계산기부터 두드려보는 습관은 오히려 가난을 부릅니다. 궁핍한 세월이 길게 이어지고 있는 인생에서는 돈의 물꼬를 트는 것이 가장 시급하고 중요한 관건이 됩니다. 계산기와 공짜 심리를 철저하게 경계해야 하는 시기이지요.

복 받을 행위는 손해로 여겨지기 쉽습니다. 행운은 계산기를 통해서 오지 않습니다. 이때의 똑똑한 머리는 오히려 손해입니다. 똑똑한 머리가 스스로를 배신하게 되어, 더 많은 이익을 얻을 수 있는 곳으로 못 가게 발목을 붙잡는 훼방꾼이 될 뿐입니다.

한 손에는 계산기를, 한 손에는 호오포노포노를 든다면 어떨까요? 그때는 다르지 않을까요? 아닙니다. 호오포노포노가 우주의 이치를 넘어설 수는 없습니다.

잔 계산에 아둔해 보이고, 바보스러워 보이는 이들이 더 높은 자리에 오르고, 밥 잘 사는 사람이 더 잘 사는 것은 우연히 그렇게 된 것이 아닙니다. 그들은 눈에 보이는 계산기를 두드리는 데에는 느리지만, 눈에 보이지 않는 행운의 여신이 좋아할 만한 행위를 하는 데에는 결코 느리지 않습니다. 행운이

나 복은 계산하는 것이 아니기 때문입니다. '계산주의자', '공짜 지상주의자' 최소한 이것은 피해야 가난에서 멀어질 수 있습니다.

"나는 복을 계산하지 않는다"
"나는 공짜를 좋아하지 않는다"

어디를 가든, 무엇을 하든 당신은 에너지를 흡수하고 정보를 습득합니다. 모든 순간에 다양한 형식으로 다양한 정보들이 당신의 내면으로 들어오고 축적되며, 그것은 삶 중에 불쑥불쑥 고개를 내밀어 당신의 생각과 감정에 관여합니다.

내면에서 나오는 것을 미리 차단할 수 있다면 좋겠으나 나오는 것을 당신이 선택할 수는 없습니다. 그러나 당신의 내면으로 들어가는 정보는 당신이 선택할 수 있습니다.

당신은 현실 속에서 당신이 하게 되는 경험을 선택하고 조정함으로써 내면으로 들어가는 정보를 조절할 수 있으며, 이는 안에서 밖으로 나오게 되는 정보를 간접적으로 조절하는 효과를 기대할 수 있습니다.

평소 당신이 무엇을 얼마나 자주, 얼마나 많이, 얼마나 강렬하게 접하느냐는 대단히 중요합니다. 당신의 내면에서 현실로 나오는 것들 중에 당신과 무관한 것은 없기 때문입니다. 언젠가 당신이 당신의 내면에 채워둔 것들이 상황에 따라, 계기에 따라 밖으로 나올 뿐이니까요.

똑같은 상황에도 사람마다 각기 다른 반응이 나오는 것은 안에 들어있는 것이 사람마다 다르기 때문입니다. 그러므로 일상에서 하는 모든 경험을 당신은 함부로 하지 않아야 하며, 호오포노포노는 일상의 경험에서부터 적용되어야 합니다. 경험을 무작정 함부로 허용하면 그 뒷감당은 죄다 인생의 일로 남게 됩니다.

" 나는 신중한 경험자다 "

기구나 기계가 정상적으로 작동하지 못하게 된 상태, 사람의 몸에 정상이 아닌 이상이 온 상태, 그것은 '고장' 입니다. 고장이 난 상태는 에너지에 문제가 생긴 상태입니다. 어떻게 해야 합니까? 고쳐야 합니다. 그러나 사람들은 고장이 크지 않은 경우, 고장이 크게 불편하지 않은 경우에는 그냥 방치해 버립니다. 아주 어리석은 태도입니다.

아무리 작은 고장이라도 바로 바로 고치기를 시도해야 합니다. 고장은 경고입니다. '살피라' 는 경고. 대부분의 경고가 그렇듯이 이를 무시하면 더 중요한 것이, 더 크게 고장이 나는 것은 당연한 이치입니다. 그것은 오롯이 인생에 영향을 미치게 됩니다. 그것이 물건이든 상황이든 사람이든 관계없이 말이지요.

고장은 어떤 식으로든 인생에 마이너스적인 상황을 부르게 됩니다. 물건이든 기구든 기계든 사람이든 상황이든, 무엇이든 고장이 나면 바로 고치는 습관, 그것은 인생에 대한 에너지의 정화입니다. 호오포노포노는 고장 난 것을 고치는 작업입니다.

" 나는 고장을 바로 처리한다 "

당신의 인생에서 '고민'이 없었던 적은 얼마나 될까요? 삶에서 고민이 완전하게 사라진 적은 그다지 많지 않을 것입니다. 아니 엄밀히 말해서 그런 때는 전무했을지도 모릅니다.

인간은 끝없이 고민해야 하는 존재입니다. 고민은 삶의 일부로서 늘 삶 속에 존재합니다. 하나의 고민이 해결되면 또 다른 고민이 우리의 삶을 방문하지요. 그것은 자연스러운 삶의 모습입니다. 그러므로 고민을 괴로워하거나 슬퍼할 필요는 없습니다. 다만, 같은 고민이 오래도록 이어지고 있다면, 고민의 내용이 변화되지 않고 있다면, 그것은 정말 고민해야 할 고민입니다.

고민은 삶을 성장시키는 유익한 재료이며, 원하는 것을 더 빨리, 더 수월하게 손에 넣을 수 있게 해 주는 훌륭한 도구입니다. 고민을 잘 활용했을 때는 말이지요. 그런데 많은 사람들이 하는 고민의 방식은, 고민으로 시작했다가 자신의 가슴을 온통 난도질하는 감정적 혼란으로 끝을 내는 것입니다. '문제 해결'이 고민의 목적인데, 본연의 목적에서 벗어나 스스로를 괴롭히는 것으로 고민의 시간을 망쳐 버리는 것이지요. 문제에 대한 생각으로 시작된 고민이 감정의 바다에 빠져 허우적거리며 괴로워만 하는 것은 시간 낭비입니다. 고민은 언제나 고민 전보다는 나은 결과를 낳아야 제 기능을 했다고 할 수 있습니다.

고민을 제대로 하지 못하는 '고민의 습관'을 정화하세요. 삶의 문제들을 고민하기에 앞서, 고민의 기능을 제대로 활용하지 못하는 부정적 자세부터 고민하세요. 고민의 종착지는 '해결'이어야 합니다. 고민은 두 갈래의 길을 향하여 갑니다. '해결의 길'과 '포기의 길', 하지만 고민이 해결 안 되고 포기하게 되더라도 당신은 걱정하지 않아도 됩니다. 포기를 또 다른 해결책으로 삼으면 되니까요.

고민을 정화할 수는 없습니다. 고민이 없도록 정화할 수는 더더욱 없습니다. 고민을 고민으로만 행해지도록 하는 것, 그것이 곧 호오포노포노가 할 일입니다. 고민을 고민으로 제대로 하는 사람은 고민까지 행복하게 하는 사람이 됩니다. 고민은 비밀의 문을 여는 열쇠입니다. 기쁘게 해도 무방합니다.

" 나는 고민을 기쁘게 한다 "

먹기만 하고 싸는 것이 원활하지 않을 때 우리는 이것을 '변비' 라고 부릅니다. 만약 변비가 계속 된다면 어떻게 될까요? 당연히 건강에 탈이 납니다. 변비는 우주의 법칙이 인간에게 주는 경고입니다. 이대로는 위험하니 내보내기를 빨리하라는 경고. 내보내야 더 맛있는 것을 먹을 수 있다는 비밀을 담은 경고지요.

인생도 이와 같습니다. '받기' 와 '주기' 를 잘해야 인생이 건강할 수 있습니다. 사람들은 대부분 받기만을 좋아하고 받기에만 열심을 다하지만, 정말 큰 부자가 되려면 주기를 잘해야 합니다. 주기를 잘한다는 것은 '무작정 주기' 가 아닙니다. 인색하지 않기, 자랑하지 않고 주기, 미리 주기 등 지혜롭게 주는 것이 주기를 잘하는 것이지요. 호오포노포노의 근간은 '사랑' 입니다. '주기' 는 사랑이 아니고서는 결코 쉽지 않은 행위입니다. 입으로만 '미용고사' 를 하는 것은 참다운 호오포노포노가 아닙니다. '미용고사' 를 행위로 하는 것, 그것이 진짜 호오포노포노입니다. '주기는 행동적 미용고사' 입니다.

특히 경제적으로 바닥에서 위로 올라가려고 하는 사람은 이 '주기' 를 더 잘 해야 합니다. '주기' 는 행운을 부르는 작용이기 때문입니다. 당신이 만약 오래도록 가난에서 헤어나지 못하고 있다면, 그 이유 중 하나는 분명 '주기'

에 오류가 있기 때문일 것입니다. 돈의 흐름이 변비에 걸려 탈이 난 것이지요.

" 나는 '주기'를 잘한다"

"젊어 고생은 사서도 한다" 우리는 흔히 이 말을 실패하고 낙담한 이의 등을 토닥여 주는 위로의 말로 써먹거나, 잘 아는 사람이 고생하고 있을 때 예의상 툭 던져 주는 형식적인 격려로 써먹지만, 사실 이 말에는 삶의 진리가 숨어 있습니다.

고생은 인생길에 장애물을 만나 곤란함에 처한 상황에서 겪는 고통의 일이지만, 인생을 앞서 살았던 인생 선배들은 알게 되었습니다. 인생에는 수없이 많은 장애물이 있다는 것을, 그리고 그 장애물을 넘었을 때 어떤 성장이 있는지를, 어떤 기분 좋은 변화가 오는지를 말이지요. 그래서 어른들이 뒤이어 오는 인생 후배들에게 고생은 사서 해도 좋을 만큼 성장의 기회를 품은 '긍정의 가치'임을 알려주는 말이 "젊어 고생은 사서도 한다" 입니다.

고생은 기회의 인자라는 뜻이지요. 그러니 당신이 지금 어떠한 이유로 고생 중이라면 차라리 감사하세요. 고생을 감사하는 마음으로 대하며 기회로 여길 때, 그 고생은 당신에게 행운의 문을 열어 보일 것입니다. 이것이 일상을 정화로 승화시키는 법입니다. 이러한 마음가짐이 진짜 '감사합니다'에 해당하는 부분입니다.

한편 고생은 책임지는 행위이기도 합니다. 인과의 법칙으로 볼 때, 현재의 고생은 잘못 보낸 지난날에서 비롯됩니다. 내가 한 행위에 대한 책임은 내가 지는 게 맞습니다. 그것은 피하면 피할수록 더 큰 고통을 있게 할 뿐입니다.

고생에 대한 관점을 달리해 보세요. 당신은 그동안 "모든 것은 나의 책임입니다." 라고 입으로는 수없이 되뇌었으면서, 행동으로는 책임을 회피하려고만 한 것은 아닌지 돌아봐야 합니다. 고생은 책임을 다하는 행위입니다. 기꺼이 당연한 마음으로 해낼 수 있어야 하는 것이지요. 피할 수 없는 고생이라면, 그것은 책임을 지는 것이라 여기고 차라리 기쁨으로 하세요. 이것이 "나의 책임입니다"에 해당하는 부분을 진짜로 해내는 것입니다. 이러한 마음 자세일 때 진짜 호오포노포노를 하고 있다 할 수 있는 것이지요.

"나는 고생을 감사하게 수용한다"

"너의 잠재력은 무한하다", 이 말은 잘 사용하면 긍정의 기능을 하지만, 자칫 해야 할 노력을 안 하게 하고, 현실을 똑바로 해석하지 못하게 하며, 현실성 없는 막연한 희망에 빠지게 만드는 부정적 기능을 하기도 합니다. 실제 그런 쪽으로 쓰이는 경우는 의외로 많습니다.

'잠재되어 있는 무엇'은 엄밀히 말하면 '유한'이지 무한이 아닙니다. 잠재력은 가능성일 뿐입니다. 더구나 이 세상에 '무한한 것은 없다' 이것이 진실입니다. 다만 우리의 능력으로 확인이 어려운 유한함, 즉 유한함이 증명되는 데에 오랜 시간이 걸리는 것은 우리에게 무한함으로 인식이 될 뿐입니다.

우리는 모두 '한계의 존재'입니다. 무한하다는 것은, 절망하지 않기 위해, 힘을 내기 위해 필요한 무형적 위로일 뿐, 실재하는 진실이 아닙니다. 당신은 한계의 존재입니다. 한계를 인정하세요. 이 세상에 한계를 넘어서는 사람은 아무도 없습니다. 이 세상에 한계 없는 가치는 단 한 가지도 없습니다. 돈도, 물질도, 다른 모든 가치도 한계가 있습니다. 무엇보다 당신의 현생이 한계의 본성을 지닙니다.

한계의 존재임을 깨달아야 우리는 겸손할 수 있고, 더 열심일 수 있으며, 마땅히 해야 할 움직임을 할 수 있게 됩니다. 한계가 있는 사람이라는 것을 깨닫고, 세상의 모든 가치는 한계가 있다는 것을 깨달으면, 원하는 것을 얻기 위해 무엇을 해야 옳은지를 알게 되고, 어떻게 사는 것이 행복인지도 알게 됩니다.

호오포노포노에 대한 진실 역시 그러합니다. 호오포노포노는 무한한 기능을 하는 실천법이 아닙니다. 호오포노포노가 위대한 진리인 것은 분명하지만, 삶에 적용해서 이루어낼 수 있는 가치는 분명 한계가 있습니다. 당신은 이러한 진실을 토대로 호오포노포노를 사용하는 것이 좋습니다. 그래야 당신은 필요한 노력을 하게 되고, 불필요한 욕심을 놓게 되며, '조절'이라는 수단을 사용할 수 있게 됩니다. 당신의 한계를 응원합니다.

" 나는 한계 없는 한계의 존재다"

"부자가 되고 싶다", "부자로 살고 싶다", "행복한 부자가 되고 싶다", "나는 부자가 될 거예요" 사람들에게 무엇이 되고 싶은지, 어떤 인생을 살고 싶은지 물으면 대답은 거의 대동소이합니다. 하나같이 부자를 소원하고 부자를 목표합니다. 사람들은 왜 그렇게 부자가 되려고 하는 것일까요? 여러 이유가 있겠지만, 그 이유의 밑바탕에는 '남보다 더 잘살고 싶은 마음'이 흐르고 있습니다.

부자가 나쁘지는 않습니다. 부자를 목표함도 나쁘지는 않습니다. 다만 이유가 '행복'에 있어야 합니다. 행복하기 위해서 부자를 꿈꾸고, 행복을 나눠 줌으로써 부유함이 유지되는 삶이어야 합니다.

행복하지 않는 삶은 죽은 삶입니다. 행복하지 않는 삶은 죄의 근원입니다. '행복하기'는 존재의 숙제와 같은 것, 행복을 모든 것의 이유가 되게 하세요. 행복이 모든 것의 기준이 되게 하세요. 행복이 모든 것의 결과가 되게 하세요. 부유함을 위한 부유함이 아니라, 행복을 위한 부유함이 되게 하세요.

돈이 늘어날수록 행복이 줄어드는 불행한 부자들이 너무나 많은 세상입니다. 호오포노포노의 올바른 사용은 불행하든 말든 무작정 부유함을 지향하는 데에 있지 않습니다. 행복의 이유가 되지 못하는 부유함은 차라리 사양하는 것이 낫습니다. 불행한 부자보다는 행복한 빈자가 더 가치 있는 존재함입니다. 부자가 되십시오. 행복한 부자가 되십시오.

어떤 사람은 부자인데도 불구하고 가난하고, 어떤 사람은 가난한데도 불구하고 부자입니다. 가장 좋은 것은 부자이면서 부자로 사는 것입니다. 사람다움이 있고, 더 높은 도덕성을 지니고 있으며, 행복한 일상을 유지하고, 세상에 이로움을 주는 부자, 그것이 부자이면서 부자로 사는 것입니다. 진짜 행복한 부자이지요.

" 나는 진짜 행복한 부자다"

인간의 가장 큰 흠이자 약점은 '감정과 의식의 부조화'입니다. 이롭고 옳으며 마땅히 해야 할 것들 앞에서 당신의 바짓가랑이를 붙잡고 늘어지는 것은 언제나 당신의 '감정'입니다.

풍요하고 평화로우며 행복한 삶으로 가는 길, 당신은 몰라서 못 가는 것이 아니라, 그 길을 가기 위해서 당연하게 해야 할 것들을 감정이 막아서기 때문에 못 가는 것입니다. 기분이 안 좋아서, 싫어하는 것이어서, 피곤해서, 미루고 싶어서, 슬퍼서, 화가 나서, 짜증 나서, 다른 재미가 유혹해서 등 당신의 감정은 시도 때도 없이 당신을 붙듭니다. 그런데 신기하게도 해야만 하는 것, 해야 옳은 것들 앞에서만 그렇습니다. 해야만 하고, 해야만 옳은 것은 대체로 재미없고 수고롭기 때문이지요. 감정이 올바른 의식의 올바른 판단을 무시하거나 박살 내는 것 따위는 일상에서 흔하게 볼 수 있는 장면입니다.

자기 자신을 이기는 자가 가장 무서운 자이며, 자기 자신을 이기는 자가 가장 강한 자가 될 수 있는 이유는, 자신의 감정을 자유자재로 다스린다는 것이 그만큼 어렵고, 그것을 해냈을 때 얻게 되는 수확물이 그만큼 굉장하기 때문입니다.

호오포노포노를 한다고 당신은 당장 극기의 일인자가 될 수는 없습니다. '미용고사'를 무한 반복한다고 해서 당신이 바로 자기 자신을 이기는 강자가 되기는 어렵습니다. 하지만 극기의 바탕이 되는 내면의 환경은 조성할 수 있습니다. 감정을 정화하는 것으로 말이지요.

감정은 매우 강력하고 고집이 세서 다루기가 쉽지 않습니다. 하지만 그럼에도 불구하고 당신은 감정 정화하기를 시도하고 거듭해야 합니다. 당신은 감정에 굴복하는 횟수를 줄여야 합니다. 당신이 바라는 그 어떤 것도 당신의 감정이 방해를 하면 아무 소용이 없을 것이기 때문입니다.

평소에 '아무것도 하지 않는 시간'을 마련해야 합니다. 그저 '고요히 머무는 경험'을 늘려가야 합니다. 그러는 과정 속에서 당신은 감정이 널뛰기하는 것을 조절하는 법을 익히게 될 것이며, 감정을 올바로 사용하는 사람으로 변신하게 될 것입니다.

호오포노포노 정화 언어 도구를 활용하여 감정을 고요히 하고, 고요한 중에 당신의 감정이 하루 동안 어떤 흐름으로 흘러왔는지 살펴보세요. 감정의 진실을 보게 될 것입니다. 그러한 시도가 거듭될수록 더욱 강해지는 당신을 보게 될 것입니다.

" 나는 올바른 감정 반응자다"

계획은 목적지에 이르기까지 중간 중간에 있는 이정표와 같아서, 가야 할 길을 제대로 가게 해 주는 역할을 합니다. 계획은 목표를 완성하는 필수 재료입니다. 계획이 없는 목표는 이루기 어렵고, 목표가 없는 계획이란 갈 곳을 정하지 못한 뜬구름과 같습니다.

계획은 더 나은 결과를 있게 하고, 제 길을 잘 가게 하는 힘입니다. 그러나 계획이란 그 자체로는 아무 위력이 없습니다. 계획을 행위로 소화해 냈을 때 그 계획은 생명력을 얻게 되고 결과를 낳을 수 있습니다. 비로소 위대할 수 있는 것이지요.

계획을 세우세요. 그리고 그 계획을 온몸으로 해내세요. 당신이 호오포노포노를 실천하기로 마음먹은 이유가 인생을 잘 살아내기 위함에 있다면, 계획을 세우고 행하는 것, 그것을 당신이 잘하게 할 수 있는 역할을 호오포노포노는 해내야 합니다.

호오포노포노는 계획할 수 있어도 정화는 계획이 될 수 없습니다. '정화하기' 란 인생의 모든 순간에 행해져야 하는 것이기 때문입니다.

" 나는 계획하고 실천한다"

맹자는 인간이 인간임을 증명할 수 있으려면 네 가지 마음을 지니고 있어야 한다고 주장했는데, 그중 하나가 측은지심惻隱之心입니다. 불쌍한 사람을 보면 가엾고 불쌍한 마음이 당연하게 일어나야 비로소 인간일 수 있다는 것이지요.

우리는 가끔 무의식적 측은지심의 발현을 경험합니다. 아름다운 마음이며 사람다운 행동이지요. 그런데 인간의 삶이라는 게 참으로 다양한 차원의 이유와 목적을 지니고 있어서 선인선과善因善果 즉, 착한 원인이 착한 결과로 나타나는 법칙이 반드시 지켜지는 것은 아닙니다. 일시적으로는 말이지요.

때로는 측은지심이 엉뚱한 결과를 낳기도 하며, 도리어 측은지심이 '화의 근원'이 되기도 합니다. 인생이라고 하는 것이 꼭 나쁜 마음에서만 잘못되는 것이 아니며, 더러는 좋은 마음의 발현이 거꾸로 예기치 않은 화를 불러들일 수도 있습니다. 그러므로 우리에게는 '일단 멈춤'과 '살핌'이 요구됩니다.

일단 멈추고 살피는 행위, 이것은 흐름에 적절한 대응을 할 수 있는 중요한 행위이지만, 의식적으로 챙기기는 쉽지 않습니다. 무의식 속에서 즉각적인 반응의 형태로 일어나야 가장 좋은 것이지요. 하지만 의식이 그 경험을 먼저 충분히 하지 않았다면 무의식 속에서 그것이 발현되기는 쉽지 않은 일입니다. 당신이 평소에 의식적으로 충분히 연습을 해야 하는 이유입니다. 의식의 단계를 거치지 않고 무의식의 세계로 바로 가는 경로는 보편적 차원에서는 열리지 않기 때문입니다.

" 나는 살핌을 잘하는 존재다 "

사람들은 공짜를 참 좋아합니다. 살아가면서 '뜻밖의 공짜'를 얻게 된다는 건 무척 기분 좋은 상황으로, 가끔은 인생에 보약과 같은 역할을 합니다. 그러나 당신이 명심해야 할 것은 우주 안의 모든 존재는 '거래 중'이라는 사실입니다. 이 세상에 거래 아닌 것은 없습니다. 모든 존재는 거래를 함으로써 존재함이 성립되고 유지됩니다.

인간은 모든 순간에, 모든 대상과 거래를 함으로써 살아있을 수 있습니다. 우주와 바람과 나무와 새들과 꽃들과 시간과 공간과 모든 생명, 모든 현상, 모든 가치, 모든 개념, 모든 물체, 그리고 사람까지 우리는 모든 시간에 모든 것들과 거래함으로써 살아있을 수 있고 원하는 것을 얻을 수 있습니다.

여기에 삶의 해답이 있습니다. '존재는 언제나 거래 중, 나는 언제나 거래 중'이라는 사실을 깨닫는 것, 거래는 '주고받는 것'이라는 것이 원칙임을 이해하는 것, 받았으면 언젠가는 그에 맞게 주어야 한다는 진리를 잊지 않고 지키는 것, "세상에 공짜는 없다" 이 법칙은 절대적임을 깨닫는 것, '거래의 원칙'을 잘 지키는 것, 이것이 물리적 해답입니다.

풍요하고 행복하기를 간절히 바라는 당신에게 충고합니다. "공짜를 목적하지 말라", "공짜를 계획하지 말라". 어쩌다 우연히 얻게 되는 공짜도 경계함이 진정한 삶의 고수이지만, 안 주고 받아내기, 조금 주고 많이 받아내기, 힘들이지 않고 한 방에 대박내기 등 '목표화된 공짜', '계획된 공짜'는 삶을 더욱 곤궁하게 한다는 사실을 명심하기 바랍니다. 그러한 삶을 철저하게 멀리해야 하겠지요. 공짜는 자주 정화해야 하는 대상입니다. 우리는 늘 공짜가 좋은 사람들이니까요. 공짜를 좋아하는 마음은 '도둑놈 심보'입니다. 그럼에도 우리는 늘 공짜에 귀가 솔깃해집니다. 공짜를 좋아하는 마음을 정화하는 것은 풍요를 부르는 행위입니다.

공짜를 목표하고 공짜를 계획하고 공짜를 즐겨 하는 것은 내게 올 수 있는 행운을 못 오게 하는 것이며, 내가 얻을 수 있는 풍요를 스스로 차단하는 것과 같습니다. 처음에는 이익처럼 느껴지지만, 공짜는 결국 손해입니다. 공짜를 즐기는 삶의 방식은 호오포노포노의 능력으로도 풍요를 있게 할 수 없습니다. 당신이 공짜를 더 두려워해야 하는 이유이기도 하지요.

" 나는 공짜를 바라지 않는다. 거래를 할 뿐이다"

승용차, 버스, 지하철, 자전거, 걷기 등 우리는 어떠한 수단을 이용하여 목적한 곳으로의 이동을 해결합니다. '교통수단' 에는 각기 고유한 방식, 고유한 장단점이 있듯이, 교통수단은 이용자마다 각기 다른 고유한 영향력을 지니고 있습니다. 교통수단에 따라 내 안에서 일어나는 반응이 다르고, 활용 방안이 달라지며, 그것들은 모두 인생 창조에 영향력으로 작용됩니다.

교통수단은 나와 나의 물건을 이동시키는 수단이며, 그것은 결국 나의 인생을 이동시키는 수단의 의미를 지닙니다. 그러므로 삶의 정체를 만났을 때는 '교통수단 거꾸로 이용하기' 를 시도해 보는 것도 흐름을 바꿀 수 있는 해 볼 만한 작전입니다.

어색하고 귀찮고 복잡하지만, 가끔 교통수단에 변화를 가져 보는 것은 꽤 괜찮은 시도입니다. 때로는 여러 수단을 번갈아 이용해 보는 것도 권할 만하지요. 교통수단을 정화하는 것은, 승용차, 버스, 지하철 등 나를 원하는 곳으로 데려다 주는 수단 자체를 정화하는 것이 아닙니다. 수단을 활용하는 종류, 방식 등 '수단에 대한 나' 를 정화하는 것이지요.

" 나는 교통수단에 변화를 주어 에너지를 자극한다"

살아서, 살아서 행복하라

아침에 깨끗하게 세수를 하여 뽀얗고 예쁜 얼굴로 하루를 시작합니다. 밖에 나가니 황사에 미세 먼지에 강한 자외선까지, 짜증 나고 스트레스받는 일이 연이어집니다. 예쁜 얼굴을 유지하기 위해서는 무엇이 필요합니까? '관리'가 필요합니다. 음식을 조절하고 운동도 해서 날씬한 몸이 되었습니다. 아름답습니다. 이 아름다움을 유지하기 위해서는 무엇이 요구됩니까? '관리'가 요구됩니다.

인생의 모든 가치는 '관리'를 필요로 합니다. 관리가 제대로 되지 않는 풍요는 밑 빠진 독과 같고, 관리가 안 되는 몸은 병들기 마련이며, 관리가 허술한 마음에는 유혹이 잇따르는 등 관리가 부실한 인생은 결코 풍요할 수도 행복할 수도 온전할 수도 없습니다. 더 나은 인생을 살고 싶은 당신, 당신에게는 언제나 관리가 요구됩니다.

호오포노포노가 당신의 인생을 관리해 줄 수는 없습니다. 당신이 관리의 기술을 잘 펼칠 수 있도록 도와주는 역할을 할 수 있는 것이지요. 정화와 관리는 같은 듯 다른 기능입니다.

" 나는 모든 면에서 관리를 잘한다"

하고 있는 일, 혹은 인간관계 등 삶의 흐름이 지루해졌거나 시들해졌거나 싫증이 난 상태, 이것은 권태입니다. 누구나 권태에 빠질 수 있습니다. 어떤 인생이나 권태의 시기는 옵니다. 권태는 사람마다 다른 방식 다른 형태로 시작이 됩니다. 대처하는 방법도 다르지요.

의욕이 상실되고 일상에서 즐거움을 느끼지 못하고, 게을러지고, 움직임이 둔화되므로 모든 권태는 '변화를 원하는 심리 상태'를 형성합니다. 권태롭다는 것은 '지금과 다른 자극을 원하는 상태'임을 의미합니다. 당연히 새로운 자극에 민감해지고 유혹에 약해집니다. 새로운 발산 행위를 하고 싶은 심리는 어떠한 자극이 주어지는 상황에서 이성적 제어 과정을 거치지 못하고 바로 행동으로 이어지기 쉽습니다. 그러므로 평소에 올바르고 알맞은 자극이 주어지는 형태의 일상을 유지하는 것이 매우 중요합니다.

인간은 자극과 반응의 동물입니다. 자극이 없으면 반응할 수가 없기 때문에 인간은 본능적으로 자극을 요구하기 마련인데, 이 부분은 호오포노포노가 대신할 수 없습니다. 호오포노포노가 자극이나 반응의 질을 정화할 수는 있어도, 자극 자체의 기능을 할 수는 없습니다. 그래서 우리는 행동적인 면에서의 일상 흐름을 잘 조절해야 합니다.

권태를 제때에 알아차리기는 생각보다 쉽지 않지만, 가장 최선은 어찌 됐든 권태의 징조를 알아차리는 것입니다. 미리 알면 대처하기가 쉬워지고, 차선책은 늦게라도 권태 해소에 관하여 이성적으로 개입하는 것입니다. 권태를 해소하는 방법이 지나치게 자극적이거나 극단적인 방식이면 다시 권태가 찾아오는 시기가 짧아지고, 그렇게 되면 갈수록 더 자극적이고 더 극단적인 방법을 원하게 됩니다. 유혹에 더 약해지게 마련이지요. 권태 해소의 시점에서는 호오포노포노의 역할이 매우 중요합니다. 자칫 인생이 옳지 않은 방향으로 급선회할 수 있기 때문입니다. 가장 좋은 것은 권태의 해소 이전에 권태의 발현 시점에 호오포노포노가 개입하는 것입니다. 너무 늦으면 호오포노포노로서도 수습이 불가하게 되니까요.

" 나는 권태를 잘 회복한다"

하고 싶은 것, 갖고 싶은 것, 되고 싶은 것, 당신에게는 참으로 많은 욕망이 있습니다. "해야지", "가져야지", "돼야지" 당신에게는 욕망을 바탕으로 한 목표가 있고, 목표에 맞는 계획이 있습니다.

인간의 모든 욕망, 인간의 모든 계획과 목표, 인간의 모든 실현, 이 모두에는 절대 조건이 요구됩니다. '몸으로 살아있는 상태'여야 한다는 것. '몸'이라는 물질로, '몸'이라는 형태로 존재하는 상태여야 한다는 것입니다. 몸이 없는 욕망, 몸이 없는 목표, 몸이 없는 계획, 몸이 없는 실현, 그것들은 최소한 현생에서만큼은 의미를 지닐 수 없고, 가능하지도 않습니다.

몸을 귀하게 대하세요. 현생은 누가 해냅니까? 다들 마음, 마음 해 가면서 마음이면 다 되는 줄, 마음이 다인 줄 아는데 그렇지가 않습니다. 마음이나 영혼은 높은 가치이고 몸은 낮은 가치라고 여기는 사고방식, 그것이야말로 오류입니다.

몸이 없는 당신의 풍요, 몸이 없는 당신의 사랑, 몸이 없는 당신의 행복, 가능하기나 할까요? 살아가는 일은 무엇이 해냅니까? 몸이 영혼과 힘을 합하여 해내는 것입니다. 몸이 없이는 어느 것 하나 제대로 해낼 수 없는 삶입니다.

몸을 귀하게 대하세요. 몸을 귀하게 대하는 것이 몸을 정화하는 것보다 더 앞서야 합니다. 몸을 귀하게 대해야 인생이 귀해집니다. 수정하세요. 몸에 대한 당신의 견해를 수정하세요.

'몸을 정화'하세요. 몸에게 "사랑한다" 전하세요. 몸에게 "고맙다" 전하세요. 몸에게 "축복한다" 전하세요. 자주, 되도록 자주 그리하세요. 진정으로 그리하세요. 나머지는 그다음입니다.

" 나는 언제나 몸을 귀하게 대한다"

어떤 목적으로, 어떤 행行을 하더라도, 그 목적을 수월하게 달성할 수 있는 방법 중 최고는 '감정을 동참시키는' 것입니다. 한방韓方에서는 감정에 따라 인체 내 기氣의 흐름이 달라진다고 하고, 양의학에서는 감정에 따라 인체 내 전류의 흐름이 달라진다고 합니다.

인간은 감정의 동물입니다. 우리는 자주 경험합니다. 그 단어가 아무리 똑같다 하더라도, 감정적으로 미워하는 사람이 하는 말과 감정적으로 좋아하는 사람이 하는 말을 우리의 가슴은 다르게 받아들인다는 것을. 또 우리는 이런 경험도 자주 합니다. 똑같은 말이라도 기분이 좋을 때와 기분이 나쁠 때는 판이하게 다른 말로 들려온다는 것을.

문제를 해결하고 싶나요? 삶의 고통에서 해방되고 싶나요? 잘 살고 싶나요? 그것을 이루기 위해 당신이 무엇을 수단으로 하든, 당신의 감정을 개입시키십시오. 당신의 감정이 동참하도록 하세요. 인간은 자신의 감정이 허락하지 않는 일에는 최선을 다하지 않는 법입니다.

당신의 무의식, 당신의 의식, 당신의 세포, 당신의 뇌, 당신의 몸, 그 모두 다 당신의 감정이 기쁘게 움직여야지만 제대로 작동을 합니다. 무릇 당신의 감정이 허용하지 않는 그 어떤 것도 완전하게 당신의 것으로 하지 못합니다. 그것은 호오포노포노 실천법이라고 예외일 수 없습니다. 당신의 감정과 호오포노포노가 일치하지 않는다면, 당신이 그토록 공들여 하는 '미용고사'는 공염불이 되기 십상입니다.

" 나는 수단과 감정이 일치하도록 한다"

세상은 즐겁고 좋은 곳, 인생은 즐겁고 아름다운 것으로 여기는 마음 자

살아서, 살아서 행복하라

세를 일러 '낙천적' 이라고 합니다. 세상과 인생에 대해 긍정적으로 해석하고, 긍정적으로 바라보며 살아간다는 것은 말처럼 쉽지 않은 일입니다. 하지만 우리가 평생을 두고 길러야 할 마음이지요.

낙천적으로 산다는 것은 '하늘 마음' 으로 산다는 것입니다. 낙천樂天은 '하늘을 즐기는 것' 입니다. 하늘의 고고함, 하늘의 신성함, 하늘의 도, 하늘의 능력, 하늘의 사랑, 하늘의 이치를 즐기는 것이지요. 즉 하늘처럼 살면, 그리고 그것을 정성으로 다하면 낙천적이 된다는 뜻입니다. 정성이 아니고서는 하늘 마음이 발현될 수 없고, 하늘 마음이 아니고서는 참다운 기쁨을 누리기도 쉽지 않습니다.

호오포노포노는 삶을 있는 그대로 즐겁게 살아낼 수 있는 내면으로 변화시켜 줍니다. '낙천적 인간' 으로 변화되는 것이지요. 이는 호오포노포노 실천법이 가장 높은 차원에서 사용되는 경우입니다. 물질계에서 채워야 할 것이 많은 당신이라고 해도, 가끔은 이러한 방식으로 호오포노포노를 실천할 필요는 분명 있습니다. 삶이 궁극적으로 지향해야 할 가치는 '행복' 에 있으니까요.

" 나는 낙천적 존재이다"

양치기 소년의 불행한 최후는 어디에서 비롯된 것일까요? '거짓말을 즐김' 에서였습니다. 양치기 소년은 일상에서 거짓말을 즐겼고, 거짓말의 누적으로 마을 사람들에게 신뢰를 잃었으며, 그 결과는 마을의 모든 양이 늑대에 의해 죽는 것으로 나타나게 됩니다.

당신이 "이제부터 호오포노포노를 실천해야지" 라고 마음먹는 것은, 신이

나 우주 혹은 제3의 힘에게 하는 약속입니다. 당신이 호오포노포노 실천을 작심삼일로 끝내는 것은 양치기 소년이 거짓말을 하는 것과 같습니다. 실천이 쉽게 중단하기를 반복하는 것은, 신과 우주, 제3의 힘에게 거짓말을 일삼는 것과 같아서, 작심삼일의 누적은 결국 더 높은 차원의 힘에게 신뢰를 잃게 하고, 결과는 양치기 소년의 최후처럼 당신은 소중한 무언가를 잃게 되는 것으로 나타납니다. 꾸준히 히세요. 조금 서툴러도 괜찮습니다. 조금 부족해도 괜찮습니다. 조금 어설퍼도 괜찮습니다. 호오포노포노 실천을 멈추지만 마세요. 그것이면 됩니다.

"나는 호오포노포노를 일상으로 한다"

내 안에 있는 여러 '나' 중에서 가장 못된 나를 깨운다는 것, '술'이 지니고 있는 가장 부정적이고 가장 큰 위험은 바로 그 점입니다. 술은 육체적인 건강만 위협하는 것이 아닙니다. 마음의 건강, 감정의 건강, 의식의 건강, 무의식의 건강, 뇌의 건강, 관계의 건강, 영혼의 건강, 인생의 건강, 존재의 건강 등 모든 면에서 위협을 가하는 것입니다.

한 손에 술잔을 들고, 한 손에 호오포노포노 책을 든다면 어떨까요? 만약 일상이 그와 같다면 어떨까요? 호오포노포노가 알코올의 힘을 무력화시킬 수는 없습니다. 술이란 정화가 필요한 상황과 정화해야 할 문제들을 만들어낼 확률이 매우 높은 재료입니다. 물론 사회적 필요에 의해서 수단이나 도구로 마시는 경우는 있을 수 있습니다. 그러나 그렇다고 해도 술은 경계해야 마땅합니다.

고통을 달래기 위해 술을 마시는 것은 고통의 나무에 고통의 휘발유를 붓

살아서, 살아서 행복하라

고 고통의 불을 붙이는 것과 같습니다. 당연히 고통을 겪어야 하는 현상이 창조되지요. 술을 잘 다스리기 바랍니다. 특히 당신이 술에 관하여 가장 하지 말아야 할 것은, 잠들기 전에 술을 마시는 것입니다. 되도록 술이 완전하게 깬 후에 잠이 드는 것이 좋습니다. 무의식에게 평화로운 환경을 제공하기 위해서도 그렇고, 당신의 뇌세포가 제 할 일을 가장 잘할 수 있도록 하기 위해서도 술을 마시고 잠이 드는 것은 삼가는 것이 좋습니다. 당신의 영혼이 본래를 회복하는 시간이며, 당신의 뇌는 당신이 잠든 사이에 아주 중요한 일들을 처리해야 하니까요.

"나는 술과 소중한 가치들을 바꾸지 않는다"

돈, 명예, 성공, 사랑, 행운, 행복, 그것들을 '나의 것', '나의 경험', '내 인생의 일'로 만들기 위해 우리는 다양한 방법을 시도합니다. 그러나 좀처럼 그 시도는 헛수고가 되기 십상이지요. 왜 그럴까요?

기본적인 조건을 채우지 못했기 때문입니다. 우리는 무언가를 원하면서 '나의 생각', '나의 계획', '나의 방법'만 고민합니다. 바로 이 점을 우리는 달리해야 합니다. 내가 원하는 것들이 나에게 요구하는 기본적인 조건들을 내가 얼마나 마련했는지를 먼저 살펴보고 고민해야 합니다.

돈이 내게 원하는 조건은 무엇일까? 명예가, 성공이, 사랑이, 행운이, 행복이 내게 원하는 조건은 무엇일까? 나는 과연 그 조건들을 다 채우기나 한 것일까?

예를 들어 보겠습니다. 당신이 좋아하는 사람이 있습니다. 그 사람과 당신이 사랑하는 사이가 되려면 당신은 무엇을 해야 합니까? 오로지 당신의 방식대로만 하면 될까요? 아닙니다. 당신은 그 사람이 좋아할 만한 사람이 되어야 합니다. 그것은 기본적 조건입니다. 우리가 삶에서 원하는 것을 얻는 법 또한 이와 다르지 않습니다. 하지만 사람들은 그렇게 하지를 않습니다. 그저 효과 좋고 훌륭하다 싶은 방법을 무작정 하면 되는 줄 알지요. 당신이 호오포노포 노를 그저 그렇게 사용하는 것처럼 말이지요.

원하는 것을 얻기 위해 당신이 먼저 갖추고 있어야 할, 아직은 없는 그것에 대해 정화하세요. 그리고 그 조건을 갖추도록 하세요. 그랬을 때 당신은 원하는 것을 더 빨리 더 수월하게 더 완전하게 경험할 수 있게 됩니다. 기본은 언제나 중요합니다. 당신은 무엇을 원하고 있습니까? 당신이 원하는 가치가 무엇이든, 그것이 원하는 사람이 먼저 되기 바랍니다.

" 나는 먼저 가치가 원하는 사람이 된다"

궁상은 절약이 아닙니다. 부유함을 이루는 데 혁혁한 공을 세우는 검소함, 궁상은 검소함이 아닙니다. 절약이나 검소함은 쓸 때는 쓸 줄 아는 사람, 자신의 삶에 대해서 당당한 사람이 펼칠 수 있는 고급 기술입니다. 궁상은 자신의 가치를 천하게 여기고, 자신의 앞날에 대해서도 믿지 못하는 사람이 보여 주는 궁한 행동입니다.

형편이 어렵고 경제적으로 궁한 상태를 '궁상' 이라고 합니다. 궁한 상태를 행동으로 보여 주는 것을 우리는 '궁상을 떤다' 라고 합니다. 궁상은 내면적 습관이 됩니다. 궁상을 떠는 것은 행동적 습관이 됩니다. 궁상은 궁상을 부르고, 궁상떠는 것을 반복하면 궁상떨 일이 늘어나는 법입니다. 이러한 부정적 습관이 몸에 배어 있으면 호오포노포노로서도 풍요의 에너지를 만들기가 어렵습니다. 언제나 그렇듯이 호오포노포노는 천하무적이 아닙니다. 궁상을 정화하여 궁상과 반대적인 에너지를 부르는 습관을 가지면 좋습니다.

" 나는 처지에 상관없이 풍요한 사람이다 "

돈 쓰는 것, 노는 것, 즐기는 것을 사람들은 참 좋아합니다. 즐거워하고 행복해하는 것은 매우 중요하고 인간이 추구해야 할 긍정적 가치이기도 합니다. 삶은 당연히 즐거워야 하고 행복해야 하며, 일하고 돈 버는 행위는 행복으로 연결되어야 마땅합니다. 그러나 많은 사람들이 즐거움과 행복을 잘못 사용하여 오히려 더 불행한 삶을 자초하는 경우가 허다합니다.

무엇으로 즐거워하고 무엇에서 행복을 느끼는가?

올바른 것으로 즐거워하고 올바른 것에서 행복을 느끼는 삶이 진짜로 즐겁고 진짜로 행복한 삶을 유지할 수 있는 유일한 비결입니다. 그러기 위해서는 평소에 '기특함의 범위 안에서 행복하기' 가 일상화되어야 합니다.

술, 유흥, 도박, 옳지 않은 섹스 등 올바르지 않은 것으로 즐거워하고 올바르지 않은 것에서 행복을 느끼면 그 삶은 반드시 불행해집니다. 인생이란 그런 것입니다. 행위에 대하여 우주는 반드시 계산서를 내미는 법이시요. 예를 들면, 당신이 올바르지 않은 즐거움을 누린다는 것은 마트에 가서 장바구니에 물건을 담는 것과 같습니다. 무엇이 기다리고 있습니까? 계산대가 당신을 기다리고 있습니다. 당신에게는 계산대에 가서 계산할 일이 남아 있습니다. 당신이 올바르지 않은 행위를 많이 하면 할수록, 그것을 오래 하면 할수록 장바

구니는 꼭 찰 것이고, 당연히 계산할 비용도 커집니다. 이와 같은 이치로 인생의 소중한 시간을 잘못된 즐거움으로 소진해 버리는 사람은 훗날 그에 합당한 고통의 대가를 반드시 치르게 됩니다. 계산대를 통과하지 않고 마트를 나갈 수 없듯이, 우주의 계산대를 통과하지 않고 현생의 문을 당신은 나설 수 없습니다.

즐겁게 살아가세요. 행복하게 살아가세요. 다만 기특함의 범위 안에서 즐거움을 누리고 기특함의 범위 안에서 행복을 누리세요. 옳지 않은 것에서 즐거움을 느끼고 옳지 않은 것에서 행복을 느끼려는 옳지 않은 당신을 정화하세요. 당신이 만약 옳지 않은 기쁨이나 행복을 추구하는 데에 호오포노포노를 사용한다면, 그것은 삶을 더욱 불행하게 하는 행위가 됩니다. 호오포노포노는 평화입니다. 당연히 인생의 평화를 위해서 사용되어야지요.

" 나는 기쁨과 행복을 기특함의 범위 안에서 누린다"

"쟁취보다 수성이 더 어렵다", "이루기보다 지키는 것이 더 어렵다"고들 하지요. 그러나 '관리'의 기술이 없으면 쟁취도 만만치 않습니다. 관리는 '이룬 후의 일'에만 필요한 게 아니라, 모든 과정에서 요구되는 기술입니다. 세상의 모든 가치는 관리를 필요로 하고, 삶의 모든 작업 역시 관리가 수반되었을 때 더 안전하고 완전하게 잘해낼 수 있습니다.

호오포노포노 정화법은 내면의 기술이며, 정화의 모든 과정에는 의식, 생각, 감정, 마음 등 내면의 관리가 요구됩니다. 관리는 이미 있는 것을 잘 지키는 수성의 기술이기도 하지만, 없는 것을 있게 하는 기술, 모든 계획과 과정을 더 완전하게 하는 기술이기도 합니다.

감정을 잘 관리해야 유혹에 빠지지 않을 수 있고, 생각을 잘 관리해야 올바른 선택을 할 수 있으며, 체력을 잘 관리해야 할 수 있는 힘이 생기고, 마음을 잘 관리해야 살아가는 일이 수월할 수 있습니다.

관리는 더 나은 삶을 위해 반드시 갖추어야 할 필수 덕목입니다. 관리가 허술해지면 부정적 에너지는 그 틈을 놓치지 않고 우리 인생에 침범합니다. 물리적이든, 정신적이든, 관계적이든, 사회적이든, 세상의 많은 사고는 관리의 태만에서 오고, 그것은 인생이 어긋남에 있어서도 다르지 않습니다. 관리의 부족이나 관리의 부재는 인생에서 각종 사고를 부르게 됩니다.

올바른 관리가 없는 곳에는 안전이 있을 수 없습니다. 관리 없이는 인생을 행복하게 꾸려갈 수 없습니다. 관리 없이는 원하는 인생을 창조할 수 없습니다. 풍요도, 사랑도, 관리의 실행이 아니고서는 불가능합니다.

관리의 속성은 통제와 다스림입니다. 가장 알맞게 통제하고 가장 최선으로 가장 조화롭게 다스리는 것이 관리인 것이지요. 관리가 엉망인 인생에는 호오포노포노 정화법도 아무 소용이 없습니다. 관리의 기술이 당신의 일상에서 저절로 발휘될 수 있는 의식적, 행동적 시스템을 구축하세요. 호오포노포노 정화법의 도움을 받아도 좋을 것입니다.

" 내 인생에는 자동 관리 시스템이 작동하고 있다"

현재 우리가 누리고 있는 모든 것들, 그것들을 세상에 있게 한 누군가는 '세상을 이롭게' 한 사람입니다. 그들의 삶은 세상을 이롭게 한 삶입니다. 세상에 기여한 사람들이므로, 우주 전체를 다스리는 왕이 있다면 논공행상에서 그들을 일등공신으로 삼아 제일 큰 상을 내릴 것입니다.

조직에 보탬이 되는 행위를 하면 조직은 그에게 상을 내리는 것이 존재의 법칙, 세상의 법칙입니다. 작은 회사에서나 큰 국가에서나 세상의 이치는 같습니다. 세상에 도움이 되도록 이바지한 사람에게는 세상이 상을 내립니다.

성공하세요. 그리고 반드시 세상에 이로운 사람이 되세요. 온 힘을 다하여 부자가 되세요. 그리고 반드시 세상에 이로운 삶이 되세요. 세상을 이롭게 함은 세상에 왔다 간 흔적이요, 보람입니다. 큰일을 해야만 세상에 이로움이 되는 게 아닙니다. 신호등을 지키고 쓰레기를 줍는 것처럼 작은 일도 세상을 이롭게 하는 훌륭한 행위입니다. 그것들을 언제라도 하세요. 기회가 생기면, 아니 기회를 만들어서라도 하세요.

당신이 크게 성공하고 부자가 된다면 세상에 더 큰 이로움이 될 수 있습니다. 하지만 성공 이전에, 큰 부를 이루기 이전부터 세상에 이로운 사람으로 살아가세요. 평범한 일상에서부터 세상에 이로운 삶이 되려는 연습을 하세요. 그러한 방식의 삶이 당신의 성공을 더 앞당겨 주고 당신을 더 큰 부자로 만들어 주는 원동력이 됩니다.

우주는 당신의 모든 생각, 모든 마음 씀, 모든 감정을 알아차립니다. 그리고 그에 상응하는 에너지를 일으킵니다. 당신의 인생에 말이지요. 당신의 모든 행동을 우주는 하나도 빠짐없이 다 지켜보고 있습니다. 그리고 그에 따라 당신에게 어떤 에너지를 줄지 결정합니다. 세상에 이로움이 되는 마음을 쓰세요. 세상에 이로움이 되는 행동을 하세요. 이것은 나중에 돈 많이 벌게 되면 하겠다고 미뤄서는 안 되는 일입니다. 지금 하세요. 일상에서 하세요. 당신의 처지에서 할 수 있는 만큼, 당신이 할 수 있는 방식으로 하세요. 세상을 이롭게 하는 것은 세상을 정화하는 것입니다. 더 살기 좋은 세상을 건설하는 데 이바지하는 것이지요. 세상에 대하여 기여도가 높을수록 세상은 더 큰 상을 줍니다.

세상에 이로운 방식의 삶, 그것을 위해 호오포노포노가 쓰임 되게 하세요. 우주와 신은 세상에 대한 기여도에 따라 보상의 크기를 결정합니다. 내가 세상을 이롭게 함은 내가 나를 이롭게 함입니다.

" 나는 세상을 이롭게 하는 삶을 산다"

세상살이는 하나의 거대한 게임입니다. 아무리 정정당당하다고 해도 누군가는 비참한 패자가 되어야 하고, 아무리 도덕적인 거래라고 해도 누군가는 손해를 보게 되고, 아무리 민주주의가 정착되어도 누군가는 억울한 상황에 놓이게 됩니다.

약한 자가 강한 자에게 먹히는 것은 매우 슬픈 일입니다. 하지만 모순되게도 존재계는 바로 이러한 법칙 때문에 존립할 수 있습니다. 존재계의 이치는 약육강식입니다.

당신이 누리고 있는 모든 것들은, 더 강한 자가 되기 위해 치열하게 몸부림을 친 사람들이 이루어 낸 결과물들입니다. 약육강식의 법칙이 적용되지 않았다면 인간은 아직도 네 발로 기어 다니는 것에서 한 치도 진화하지 못했을 것입니다. 그러므로 '더 강한 자'가 덜 강한 자보다 더 많이 갖고 더 많이 누리는 것은 억울할 것도 부당할 것도 없는 당연한 이치입니다.

성공하기 위해, 부자가 되기 위해 노력하는 것은 더 강해지겠다는 뜻입니다. 당신이 호오포노포노를 실천하는 것은 더 아름다운 패자가 되기 위함이 아닙니다. 더 행복하게 가난을 즐기려는 것도 물론 아닙니다. 당신은 더 강해지고 싶은 것입니다. 사회적으로 당신은 더 강한 사람이 되고 싶은 것이지요.

강해지세요. 더 강해지기 위해서 더 노력하세요. 그러기 위해서 당신이 늘 명심해야 할 것이 하나 있습니다. 인생에서 더 강한 사람이 되기 위해서는 언제나 나와의 싸움에서 먼저 이겨야 한다는 것, 당신은 먼저 '나 대 나의 게임'에서 승자가 되어야 하고, 그 횟수가 늘어나면 늘어날수록 당신은 사회에서 더 강자가 되어 갑니다. 호오포노포노가 당신을 충분히 도와줄 수 있을 것입니다.

더 나은 존재로 가는 길은 결국 '나 대 나의 싸움'입니다. 답은 내 안에서 찾아야 한다는 사실은 언제나 변함이 없습니다.

" 나는 언제나 나를 이긴다 "

당신의 삶이 아직 그러한(가난, 정체, 고통, 좋지 않은 흐름) 것은 당신이 아직 그러한 상태에 있기 때문입니다. 당신의 에너지(의식, 무의식, 마음, 감정, 기세)가 아직 그러한 중에 있기 때문입니다. 부자 되기를, 고통 없기를, 좋은 흐름이기를 원하면서도 현재의 생활을 그다지 불편해하지 않고 친숙하게 느끼고 있기 때문입니다. 사람은 끔찍하게 싫고, 죽기보다도 불편하면 어떻게 해서든 그곳을 벗어나는 법입니다. 당신은 가난이 싫고, 확 풀리지 않는 인생이 답답하기는 하여도, 끔찍할 만큼은 아닌 것입니다. 죽을 만큼 싫은 것이 아닙니다. 당신의 가난한 인생이 끔찍하게 싫고 죽을 만큼 싫다면, 당신은 그렇게 한가롭게 놀러 다니거나 쓸모없는 대화를 하며 술을 마시는 데 시간을 소비하거나 카드를 뒤져 가며 사지 않아도 될 것들을 사거나 휴일에 어디로 놀러 갈까 고민하는 식으로 일상을 보내지는 않을 것입니다.

물에 빠진 자는 오직 한 가지 생각, 오직 한 가지 행동밖에 하지 않습니다. 물에서 빨리 나가야 산다는 것. 오직 그것에만 집중되어 있습니다. 물에 빠진 사람은 물고기에게 한눈을 판다든지, 나가서 어디로 놀러 갈까를 생각한다든지 하지 않습니다. 그 상황이 끔찍하고 곧 죽을 것만 같기 때문이지요. 당신의 현실도 그와 다르지 않습니다. 그런데 왜 당신은 한눈을 팔고, 살아나기 위해 집중하지 않는 것입니까?

긍정적으로든 부정적으로든 당신이 지금의 삶 중에 있다는 것은 그런대로 살 만하다고 여기기 때문입니다. 바로 그것이 당신을 여전히 그러한 삶 중에 있게 하는 부정적 이유가 됩니다.

당신의 삶이 원하는(부유함, 편안함, 순조로운 흐름) 삶으로 변화되지 않는 것은 당신이 아직 받아들일 준비가 덜 되어 있기 때문입니다. 당신의 에너지(의식, 무의식, 마음, 감정, 기세)가 아직 준비를 마치지 못했기 때문입니다. 절박하지 않기 때문입니다.

막연히 부자가 되고 싶다는 생각은 힘이 없습니다. 그런 얕고 안일한 의식으로는 절대 우주 에너지의 도움을 받을 수 없습니다.

물에 빠진 사람의 절박함을 상기하세요. 절박함, 그것은 호오포노포노 실천법으로 창조해 낼 수 있는 것이 아닙니다. 다른 부분의 이야기이며, 다른 방식으로 당신의 내면에서 생성되어야 하는 덕목입니다. 당신이 충분히 할 수 있는 것이기도 하지요.

새벽시장을 가 본다든지, 새벽 지하철을 타 본다든지, 삶을 치열하게 해내는 이들의 숨소리를 느껴 보는 것이 도움이 될 수도 있습니다. 오가는 중에 호오포노포노를 한다면 더할 나위 없이 좋겠지요.

"나는 진짜 프로다"

풍요의 기본은 낭비를 줄이는 데 있습니다. 물질적 자원이든 정신적 활동이든 낭비는 또 다른 낭비를 부르고, 낭비는 흐름을 혼란스럽게 하며, 낭비는 성장을 가로막고 투자를 무력화하는 주범이 됩니다.

투자가 공격이라면 낭비는 수비입니다. 공격을 아무리 잘한다 한들 매번 좋은 결과를 얻을 수는 없는 데 비해 수비는 한 번 잘못할 때마다 실점으로 이어질 공산이 커집니다. 제대로 하지 못한 한 번의 어긋난 수비가 돌이킬 수 없는 통한의 실수가 되는 일은 당신의 인생에서도 얼마든지 일어날 수 있습니다. 공격은 탄탄한 수비가 뒷받침되고 있을 때 시도할 수 있는 전략입니다. 일단 지키는 것이 완벽하게 돼야 합니다.

돈의 낭비는 경제적 흐름을 곤란하게 하고, 정의 낭비는 인간관계의 혼란을 야기하며, 생각의 낭비는 사고 체계를 무질서하게 하고, 시간의 낭비는 생명을 갉아먹는 것과 다르지 않습니다. 더더욱 낭비가 정말로 두려운 이유는, 낭비를 거듭하다 보면 운세가 계속 하향 곡선을 그리게 된다는 점입니다. 이는 호오포노포노로 막아낼 수 있는 것이 아닙니다. 운세는 우주의 뜻이기 때문이지요. 호오포노포노를 집중해서 아무리 오랜 시간 실천한다고 해도 우주가 만들어 내는 거울을 못 오게 할 수는 없는 것처럼, 우주가 펼치는 뜻을 인간의 법으로 수정할 수는 없습니다.

"나는 낭비를 잘 다스린다"

많은 이들의 인생을 상담하고 그들의 운명에 개입해 오면서 살피다 보니 '시작한 것을 끝까지 하는 사람'은 극소수에 불과했습니다. 대부분-원하는 것을 얻기 위해-필요한 무엇에 대하여 시작은 잘하지만, 해야 마땅한 것을 끝까지 지속하는 사람은 그리 많지 않았습니다.

'끝까지 하는 힘'은 기적의 절대적인 요소이며 조건이지만, 터무니없는 기적을 바라면서도 사람들은 끝까지 하기는커녕 서둘러 도중에 멈추기 일쑤였습니다. 기적에 대한 요행심은 절대 멈추지 않으면서 말이지요.

호오포노포노도 마찬가지입니다. '살고 싶은 인생'을 살게 해 줄 수 있는 훌륭한 도구인 것은 분명하지만, 관건은 '끝까지 하는 힘'이 당신에게 있느냐의 여부입니다. 이치는 언제나 분명하고 진리는 언제나 같습니다. 끝까지 하는 힘을 끝까지 사용했을 때 당신은 '원하는 것을 이루며 사는 삶' 속에 있게 됩니다.

"나는 해야 할 것을 끝까지 한다"

내 인생의 주체는 언제나 '나'입니다. 그러므로 인생에서 어떠한 목적에 대한 판가름은 언제나 나로부터 시작됩니다. 답은 언제나 내 안에서부터 찾아야 하고, 변화하고 싶거든 먼저 나를 바꾸는 작업부터 해야 합니다. 그런데 많은 이들은 이와 정반대의 방식을 선택합니다. 나는 그대로 두고, 나 아닌 무언가를 동원해서 내 인생을 바꾸려 하고, 나에 관한 답을 나 아닌 것에서 찾으려 합니다.

풍요와 행복에 대한 인생의 복원력을 강화하기 위해서 사람들은 최대한 편안한 방식의 방법이나 수단을 인생에 접목시켜 봅니다. 그리고 그것으로 잠시 좋은 듯했으나 인생이 여전할 때 사람들은 다시 다른 무언가를 찾아 헤맵니다. 여전히 나를 바꾸는 것이 아닌 방식으로 여전히 실패할 무언가를 말이지요. 그러나 그러한 방식을 거듭한다는 것은 시간을 낭비하는 결과로 이어지고, 정말 해야만 하고 할 수 있는 다른 것을 외면하게 하는 부정적 영향을 미칩니다. 인생에 당장 피해를 주는 것은 아니지만, 결국 인생을 더욱 곤란하게 만들고 말지요. 마치 농약이 뿌려져 아무도 모르게 서서히 죽어가는 흙처럼.

나 아닌 곳에서 나를 찾으려는 헛수고를 이제 그만 멈추세요. 내 인생은 언제나 나를 바꾸는 것에서부터 시작해야 합니다. 보물찾기는 언제나 내 안을 뒤지는 것에서 시작되어야 합니다. 정화하세요. 답을 밖에서 구하려는 마음을 정화하세요. 당신은 그래야만 합니다. 길은 언제나 당신 안에 있습니다. 호오포노포노는 당신이 그 길을 찾을 수 있게 도와주는 역할을 할 뿐이지, 호오포노포노가 직접적으로 길이 될 수는 없습니다. 당신 인생에 대한 해답을 호오포노포노에게 묻지 마세요. 이 이치를 당신은 최대한 정확하게 이해를 하는 것이 좋습니다.

" 나는 나에게 길을 묻는다 "

점을 치거나 운명에 대해 엿보려 할 때 사용되는 '재물복', '자식복', '인복' 등의 말은 '그릇의 크기'를 의미합니다. '타고난 복 그릇'을 말하는 것이지요. 우리가 살아가면서 내 것으로 할 수 있는 양은, 그릇의 크기에 좌우합니다.

순간순간 감정이 오락가락하는 사람, 작은 이익에 서슴없이 '의'를 버리는 사람, 이해심이 없고 속이 좁은 사람, 겁이 지나치게 많은 사람, 아무 꿈도 없이 그냥 살아가는 사람, 사소한 일에서도 시비 다툼이 많고, 큰일 앞에서 주춤거리며, 작은 위기 앞에서 뒷걸음질을 칩니다. 당연히 얻는 것이 없지요.

대체로 크게 성공하거나 크게 부자가 된 사람들은 그릇이 크다는 걸 알 수 있습니다. 그릇이 큰 사람들은 작은 일에 쉽게 요동치지 않고, 작은 이익에 쉽게 움직이지 않으며, 어지간한 위기 앞에서도 침착성을 잃지 않는 특성이 있습니다.

그릇을 키우십시오. 당신이라는 그릇의 크기, 인생에서는 딱 그만큼의 성공과 풍요를 누릴 수 있습니다. 의식의 그릇, 마음의 그릇, 감정의 그릇, 당신이라는 그릇을 키우는 일, 매우 급한 것은 아니지만 매우 중요합니다. 인생에 대한 작용력에서 그릇의 크기는 호오포노포노 정화법을 능가하는 힘이 있습니다.

" 나는 그릇이 큰 사람이다"

눈의 생물학적 기능은 보는 것이지만, 만약 눈의 기능이 이것이 다였다면 우리 인간의 삶은 지금보다 훨씬 단순했을 것입니다. 소통에서 이해의 능력이 떨어지기는 하겠으나, 오해의 요인 또한 현저하게 줄어들 테지요.

눈은 많은 것을 알려주거나 확인시켜 주는 기능이 있습니다. 또한 눈은 입이 하지 못하거나, 입이 하지 않으려는 말까지도 다 토해내 버리는, 내 편이 아닌 경우도 있습니다. 눈빛은 다른 대상과 소통하고 거래합니다. 인간 사회에서 눈은 사회적 기능으로서의 역할이 중요한 의미를 지닙니다.

이러한 이유로 의도하기에 따라, 눈빛은 전략이 되고 수단이 되고 부가가 됩니다. 눈빛이라는 것이 습득하여 자유자재로 부릴 수 있는 기술이 아닌 것은 분명하지만, 의식을 개입시켜 원하는 눈빛을 창조하는 것은 충분히 가능합니다. 당신은 눈빛을 이용해 원하는 것을 보다 더 쉽게 얻을 수 있습니다. 눈빛이 당신의 목적을 기억하게 하십시오.

평소 고요하고 부드러우면서 힘이 있는 눈빛이라면, 있는 그대로의 눈빛이 그러하다면 더 이상 바랄 게 없는 최상이라 할 수 있습니다. 왜냐하면 눈은 소통의 창구, 정보 교환의 창구이면서, 기세氣勢의 척도이기 때문입니다. 당신이 잊지 말아야 할 것은 눈빛의 근원이 마음에 있다는 것입니다. 그러므로 마음을 씻는 것이 곧 눈빛을 정화하는 첩경이 됩니다. 당신의 눈빛은 사랑입니다. 호오포노포노가 큰 도움이 될 것입니다.

" 나의 눈은 고요하고 부드러우면서 힘이 있다"

몸이 기특하지 못하면 가장 먼저 몸이 혼나고, 뒤이어 마음이 혼나고, 심하면 인생까지 혼이 나게 됩니다. 마음이 기특하지 못하여 그것이 행동으로 표출되면, 처음에는 마음에 즐거움(결국 고통으로 변질 될)이 있을 수 있지만, 머지않아(가끔은 한참이 지난 후) 마음이 혼나고, 몸이 혼나고, 이런 경우 대부분 인생까지 혼이 나게 됩니다.

기특하지 못한 일상이 거듭되면, 몸도 마음도 인생도 운명도 그리고 영혼도 혼이 나는데, 여기에는 무서운 사실이 내포되어 있습니다. 영혼까지 혼이 난다는 것은 다음 생에까지 부정적 영향을 미칠 수도 있다는 것이지요.

몸과 마음과 인생과 운명은 현생에서의 일이지만, 영혼은 다릅니다. 영혼은 하염없는 존재의 여행을 하고 있으니까요. 기특하세요. 몸도 마음도 오늘도 내일도 기특하세요. 기특한 일상은 그 자체로 정화입니다.

" 나는 모든 면에서 기특하다 "

'나라' 는 내 인생이 딛고 서 있는 내 삶의 터전이자 나와 내 조상과 내 자식을 있게 한 우리 모두의 어머니입니다. 나랏일을 하는 사람들은 우리를 자주 화나게 하고, 때때로 우리를 절망케 하지만, 이 땅의 사람과 이 땅 위의 하늘과 이 땅 아래의 물은 늘 우리를 보살피는 일을 게을리하지 않습니다.

나라를 사랑하십시오. 삶의 경기장에서 당신은 언제나 대한민국 대표 선수입니다. 가슴에 대한의 긍지를 품으십시오. 대 한국인의 기상을 품으십시오. 그것은 마법을 일으키는 신념이 됩니다. 가끔은 당신의 조국을 위해 호오포노포노를 실행하세요. 그 이로움은 오롯이 당신의 삶이 받게 될 것입니다. 나라를 사랑할 줄 아는 당신, 당신을 축복합니다.

" 나는 우리나라의 안녕과 발전을 기원한다 "

냉철함의 유무는 한 사람의 인생에 있어서 굉장히 많은 것들을 좌우합니다. 냉철함은 냉정함이 아닙니다. 냉정함은 정이 차가운 것이어서 사람이 나를 멀리하게 하지만, 냉철함은 이성이 평정한 상태여서 오히려 믿을 만한 사람이 늘어납니다. 냉철함은 정확하고 철두철미하기 때문에 실수를 줄이고 올바른 선택을 하며 더 좋은 결과를 있게 합니다.

냉철함은 인간관계를 알맞게 조율하는 정신적 도구입니다. 마음 자세의 따스함은 일단 편하지만 실수가 잦아서 결국 차가운 관계로 발전할 가능성이 높지만, 냉철함은 처음에는 어색해도 실수를 줄이므로 결과적으로 좋은 관계를 유지할 수 있게 합니다. 가장 좋은 것은 따스함과 냉철함을 때에 따라 알맞게 꺼내 쓰는 것이겠지요.

냉철함이 아니면 우리는 호오포노포노 정화법을 제대로 사용하기가 어렵습니다. 자꾸 출렁대는 마음의 바다 위에서는 참다운 정화가 행해지기 어려운 법이니까요. 냉철함이 결여된 판단은 최악의 상황을 유발하는 경우가 많습니다.

당신의 한 손에는 이미 따스함이 있습니다. 남은 한 손에 냉철함을 쥐어 보세요. 냉철함은 다급한 순간의 상황을 잘 다스릴 수 있는 수단이 됩니다. 냉철함은 꽉 막힌 장벽을 뚫는 힘이 있습니다.

" 나는 냉철함을 유효적절하게 사용한다"

덕으로 자신을 지키고 자신의 부를 지킨 대표적인 이는 바로 '경주 최 부자'입니다. 자손들에게 "백 리 안에 굶어 죽는 사람이 없게 하라"고 가르친 그는 평소에 덕 베풀기를 소홀히 하지 않았고, 그 덕분에 나라에 난리가 일어날 때마다 사람들이 지켜 주었다는 일화는 아주 유명하지요.

모든 것을 잃은 사람, 인생이 바닥에 처한 사람, 하루하루 막막함 속에 살아가는 사람, 이러한 처지에 있는 사람이 가장 먼저 서둘러야 할 일은 '덕을 쌓는 일'입니다. 한겨울에 다 떨어진 누더기를 입고 동냥하는 사람을 봤을 때, 동전 하나라도 주는 것은 선을 실천하는 행위인데, 나보다 못한 사람이 도움을 청할 때 마음을 일으킬 줄 아는 이러한 능력이 바로 '덕德'입니다.

덕은 윤리와 도덕을 실천으로 옮기는 인격적인 능력을 의미합니다. 당신이

살아서, 살아서 행복하라

여기에서 주목할 점은 덕을 '능력'으로 정의했다는 점입니다. 덕은 능력입니다. 그것도 아주 큰 능력입니다. 덕의 효력은 가히 짐작할 수 없습니다. 덕은 그 자체로는 진리일 뿐이지만, 덕이 행동으로 쓰임이 되었을 때는 엄청난 능력으로 전환이 됩니다.

착한 생각은 누구나 할 수 있지만, 그것을 행동으로 하기는 아무나 할 수 있는 것이 아닙니다. 도덕적인 것과 비도덕적인 것을 누구나 분간할 수는 있지만, 비도덕적인 것을 멈추기란 결코 쉬운 일이 아니며, 도덕적인 것을 실천으로 하기는 아무나 할 수 있는 일이 아닙니다. 그러한 이유로 덕은 더 대단한 능력이 됩니다. 덕은 사람을 감동시키고, 사람을 움직이는 힘이 있으며, 덕은 하늘을 감동시키고, 하늘을 움직이는 힘을 지니고 있습니다.

덕을 쌓고, 쌓고 또 쌓는 것, 이것은 도덕적인 정화, 신의 마음을 움직이는 최고의 정화법입니다. '덕 쌓기'를 즐겨 하십시오. 덕을 쌓기가 어려운 것은 처지에 있는 것이 아니라 그 '마음 씀'에 있을 뿐입니다. 어떤 이의 처지에서나 얼마든지 가능하다는 뜻입니다. 덕을 베풀 기회 앞에서 멈칫거리는 옹졸한 마음, 호오포노포노가 그 마음에 쓰이게 하세요. 덕은 인간보다 훨씬 더 강한 세력을 움직이는 힘입니다.

" 나는 덕 베풀기를 좋아하는 사람이다"

'기억'이라는 것은 지난날의 경험이 집약된 정보입니다. 기억이 정보일 수 있는 이유는, 기억의 기능에 의지하여 현재가 요구하는 많은 결정들을 확정하기 때문입니다. 그런데 문제는 '기억이 만든 정보'가 밖으로 나올 때 매우 주관적이고 감정적이라는 데 있습니다.

우리는 올바른 정보를 꺼내기보다는 내 기분에 맞는 정보를 꺼내는 데 더 익숙하고, 현재에 꼭 필요한 정보를 꺼내기보다는 내가 편하게 느껴지는 정보를 꺼내는 것을 더 즐겨합니다. 과거의 기억이 현재에 꼭 필요한 조언을 하기도 하지만, 기억은 왜곡되고 편협하게 재정립되어 옳지 않은 결정을 하게 만들기도 합니다. 그러므로 우리는 평소 '감정에 대한 정화'를 자주 하는 게 좋습니다. 감정이 평온하고 고요한 환경일 때 우리는 올바른 '기억 정보'를 선택할 확률이 높아지기 때문입니다.

" 나는 올바른 기억 정보를 꺼내 쓴다"

"또 그런다, 또"

틈만 나면 힘이 빠지고, 틈만 나면 도망가고, 틈만 나면 술에 의지하고, 틈만 나면 징징대는 당신을 지켜보면서 신이 안타까운 마음에 그렇게 탄식을 합니다. 한없이 약해 빠진 당신에게 신이 할 수 있는 것이 무엇일까요? 어르고 달래는 것 말고 또 무엇이 있을까요? 틈만 나면 울어대는 아기 앞에서의 당신처럼, 틈만 나면 울어대는 당신 앞에서 신이 할 수 있는 것은 과연 무엇일까요?

신에게 명분을 주세요. 신이 당신을 위해 움직일 수 있는 그럴듯한 명분을 만들어 주세요. 부지런하고 강하며, 쉽게 꺾이지 않고 포기하지 않으며, 올바름을 즐겨 하고 유혹 앞에서 강함을 보여 주세요. 더 이상 어르고 달래야 하는 어린 아기가 아니라, 스스로 먹을 줄 알고, 스스로 걸을 줄 알며, 스스로 해낼 줄 아는 어른임을 확인시켜 주세요.

호오포노포노를 당신의 약한 내면에 투입하여 안에서부터 강해지기를 시도해 보세요. 이것은 신을 내 편으로 만드는 비법입니다. 그랬을 때 당신은 매일 이와 같이 말하게 될 것입니다. "또 온다. 또. 행운의 여신이 또 온다!"

" 나는 신에게 명분을 준다 "

대체로 예민한 것보다는 살짝 '둔감' 한 것이 사회생활에 더 도움이 되는 것은 사실이지만, '둔감' 이 심해지면 원하는 것을 얻어도 기쁘지 않고, 가난하고 뜻대로 되지 않는데도 슬프지 않게 됩니다.

둔감이 적당히 쓰이면 흔들리지 않고 나다운 삶을 추구할 수 있지만, 둔감이 지나치면 발전하려는 의지가 생겨나지 않고, 삶을 더 성장시키려는 열정도 일어나지 않게 되는 등 무사안일주의에 빠질 수 있으니 경계해야 합니다.

도를 넘는 둔감은 우리를 안일하게 만들고 대충대충 살게 하며 궁핍하거나 초라한 삶도 아무렇지 않게 여겨지도록 하는데, 이는 예민함보다 더 인생을 망치는 주범이 됩니다. 또한 둔감이 몸에 배면 호오포노포노 정화법을 사용하기도 쉽지 않습니다. 삶에 열의가 상실되면 어떤 가치에도 흥미가 생기지 않기 때문이지요. 그러므로 당신은 일상에서 있는 그대로 느끼는 것을 잘해야 합니다. 느낄 수 있는 것을 당연히 느낄 수 있어야 호오포노포노를 더 잘 사용할 수 있으니까요.

" 나는 느껴야 할 것을 잘 느끼며 산다 "

당신은 원래 젓가락질을 하지 못했습니다. 그러나 지금은 아주 작은 쌀도 젓가락으로 능숙하게 집을 수 있습니다. 당신이 일상에서 능수능란하게 해내고 있는 모든 행위 중 처음부터 잘할 수 있었던 것은 단 한 가지도 없습니다. 당신이 그 행위를 처음으로 하던 때를 떠올려 보세요. 당신은 답답할 정도로 그것을 잘하지 못했습니다. 그런데 하고, 하고 또 하다 보니 당신은 어느 순간 잘하게 되었고, 지금은 의식하지 않아도 필요에 따라 언제든 잘할 수 있게 되었습니다.

인간은 사회적으로 학습의 존재입니다. 사회가 요구하는 것에 대한 학습이 잘 돼야 사회생활을 잘할 수 있는 법이지요. 학습의 요체는 반복에 있습니다. 반복되는 것은 언제나 기억이 되고 무의식 속에 자리하게 됩니다. 의식이 주도하는 어떠한 행위가 반복적으로 행해지면 그것은 무의식의 정보가 됩니다. 그리고 그것은 필요한 때에 자동으로 나오게 되지요.

생각의 반복은 영감의 원동력이 되고, 행위의 반복은 어떠한 자극에 대한 반응을 기억하게 하고, 그 정보를 무의식의 창고에 담아 유사한 상황에서 언제든 즉각적 반응을 하게 합니다. 그것도 놀라울 정도로 빠르고 뛰어난 반응을 말이지요. 어떠한 행위의 반복은 신의 힘을 빌리는 원동력이 됩니다. 반복은 기적의 수단입니다. 반복은 평범하거나 그보다 모자란 것을 특별하게 만드는 재창조의 힘입니다.

습관은 반복이 낳은 자식입니다. 습관은 제2의 천성이라고 불릴 만큼 고치기가 어려운데 그것을 있게 한 원동력이 바로 반복입니다. 이렇듯 반복은 무언가를 완성하는 수단입니다. 그러므로 당신에게는,

무엇을 반복하는가.
어떻게 반복하는가.

이것이 중요합니다. 반복해야 마땅하고, 반복이 필요한 것을 끊임없이 반복하세요. 그러나 중지되어야 이로운 무언가가 당신의 행동에서 반복되고 있다면, 당장 멈추기를 시도해야 합니다. 잘못된 반복은 옳은 반복을 시도함으로써 수정이 가능합니다. 반복은 상황을 뒤엎는 힘이 있기 때문입니다. 반복의 힘, 그것은 상황을 정화하는 놀라운 방식입니다. 호오포노포노는 반복하면 할수록 좋은 것입니다. 꾸준하게 반복하는 당신을 응원합니다.

" 나는 반복해야 할 것을 반복한다"

당신의 영혼에게, 당신의 인생에게 미안할 짓 하지 않는 하루하루를 살아가려 노력하는 것은 그 어떤 수행보다, 그 어떤 기도보다 위대하고 신성합니다. 당신이 아무리 완벽하게 호오포노포노 정화법을 해낸다 한들, 당신이 자신의 영혼에게, 자신의 인생에게 미안할 짓을 일삼는다면, 정화를 위한 당신의 수고는 언제나 헛수고일 것입니다.

우리는 몸 전체 속에서, 마음 전체 속에서 자신의 삶을 느낍니다. 인생에게 미안할 짓을 일삼으면 우리는 온몸과 온 마음으로 고통을 받아들여야만 하는 상황에 직면하게 됩니다. 곤란하지요. 불행입니다.

정화하세요. 유혹에 자주 무너지는 '나약한 자신' 을 정화하세요. 정화하세요. 미안할 짓을 아무렇지 않게 하고 있는 당신의 전부를 정화하세요. 영혼에게, 인생에게 미안할 짓을 줄여가는 것, 그것은 정화보다 더 위대한 수행의 삶입니다. 우리가 호오포노포노를 실천하는 이유 중 하나는 바로 '미안할 짓을 줄이기 위함' 에 있습니다.

" 나는 내 인생에게 미안할 짓을 하지 않는다"

몸에 대해서는 하루에 한 번 '목욕'을 행하면 무난하지만, 마음이나, 감정에 대해서는 하루에도 여러 번 목욕을 행해 줘야 합니다. 모든 순간은 영혼이 목욕할 시간입니다. 마음의 목욕, 감정의 목욕, 그것은 영혼의 목욕이요, 존재 자체를 순수하고 신성하게 하는 행위입니다. 물을 몸에 뿌려 행하는 물리적 행위로서의 목욕도 중요하지만, 그보다 더 중요한 것은 우리의 내면을 맑고 깨끗하게 목욕시키는 일입니다. 몸만 씻어내고 오염된 내면을 그대로 방치해서는 진정한 정화가 될 수 없습니다. 호오포노포노를 정화수로 하여 당신의 내면 구석구석에 뿌리기를 권합니다. 자주.

"나는 몸과 더불어 영혼까지 목욕을 한다"

심한 악몽을 꾸면 식은땀을 흘리면서 잠에서 깹니다. 무서운 악몽을 꿀 때는 왜 잠에서 깨는 것일까요? 깨어나야 산다는 걸 의식은 알고 있기 때문입니다. 무의식 속에서 악몽에 시달리다가 위험해지면 의식을 깨우는 것이지요. 그런데 왜 현실적인 악몽에서는 좀처럼 깨어나지 못하는 것일까요? 깨어나세요. 삶은 내면의 힘만으로 달라지는 것이 아닙니다. 그만 깨어나 일상에서 당신이 해야 할 바에 당신의 온 힘을 투입하세요.

호오포노포노의 실천만으로 될 수 있는 인생이 아닙니다. 깨어나세요. 악몽과 같은 현실이면서 왜 깨어나려 하지 않습니까? 깨어나는 시간이 늦어지면 늦어질수록 당신의 삶은 점점 더 소생할 기회를 상실하게 됩니다.

굶주림으로 허덕이는 당신, 호오포노포노가 당신의 굶주림을 직접적으로 해결해 줄 수는 없습니다. 당신 손으로 직접 먹지 않으면 당신은 절대 굶주림의 고통에서 해방될 수 없는 이치를 부디 빨리 깨닫기 바랍니다. 해야 할 것을 하는 것, 하지 말아야 할 것을 하지 않는 것, 그것이 현실의 악몽에서 깨는 방법입니다.

" 나는 할 것은 하고, 안 할 것은 안 한다 "

기쁨을 전혀 맛볼 수 없는 삶이라면, 당신의 삶이 그렇다면 어떨까요? 기쁨은 살맛을 깨워주는 중요한 정서적 가치입니다. 우리가 어렵고 힘든 가운데에도 살아가기에 열심일 수 있는 이유는 기쁨을 경험하기 때문입니다. 기쁨이 없는 삶은 죽은 삶이나 마찬가지죠. 기쁨이 있어야 필요한 욕망이 올바르게 작용하고, 기쁨이 있어야 존재함이 아름다워질 수 있습니다. 문제는 어디서 어떻게 무엇으로부터 기쁨을 느끼는가에 있습니다.

기쁨은 채워짐의 결과로, 어떤 욕구가 채워지는 경험을 할 때 우리는 기쁨이라는 감정을 느끼게 됩니다. 그러므로 잘못된 기쁨은 당신의 인생에 잘못된 무언가를 채우는 것이라 할 수 있습니다. 기쁨을 주는 것은 그것이 무엇이든 자주 되풀이하고 싶어집니다. 그러므로 기쁨의 출처는 매우 중요합니다. 잘못된 것으로부터의 기쁨획득은 결과적으로 인생을 슬픔에 빠뜨리게 되니까요.

당신은 가끔 묻고 살피고 수정해야 합니다. 나는 무엇에서 기쁨을 느끼는가, 내 인생의 기쁨은 어디에서 비롯되는가를 묻고 살피고 답하고 수정하는 이 모든 것이 삶을 위한 살아있는 정화입니다.

불행한 인생에서 그 원인이 기쁨에 있는 경우는 의외로 많습니다. 기쁨이 느껴지는 방향의 오류, 기쁨을 느끼는 방식의 오류, 기쁨을 주는 대상의 오류 등 기쁨이 인생을 망치는 경우는 굉장히 많습니다. 당신에게 호오포노포노 정화법은 바로 이런 부분에서 더 제대로 실행되어야 합니다. 기쁨은 무조건 좋은 것으로 착각하기 쉽고, 기쁨의 경험은 다시 경험하고 싶어지는 것이 당연하기 때문입니다.

" 나는 나를 기쁘게 하는 것을 정화한다"

오직 '나'에게만 관심이 있고, 오직 '나'만 정화하면 다 되는 것으로 사람들은 알고 있지만, 틀렸습니다. 세상의 모든 나에게는 각자의 목표가 있고, 그것은 누군가의 목표가 이루어지지 않아야 누군가의 목표가 이루어지게 되는 경우가 허다합니다. 골키퍼와 골잡이처럼 말이지요.

당신은 자신을 정화함은 물론, 나 이외의 '외부 환경에 대하여 정화하기'도 소홀하지 않아야 합니다. 다른 사람, 다른 물건, 다른 장소 등 당신이 아닌 당신 밖의 것에 대해서도 당신은 정화해야 합니다.

당신의 외부는 당신에게 무대와 같은 것입니다. 당신은 그곳에서 삶을 공연하는 것이지요. 허술하고 어수선한 무대 위에서 온전한 공연을 펼칠 수 없는 것처럼, 당신의 외부 환경이 엉망인 상태에서는 당신의 인생 또한 그렇게 될 뿐입니다. 당신 밖의 환경을 정화하십시오. 그것은 대단히 중요합니다. 가끔은 호오포노포노를 당신의 외부로 파견하세요. 그곳이 온전해야 당신의 인생이 온전할 수 있습니다.

" 나는 나를 둘러싼 환경을 정화한다"

라디오에서 좋아하는 음악을 듣고, 텔레비전에서 좋아하는 드라마를 보고, 휴대전화를 통해 다른 사람과 통화를 하고, 이 모든 것들이 가능한 데에는 '주파수'의 역할이 있기 때문입니다. '같은 주파수끼리만 상호 교류가 가능하다'는 주파수의 특징에 의해, 같은 주파수끼리 만나면 서로 데이터 교류가 가능하고, 그 결과를 우리는 각종 기구를 통해 누리고 있는 것이지요. 우주 안의 모든 일들은 이와 같은 방식으로 현상이 일어납니다.

우주 안의 모든 존재는 일정한 파동과 주파수를 지니고 있고, 그것은 우리 인간도 예외가 아니며, 특히 우리의 뇌는 환경과 상황에 따라 일정한 전파를 방출합니다. 이것을 '뇌파'라고 하는데, 뇌파는 다양한 파동의 에너지들과 교류함으로써 몸과 마음을 조절합니다.

뇌의 지도를 보면, 뇌에 우리의 몸 모든 부위가 그대로 들어있음을 알게 되는데, 뇌세포는 우리 인간의 몸과 마음, 사고와 행동을 비롯하여 모든 것과 직접적으로 연관되어 있습니다. 우리 인간은 뇌가 죽은 상태가 되면 몸이 살아 있어도 사망과 동등한 의미를 갖게 됩니다.

뇌를 연구하는 과학자들마다 의견은 분분하지만, 아직까지 인간은 뇌가 지니고 있는 능력을 완전하게 다 사용하지 못한다는 데에는 이견이 없습니다. 더구나 현대인들은 각종 오염 물질과 환경 및 스트레스로 인하여 뇌가 굳어지고 탁해져 뇌의 활동력이 쉽게 무뎌지고 있습니다. 뇌세포의 활동이 활발하지 못하다는 것은 몸과 마음을 비롯한 인간 생활 전반에 걸쳐서 문제가 발생할 확률이 높다는 것을 의미합니다.

우리는 육체적인 고통에 대해서는, "배가 아파", "머리 아파", "다리 아파" 이런 식으로 해당 부위의 명칭을 직접적으로 표현하지만, 삶에서 비롯되는 정신적인 모든 고통에 대해서는 딱 한 마디로 표현을 합니다. "골치 아파"

골치는 인간의 뇌입니다. "골치가 아프다"는 말은, 삶에서 오는 모든 고통은 우리의 뇌와 불가분의 관계에 있음을 의미합니다. 살아가면서 겪게 되는 모든 문제나 장애 등은 우리의 뇌를 아프게 하고 혼란스럽게 합니다. 거꾸로 우리의 뇌가 안정되고 건강한 상태에서 활발한 작용을 하면 살아가는 일 또한 잘 되고 안정되고 활발해집니다.

뇌에 자극을 주세요. 뇌를 활발하게 자극시켜 주면, 뇌파가 더욱 활성화되어 뇌의 기능이 최상으로 복원됩니다. 인간의 뇌는 인생에서의 일 거의 대부분에 관한 해답을 가지고 있습니다.

지속적으로 뇌에 자극을 주면 뇌파의 상태가 순수해지고 뇌의 안테나가 더 활발한 전류를 방출하게 되어 당신이 바라는 것들과 알맞은 주파수를 형성하게 될 것입니다. 뇌에 자극을 주는 방법, 그것은 머리를 흔들어 줌으로써 가능합니다. 머리를 전후, 좌우로 흔들어 주는 것(도리도리를 해도 좋다), 이는 뇌의 진동을 높이는 방법이며, 뇌를 정화하는 실천법입니다. 머리를 두드려 주는 것도 뇌에 자극을 주는 훌륭한 방법입니다.

머리를 두드려 주면서, 혹은 머리를 흔들면서 '미용고사'를 하거나, 뇌에게 좋은 말을 들려줘 보세요. 인생에서 좋은 변화를 목격하게 될 것입니다. 호오포노포노를 병행하면 더욱 좋겠지요.

"나의 뇌파는 언제나 활발하다"

어떤 날은 너무 춥고, 어떤 날은 너무 덥고, 어떤 날은 폭우가, 어떤 날은 폭설이, 어떤 날은 태풍이, 가뭄이, 바람이, 시시때때로 원하지 않는 상황을 맞게 되는 것이 우리의 인생입니다.

살아서, 살아서 행복하라

그 누구도 늘 좋을 수만은 없습니다. 그러나 늘 좋을 수만은 없는 그 모든 날들을 당신은 늘 잘 보낼 수 있어야 합니다. 좋은 날도 좋지 않은 날도 당신의 소중한 인생 안의 시간 들이며 당신 인생 안의 상황들입니다.

좋지 않은 날도 잘 보낼 수 있는 사람이라야 좋은 날을 더 잘 보낼 수 있게 됩니다. '살아있음, 그 자체로 행복한 인생' 일 수 있어야, 그러한 긍정 에너지 속에 있을 때 좋은 날을 더 빨리 더 많이 맞이하게 됩니다.

좋지 않은 날을 좋은 날로 바꾸기 위한 정화보다는, 좋지 않은 날 자체에 호오포노포노의 사랑을 주세요. 그리고 좋지 않은 날을 맞이하게 된 '좋지 않았던 나' 를 정화하세요. 인생에서 당신은 모든 날이 다 좋을 수는 없지만, 모든 날을 다 잘 보낼 수는 있습니다.

"나는 모든 날을 잘 보낸다"

당신은 우주의 힘이 필요합니다. 신의 도움이 필요합니다. 당신의 인생은 높은 차원의 힘을 빌려야 할 필요가 있습니다. 그러므로 당신은 일상이 수행 모드여야 합니다. 삶을 수행처럼, 수행을 삶처럼 하는 일상을 거듭하면서 당신 자신을 더 나은 존재로 변화시키세요. 그리고 스스로 담보가 되세요. 우주와 신에게 당신 자신을 담보로 내놓으세요.

당신의 인생에서는 언제나 당신 자신만이 담보일 수 있습니다. 자신을 담보로 우주와 흥정하세요. 이 세상에서 가장 확실한 담보는 언제나 당신 자신입니다. 스스로 가장 최고의 가치가 되세요. 그리고 신과 흥정하세요. 세상은 당신 외면의 가치를 기준으로 하여 당신과 거래하지만, 높은 차원의 힘은 당신의 존재 에너지 값을 기준으로 하여 거래합니다.

호오포노포노를 사용하여 당신의 에너지를 정화하세요. 당신의 인생에 관해서 우주와 신은 언제나 당신만을 담보로 합니다. 당신을 최고의 담보로 만드는 일, 호오포노포노가 잘할 수 있는 일입니다. 에너지 수준을 최상으로 높이는 것이지요.

"나는 가장 최고의 담보이다"

어디서든 누구 앞에서든 당당함을 펼치세요. 말과 표정, 걸음과 행동이 당당하면 삶은 그와 같이 펼쳐집니다. 당당해야 일상의 흐름이 좋아지고, 삶에 당당하려면 일상을 잘 해내야 합니다. 당당함과 일상을 잘해냄은 한 몸인 것이지요.

당당함은 여러모로 유익함이 많습니다. 외적으로는 신뢰를 형성하고, 내적으로는 부정적 기운이 감히 범접하지 못하게 하여 좋은 운을 불러들일 수 있는 순기능을 합니다. 정화법을 따로 마련하지 않아도 정화의 기능을 하는 행동 방식이지요.

기죽지 않음의 당당함은 나를 내가 인정해 주는 것이며, 상황에 떳떳함이며, 앞으로 나아가는 기백이며, 잘해낼 수 있는 원동력입니다. 처지에 관계없이 당당하세요. 당당함은 존재감을 강하게 해 줍니다.

당당해야 행운을 관장하는 여신의 마음을 얻을 수 있습니다. 당당해야 필요한 사람을 내 편으로 만들 수 있습니다. 무엇보다 당당해야 내가 가진 장점들이 제 기능을 할 수 있습니다. 당당하세요. 당당함은 행동으로 하는 역동적 정화법입니다. 호오포노포노를 그곳에 투입하기 바랍니다.

"나는 언제나 당당하다"

살아서, 살아서 행복하라

역사적으로 지금처럼 수단과 방법이 최고 대우를 받았던 적이 없습니다. 사람들은 오로지 원하는 결과의 획득에만 혈안이 되어, 과정 따위야 어찌 되든 망설이지 않습니다. 결과만 좋으면 수단이나 방법은 얼마든지 정당화될 수 있다고 믿는 '결과 중심주의'가 갈수록 팽배해지고 있습니다.

지금의 사회가 불안하고 위험한 이유 중 하나는 바로 '도덕성의 결여'이며, 이는 수단과 방법을 가리지 않는 '목표 지상주의'가 빚어낸 부정적 현상입니다. 하지만 도덕성의 결여가 출세의 길을 가로 막는 것을 우리는 어렵지 않게 볼 수 있습니다. 도덕성은 경쟁력입니다. 도덕성은 그 자체로 위대한 수단이며 특별한 도구입니다. 도덕성은 자리를 지키는 힘입니다.

도덕성은 위대한 가치이며 기준이 됩니다. 높은 자리로 올라갈수록 높은 도덕성이 요구되며, 도덕성이 높을수록 높은 자리로 올라갈 확률이 높아집니다. 낮은 자리는 업무 능력으로 유지가 가능하지만, 높은 자리는 업무 능력과 더불어 도덕성의 유무가 대단히 중요한 잣대가 됩니다.

도덕성이 더욱 중요한 이유는 사회가 갈수록 비도덕적으로 변하고, 도덕에서 멀어질수록 위험의 농도는 강해지기 때문입니다.

과정에서 비도덕적인 방식에 지나치게 의존한다면 이루고 난 뒤에 지키기 어렵게 됩니다. 우주 안의 모든 현상은 인과의 법칙에 의거합니다. 과정에서의 모든 행위는 '인因'이 되어 그에 합당한 '과果'를 불러오게 되는 것, 우주는 지금껏 그것을 한 번도 눈감아 준 적이 없습니다.

호오포노포노는 비도덕적인 것과 한편이 될 수 없습니다. 호오포노포노가 뛰어난 정화력을 발휘할 수 있는 이유는 사랑을 원료로 하기 때문입니다. 도덕성의 잣대로 볼 때 당신은 얼마짜리 존재일까요? 되도록 도덕에서 멀어지지 않는 삶에서 호오포노포노를 사용하기 바랍니다.

" 나는 도덕적인 방식을 선호한다"

어쩌면 지금 당신에게 가장 급한 것은 도움을 받는 게 아니라 도움을 줘야 하는 것인지도 모릅니다. 어쩌면 당신의 문제는 누군가에게 도움을 줘야 해결될 수 있는 것인지도 모릅니다. 어쩌면 지금 당신은 누군가를 돕기 위한 어떤 행동을 해야 할 시간인지도 모릅니다. 어쩌면 당신의 곤란함은 당신의 인생에서 도움을 주는 일이 지나치게 결여되어 생겨난 것인지도 모르기 때문입니다.

"얻고자 하면 먼저 주어라", 이것은 거래에서 가장 훌륭한 법칙입니다. 우주의 운동성에 정확히 들어맞는 법칙이지요. 도움은 '줌의 행위'입니다. 낮은 곳에서 높은 곳으로 사회적 상승을 이뤄낸 이들은 하나같이 이것을 잘했습니다. 우주와 신과 거래할 줄 알았던 것이지요. 도움은 '기술'입니다. 풍요 에너지를 제조하는 기술, 내 편을 만드는 기술, 좋은 운을 끌어오는 기술입니다.

"도움을 주어라. 더 높은 차원의 힘이 당신을 도울 것이다."

사람을 도우세요. 더 나은 다른 사람이 당신을 도울 것입니다. 자연을 도우세요. 자연의 힘이 당신을 도울 것입니다. 우주를 도우세요. 우주가 당신을 도울 것입니다.

호오포노포노 정화법도 마찬가지입니다. 다른 이들의 삶을 위해 사용해

살아서, 살아서 행복하라

보는 것도 당신에게 아주 이로운 시도가 될 수 있습니다. 누군가에게는 단 한 끼의 밥으로도 평생 잊지 못할 감사의 기억이 될 수 있습니다.

"나는 도움 주기를 즐겨한다"

어떤 이들은 마음으로만 다합니다. 기도하고 주문을 외우고 상상을 하는, 마음으로 할 수 있는 노력은 언제나 잘합니다. 그러나 몸으로 해야 할, 몸으로 할 수 있는 것은 하지를 않습니다. 아니 하려는 생각조차 하지를 않습니다. 삶이 좀처럼 더 나아지지 않는 이유입니다. 원하는 것이 내 손에 잘 들어오지 않는 이유입니다. 그토록 간절한 바람과 노력에도 곤란한 상황이 쉽게 바뀌지 않는 이유입니다.

가만히 앉아서 편안하게 기도한다고 해서 다 되는 것이 삶이라면, 인간 세상에 이토록 극심한 빈부의 격차와 불평등은 애초에 없었을 것입니다. 몸을 움직이세요. 몸으로 기도하고, 몸으로 주문을 외우고, 몸으로 상상하고, 몸으로 노력하고, 몸으로 보여 주세요. 몸으로 수고하고 몸으로 정성을 다하는 모습을 보여 주세요.

배가 고플 때 당신은, 기도로써, 주문으로써, 상상으로써 배를 채우지 않습니다. 몸을 움직여 밥을 하고, 몸을 움직여 수저를 들고, 몸을 움직여 밥을 먹지요. 살아가는 일에서 이치는 같습니다. 몸을 움직이는 것, 그것은 가만히 앉아서 입으로만 하는 정화보다 훨씬 더 훌륭하고 효과적인 정화입니다. 몸을 움직이지 않는 삶은 그 어떤 훌륭한 방법이나 정화로도 소용없습니다. 그것은 호오포노포노가 나선다고 해도 안 되는 일입니다.

"나는 언제나 몸으로 보여 준다"

어느 인생에나 고통스러운 일들은 일어납니다. 일자무식에게나, 넘치는 지성의 소유자에게나, 외모가 출중한 이에게나, 못생긴 외모를 가진 이에게나, 누구에게나 어김없이 고통스러운 순간은 찾아듭니다.

그리고 누구에게나 돈으로 인한 고통의 순간이 옵니다. 우리를 비참하게 하고 무력하게 만드는 돈 문제는 왜 일어나는 걸까요? 여러 가지 이유가 있겠지만 호오포노포노적인 관점에서 보면, 돈 문제가 발생하는 원인은 우리 안에 돈에 대한 부정적이고 궁핍한 기억들이 기승을 부리고 있기 때문입니다.

돈을 낭비했던 기억들, 공짜를 바랐던 기억들, 돈을 홀대했던 기억들, 돈을 부담스러워했던 기억들, 돈으로 우쭐대고 잘난 체했던 기억들, 돈으로 누군가에게 상처 주었던 기억들, 돈을 빌리기 위해 비참하고 자존심이 심하게 다쳤던 기억들, 돈에 대해 심리적인 압박을 받았던 기억들, 돈이 있을 때는 오만하고 돈이 없을 때는 기가 죽었던 기억들, 돈을 움켜쥐기만 했던 기억들, 돈에 대한 욕망을 저급한 것으로 취급했던 기억들… 이런 기억들은 무의식 안에서 돈을 대하는 태도를 부정적으로 결정하며, 현실에서 돈과 나와의 관계를 훼방 놓는 역할을 하는 방해 요인으로 나타납니다. 당신이 현재 돈 문제로 힘겨운 하루하루를 보내고 있다면, 호오포노포노적인 방식으로 당신은 기억들을 깨끗하게 청소하는 것이 굉장히 급합니다.

돈에 관한 기억들을 온 마음으로 정화하세요. 하지만 이것이 다가 아닙니다. 돈에 관한 부분에서는 내면 정화와 더불어 행동에 변화를 주어야 합니다. 당신의 모든 습관에 변화를 주어야 하며, 또한 당신의 몸을 수고롭게 해야 합니다. 몸이 해야 합니다.

호오포노포노로 기억을 정화하고, 행동으로 습관에 변화를 주고, 필요한

살아서, 살아서 행복하라

움직임을 몸으로 해내는 것, 이 세 가지의 방식을 당신이 무난히 잘해낼 수만 있다면 당신의 인생에서 경제적인 이유로 인한 고통은 깔끔하게 사라질 것입니다. 가난은 우연히 일어나는 사고가 아닙니다.

"나는 움직인다. 고로 나는 풍요하다"

만약 복권에 당첨된다면, 만약 누군가 도와준다면, 만약 운이 좋다면, 만약~면, '만약'에 기대를 걸고 무모하게 일을 감행하는 사람들이 있습니다. 만약은 실현될 확률보다 망상으로 머물다 사라질 확률이 훨씬 높습니다. 그런데 만약이 마치 실제로 일어날 것처럼 여기고 전략을 세운다면 어떻게 될까요? 만약이 현실이 되는 것은 기적보다 더 어려운 기적입니다.

만약은 애초부터 약속하지 않습니다. 그런데 만약에 의지하고 기대는 삶을 살아가는 이들이 의외로 많습니다. 만약은 요행의 다른 이름입니다, 만약을 가정하고 계획을 세우지 마세요. 만약 따위에 인생을 걸지 마세요. 만약을 줄여야 당신의 삶이 성장할 수 있습니다. 만약은 아무리 공을 들여도 현실로 현상될 확률이 제로에 가깝습니다.

호오포노포노의 대가들이 한자리에 모여서 정화한다고 해도, 만약을 현실의 일로 둔갑시킨다는 것은 불가능한 기적입니다. 만약은 언제나 만약일 뿐입니다. 당신의 소중한 인생을 만약에 걸어서야 어찌 원하는 삶을 이룰 수 있을까요? 만약에 의지하기를 그만 멈추기 바랍니다.

"나는 귀한 시간을 만약에 소비하지 않는다"

가까이 친하게 살던 사람이 이사를 가는 것, 같은 직장에서 근무하던 사람이 그만두는 것, 이럴 때 사람들은 자신의 인생에 안 좋은 일이 일어난 것으로 받아들입니다. 내 지갑에서 돈이 나가는 것은 무조건 안 좋은 것으로 생각하고, 사람들은 지갑을 잘 열지 않으려고 합니다.

내게서 나가는 것은 나쁜 것, 내게로 오는 것은 좋은 것, 사람들은 평소 이렇게 생각하는 경향이 있습니다. 그러나 엄밀히 말하면 그것은 나쁜 일도 좋은 일도 아닙니다. 그것이 인생의 흐름에 어떤 영향을 미치느냐에 따라, 그리고 그 빈자리를 어떤 사람, 어떤 에너지가 채우게 되느냐에 따라 좋고 나쁨은 달라지는 것이지요. 그러므로 당신은 그러한 일이 발생했을 때, 무작정 서운해 하거나 나쁜 것으로 받아들이지 말고, 이 일이 내 인생에 어떤 식으로 작용될까를 살피고, "이 빈자리를 어떤 사람, 어떤 에너지가 채우게 될까"에 대해 차분하게 헤아려 보는 것이 좋습니다.

우주의 법칙은 빈 곳이 생기면 다른 무엇으로 그곳을 채우기 마련입니다. 호오포노포노가 이때 해야 할 역할은 나가는 것을 축복하는 정화를 하고, 빈 곳에 사랑을 가득 채우는 정화를 하는 것입니다. 나가는 것이 서운한 것은 분명하지만, 그것이 좋을지 나쁠지는 알 수가 없고, 인생은 계속되기 때문입니다.

"나는 오직 정화를 할 뿐이다"

우주의 이치, 자연의 이치. 인간의 이치, 사랑의 이치, 사물의 이치 등 이치에 알맞은 삶을 살아가려는 자세를 지니는 것은 당신에게 매우 유익합니다. 이치대로 살려는 시도와 그 방식을 유지하며 살아가는 것, 이것이야말로 삶을 더 나아지게 하는 위대한 방식입니다. 존재함의 차원을 높여 주고 인생을 훨씬 더 수월하게 해 주는 방식이며, 이는 당신의 진정성이 실리지 않는 호오포노포노보다 훨씬 더 위대합니다. 당신이 호오포노포노를 진정으로 실천하면서, 이치에 알맞은 삶을 살아간다면 그보다 더 나은 삶의 방식은 없을 테지만, 최소한 이치를 거스르는 방식만큼은 즐기지 않기를 바랍니다.

" 나는 이치에 맞는 삶을 산다"

성공하고 풍요하고 행복한 삶, 모든 사람이 바라는 삶의 형태는 같습니다. 그 삶을 빙자하여 우리는 유치원 시절부터 놀이 대신 공부를 강요당하고, 성인이 되어서도 온갖 방법을 찾아 여기저기 기웃거리기를 반복합니다. 호오포노포노 정화법도 그중 하나라고 할 수 있습니다. 전 세계를 뒤흔들었던 시크릿도, 여러 종교들도 마찬가지입니다. 성공하기 위해, 부자가 되기 위해 선택하는 훌륭한 방법들이지요. 그런데 왜 우리에게 성공과 부유함은 여전히 멀기만 한 것일까요?

'독기毒氣의 부족' 입니다. 성공자들이 지니고 있는 공통점 중 하나인 '독기' 를 갖지 못했기 때문입니다. 물질적인 성공이든 정신적인 깨달음이든 독기 없이 바닥에서 위로 올라간다는 것은 거의 불가능합니다.

우리는 종종 스포츠 선수들이 삭발하고 경기에 나서는 모습을 목격합니다. 그리고 그들이 어제와 다른 경기를 하는 모습을 보게 됩니다. 삭발은 독기를 품고 독하게 시합하기 위해 단행하는 행위입니다. 당신도 하십시오. 마음의 삭발, 감정의 삭발, 당신도 과감하게 삭발하세요. 가난이 싫으면서, 성공하고 싶으면서 어찌 그리 느슨할 수 있단 말입니까?

'독기는 기술을 능가하는 힘'이 있습니다. 방법론의 실천은 '독기의 지속'을 이기지 못합니다. 당신이 호오포노포노 정화법을 실천하고 시크릿을 실행할 때, 누군가 독기를 품고 돌진한다면 당신은 그를 이기기 어렵습니다.

내면의 평화를 얻을 수 있는 조건과 물질적 평화를 얻을 수 있는 조건은 다릅니다. 독하게 실천하십시오. 독하게 할 바를 다하십시오. 그랬을 때 당신은 성공하고 풍요하고 행복한 삶을 얻게 됩니다.

"나는 독하게 해낸다"

모든 이들에게 말을 합니다. 어떤 실천법을 활용하든 행위에 의도함이 분명하게 실려야 한다고. 호오포노포노 실천에서도 마찬가지입니다. 그저 아무 의미 없이 아무 생각 없이 중얼거리는 것은 아무 힘이 없습니다. 물론 안 하는 것보다는 나을 테고, 내적으로 어느 정도의 정화는 가능하겠지요. 그러나 그렇게 한 수많은 이들의 인생은 말하고 있습니다. 막연하게 정화하면 내적으로 평화로워지고 마음은 편해지지만 그 이상은 아니라는 것을.

당신이 아무 감정 없이 "사랑해"라고 말을 하면, 과연 그 말에 사랑이 담길까요? 그렇지 않습니다. 상대방은 이렇게 말할 것입니다. "진짜야? 진짜 나 사랑하는 것 맞아?"라고. 물질계에서는 의식이 향하는 곳에서 더 강한 에너지 작용을 하게 되고, 의식이 목표에 에너지를 집중적으로 의도했을 때, 그것이 형태를 이루고 현상으로 나타날 확률이 높아집니다. 물질계에서 막연한 행위는 막연한 결과로 이어집니다.

"사랑합니다, 미안합니다, 용서하세요, 고맙습니다"를 막연하게 중얼거리는 것은 활을 쏘는 궁수가 아무 생각 없이 화살을 쏘는 것과 똑같습니다. 아무 의도 없이 허공에 쏜 화살은 과연 어디로 갈까요? 화살에게 목적지를 알려줘야 화살은 그곳을 향하여 날아가는 법입니다.

호오포노포노 정화에 있어서 여러 주장이 있지만, 물질계와 정신계의 조화가 이루어지지 않는 방식은 철저히 거부하기를 권합니다. 실천법이란 말로 그럴듯한 것이 중요한 게 아닙니다. 에너지의 작용, 그것의 진실이 중요한 것이지요.

어떤 이는 의도함이 없어야 한다고 주장합니다. 하지만 의도함이 없는 정화행은 마음은 편할 수 있지만, 지나고 보면 물리적 현실이 여전하다는 것을 스스로 확인할 수 있습니다. 또한 그 마음 편함은 그리 오래갈 수 없습니다. 물질계의 현실이 여전히 고통스러운데 마음이 편안할 수는 없습니다. 당신의 현실이 괴로운데 당신의 마음이 편할 수 있을까요? 딛고 있는 바닥이 가시밭길인데 마음 편하게 서 있을 수 있을까요?

활을 쏘기 위해 활을 들었다면 온 정신과 온 신경을 과녁에 집중해야 합니다. 화살에게 목적지를 일러 줘야 합니다. 그래야 최소한 당신이 쏜 화살이 과녁을 크게 벗어나는 수모라도 면할 수 있습니다. 당신의 영혼은 당신의 현생이 그런 수모를 당하는 것을 결코 원하지 않습니다.

"나는 의도하고 또 의도한다"

우리는 누구나 올바른 길에서 이탈할 수 있습니다. 우리는 누구나 잘못된 길을 선택할 수 있습니다. 우리는 가지 말라고 하는 길을 갈 수 있습니다. 그럴 수 있습니다. 우리는 누구나 그럴 수 있습니다. 자주 그럴 수도 있습니다.

제 길에서 이탈하지 않기가, 제 길을 끝까지 잘 가기가 결코 쉽지 않은 시대입니다. 그러므로 우리는 '멈춤의 힘'을 갖추어야 합니다. 멈춰야 할 때 멈출 줄 아는 것은 선택의 문제가 아니라 반드시 실행해야 하는 '삶의 기술'입니다.

가지 않아야 좋을 길을 가면서, 가서는 안 되는 길을 가면서, 그 길을 계속 가면서 하는 호오포노포노는 아무 소용이 없습니다. 호오포노포노는 제 길을 향하여 과감하게 발걸음을 돌렸을 때 제 기능을 할 수 있는 수단입니다. 가던 길에서 멈출 줄 아는 용기와 결단, 정화는 그다음의 일입니다.

" 나는 멈춰야 할 때 멈춘다"

당신은 신의 보물이자 우주의 보물입니다. 보물은 손에 쥐고 있어도 잘 있는지 궁금하고, 내 품에 있어도 행여 잃어버릴까 자주 살피게 됩니다. 그 마음 그대로 당신을 대하세요. 세상의 그 어떤 보석도 처음부터 보석은 아니었습니다. 흙이나 바위 속에 아무렇게나 묻혀 있던 원석을 깎고 다듬으니 본래의 가치가 드러난 것이지요. 당신도 마찬가지입니다.

당신의 본래는 보석입니다. 불필요한 것을 깎고 다듬기만 하면 됩니다. 그러면 당신은 절로 빛이 납니다. 당신이라는 원석을 깎고 다듬는 것, 바로 그것이 당신이 호오포노포노를 통해 할 일입니다. 언제 어디서나 자신을 보물처럼 대하세요. 당신의 인생이 보물과 같은 가치를 지니게 될 것입니다. 당신의 내면은 보물 창고입니다. 당신의 몸은 보물 창고를 여는 훌륭한 열쇠입니다. 호오포노포노로 내면을 정화하고 행동으로 움직이면 좋은 이유입니다.

" 나는 보물이다"

사람들의 가장 큰 관심은 대부분 '돈'에 있습니다. 갓난아이가 말을 배우고 난 이후부터 배우게 되는 모든 것들이 돈에 기준을 두고 진행됩니다. 서글픈 일이지요. 큰 슬픔입니다. 잘못된 일이지요. 많이 잘못된 일입니다. 돈의 가치는 우리 삶을 도와주는 역할을 하는 것인데, 돈이 삶에서 추구해야 할 가장 중요한 가치라는 잘못된 학습을 하며 성장한다는 것은 매우 슬프고 잘못된 일입니다.

이제라도 당신은 다시 설정해야 합니다. 진정 행복한 부자가 되기 위해서는 그래야 합니다. 돈의 의미와 돈의 기능과 돈의 역할에 대하여 당신은 다시 이해하고 다시 인식해야 합니다.

무작정 부자가 되려는 의도로 호오포노포노를 행하는 것이 아니라, 돈에 대한 많은 잘못된 개념을 수정하는 것에 호오포노포노를 먼저 사용해야 합니다. 당신의 인생에서 돈이 행복의 요소가 되기를 바란다면 말이지요. 돈과 출세가 인생의 최고 가치가 되었을 때 우리는 행복에서 멀어집니다.

돈의 법칙 중 많은 사람들이 잘 모르고 있는 것 중 하나가 '돈은 쓰면 들어온다'는 것입니다. 돈은 흐르는 특성을 지니고 있습니다. 잘 쓰면 잘 들어옵니다. 잘 쓴다는 의미가 무작정 많이 쓴다는 것이 아니라는 데 유의해야겠지요. 그러나 어찌 됐든 돈은 쓰면 들어옵니다. 돈은 쓰이면서 다른 돈을 불러들이는 역할을 합니다. 돈은 에너지이기 때문입니다. 이 법칙을 당신이 제대로 깨닫고 잘 활용한다면 당신은 말할 것입니다. "돈이라는 것이 쓰니까 들어오더라."

인색은 당장은 돈을 쓰지 않지만 결과적으로 손해를 보게 만드는 마이너스 행위입니다. 물론 돈을 잘못 쓰면 인색보다 더 손해를 보게 되지요. 호오포노포노 정화법을 잘 사용하면 당신이 이 이치를 알 수 있을지도 모르겠습니다.

돈이 행복의 요소인 것은 분명합니다. 그러나 많은 돈이 행복의 요소인 것은 아닙니다. 오히려 많은 돈은 행복을 방해하는 요소로 작용되는 때가 더 많습니다. 돈이란 자체로는 좋은 것도 나쁜 것도 아닙니다. 좋은 것이든 나쁜 것이든 뭔가를 있게 하는 도구일 뿐이지요. 돈의 가치는 사람마다 인생마다 서로 다릅니다. 사람마다 적당함의 크기도 다릅니다. 당신에게는 어느 정도의 돈이 적당한 것일까요? 호오포노포노 정화법을 실천하면서 자신을 깊이 들여다본다면 알 수 있지 않을까 싶습니다.

버는 것, 머물게 하는 것, 쓰는 것, 이 세 가지를 잘해야 당신은 행복한 부자가 될 수 있습니다. 버는 것은 의지의 문제이며, 쓰는 것은 본능의 문제이므로, 본능을 잘 다스려야 부자가 된다고 합니다. 행복한 부자가 되려면 버는 기술을 먼저 터득하는 것이 아니라 쓰는 기술을 먼저 터득해야 합니다. 쓰는 기술이 허술하면 아무리 많이 번다한들 그 돈을 제대로 지키기가 어렵고, 기쁨이 되는 소비를 할 수 없으니까요.

돈은 누구의 인생으로 들어가든, 들어가는 순간부터 그 자체로 생명력을 지니게 되며, 그 돈 고유의 운명을 지니게 됩니다. 돈은 돈마다 다른 운세와 다른 생명을 갖게 되며, 주인 된 사람의 운세와 상호작용을 하여 그 흐름이 결정됩니다. 그러므로 당신은 돈에 대한 정화를 게을리해서도 안 되지만, 당신 자신의 운세 흐름에 대해 관조하기를 소홀히 해서도 안 됩니다.

많은 사람이 막연하게 부자가 되려 하고, 막연하게 돈 버는 행위를 하지만, 그래서는 부자가 되기도 어렵고, 행복한 부자가 되기는 더더욱 어렵게 됩니

살아서, 살아서 행복하라

다. 고요한 시간, 고요한 장소에서, 고요한 마음으로 자신에게 물으세요.

"내가 돈을 벌려고 하는 동기는 무엇인가?"

동기가 바르고 뚜렷해야 동기에 힘이 붙고 목적지를 향하여 힘차게 달려갈 수 있습니다.

돈이 없어도 행복해야 있을 때도 행복할 수 있습니다. 당신은 돈과의 관계에서 언제나 행복이어야 합니다. 있을 때나 없을 때나, 적을 때나 많을 때나. 그러려면 돈이 당신의 영혼을 구속하도록 하면 안 되겠지요. 당신의 의식이 돈과의 관계에서 자유로워야 당신은 진정으로 행복할 수 있습니다.

어느 정도의 부를 이루기 위해서는 구체적인 수치의 돈에 대한 목표가 있어야 합니다. 그러나 인생의 목표 자체를 돈에 두어서는 안 됩니다. 이 부분에 대해 당신은 명확한 정리를 하고 있어야 합니다. 돈에 대한 정화에서 당신이 가장 중점을 두어야 하는 부분이 바로 이것입니다. 돈을 많이 벌 수 있게 청원을 하는 정화가 아니라, 돈이 있을 때나 없을 때나 행복할 것, 돈에 대하여 일정한 목표를 두되, 돈을 인생 자체의 목표로 삼지는 말 것, 이것을 자신의 내면에게 납득시키는 정화를 먼저 해야 합니다. 돈에서 자유로워지는 것. 부자가 되기 위해 반드시 갖추어야 할 덕목이기도 하지요. 호오포노포노는 그렇게 사용되어야 옳습니다.

"나는 돈에 대하여 올바른 정화를 한다"

'마음'은 무조건 여는 게 좋은 것이 아니라, 열어야 할 때는 열고 닫아야 할 때는 닫을 줄 아는 것, 열어야 할 사람에게는 열고 닫아야 할 사람에게는 닫을 줄 아는 것, 열려야 할 때는 열리고, 닫혀야 할 때는 닫히는 것, 이것이 '마음을 잘 쓰는 것' 입니다. 이것이 마음이 제대로 작동하고 있는 상태입니다.

왜 그래야 하는 것일까요? 고정된 성질의 것이 아니기 때문입니다. 마음이나 사람이나 인생이나 한시도 가만히 있지를 않고 시시각각 변화하는 유동성을 지니고 있기 때문입니다.

마음이 열려야 할 때 열리지 않으면 기회를 놓치기 쉽고, 열려야 할 사람에게 열리지 않으면 사람을 놓치기 쉽습니다. 반면에, 열리지 말아야 할 때 열리면 방심하게 되고, 열리지 말아야 할 사람에게 열리면 불편한 일이 생기거나심지어 위험할 수도 있습니다. 이는 우리가 마음을 자주 점검하고 자주 정화해야 하는 이유입니다. '마음의 쓰임' 과 '마음의 작용' 그것은 인생길을 좌우하는 절대 요인 중 하나이기 때문입니다.

" 나는 언제나 마음 씀을 잘한다"

어떤 물건과 자주 접촉한다든지, 어떤 물건을 내 것으로 소유하게 된다는 것은, 해당 에너지가 내 인생으로 들어온다는 것을 의미합니다. 인간은 에너지입니다. 물건도 에너지입니다. 물건을 갖게 되거나 자주 접촉하게 된다는 것은 그 물건과 에너지로 교류하게 됨을 의미합니다.

물건의 파장은 내게 이로울 수도 있고, 해로울 수도 있습니다. 하지만 물건이 지니고 있는 에너지의 실체에 대한 진실을 알기란 결코 쉬운 일이 아닙니다. 다만 심성이 맑은 사람, 인생의 흐름이 무난한 사람의 손을 거친 물건이라면 에너지가 맑다고 짐작할 수는 있습니다.

한 사람의 인생에는 수없이 많은 물건이 오고 갑니다. 어떤 물건은 긍정의

살아서, 살아서 행복하라

영향을, 어떤 물건은 부정의 영향을 주면서 물건은 인간의 삶에 깊이 관여합니다. 그러므로 당신이 가끔 물건을 정화한다는 것은 인생을 위하여 매우 유익합니다. 호오포노포노를 오로지 자신에게만 사용하는 당신, 이제는 그 사랑을 물건에게도 전해 주는 건 어떨까요?

" 나는 나와 관계되는 물건을 정화한다"

물질적으로든 정신적으로든 인생이 성장한다는 것은 세상에 대하여 더 중요한 임무가 주어진다는 것을 의미합니다. 더 막중한 역할을 해내야 한다는 것이지요. 당신이라면 중요한 역할을 아무한테나 맡길 수 있을까요? 입으로만 중얼중얼하고, 해야 할 것들은 아무것도 하지 않는 사람에게 중요한 역할을 맡길 수 있을까요?

보여 주세요. 온 정성으로 잘하고 있다는 것을, 중요한 역할 충분히 잘해낼 수 있다는 것을 보여 주세요. 당신이 아무것도 보여 주지 않는데 당신이 어떤 사람인 줄 알고 당신에게 중요한 역할을 맡기겠습니까?

게으름이 올라올 때 어떤 모습인지, 유혹 앞에서는 어떻게 되는지, 시련을 만났을 때는 어떤지, 얼마나 강한지 약한지를 보여 줘야 당신에게 무엇을 맡겨도 맡기지 않을까요? 더 나은 삶을 살고 싶으십니까? 그렇다면 보여 주세요. 당신이 더 막중한 역할을 충분히 해낼 수 있는 사람이라는 것을 우주에게 신에게 세상에게 보여 주세요. 그것은 입으로만 떠든다고 증명되는 것이 아닙니다. 몸으로 행동으로 보여 주세요.

"나에게 더 중요한 임무를 주어도 됩니다", "나는 더 중요한 일을 충분히 해낼 수 있는 사람입니다." 이것을 말로만이 아니라 행동으로 보여 주세요.

그것이 인생을 위한 진짜 호오포노포노입니다.

" 나는 행동으로 증명한다"

갚아야 할 무엇, '빚'의 정의입니다. 사람들은 돈에 관해서만 빚을 사용합니다. 그것이 돈에 대하여 빚을 지게 하는 중요한 이유가 된다는 것을 사람들은 모릅니다.

돈을 기준으로 한 빚은 재벌들도 있습니다. 아니 재벌들은 가난한 사람들보다 더 많은 빚이 있습니다. 빚은 경제적 수단이니까요. '빚이 있는 풍요함'을 그들은 즐기는 것입니다. '빚이 없는 가난함' 중에 있는 사람들도 많은데 말이지요. 돈에 관해서는 빚지기를 두려워하지 않는 게 더 유리할 수도 있다는 증거입니다. 돈에 관한 빚은 져도 됩니다. 활용할 가치가 있다면 말이지요.

그러나 선, 사랑, 친절, 위로, 응원, 축하, 도움, 등 이런 무형적 가치들에 대해서만큼은 빚을 지지 않는 것이 좋습니다. 인간성이니 도덕성이니 하는 것을 논하기에 앞서 모든 가치는 경제적 가치로 전환되기 때문입니다. 그리고 이런 보이지 않는 가치들이야말로 인간의 힘을 넘어선 더 큰 힘을 움직이는 원동력이기 때문입니다.

주는 것보다 받는 것이 더 많으면 '빚진 자'가 됩니다. 착한 행위를 받기보다는 더 주고, 도움을 받기보다는 도움을 주는 일상을 보내세요. 이것은 호오포노포노와 일맥상통하면서도 호오포노포노가 해내지 못하는 것을 해내는 강력한 힘이 있습니다.

" 나는 가치만큼은 빚진 자가 되지 않는다"

당신은 늘 당신만 봅니다. 당신은 늘 당신의 일에만 관심이 있습니다. 당신은 늘 당신을 위해서만 호오포노포노를 실천합니다. 혹시 당신은 아시나요? 바로 그러한 방식이 당신의 삶을 더 방해한다는 사실.

당신을 의미 있게 하고, 당신을 살게 하는 것, 당신을 풍요롭게 하는 것, 당신을 행복하게 하는 것, 그것은 '당신 아닌 다른 사람들'이 없으면 불가능합니다.

내 주변에 있는 '나 아닌 사람들'이 불행해지면 나도 행복할 수 없습니다. 우리는 모두 연결된 존재입니다. '나 아닌 사람'을 위한 호오포노포노의 시간을 마련하세요. '내 것 아닌 것'을 위한 호오포노포노의 시간을 마련하세요. 그 이로움은 당신의 삶이 증명합니다.

"나는 나 아닌 사람을 위해서도 호오포노포노를 한다"

우주는 한시도 고정됨이 없습니다. 우주의 에너지로 살아가는 인간 세상에도 고정됨이란 단 한 가지도 없습니다. 모든 시간, 모든 곳, 모든 것에서 흐름은 늘 변함없는 운동성에 의해 변화하고 반복이 됩니다. 좋음과 나쁨으로.

흐름이 좋을 때는 무엇을 해도 잘됩니다. 이것을 우리는 '운이 좋다'라고 하지요. 운이 좋은 야구 선수는 빗맞아도 안타가 되고 홈런이 됩니다. 운이 나쁜 야구 선수는 잘 맞아서 아웃이 됩니다. 따뜻한 봄날에는 들녘 아무 데나 씨를 뿌려만 놓아도 싹을 잘 틔우지만, 한겨울에는 흙으로 잘 덮어도 씨가 얼어 죽게 됩니다.

최고의 복은 '좋은 운의 흐름을 놓치지 않는 것'입니다. 좋은 흐름에 들었을 때 최선을 다하면 최고의 성과를 얻을 수 있습니다. 투자 대비 최고의 이익을 얻을 수 있는 시기입니다.

흐름에 알맞은 삶의 자세를 취하고 흐름에 알맞게 반응하는 것은 삶의 기술인 동시에, 우주적인 존재 방식입니다. 그러기 위해서는 삶에 집중하고 있어야 합니다. 온전히 삶 속에 있어야 합니다. 삶에 집중하기, 온전히 삶 속에 있기는 호오포노포노의 도움을 받는다면 훨씬 더 수월합니다. 흐름을 제대로 보는 것, 흐름을 잘 타는 것, 흐름에 순응하는 것, 흐름과 조화하는 것, 이것은 인생을 잘 살아갈 수 있는 최고의 방법입니다.

" 나는 언제나 흐름을 잘 살피고 흐름에 맞게 산다"

연달아 슬픈 음악을 들으며 슬픈 감정 속에 있으면서도 그것을 멈추려는 어떠한 시도도 하지 않는 것, 노래방에 가면 어둡고 우울한 노래를 부르며 스스로 그 분위기에 깊이 빠져드는 것, 어두운 생각을 하기 시작하면 꼬리에 꼬리를 물려가며 헤어 나오지 못하는 것, 인간에게는 자기 자신을 학대하면서 묘한 카타르시스를 느끼는 잠재된 부정적 습성이 있습니다. 그것이 강하면 강할수록 그 사람의 인생에는 슬픈 일이 일어날 확률이 높아지고, 운명의 물줄기는 어두운 쪽으로 향하려고 합니다.

아무리 멋있어 보일지라도 슬픔이나 고독은 가까이할 것이 못 됩니다. 정화하세요. 당신의 내면 깊숙이 잠재되어 있는 부정적 감정의 습성을 정화하세요. 반복되는 감정의 리듬은 그와 유사한 성격의 에너지들을 끌어옵니다. 호오포노포노는 당신의 인생에서 보호막의 역할을 충분히 해낼 수 있습니다.

당신이 펼치기만 하면 되는 것이지요.

" 나는 부정적 감정이 침범할 때마다 바로 정화한다"

이른 아침 길거리의 사람들을 보면 참으로 각양각색의 모습입니다. 전날 마신 술이 덜 깨서 눈에 알코올이 남아 있는 사람, 둘러멘 가방은 가벼워 보이는데 마치 바위를 올려놓은 것처럼 어깨가 축 처져 있는 사람, 늦어서 허둥지둥하는 사람, 기쁨이나 열정이라고는 전혀 담겨 있지 않은 흐리멍덩한 눈빛으로 걸음마저 패잔병처럼 힘없이 걷는 사람, 그리고 보기 드물지만 밝은 표정에 힘찬 걸음으로 당당하게 걷는 사람 등 출근길에는 다양한 표정, 다양한 모습의 다양한 사람들이 있습니다.

출근은 일터로 끌려가는 것이 아닙니다. 소중하고 귀한 내 인생의 하루를 출발하는 장엄한 시간이지요. 무조건 기쁘게, 무조건 힘차게, 무조건 감사하게 하면 더 좋은 시간입니다. 이 시간은 호오포노포노 정화법을 현실적으로 가동하기 딱 좋은 신성한 시간입니다. 결연하고 전의에 불타며 사기가 충만해 있어야 좋을 시간이지요.

당신이 세상의 주관자라면 어떤 모습으로 출근하는 사람이 더 마음에 들까요? 우주가 보고 있습니다. 신이 보고 있습니다. 우주와 신의 마음도 당신과 다르지 않습니다.

" 나는 기쁘게 힘차게 감사하게 출근한다"

"야호! 해방이다!", 사람들에게 퇴근은 해방의 시간입니다. 하지만 당신에게는 퇴근이 다른 개념으로 수정되기를 바랍니다. 퇴근이 해방이 되는 이유는 하루가 구속 상태였다는 것을 의미합니다. 일하는 시간이 구속의 시간이라는 것은 슬픈 일입니다. 일은 나의 가치를 증명하는 시간이며, 내가 세상에 도움을 주는 시간이며, 필요한 돈을 버는 풍요의 시간입니다. 신성한 시간이지요. 기쁨의 시간입니다. 그것을 어찌 구속이라 할 수 있을까요? 퇴근을 해방으로 여기는 기분은 오류입니다. 수정되어야 할 감정이지요.

퇴근은 일터에서의 퇴근이지 삶의 현장에서의 퇴근이 아닙니다. 당연히 잘 사용해야 하는 존재적 책임과 의무가 따릅니다. 당신은 혹시 일터만이 삶의 현장이라고 생각하고 있는 건 아닌가요? 만일 그렇게 생각하고 있다면 지금 바로 수정하기를 권합니다. 삶의 현장은 딱히 정해져 있는 것이 아닙니다. 당신이 가는 모든 곳, 당신이 머무는 모든 곳이 삶의 현장입니다.

퇴근은 단지 나를 '일터'에서 '쉼터'로 이동시키는 과정일 뿐입니다. 당신은 여전히 '삶 중'입니다. 귀하게 사용하세요. 신성하게 여기세요. 호오포노포노 정화법으로 하루 일과를 정화해 준다면 더할 나위 없는 축복입니다.

" 나는 감사히 퇴근하고 시간을 귀하게 사용한다"

버스 안에서도, 지하철 안에서도, 사람들은 대부분 스마트 폰을 통해 음악을 듣거나, 게임을 하거나, 친구와 메시지를 주고받거나, 영상을 보거나 하면서 이동합니다. 물론 그러한 방식의 출퇴근이 나쁜 것은 아닙니다. 그러나 우리에게 주어진 시간은 한정되어 있다는 점, 우리는 더 나은 삶을 소망한다는 점, 우리는 그 시간을 얼마든지 다르게 사용할 수 있다는 점 등을 고려해 볼

살아서, 살아서 행복하라

때 그다지 바람직하다고 볼 수는 없습니다.

음악이나 영상, 게임으로 출퇴근 시간을 보내는 것은, 뇌가 더 생산적인 활동을 할 기회를 빼앗는 것입니다. 갑자기 떠오를 수 있는 획기적인 아이디어의 출현을 차단하는 것이며, 나를 되돌아볼 마음을 없애는 것이며, '더 나은 인생을 위한 시간'이 되지 못하는 것입니다.

출퇴근 시간은 우리에게 주어진 한정된 시간에서 결코 적은 양이 아닙니다. 덤으로 주어지는 시간은 더더욱 아니지요. 그냥 덧없이 써 버리기에는 우리의 인생이 너무나 귀합니다.

출퇴근 시간을 호오포노포노 실천으로 사용함은 인생이 변화할 수 있는 기회를 주는 것입니다. 출퇴근 시간은 금쪽같은 시간입니다. 그냥 대충 보내도 되거나 '남아도는 시간'이 아닙니다.

출퇴근 시간을 귀하게 사용하십시오. 활용하기에 따라서는 얼마든지 자기 발전의 시간이 될 수 있고, 엄청난 변화의 계기가 마련될 수도 있습니다. 시간의 올바른 활용, 그것은 존재함에 대한 정화입니다. 좋은 에너지를 생성하는 시간이 되도록 하면 최상입니다.

" 나는 출퇴근 시간을 허투루 보내지 않는다"

100m를 달리는 시간 불과 10여 초, 단순해 보이고 짧은 100m 경주에도 선수와 코치는 '전략'을 세우고, 전략을 실험하고, 전략을 점검합니다.

상담하면서 자주 느끼는 것이지만, 의외로 많은 사람이 '무계획 속에서' 살아가고 있습니다. 대부분의 사람들에게 계획은 머릿속으로 "이렇게, 이렇게 해야겠다" 라고 막연하게 생각한 것이었습니다. 그러나 그것은 계획이 아니라 생각입니다. 실천으로 이어지지 못하고 소멸되기 쉬운 것이지요. 구체적인 계획이 없으니 전략은 당연히 없습니다. 더구나 계획은 전략이 아닙니다. 막연한 계획은 계획마저도 될 수 없습니다. 이러한 방식의 삶에 아무리 호오포노포노를 열심히 한들 무엇을 기대해 볼 수 있을까요?

전쟁에도, 사업에도, 시합에도, 연애에도, 세일즈에도, 직장 생활에도, 공부에도, 세상 모든 일에 전략은 그것을 더 잘할 수 있게 해 주는 기능을 합니다. 집에서도, 회사에서도, 여행지에서도, 생활공간 모든 곳, 삶의 모든 장소에서 전략은 유용하고, 그곳에서의 머무름을 최상으로 할 수 있게 해 줍니다.

전략은, 삶의 절대 요소인 시간을 더 알차게, 더 귀하게 활용할 수 있게 해 줍니다. 인생의 모든 시간, 인생의 모든 곳, 인생의 모든 일에 전략이 대입된다면, 당신이 원하는 것들은 훨씬 더 빠르고 더 완전하게 당신의 삶 속으로 들어올 것입니다.

이 시대는 전략의 시대입니다. 적을 알고 나를 알면 백전백승을 할 수 있는 것이 아니라, 적을 알고 나를 알아서 그에 맞는 전략을 세우고, 그 전략에 맞게 움직였을 때 백전백승을 기대해 볼 수 있는 것, 이것이 우리가 살아가고 있는 지금의 시대입니다.

하루를 살아도 전략이 마련된 이와 그렇지 못한 이의 모습은 판이합니다. 많이 갖지 못한 사람, 사회적 힘이 약한 사람, 이런 삶일수록 더 전략적이어야 합니다. 그런데 참 이상합니다. 많이 가진 사람, 사회적 힘이 더 강한 사람들이 더 전략적인 삶을 살고 있으니 말이지요.

살아서, 살아서 행복하라

풍요해지고 싶습니까? 성공한 삶이고 싶습니까? 기죽지 않는 삶이고 싶습니까? 전략을 마련하십시오. 많이 갖고 싶고, 강해지고 싶은 사람일수록, 원하는 것이 많은 사람일수록 전략은 더 요구되는 법입니다. 전략은 곧 삶에 대한 기술적 정화입니다. 전략에 호오포노포노를 입히세요. 삶은 더욱 아름답게 성장할 것입니다.

" 나는 전략적인 사람이다"

인간은 '보기'를 멈추려 하지 않습니다. 우리는 늘 무엇인가를 봐야만 직성이 풀리는 존재입니다. 잠자는 시간이 아니고는 눈을 감고 있는 것보다 눈을 뜨고 있는 것을 더 좋아하는, 우리는 '언제나 무언가를 보는 중'에 있습니다.

보는 것이 다 진실일 수는 없고, 때로는 '봄'으로써 가짜에 속아 넘어가기도 하지만, 그래도 보는 것은 듣는 것보다 더 믿음직스럽습니다. 우리는 가끔 이렇게 말을 합니다. "내 눈으로 안 봤는데 내가 그걸 어떻게 믿어", "백 번 듣는 것보다 한 번 보는 것이 낫다" 우리에게는 '보는 것이 믿는 것'이 됩니다. 우리는 들은 것보다 본 것을 더 잘 믿게 됩니다.

보는 것은 듣는 것보다 선택의 폭이 넓고, 내 의지에 의한 선택이 가능합니다. 우리는 들은 것보다 본 것에게 더 쉽게 조종을 당합니다. 보는 것은 듣는 것보다 더 유혹적이기 때문입니다.

우리가 늘 무언가를 보고 있다는 것은, 우리가 늘 무언가에 유혹당하고 있다는 것을 의미하며, 늘 무언가에 영향을 받고 있다는 것을 의미합니다. 보는 것은 죄다 우리의 기억 창고로 들어가 정보화되어 우리의 인생에 관여합니다.

세상에는 보지 말아야 좋을 것이 너무도 많고, 보았기 때문에 인생이 달라지는 경우도 수없이 많습니다. 인간은 보는 것에 약한 동물입니다. 인간은 '잘 보기'를 잘하지 못하는 존재입니다. 그러므로 당신은 '보기를 잘해야' 합니다. 그러기 위해서 당신은 늘 깨어 있는 의식이어야 하고, 때로는 눈을 감기도 해야 합니다. '잘 보기'는 '잘하는 정화'보다 우선되어야 하는 작업입니다. '보기를 잘하는 것'은 정화가 필요한 상황을 덜 만들어 낼 것이기 때문입니다.

" 나는 보기를 지혜롭게 잘하는 사람이다 "

'그릇된 앎'이나 '어설픈 앎'을 고집하는 인생은 잠재적 위험요소를 안고 있는 것과 같습니다. 그것으로 인해 인간관계에 위험을 초래할 수 있고, 중요한 선택을 잘못할 수도 있습니다.

삶의 방식이 복잡하지 않았던 오랜 옛날에는 그릇되거나 어설플지라도 나에게 진리인 것이 타인에게도 진리일 수 있었습니다. 그러나 생존 방식이 다양해지고, 사람들의 사고방식이 기계화되어 있는 현대 사회에서는 나에게 진리인 것이 타인에게도 진리라는 공식은 성립되지 않습니다.

그러므로 우리는 가끔 스스로에게 일러두기를 해야 합니다.

"삶에 대한, 생존에 대한 어떤 정보를 접하게 되거든, 무조건 받아들이지 말고, 먼저 검증해 보라"

정화하세요. 당신의 앎을 정화하세요.

" 나는 무턱대고 앎을 고집하지 않는다 "

살아서, 살아서 행복하라

여행을 쉽게 할 수 있는 시대입니다. 여행이란 무엇일까요? 나의 세포에게, 뇌에게, 몸에게, 마음에게, 의식에게, 감정에게, 감각에게 새로운 환경을 제공하여 새로운 경험을 하게 하는 것, 일상과 다른 자극을 주는 것, 그것이 여행의 본질입니다.

여행은 감성을 자극하여 잠들어 있던 것들을 깨우는 특성이 있습니다. 여행은 새로운 장소를 만나는 것이 아니라 새로운 나를 만나는 것입니다. 내가 잘 알지 못했던 나를 만나는 것이지요.

진정한 여행은 내가 나를 떠나 나를 객관적으로 살펴보는 게기여야 합니다. 늘 가까이서 나를 보는 것에서 잠시 탈피하여 나를 떼어 놓고 다른 각도에서 내가 나를 보는 기회여야 합니다.

새로운 것을 보는 데서 멈추는 것이 아니라, 새로운 눈이 열리게 해야 합니다. 여행에서 돌아왔을 때 원래 있던 곳에서 새로운 것을 볼 수 있다면 얼마나 좋을까요? 원래부터 있었으나 그동안 보지 못했던 것을 새롭게 발견하는 눈이 열린다면 얼마나 좋을까요? 여행은 새로운 발견이어야 합니다. 새로운 곳에서 새로운 것을 발견함과 더불어 기존의 것에서 더 나은 가치를 보는 발견이어야 합니다.

또한 당신이 여행에 대해서 좀 더 이해를 넓힌다면, 몸이 이동하는 것만이 여행이 아니라 정신이 일상에서 다른 경험을 하는 것도 여행이라는 것을 알게 됩니다. 내면의 여행, 예를 들면 독서, 명상, 수행 같은 것들이지요.

여행은 행복해야 합니다. 행복한 여행을 하는 것은 중요합니다. 그러나 더 중요한 것은 여행 이후에도 행복할 여행이어야 합니다. 일상을 벗어나는 여행은 언제나 변화의 씨앗이 됩니다. 그러므로 여행 후의 변화도 행복일 수 있는 여행이어야 합니다. 인생은 언제까지나 연속성입니다. 여행 중에도 당신이 호오포노포노를 놓아서는 안 되는 이유입니다.

"나는 여행 후에도 행복할 여행을 한다"

여러 날 같은 옷을 입었더니 옷의 오염이 심각한 수준이 되었습니다. 당신은 호오포노포노 정화 언어 도구를 사용합니다.

"옷을 오염시킨 내 안의 부정적 기억들을 신성이여, 정화해 주세요. 미안합니다. 용서하세요. 고맙습니다. 사랑합니다."

옷이 깨끗해질까요? 아닙니다. 아니지요. 직접 옷을 벗고 직접 세탁을 해야만 합니다.

인생에서도 마찬가지입니다. 오염이 심각한 수준에 이른 인생을 깨끗하게 하기 위해서는 마음의 옷을 갈아입는 것만으로는 어림도 없습니다. 행동의 옷을 갈아입어야지요. 직접 몸을 움직여 필요한 행동을 해야 합니다.

현실적으로 새 옷을 입기 위해서는 그에 필요한 물리력을 충분히 투입해야만 합니다. 가만히 앉아서 호오포노포노만 사용한다고 되는 것이 아닙니다. 당신의 인생이 그동안 뜻대로 되지 않았던 이유는 바로 여기에 있지 않을까요? 물리력의 부재, 혹은 물리력의 미흡함, 생각해 볼 일입니다.

"나는 물리적으로 필요한 행위를 반드시 한다"

경기에서 감독이 기가 막힌 작전을 펼치는 경우가 있습니다. 바둑에서 절체절명의 위기에 묘수를 두는 장면을 보게 됩니다. 고민 고민을 해도 풀리지 않던 어떤 문제가 어느 순간 불현듯 떠오른 생각 하나로 해결되는 경우가 있

살아서, 살아서 행복하라

습니다. 이것이 바로 '영감靈感' 입니다.

'영감'은 위기 탈출의 묘수가 되고, 골치 아픈 문제의 해결이 되며, 승부를 결정짓는 한 방이 됩니다. 어떻게 해야 영감의 도움을 받을 수 있을까요? '마음이 아무것도 하지 않는 시간', '머리가 아무것도 하지 않는 시간' 속으로 당신이 들어가야 합니다. 우주심이 열릴 수 있도록, 영감이 깨어날 수 있도록.

영감은 지식의 힘에 의지하려는 사람을 매우 싫어하기 때문입니다. 무행無行의 시간을 마련하세요. 호오포노포노마저도 없는 시간, 오직 '무의 시간' 속으로 들어가세요. 정화하세요. 잠시도 마음을 쉬게 해 주지 않는 당신의 불안정한 가슴과 지식에만 의존하려는 당신의 머리를.

"나는 가끔 무행의 시간을 즐긴다"

예의는 경의의 마음을 품는 것으로 시작하여, 얼굴과 말로 표현을 하며, 행동으로 표현하는 것까지가 일치하면 좋습니다. 마음에 머무는 것을 넘어 밖으로 표현되어야 진짜 예의를 다하는 것이라 할 수 있지요.

예의는 단순한 도덕적 가치가 아니라, 현실에서 원하는 것을 얻게 해 주는 강력한 힘입니다. 정중한 예의를 갖춘 사람과 무례한 사람이 당신에게 도움을 청한다면 당신은 누구를 도와주게 될까요? 특별한 이유가 없다면 우리는 예의를 갖춘 사람을 도와주게 됩니다. 신이라면 어떨까요? 우주라면 어떨까요? 당연히 예의를 갖춘 사람을 더 좋아하고, 더 잘 도와줍니다.

나에 대한 예의, 삶에 대한 예의, 신에 대한 예의, 우주에 대한 예의, 조상에 대한 예의, 부모에 대한 예의, 인간에 대한 예의, 생명에 대한 예의, 육체에 대한 예의, 마음에 대한 예의, 음식에 대한 예의, 물건에 대한 예의, 사랑에 대한 예의, 일에 대한 예의, 나라에 대한 예의, 존재에 대한 예의, 시간에 대한 예의 등 예의를 갖추며 살아가는 삶을 지향하십시오.

성공하고 싶습니까? 그렇다면 성공에 대한 예의를 갖추십시오. 부자가 되고 싶습니까? 그렇다면 돈에 대한 예의를 갖추십시오. 행복한 인생을 살고 싶습니까? 그렇다면 인생에 대한 예의를 갖추십시오. 원하는 것에 예의를 갖추고, 가는 곳 어디에서든 예의를 다하세요. 예의는 관계의 정화입니다. 참고로 호오포노포노에 대한 예의는 사랑과 믿음, 그리고 올바른 사용입니다.

" 나는 예의를 다하는 사람이다"

소원 성취를 위해서, 문제 해결을 위해서, 풍요함을 위해서, 행복함을 위해서, 평화로움을 위해서 당신이 갖추어야 할 절대 조건은 '믿음'입니다. 스스로에 대한 믿음, 자신의 인생에 대한 믿음, 자신의 운명에 대한 믿음이야말로 절대의 힘입니다.

세상 그 어떤 위대한 방법보다 중요한 것은 바로 자신에 대한 '굳은 믿음'입니다. 어떤 상황에서도 '흔들리지 않는 믿음'입니다. 어떤 처지에서도 '약해지지 않는 믿음'입니다. 당신을 아는 모든 사람이 당신은 할 수 있다고 말할 때, 이 세상에서 오직 한 사람, 당신만이 자신을 부정적으로 보고, 자신의 인생을 믿지 못하고, 자신의 운명에 대하여 의심하고 있습니다. 그것부터 버리십시오. 나를 믿지 못한 채 나를 일으켜 세울 수 있는 사람은 없습니다. 당신 영혼을 믿으십시오. 당신의 존재함을 믿으세요. 나를 믿지 못하는 곳에 호

살아서, 살아서 행복하라

오포노포노의 사랑인들 무슨 소용이 있을까요? 믿음은 기적의 절대 조건입니다.

" 나는 나와 내 인생을 믿는다"

얼굴이 담고 있는 뜻, 그것은 '관상' 입니다. 얼굴에 마음이 담기는 것, 그것은 '표정' 입니다. 관상과 표정이 혼합되어 발현되는 기운, 그것이 바로 인생을 창조하는 에너지입니다. 관상은 얼굴의 모양만으로 정해지는 것이 아닙니다. 관상은 선천적인 복의 유무有無를 담고 있지만, 당사자가 후천적으로 어떻게 하느냐에 따라 변하기도 합니다.

마음의 상태에 따라 다르게 표현되는 표정은 후천적인 복의 형성에 영향을 미치지만, 당사자의 선천적인 복과 별개일 수는 없습니다. 그러나 재밌는 것은 표정이 때로 관상을 무력화시키기도 한다는 점입니다.

얼굴 표정은 '타인의 마음을 조종하는 힘' 입니다. 사용하기에 따라서는 굉장한 수단이 될 수도 있는 것이지요. 얼굴 표정을 항상 밝게 온화하게 하세요. 매일 아침 그것부터 점검하세요. 당신의 얼굴에서 밝은 에너지가 흐르게 하세요. 당신의 삶이 밝아질 것입니다. 밝고 활기 있는 얼굴의 미소는 무표정하게 실천하는 호오포노포노 보다 더 강한 에너지입니다.

" 나는 항상 밝은 얼굴이다"

당신의 아침은 어떤 아침입니까? 알람이 울린 뒤에도 최대한 늑장을 부리고 나서, 열정, 활력, 패기, 기대감, 희망참 이런 것들과 정반대의 얼굴로 시작하는 아침, 혹시 당신의 하루가 그렇게 시작되고 있지는 않습니까?

매일 아침 당신은 여러 갈래의 갈림길 앞에 서게 됩니다. 죽을상을 하고 억지로 시작하는 아침은, 그중에서도 가장 고단하고 힘겨운 길을 선택하는 것과 같습니다. 당신은 길을 가면서 호오포노포노 정화를 할 수도 있습니다. 그러나 패배자의 표정으로 호오포노포노를 실천한들 얼마나 위력을 발휘할 수 있을까요?

매일 아침 기분 좋게 일어나 집이 아닌 밖에서, 아침 해를 바라보면 좋습니다. '몸 움직임'을 하는 중에 힘차게 솟아오르는 아침 해를 바라보며, 대지의 숨을 가슴 가득 들이마셨다가 안에 찌든 오염 물질을 내보내는 마음으로 숨을 길게 뱉어 보는 것은 굉장한 힘을 얻는 비결입니다. 그 순간에 호오포노포노를 짧게라도 한다면 에너지는 더욱 배가 되겠지요.

" 나는 매일 아침을 생동감 있게 시작한다"

우주 안에서는 '뜻밖의 상황'이 자주 연출됩니다. 갑작스러운 비, 예기치 못했던 홍수와 폭설, 등 간간이 예측을 벗어난 돌발적인 상황이 일어납니다. 이와 같은 현상은 우리 인생에서도 심심치 않게 발생합니다. 전혀 예측할 수 없었던 뜻밖의 상황은 언제든 우리 자신의 일이 될 수 있습니다.

놀랍고 당황스러운 일들은 대체로 인생을 혼란스럽게 하지만, 잘 대처하면 그 틈새에서 당신은 행운의 기회를 붙잡을 수도 있습니다. 갑작스럽게 일어나는 모든 돌발 상황 속에는 반드시 '변화의 싹'이 들어 있습니다. 잘 대처하면 긍정의 변화를 할 것이요, 잘못 대처하면 부정의 변화를 맞겠지만, 뜻밖의 상황 속에 '변화의 기운'이 잠재되어 있는 것만은 분명합니다. 그러므로 당신이 만약 어느 순간 갑작스러운 상황을 맞이하게 되거든, "아, 인생이 변화될 기회구나!" 인식하고 차분하게 대처함이 옳습니다. 호오포노포노가 절실하게 요구되는 상황인 셈이지요.

느닷없이 찾아온 상황에도 당황하지 않기란 참으로 어려운 일이겠지만, 호오포노포노와 함께라면 얼마든지 침착하게 대응할 수 있습니다. 당신은 그렇게 해야 합니다. 돌발적인 상황을 잘못 대처하여 후에 정화하기를 시도하는 것보다는, 돌발적인 상황이 발생한 그 흐름을 잘 타는 것이 훨씬 더 이롭습니다.

"나는 갑작스러운 상황에서도 기회를 엿본다"

같은 공간에서 같은 시간에 같은 목적으로 지내는 사이, 동료입니다. 경쟁자이면서 손을 맞잡고 서로 도우며 더불어 친하게 지내는 사이, 동료입니다.

한 그릇에 함께 밥을 비벼서 함께 먹는 관계, 동료입니다. 생각을 나누고 마음을 나누는 관계이면서, 때로는 먹이 하나를 놓고 쟁탈을 벌여야 하는 관계, 동료입니다. 차가운 머리와 뜨거운 심장이 함께 움직여야 하는 관계, 동료입니다. '불가근불가원不可近不可遠'의 원칙대로 '너무 가깝지도 너무 멀지도 않게' 거리 조절을 아주 잘해야 하는 관계, 동료입니다.

가끔은 동료를 위한 호오포노포노의 시간을 마련하세요. 물론 동료에게 알려야 할 필요는 없습니다. 동료를 위해 정화하고 그 사실을 바로 잊어버릴 수 있으면 더욱 좋겠지요. 동료에 대한 호의는 대체로 긍정적인 결과로 이어집니다. 호오포노포노를 동료에게 사용한다면 뜻밖의 이로움이 있을 것입니다.

"나는 동료가 잘되기를 기도한다"

좋은 생각을 한다는 것, 좋은 마음을 먹는다는 것, 이것은 긍정의 씨앗입니다. 그러나 그 상태로는 아직 발아될 수 없는 씨앗입니다. 좋은 생각이, 좋은 마음이 밖으로 나와 행동으로 표현되고, 현상으로 작용되어야 비로소 발아가 시작됩니다. 좋은 생각이나 좋은 마음이 밖으로 나오지 않고 내면에만 머무른다면, 아무리 호오포노포노를 동원한다고 하더라도 현실에서 에너지로 작용하기에는 미흡한 수준을 넘기기 어렵습니다.

좋은 생각이나 좋은 마음이 당신의 인생에 공헌할 수 있으려면 밖으로 나오게 해야 합니다. 당신은 이때 그것에 초점을 맞추고 정화할 수도 있겠지요. 그랬을 때, 좋은 생각, 좋은 마음이 당신의 인생에서 좋은 경험들로 쓰임이 됩니다. 생각이나 마음은 밖으로 나와야 비로소 생명력을 얻는 법입니다.

정화하세요. 생각만 하고, 마음만 먹는 안일하고 소극적인 자세를 정화하세요. 생각이나 마음이 쓰임이 되지 못하면 그것은 망상이 되고 결국 내면의 쓰레기로 전락하게 됩니다. 호오포노포노에게 짐만 될 뿐이지요.

"나는 좋은 생각, 좋은 마음을 살아있게 한다"

마땅한 이유, 누가 봐도 당연하다 고개가 끄덕여지는 이유, 그것이 명분입니다. 우리는 원하는 것을 얻고자 할 때 어떠한 이유를 대고, 어떤 행위를 하고 난 후에 변명을 하게 되는데, 그 이유와 변명이 바로 명분의 한 단면입니다.

명분은 행위를 정당화하는 근거입니다. 명분은 작용의 힘이요, 큰 힘을 움직이는 도구이며, 내 편을 늘리는 확실한 수단입니다. 큰일일수록 명분에서 밀리면 모든 것에서 밀리게 됩니다. 명분이 없으면 원하는 것을 이루기 어렵습니다. 거래에서 우위를 점할 수 있는 힘은 명분을 손에 쥔 자에게 있기 마련입니다.

행위보다 명분이 뒤에 오면 변명이 되기 쉬우므로 행위보다 명분이 먼저 움직여야 명분의 효과를 제대로 볼 수 있습니다. 작은 일을 꾀하는 사람은 변명을 찾고, 큰일을 꾀하는 사람은 명분을 찾는 이유가 바로 그것입니다.

마땅히 지켜야 할 도리, 명분은 하늘의 이치이므로 명분을 쥐게 되면 하늘을 내 편으로 하는 것과 같아서, 그 일은 성사되기가 한결 쉬워집니다.

나는 어떤 명분을 가지고 있는가, 내 손에 쥘 수 있는 명분은 무엇인가, 내게 유리한 명분은 어디에 있는가를 스스로 묻고 찾아서 그것을 손에 쥔다면 당신이 원하는 것은 머지않아 당신의 손에 있게 될 것입니다.

하늘이든 신이든 제3의 힘을 움직이는 힘은 명분에서 나옵니다. 명분을 사용하는 사람이 되십시오. 그것은 호오포노포노 정화에서 얻을 수 없는 또 다른 힘입니다.

우주에게 명분을 주세요. 남들보다 더 치열한 모습을 보여 주는 것, '남들보다 더 함'을 보여 주는 것, 덕을 베푸는 것, 그것은 우주가 거절할 수 없는 명분이 됩니다. 당신이 원하는 것을 줄 수밖에 없는 강력한 명분이지요.

" 나는 명분을 잘 사용하는 사람이다 "

인생은 일정한 흐름이 있지만, 때때로 그 흐름을 깨는 '변수'를 만나게 됩니다. 변수는 말 그대로 '변화의 수'입니다. 그러므로 인생이 변수를 만나면 어떤 식으로든 지금까지와는 다르게 흘러갑니다.

안정적이고 순조롭고 모든 것이 잘되는 흐름에서는 변수를 최소화해야 하고, 막힘과 좌절이 되풀이되고 모든 것이 잘 안 되는 흐름에서는 거꾸로 변수를 마련하려 노력해야 합니다. 밝고 순탄한 길에서 맞이하는 변수는 위기를 품은 물음표일 확률이 높고, 어둡고 사방이 꽉 막혀 있는 동굴 안에서 일어나는 변수는 기회를 품은 느낌표일 확률이 큽니다. 당신의 상황, 당신의 흐름이 어떠하냐에 따라 당신은 변수가 발생하지 않게 하거나 의도적으로 변수를 만들어야 합니다.

변수를 없게 하거나, 변수를 있게 하거나, 당신은 언제든 변수를 잘 활용할 수 있어야 하고, 호오포노포노 정화법은 충분한 도움이 될 수 있는 실천법입니다. 어떻게 사용할지는 오롯이 당신의 몫입니다.

" 나는 상황에 따라 변수를 잘 활용한다"

사랑하는 사람을 안는데 떨떠름한 표정과 그다지 기쁘지 않는 마음이라면 그 '껴안음'이 어찌 행복일 수 있을까요? 일을 하는데 굳은 얼굴로 짜증을 내면서 한다면 그 일을 하는 대가로 돈을 번다 한들 그 돈이 어찌 행복으로 이어질 수 있을까요? 밥을 하는데 어두운 낯빛을 하고 한숨을 쉬면서 하면 과연 그 밥이 영양분이라고 할 수 있을까요?

무엇을 하든 당신이 어떤 마음, 어떤 표정으로 하느냐는 굉장히 중요합니다. 당신의 표정과 마음의 상태에 따라 에너지의 작용이 달라지기 때문입니다. 마음의 질은 내 안의 에너지 형성을 좌우하고, 표정은 내 밖의 에너지 교류를 좌우합니다.

살아서, 살아서 행복하라

무엇을 하든 올바르고 삶을 위해 해야만 하는 것이라면 기쁨으로 하세요. 밝은 표정으로 기쁜 마음으로 하세요. 호오포노포노 정화법은 바로 그런 당신이 되기 위해 사용될 수 있는 방법론입니다.

" 나는 모든 일을 기쁨으로 한다"

특별한 곳에 가서 특별한 옷을 입고, 특별한 자세로 특별한 행위를 하는 것, 명상은 그래야 하는 특별한 것이 아닙니다. 어디서나 언제나 명상은 가능합니다. 일상생활의 모든 것이 명상의 재료가 되고, 일상생활 모든 곳이 명상의 터가 될 수 있습니다.

많은 사람이 명상을 위한 명상을 하고 있습니다. 명상을 아주 특별한 것으로 여기고, 명상에 자꾸만 방법을 입히려고 하기 때문입니다. 명상은 정신적 고요에 드는 것인데, 명상을 어떠한 틀 속에 가두려고 하면 고요함은커녕 오히려 심적 부담이 됩니다.

일상의 모든 시간, 일상의 모든 행위는 충분히 명상이 될 수 있습니다. 걷는 것, 밥 먹는 것, 사랑하는 것, 하늘을 바라보는 것, 눈을 감고 바람을 느껴보는 것, 모든 것이 명상으로 승화될 수 있습니다. 심지어 배변을 보는 행위조차도 말이지요.

호흡을 차분하고 깊게 하면서 하고 있는 행위 자체에만 온전히 의식을 두어보는 것, 이것이 명상의 모습입니다. 호오포노포노의 정화 언어 도구인 '미용고사'를 하면서 아무런 감정, 아무런 사심을 두지 않으면 그 또한 명상이 됩니다. 명상을 하려거든 애써 형식을 갖추고 틀을 만드는 것에서 자유로워지는 것부터 하기 바랍니다.

" 나는 일상이 명상인 삶을 산다"

살아가다 보면 간혹 묘수가 절실한 순간을 만나게 됩니다. 단 한 수로 상황을 반전시키고 원하는 결과를 얻어낼 수 있는 묘수, 하지만 이름만큼이나 묘하고 묘해서 묘수를 찾기란 늘 쉽지가 않습니다.

당신의 운명이 호오포노포노를 만난 것은 그런 면에서 대단한 묘수라고할 수 있습니다. 물론 호오포노포노가 당신의 인생에 대하여 직접적이고 즉각적인 묘수로 작용하지는 않습니다. 그러나 정화법을 실천하다 보면 불현듯묘수가 떠오르게 할 능력을 호오포노포노는 갖추고 있습니다. 묘수는 영감의 작용에 의해서 부지불식간에 생겨나는 법이므로, 호오포노포노 정화법으로 내면을 평화롭게 하고 세상을 고요한 눈으로 바라본다면 묘수는 분명 당신의 눈에 보일 것입니다. 하지만 가장 좋은 것은 묘수가 굳이 필요치 않는삶이겠지요.

" 나는 필요한 때에 묘수가 저절로 생각난다"

멀쩡하게 잘 살아가다가 어느 날 갑자기 인생이 정반대의 흐름, 불행한 삶으로 바뀌는 경우를 우리는 어렵지 않게 볼 수 있습니다. 그뿐 아니라, 평범함 이상의 부유함을 누리며 살다가 전혀 예상치 않았던 계기로 하루아침에빈곤한 삶의 나락으로 떨어지는 인생도 흔히 볼 수 있습니다. 이유는 많습니다. 인간을 불행의 구렁텅이로 몰아넣는 것은 누구나 마땅히 조심해야 하는

살아서, 살아서 행복하라

그런 위험스러워 보이는 것들만이 아닙니다.

신은 애초에 인간에게 그 어떤 것도 그냥 누리도록 한없는 아량을 베풀지 않았습니다. 예를 들면, 한가로움이 그렇습니다. 많은 이들이 일하는 목적을 '빨리 돈 많이 벌어서 일 안 하는 것'에 두고 있듯이, 우리는 누구나 한가롭기를 바랍니다. 하지만 사람들은 알지 못했습니다. 신이 아무도 모르게 여기에 함정을 파 놓았다는 것을 말이지요.

한가로움은 필연적으로 무료함을 낳게 됩니다. 신은 여기에 불행의 씨앗을 심어 두었습니다. 무료함은 기억을 공백 상태로 만들고 악마의 기운은 그 순간을 절대로 놓치는 법이 없습니다. 그 순간, 즉 기억이 일시적으로 텅 비어버린 그 자리에 악마의 정보들이 채워지게 되고, 인간은 악마가 좋아할 짓들을 하게 됩니다. 술, 오락, 사치, 유흥, 놀이 등 악마적 일들에 빠지게 되는 것이지요. 불행은 찰나의 틈을 놓치지 않는 법입니다. 적당히 바쁜 일상을 사랑으로 바라보면 더 행복해질 것 같습니다.

" 나는 적당히 바쁜 일상을 사랑한다"

옛날 로마인들은 전쟁을 통해 점령하는 곳마다 목욕탕을 지었다고 합니다. 아마 '목욕은 인간의 삶에 매우 중요한 기능을 한다'는 사실을 이미 알고 있었기 때문이 아닐까 추측해 봅니다.

피타고라스는 목욕이 우울증과 다른 통증 치료에 큰 도움이 된다고 하였는데, 피타고라스는 기원전의 인물이니 인간은 아주 오래전부터 목욕을 중요한 삶의 요소로 여겼던 것 같습니다.

역사적으로 보면, 목욕은 신체의 질병에 대해 많은 기적을 일으켰고, 현대에 이르러서도 치료와 치유의 수단으로 아주 훌륭한 역할을 해내고 있습니다.

물을 사용하여 몸을 깨끗하게 하는 것이 목욕의 특징이지만, 목욕은 신성한 의식을 위한 수단으로도 중요하게 활용됩니다. 물은 순수한 자연의 재료이니 중요한 의식을 앞두고 세상의 온갖 오염에 찌든 몸과 마음을 물처럼 맑고 순수하게 하고자 하는 의도인 셈이지요.

목욕의 목적은 본래의 나로 돌아가는 것입니다. 깨끗하고 순수했던 본래의 나로 회귀하는 것이 목욕의 의도이며 목적입니다. 육체를 다루는 행위이지만 정신적, 정서적 측면에까지 정화의 영향을 주는 행위, 그것이 목욕의 진정한 가치입니다. 그래서 어떤 이들은 목욕의 시간을 수양의 시간으로 활용하기도 합니다.

목욕이 몸과 마음을 더불어 영혼까지 정화할 수 있도록, 목욕에 정성을 다하세요. 목욕은 아주 근사한 정화법입니다. 목욕하는 내내 '미용고사'를 읊조려 보는 것도 아주 흥미로울 수 있을 것 같습니다.

" 나는 수행하는 마음으로 목욕을 한다"

부탁하고 부탁받는 우리는 '부탁의 존재' 입니다. 부탁은 인생의 흐름에 예기치 않은 영향을 미칩니다. 가끔 어떤 부탁은 인생의 흐름을 완전히 다른 방향으로 트는 역할을 하기도 합니다.

부탁은 내게 없는 것을 타인에게서 '빌리는 행위' 이며, 타인의 힘을 빌려 내가 원하는 바를 해내려는 사회적 수단입니다. 부탁은 무언가를 빌리는 것

살아서, 살아서 행복하라

입니다. 언젠가는 갚아야 할 빚이지요. 부탁은 "나와 거래하자"는 제시입니다. 품앗이가 되는 것이지요. 내 부탁을 들어주면 나도 언젠가는 부탁을 들어주겠다는 무언의 거래, 그것이 부탁이 지니고 있는 관계적 기능입니다.

부탁은 삶을 더 잘 해내기 위해 필요한 수단입니다. 필요할 때는 용기 있게 사용해야 합니다. 다만 거절당할 용기도 함께 준비하는 것이 좋겠지요.

부탁은 상대에게 선택을 강요합니다. 허락과 거절, 부탁 행위는 이 둘 중 하나의 결론으로 이어집니다. 재밌는 것은 부탁에 대한 반응을 살펴보면 부자들일수록 부탁에 대해 거절을 잘 사용하고, 가난할수록 부탁에 대해 거절이라는 도구로 사용하는 데 곤란해 한다는 점입니다. 거절을 잘할 줄 알아야 삶을 잘 꾸려갈 수가 있습니다. 여기서 거절을 잘한다는 것은 거절의 횟수를 말하는 것이 아니라, 거절해야 할 것을 거절할 줄 아는 것을 의미합니다.

부탁은 경제 행위이며 삶의 수단입니다. 잘 사용하려면 쉽게 부탁하지 말고 쉽게 허락하지 않을 줄 알아야 합니다. 물론 때로는 쉽게 부탁하고 쉽게 허락해야 하기도 하지요. 이성적 기준과 인간적 기준을 동시에 적용해야 최선일 수 있습니다.

부탁의 저변에는 의지하려는 마음이 있습니다. 그러므로 부탁이라는 수단은 되도록 최후에 사용하는 것을 습관화하면 좋습니다. 사람들은 부탁을 남발하는 경우가 있고, 부탁을 감정에 기준해서 사용하는 경우가 많습니다. 이는 부탁을 잘 사용하는 것이 아닙니다. 부탁은 당신에게 주어진 여러 무기 중 하나입니다. 어떻게 사용할 것인지는 당신의 몫입니다. 호오포노포노를 사용한다면 도움이 될 수도 있겠지요.

당신의 현생이 시작될 때, 당신의 영혼은 당신의 마음과 몸에게 부탁했습니다.

"날 부탁해"

그때 당신의 마음도 당신의 영혼에게 부탁을 했습니다.

"날 부탁해"

그리고 당신의 몸은 마음과 영혼에게 부탁했습니다.

"내 인생을 부탁해"

당신이 평생을 두고 잊지 말아야 할 부탁은 바로 그것입니다. 당신이 가장 잘 들어줘야 할 부탁은 바로 그것입니다. 부탁이 늘어나는 인생에서 부탁에서 자유로워지는 인생이 되는 것, 당신이 호오포노포노 정화법을 활용해서 해내야 하는 것 중 하나는 바로 그것입니다.

" 내 인생은 부탁에서 자유롭다!"

우주는 '늘 다른 상황 중' 입니다. 봄인가 싶으면 여름이고, 어떤 때는 비가, 어떤 때는 가뭄이, 어떤 때는 맑은 하늘이, 어떤 때는 먹구름의 하늘이 찾아드니 우주의 상황은 단 한시도 고정되어 있지 않습니다. 우리의 삶도 이와 같습니다. 늘 다르지요.

상황은 우리에게 그에 알맞은 사고와 행동을 요구하고, 상황에 맞게 대응했을 때 우리는 편안할 수 있습니다. 여름에는 반팔이, 겨울에는 두꺼운 옷이 우리를 평안하게 하듯이 말이지요. 그런데 인생의 상황에서는 대부분 잘하지 못합니다. 피부에 와 닿지 않기 때문입니다. 그래서 움직이지 않아야 할 상황에서 움직이고, 움직여야 할 상황에서는 도리어 움직이지 않는 오류를 범합니다.

상황에 맞게 사고하고 행동하는 것, 바로 이것을 잘하지 못하기 때문에 인

살아서, 살아서 행복하라

생에 정화할 것들이 많아집니다. 정화를 잘하는 건 분명 칭찬할 만한 일입니다. 하지만 그렇다고 해도 정화할 것들이 늘어나도록 인생을 경영한다는 것은 결코 칭찬할 만한 일이 못 됩니다.

당신이 상황에 알맞게 할 바를 다하는 하루하루를 산다면, 당신은 정화를 잘한다고 칭찬받을 일이 줄어들 것입니다. 정화할 일이 줄어들기 때문에. 인생이 잘 되고 있다는 반증이지요.

" 나는 상황에 알맞게 생각하고 행동한다"

책은 사람을 차별하지 않고 사람은 책을 가리지만, 그것은 필요하고 옳으며 이롭습니다. 사람마다 즐겨 읽는 책은 다릅니다. 읽는 '책의 종류'를 결정하게 하는 요인은 무엇일까요? 첫째는 '필요'이며, 둘째는 '상황'이며, 셋째는 '감정'입니다. 독서란 목적에 의한 경우가 있고, 상황에 의한 경우가 있으며, 감정에 의한 경우가 있습니다. 분명한 것은 책은 인간에 대하여, 인생에 대하여 강력한 영향력을 지니고 있다는 점입니다.

당신이 어떤 책을 읽느냐에 따라 당신의 내면은 물론 외면의 이미지, 그리고 인생까지 달라질 수 있습니다. 그러므로 당신은 책 읽기에도 관리와 전략을 갖고 있으면 좋습니다.

가끔 서점에 가서 무의식적으로 손에 잡히는 책, 자꾸 관심이 가는 책이 어떤 종류의 책들인지를 살펴보는 것은 매우 흥미로운 일입니다. 그 책은 곧 당신의 현재 상황 혹은 앞으로의 상황을 말해 주는 것이기 때문입니다.

"부자들의 책장에는 어떤 종류의 책들이 많이 꽂혀 있을까?", 부자가 되고 싶은 당신은 혹시 부자들의 책장이 궁금했던 적은 없나요? 그들의 책장에는 자기 계발이나 실천법에 관한 책들이 들어설 자리가 없습니다. 그런 종류의 책들은 부자들의 책장에 있을 자격이 없기 때문이며, 부자들은 그런 종류의 책들을 좋아하지 않기 때문입니다. 너무너무 부자가 되고 싶은 당신, 당신의 책장에는 어떤 종류의 책들이 있습니까?

당신이 부자가 되는 가장 빠른 길은 어쩌면 온갖 실천법들에 관한 책에서 멀어지는 순간 보일 수도 있지 않을까요? 부자들의 책장에 자기 계발이나 실천법 등의 책이 없는 이유가 과연 우연일까요?

10년이 넘는 세월 동안-미래의 부자를 꿈꾸는 그러나 현재는 가난한-여러 집을 다녔습니다. 부자 되기를 너무나 간절히 열망하고 있는 가난한 사람들, 그들의 집에는 예외 없이 여러 종류의 자기 계발이나 실천법들에 관한 책들이 꽉 차 있었습니다.

가난이 징글징글한 사람들, 그들의 책장에 온통 자기 계발이나 실천법들에 관한 책들만 있는 것은 과연 우연일까요? 당신이 가난에서 벗어나기 위해 가장 먼저 해야 할 일이 어쩌면 그러한 책들과의 결별이 아닐까요?

내적 성장에 도움이 되고, 현실과 인생에 도움을 줄 수 있는 책을 가까이 하세요. 당신의 손에 잡히는 책을 조절하세요. 그것은 영혼과 마음과 인생을 아우르는 정화입니다. 한 손에 포르노 잡지를 한 손에 호오포노포노를, 이런 식이면 포르노가 호오포노포노에 정화되는 것이 아니라, 호오포노포노가 포르노에 세뇌당하게 됩니다. 이롭지 않은 다른 종류의 책도 마찬가지입니다. 무릇 악의 축에 해당하는 힘이 더 센 법이지요.

" 나는 필요하고 인생에 이로운 책을 읽는다"

살아서, 살아서 행복하라

습관에 대해서는 아무리 많은 말을 해도 지나치지 않지만, 아무리 말을 많이 해도 쉽게 고쳐지지 않습니다. 그러나 그럼에도 불구하고 당신은 때때로 습관을 살피고, 습관을 조정하고, 습관을 관리해야 합니다. 쉽지는 않겠지만 그렇다고 아무 시도도 없이 습관에 굴복하기에는 당신은 너무 귀한 존재이기 때문입니다.

습관을 관리하는 것은 인생을 관리하는 것입니다. 습관을 관리하는 것은 인생 전반에 대한 정화를 실시하는 것입니다. 습관을 관리하십시오. 습관이 인생을 다른 방향으로 끌고 가는 것을 호오포노포노가 되돌려 놓기는 결코 만만치 않습니다. 습관은 습관 밖의 습관을 새로 추가함으로써 교정될 수 있습니다.

" 나는 좋은 습관을 늘려간다 "

당신이 지금 충분히 풍요롭고 부족한 게 없는 삶을 누리고 있다면, 혹은 있는 그대로 지금의 삶 정도만 유지되기를 바란다면, 당신은 크게 변화하기를 바라지 않는 편이 더 이로울 것입니다. 그러나 가난하여 부족한 게 너무나 많고 내일이 불투명하다면, 서러워서 혼자 우는 날이 많다면, 혹은 지금보다는 한참 더 나은 삶을 꿈꾸고 있다면, 당신은 한 번쯤은 승부수를 던져야 합니다. 언제일까요? 당신의 인생에서는 언제가 승부수를 던져야 할 때일까요?

세상의 흐름이라는 것이 기회 다음에는 위기가 오기 마련이라서, 기회가 왔을 때 승부수를 던지지 못하고 기회의 시기를 안일하게 보내 버린다면, 위기가 왔을 때 견디기 어려운 시련의 역풍을 맞을 수도 있습니다. 당신의 인생에서 기회는 언제일까요? 바로 지금일까요? 아닙니다. '기회는 언제나 바로 지금'이라는 말은 다분히 심리적이고 개념적일 뿐, 실제의 기회는 다릅니다. 하지만 '지금'이라는 시간은 언제나 기회와 동떨어진 시간일 수 없습니다. 일상의 모든 지금이 기회를 노리는 시간이어야만 진짜 기회가 왔을 때, 승부수를 던질 수 있기 때문입니다.

사람마다 기회의 시기는 다 다르고, 승부수를 던져야 하는 시점도 다릅니다. 그러므로 당신은 삶에 집중하고 있어야 합니다. 많은 사람이 자신의 인생에 '있는 기회'가 오는지 가는지 신경도 쓰지 않으면서, 없는 기회를 달라고 호오포노포노에게 떼를 써 보지만 어림없습니다. 호오포노포노가 없는 기회를 있게 해 주지는 않습니다. 그러나 있는 기회를 놓치지 않고 잡을 수 있게 해 줄 수는 있습니다. 당신이 호오포노포노를 통해서 청원할 것은 바로 그것입니다. 있는 기회를 놓치지 않는 것.

" 나는 있는 기회를 놓치지 않는다"

잠에서 깨어 눈을 뜨자마자 스마트폰을 집는 것으로 하루를 시작하고, 길을 가면서도, 일을 하면서도 스마트폰으로 무언가를 하고, 잠들기 바로 직전이 되어서야 스마트폰을 놓는 방식의 삶을 살아가는 이들이 많습니다.

나의 마음, 나의 생각, 나의 의식, 나의 세포, 나의 감정, 나의 몸, '나'가 오롯이 스마트폰 속에 들어가 있는 삶, '나'가 온통 스마트폰의 지배를 받고 있는 삶, 과연 이것이 진정한 살아있음일까요?

그런 방식의 삶에서 잠시 짬을 내어 호오포노포노를 실천하는 것은 분명 대견한 일이지만, 당신의 일상에 호오포노포노가 실행되고 있느냐의 여부보다 더 중요한 것은 당신의 일상이 스마트폰에 얼마나 잠식당하고 있느냐에 있습니다. 그런 식으로 소진해 버리기에는 당신의 인생은 한없이 귀하기만 하니까요.

" 나는 스마트폰에 내 인생을 낭비하지 않는다"

"부자 되고 싶다", "잘하고 싶다", "갖고 싶다" 사람들은 자주 이렇게 말들을 합니다. 이 말을 들을 때마다 안쓰럽고 실망스러운 것은 이러한 말들을 수년 전에도 했었고, 작년에도 했었고, 현재도 하고 있다는 점입니다.

오래전 어느 날엔가, 최초로 마음속에 생겨났던 '싶다' 가 몇 년이 지나도록 여전히 '싶다' 로 머물러 있다는 것은, 지난 몇 년간의 세월을 당신은 효율적으로 사용하지 못했다는 반증입니다. 어쩌면 당신은 "열심히 살았다", "최선을 다했다" 변명이라도 하고 싶겠지만, 중요한 것은 몇 년 전의 '싶다' 가 그동안 변화하지도, 성장하지도, 완성되지도 않았다는 사실입니다.

이유가 무엇일까요? 자신이 가지고 싶은 것에 대해서, 이루고 싶은 것에 대해서 그랬으면 좋겠다는 막연한 마음만 품었기 때문입니다. '싶다' 에는 힘이 없습니다. '싶다' 에는 추진력도 방향성도 없습니다. '싶다' 에는 목표를 향한 강한 열망이나 행동의 힘이 담겨 있지 않습니다. 그저 그랬으면 좋겠다는 나약한 바람일 뿐이지요. 그래서 '싶다는 늘 싶다 일 뿐 입니다.

바꾸세요. '싶다' 를 '겠다' 로 바꾸세요. "부자가 되어야겠다", "잘해야겠다.", "저것을 가져야겠다", "반드시 그래야겠다" … '겠다' 에는 목표를 향한 집념이 있습니다. '겠다' 에는 꼭 해내려는 의지가 있습니다. '겠다' 는 자신과의 약속이며 세상에 선포하는 것이기에 힘을 얻게 됩니다. '겠다' 는 '되는 힘'이며 '가능성의 힘'입니다. 이것은 호오포노포노의 사랑을 목적에 심는 정화입니다.

"나는 반드시 해야겠다"

아무리 훌륭한 명약이라고 해도 어쩌다 한 번 먹는 보약은 절대 보약일 수가 없습니다. '밥이 보약'이라는 말은, 매일 먹기 때문입니다. 매일 지속적으로 먹기 때문에 영양분이 몸 안에 충분히 공급될 수 있고, 몸이 제 기능을 할 수 있는 것입니다. 보약도 마찬가지입니다. 일정 기간 동안 지속적으로 충분히 복용해야 비로소 보약의 효과를 기대해 볼 수 있는 것이지요.

호오포노포노 실천법도 이와 같습니다. 아무리 위대한 실천법이라 하더라도 당신이 어쩌다 한 번 생각날 때만 하는 것으로는 당신 인생에 아무런 변화를 일으키지 못합니다. 무엇을 하든 그것이 인생을 위하여 올바르고 검증된 방법이라면 꾸준히 하기를 권합니다. 매일 먹는 밥이 당신의 몸을 건강하게 하듯이, 매일 행하는 실천이 당신의 인생을 건강하게 할 것입니다. 호오포노포노가 인생에 보약이 되려면 매일 해야 합니다.

"나는 매일 실천하는 사람이다"

경제 활동을 하는 시간이 아닌, 일을 해야 하는 시간 이외의 시간, 우리에게는 이러한 '여가'가 주어집니다. 아무 생산적인 행위를 하지 않아도 되는 시간, 사용에 대한 결정권이 오직 자신에게 주어지는 시간입니다.

순수한 휴식의 시간이 될 수도 있고, 필요한 에너지 충전의 시간이 될 수

살아서, 살아서 행복하라

도 있고, 자기 계발의 시간이 될 수도 있고, 여행이나 놀이, 혹은 유흥의 시간이 될 수도 있는, 자유자재의 시간입니다. 마음 편하고 기분 좋은 시간이지요. 그러나 누군가에게는 인생을 망치게 하는 시간이 되기도 하고, 매우 드물게는 인생의 마감 시간이 되기도 합니다. 자유는 '마음대로 해도 됨'을 권리로 사용함과 동시에 '자기 책임'의 의무가 주어지기 마련인데, 모든 '마음대로 해도 됨'에는 브레이크가 고장 난 자동차처럼 위험성이 내포되어 있습니다.

여가를 꼭 '놀이'에 사용해야 하는 것은 아닙니다. 여가를 유흥으로 사용하는 것이 여가를 잘 보내는 것은 더더욱 아닙니다. 여가의 사용은 자신의 상황이나 인생의 목적에 따라 다르게 하는 것이 가장 좋습니다. 여가를 잘 보내는 것은 남는 시간을 정화하는 것입니다. 꽤 많은 사람이 잘못 보낸 여가로 인해 발생한 부정적 결과를 정화하기 위해 호오포노포노를 사용합니다. 얼마나 안타까운 일인지요.

"나는 올바른 여가를 보낸다"

고통을 감당할 용기와 의지가 부족하면 '큰 행운', '큰 풍요', '큰 성장'이 오지 않습니다. 세상의 모든 가치는 그 반대 성질의 것과 함께 나타나기 때문이지요. 당신에게 큰 행운이나 큰 풍요, 큰 성장의 기회가 온다는 것은 그만큼 큰 아픔이나 큰 고통도 함께 온다는 것을 의미합니다. 즉, 당신이 더한 고통을 이겨낼 용기와 의지가 충만할 때, 행운이나 더 큰 풍요함이 가능해진다는 뜻입니다. 호오포노포노를 실천하더라도 당신이 심약하여 고통에 대한 두려움에 짓눌린다면 당신의 인생은 쉽게 나아지지 않습니다. 그러므로 당신은 더 강해져야 합니다. 그것을 충분히 감당할 수 있을 만큼 당신이 더 강해졌을 때, 당신은 그것을 얻게 됩니다.

" 나는 고통을 감당할 용기와 의지가 충분하다"

모든 존재의 교제는 '정'과 '필요'를 근간으로 합니다. 그것은 일종의 거래입니다. 마음을 주고받는 내면의 거래, 필요를 주고받는 사회적 거래, 교제함은 거래함입니다. 그러므로 교제에는 나름의 질서와 법칙이 요구됩니다. 그중 교제에서 가장 중요한 법칙을 꼽으라면 단연코 '의리'입니다.

많은 사람은 정을 의리와 같은 개념으로 인식하지만, 정과 의리는 별개의 개념입니다. 우리는 정을 관계의 최우선 가치로 삼는데, 인간관계의 많은 오류는 바로 여기에서 비롯됩니다. 정이라고 하는 것은 감정이 주관하는 정신적 활동이라 언제든 시들거나 변할 소지가 있기 때문이지요.

물론 의리도 이해관계에 따라 얼마든지 변질될 수 있습니다. 당연히 사용함에 신중을 기해야지요. 의리는 윤리적 가치이기도 하지만, 정보다 더 현실적인 가치이기도 합니다. 물질이 만능이 되어 버린 현대 사회에서 사람들은 의리를 지키면 손해 보는 것으로 착각하는데 그건 순간을 기준으로 한 찰나적 계산일 뿐, 장기적 기준으로 한 의리에 대한 계산은 남는 장사일 때가 더 많습니다. 그렇다고 무작정 모든 관계에 적용되어야 마땅한 것은 아닙니다. 관계의 성격이나 기준에 따라 의리 역시 다르게 적용되어야겠지요.

의리는 교제의 도리이면서 교제의 체면이므로, 타인만을 위한 것이 아니라 나와 타인 둘 다를 위한 가치이기는 하지만, 모든 교제에는 정이 우선되어야 하는 관계가 있고, 의리가 우선되어야 하는 관계가 있습니다.

정과 의리, 둘 다를 얻은 관계가 가장 이상적이지만, 현실적인 처세로는 정

살아서, 살아서 행복하라

과 의리를 알맞게 사용하는 것이 좋습니다. 정이나 의리는 호오포노포노 정화법으로 정화할 수 있는 것이 아닙니다. 정이나 의리가 올바로 쓰임 될 수 있도록 내면의 환경을 정화할 수 있는 기능을 하는 것이 관계에서의 호오포노포노입니다.

" 나는 정과 의리 둘 다 취한다"

사람은 적응해 있는 것에서 멀어지지 않으려는 습성이 있습니다. 가난도 마찬가지입니다. 장래 부자 되기를 원하는, 현재 가난한 사람 중 적지 않은 사람들이 가난에 이미 적응해 있기 때문에 가난에서 벗어나기가 쉽지 않습니다.

정말로 지금 있는 곳이 싫다면, 도저히 적응이 안 된다면 당신은 그곳에 절대로 있지 못합니다. 가난이 오래도록 이어지고 있다면 당신은 가난에 적응되어 있다는 의미입니다. 그토록 열심히 정화하고, 갖은 방법을 써 봐도 가난이 여전한 것은 당신이 가난에 적응해 있기 때문입니다. 무엇을 해야 할까요? 가난과 반대의 환경에 적응해 가기를 시도해야 합니다. 그것이 거듭될수록 당신은 가난에 적응했던 의식과 감정이 가난으로부터 멀어지게 됩니다. 바로 그것부터 변해야 당신은 부자의 길목에 들어설 수 있게 됩니다. 정화하세요. 가난에 적응해 있는 당신의 모든 것을 정화하세요. 가난이 정말 싫다면, 정말 부자가 되고 싶다면 당신은 가난에 적응할 수 없는 사람이 먼저 되어야 합니다. 당신이 적응해 있는 것을 살피세요. 그것에 호오포노포노를 적용하세요.

" 나는 좋은 것에 적응한다"

양궁 선수가 활을 쏠 때는 온 신경을 거기에만 집중합니다. 달리기 선수는 달리면서 오직 한 가지만 합니다. 목표 지점을 향하여 온 힘으로 달리는 것, 전력을 다하는 것이지요. 모든 힘을 오직 한 행위에 쏟아 붓는 것입니다.

만약 양궁 선수가 활을 들고 애인 생각을 한다든지 과녁에 잘 맞을지에 대해 걱정한다면 어떻게 될까요? 만일 달리기 선수가 달리면서 장래에 대한 계획을 세운다든지 몇 등이나 할 까 고민한다면 어떻게 될까요? 어김없이 마음에 들지 않는 결과가 나올 것입니다.

목표를 향하여 간다는 것은 바로 그런 것입니다. 모든 힘을 거기에 쏟아 붓는 것, 오직 그것만 해야 합니다. 이것은 호오포노포노 정화법이 해 줄 수 있는 것이 아닙니다. 모든 힘을 집중할 수 있도록 내면의 상태를 정화하는 것, 호오포노포노는 그것을 합니다.

" 나는 때에 맞게 집중하고 때에 맞게 움직인다"

우리는 육체적 인간과 정신적 인간의 조합체입니다. 인간의 몸이 기능을 다하면 '육체적인 나 는 죽게 되고, '정신적인 나 는 육체적인 나와 결별한 후 다른 형태로 존재함을 이어가게 되는데, 그 존재가 바로 '에너지로서의 조상'입니다. 우리는 언제나 조상과 교류 중에 있는 셈이 됩니다. 에너지 대 에너지로 말이지요.

한편, 영적 에너지로 보면, 우리는 각자 스스로 자신의 조상인 동시에 누군가의 조상입니다. 종교가 인정되려면 전생이 인정되어야 하고, 진리가 진리로서의 자격을 갖추려면 이 또한 전생이 인정되어야 하고, 전생이 인정되면 우리는 누군가의 조상, 나 자신의 조상이 됩니다. 조상의 정의는 '자기 세대 이전의 모든 세대'이기 때문이지요.

우리는 조상에 대한 부분을 미신으로 치부할 명분이 거의 없습니다. 조상에 대한 부분을 인정하는 편이 훨씬 더 삶을 수월하게 할 수 있습니다. 조상에 관한 불가사의한 사실적 이야기들은 셀 수 없이 많기도 하고 말이지요.

조상에 대해 예의를 다하고 정성을 다하십시오. 예기치 않은 행운이나 큰 복을 받은 이들은 대부분 조상에게 잘했던 사람들입니다. 조상에게 잘하는 것, 이는 영적 존재에 대한 정화입니다. 호오포노포노는 조상의 영향력을 인정하고 있는 실천법입니다. 가끔 조상을 위한 호오포노포노를 하는 것은 어떨까요?

" 나는 조상에게 예와 정성을 다한다"

"사람은 다 자기 복을 타고 난다"는 말이 있습니다. 이 말은 소극적인 운명론이 아니라, 사람은 누구나 어느 정도의 재능과 풍요와 행복을 가지고 세상에 나온다는 뜻입니다. 사람은 누구나 알맞은 풍요를 누릴 수 있고 행복할 수 있습니다. 그러나 그러한 결과를 현실로 이루어내기 위해서는 준비가 되어 있어야 합니다.

사람들은 목표를 정하고 계획을 하고 의욕이 솟아나는 것을 '준비가 되었다'고 여기지만, 아닙니다. 목표나 계획은 준비가 아닙니다. 열심히 하려는 의욕도 준비는 아닙니다. 진짜 준비는 실제로 '발휘될 수 있는 실력을 갖추는 것'입니다. 전쟁에 임하는 자가 목표와 계획과 의욕은 있는데 총을 쏠 줄 아는 능력도 없고, 버틸 수 있는 체력도 없다면, 그것은 준비가 된 것일까요?

누구나 타고나는 재능은 있습니다. 그러나 그것은 가능성일 뿐이지 실제가 아닙니다. 그 재능이 밖으로 나타나 실제로 발휘되어야 진짜 재능인 것이 지요. 당신은 분명 적당한 풍요와 행복을 누릴 수 있는 재능을 가지고 있습니다. 하지만 그것을 현실화하기 위해서는 반드시 세상의 테스트를 통과해야 합니다. 준비가 되어 있어야 하는 것이지요. 타고난 복의 씨앗이 현실에서 발아될 수 있는 준비가 되어 있어야 복을 누릴 수 있게 됩니다.

목표와 계획과 의욕뿐이 아니라, 목표를 이룰 수 있는 실력, 계획을 실행할 수 있는 능력, 의욕이 투입될 능력이 어느 정도는 갖추어져 있어야 합니다. 그때 비로소 준비가 되었다고 할 수 있습니다.

준비가 안 된 자, 준비가 덜된 자를 호오포노포노가 일등으로 만들어 줄 수는 없습니다. 그것은 존재의 법칙에 반하는 결과입니다. 준비가 안 된 자는 준비할 수 있게 하고, 준비가 된 자는 그 준비된 것이 결실을 맺을 수 있도록 하는 것이 호오포노포노의 역할입니다.

" 나는 진짜 준비를 한다"

세상 어디를 가도 사람 사는 모습과 형태와 구성은 비슷합니다. 잘사는 사람과 못사는 사람이 있고, 잘나가는 사람과 못 나가는 사람이 있고, 건강한 사람과 아픈 사람이 있고, 사랑 때문에 웃는 사람이 있고, 사랑 때문에 우는 사람이 있고, 순탄한 삶이 있고, 순탄하지 못한 삶이 있고, 기쁜 일이 더 많은 삶이 있고, 슬픈 일이 더 많은 삶이 있고, 처음이 좋았다가 나중이 안 좋은 삶이 있고, 처음에는 안 좋았다가 나중에 좋은 삶이 있고, 행복한 삶이 있고, 불행한 삶이 있습니다.

종교에서도 사정은 다르지 않습니다. 기독교를 믿는 부자, 기독교를 믿는 가난한 사람, 불교를 믿는 건강한 사람, 불교를 믿는 아픈 사람, 천주교를 믿는 잘 풀리는 삶, 천주교를 믿는 잘 풀리지 않는 삶 등 어느 종교를 믿느냐에 관계없이 삶의 모습과 형태와 구성은 비슷합니다.

정상적인 종교라면 우리의 인생에서 종교는 우열을 가릴 수 없습니다. 모두에게 다 좋을 수 있는 종교는 없습니다. 모두에게 다 나쁠 수 있는 종교도 없습니다. 종교는 삶을 더 잘 해내기 위한 영적 수단입니다. 종교는 더 나은 존재함을 이루기 위한 영적 도구입니다.

세상 모든 존재는 제각기 고유한 특성이 있습니다. 우리는 다 다른 존재입니다. 이 말은 모든 존재에게는 자신에게 맞는 것과 맞지 않는 것이 있게 된다는 의미입니다. 종교도 마찬가지입니다. 모든 종교는 각기 다른 교리와 주장이 있습니다. 사람은 누구에게나 자신과 잘 맞는 종교가 있고 잘 맞지 않는 종교가 있을 뿐입니다.

세상 어떤 음식도 모든 사람에게 똑같이 이로울 수는 없습니다. 세상 어떤 가치도 모든 사람에게 똑같이 잘 맞을 수가 없습니다. 종교는 더 나은 삶, 더 나은 존재함을 위해 인간이 만들어 낸 영적 도구이며 수단입니다. 그러므로 올바른 종교 생활이란 삶을 위한 종교 생활이어야 합니다. 그런데 우리 주변에는 가끔 삶을 위한 종교 생활이나 존재함을 위한 종교 생활이 아니라, 종교를 위한 종교 생활을 하는 사람들이 있습니다. 그것은 참다운 종교 생활이 아닙니다.

종교의 본질은 인간을 이롭게 함에 있지, 종교를 이롭게 함에 있지 않습니다. 인간 세계에 생겨난 그 어떤 가치도 인간의 가치를 넘어설 수는 없습니다.

올바른 종교 생활을 하세요. 그것은 굉장히 중요합니다. 세상에는 잘못된 종교 생활로 인하여 오히려 삶이 더 망가지고, 더 오염된 영혼의 소유자가 된 사람들이 너무나 많습니다. 그것은 호오포노포노 정화법으로도 치유가 어렵습니다.

" 나는 올바른 종교 생활을 한다 "

망망대해, 당신은 배를 타고 항해 중입니다. 삶이란 그와 같은 것이지요. 만약 당신이 가야 할 곳을 정해 놓지 않았다면, 그 배는 바람이 부는 대로 파도가 치는 대로 이리저리 왔다 갔다 하다가 언젠가 그 바다에서 조용히 사라지게 될 것입니다. 그렇지만 당신이 갈 곳을 정해 놨다면 그 배는 바람이 불어도, 파도가 쳐도 목적지를 향해서 나아가게 되고, 언젠가는 목적지에 도착하게 됩니다. 목표가 있고 없고는 이렇듯 굉장한 차이입니다.

삶의 현장에서 목표의 의미는 사회적 행위를 통하여 얻어내고자 하는 가치를 의도하는 것이라 정의할 수 있습니다. 목표는 삶을 성장시키는 원동력이며, 주어진 시간을 알차게 사용하게 하는 감시자이며, 더 나은 사회적 존재가 되는 현실적 도구가 됩니다. 그러므로 성공하고 풍요하고 싶다면 당신은 목표를 설정해야 합니다. 물론 목표가 설정되었다고 해서 당신의 삶이 저절로 그와 같이 되지는 않습니다. 목표가 현실이 될 수 있도록 일상에서 그에 합당한 행위를 해야겠지요. 하지만 행위는 목표 설정 이후의 일이니 당신은 먼저 목표를 마련해야 합니다.

한편, 목표는 인생에서 정화의 기능을 하는 수도 있습니다. 인간의 길에는 곳곳에 유혹이 도사리고 있어서 그 길을 제대로 가기란 결코 쉽지 않은데, 목

살아서, 살아서 행복하라

표가 유혹을 이겨내고 계속 전진하게 하는 힘이 되고 인간의 길을 인간답게 갈 수 있게 해 주는 진리의 채찍이 되니, 이는 호오포노포노를 실천하는 것과 같은 효과입니다.

목표가 없는 사람은 많은 것들을 낭비하게 됩니다. 시간도, 돈도, 마음도, 체력도 비효율적으로 사용하게 되지요. 또한 목표가 없는 사람은 약해지기 마련입니다. 반드시 가야 할 곳이 있는 것과 없는 것은 삶에 대한 의지에서도 차이를 보입니다. 목표를 설정하세요. 그리고 그 목표를 이루기 위한 행동을 하세요. 그 과정에 호오포노포노 정화법을 대입하세요. 당신은 분명 더 나은 삶을 경험할 것입니다.

" 나는 목표를 정하고 목표에 맞는 행위를 한다"

진짜 정화는, 삶을 창조하고 운명의 흐름에 영향을 미치는 요인들 속으로 파고들 수 있어야 합니다. 그것은 살아있는 정화를 함으로써 가능하지요. 살아있는 정화란 어떤 것일까요? '몸과 함께하기'를 실천하는 방식, 그것이 꿈틀거리는 생명력을 지닌 살아있는 정화, 진짜 정화입니다. 산다는 것은 몸이 하는 일이기 때문입니다.

몸이 없는 마음, 몸이 없는 생각, 몸이 없는 의식, 몸이 없는 감정, 몸이 없는 생명, 그것은 모두 불가능합니다. 몸이 없이는 당신의 현생에서 그 무엇도 가능하지 않습니다. 삶에 관한 모든 것들은 몸의 뜻을 얻지 않고는 어느 것도 불가능합니다. 그러므로 당신은 더 나은 삶, 원하는 삶을 위해 몸에게 당신의 의도를 알려야 합니다. 당신이 의도하고 있는 것을 몸에게 알리면서 호오포노포노를 실천해야 합니다. 그것이 살아있는 정화입니다. 그것이 삶을 위한 가장 삶다운 정화입니다.

" 나는 몸과 함께 정화를 한다"

선수는 부상을 당하지 않는 것이 최고의 실력입니다. 부상당한 선수는 잘 해 볼 기회조차 얻을 수 없기 때문입니다. 잘하고 못하고는 경기에 출전할 수 있어야 가능한 결과인데, 부상을 당해버리면 실력이 아무리 뛰어나다 한들 결과는 '무無'일 수밖에 없습니다.

인생에서는 이 법칙이 스포츠에서보다 더 무섭게 통합니다. 아무리 능력이 뛰어나다 한들 자꾸 사고가 나는 인생은 결코 온전할 수 없습니다. 그러므로 당신은 모든 시간, 모든 곳에서 집중과 절제를 알맞게 사용해야 합니다. 또한 정신적 육체적으로 강해야 합니다.

집중과 절제, 강함이 있는 삶은 유혹에 쉽게 빠지지 않을 수 있고, 갑자기 찾아오는 돌발 상황에 의연하게 대처할 수 있기 때문에 인생의 사고를 미연에 방지할 수 있습니다. 인생에서의 기초 체력은 강한 정신력입니다. 호오포노포노를 정신 강화에 사용할 필요가 분명 있습니다. 인생의 무탈함, 그것은 모든 소원의 기본 조건이니까요.

" 나는 강한 정신의 소유자다"

인간은 '안 보기'를 잘하지 못합니다. 아니 '안 보기'를 좋아하지 않습니다. 잠자는 시간이 아니면 인간은 본능적으로 눈을 뜨고 있으려 하고, '보는 것'을 계속하려 합니다. 굳이 눈을 뜨고 있지 않아도 될 상황에서도 인간은 '보는 일'을 멈추지 않습니다. 이는 살아있음을 확인하려는 본능적 의도입니다. 인간은 죽으면 눈을 감게 되기 때문에, 눈감는 행위를 무의식적으로 거부하게 되는 것이지요.

인간은 늘 무엇인가를 보는 중이고, 보는 것은 보는 사람에게 자료와 정보로 수용이 됩니다. 그러므로 우리는 보는 것을 잘해야 합니다. 어떻게 보는 것이 잘 보는 것일까요? 진실을 여과 없이 있는 그대로 보는 것이 잘 보는 것입니다.

사람들은 말합니다. "긍정적으로 봐라", "장점을 봐라", 그러나 이것은 옳지도 않을뿐더러 권해서도 안 됩니다. 보는 단계에서는 사실 그대로를 보고, 본 것이 쓰임 단계로 넘어올 때 본 것을 긍정적으로 쓰는 것이 중요합니다.

무조건 긍정적으로 보는 것, 무조건 장점만 보는 것은 매우 위험한 방식의 '보기'입니다. 본 것은 선택의 기본 자료가 됩니다. 무조건 좋게만 본다는 것은 잘못된 자료를 갖게 되는 것이나 마찬가지지요.

심정적으로는 긍정의 눈으로 보고, 이성적으로는 진실의 눈으로 보세요. 장점만 보지 말고 단점도 보세요. 긍정적이고 장점인 것은 밖으로 표현하고, 부정적이고 단점인 것은 안으로 갈무리해 두세요. 이것은 정화 이전의 정화입니다. 무엇을 보느냐도 중요하지만, 무엇을 어떻게 보느냐는 더 중요하고, 본 것을 어떻게 쓰느냐는 더욱 중요합니다. 호오포노포노를 통한다면 당신은 있는 그대로 볼 수 있고, 본 것을 긍정적으로 편집해서 사용할 수 있게 됩니다.

" 나는 진실을 보고 긍정으로 쓴다"

바둑에서 기사들이 대국을 마치면 두었던 그대로 처음부터 다시 한 번 두어 보는데, 이 과정을 '복기'라고 합니다. 다시 한 번 차근차근 두어 봄으로써 정확한 분석을 하게 됩니다. 복기는 어디서 어떻게 잘못됐는지를 확인할 수 있는 유익한 수단이며 실수와 실책을 줄여 주는 방법입니다.

우리가 인생을 운용해 가는 데 있어서도 복기는 아주 유용하게 적용할 수 있습니다. 복기는 똑같은 상황에 직면했을 때 가장 최선의 행동을 할 수 있는 지혜를 길러 주고, 인생의 흐름과 흐름의 맥을 제대로 볼 수 있는 안목을 갖게 해 줍니다.

복기의 기술을 당신의 인생에 접목해 보기를 권합니다. 한 것을 한 그대로 다시 한 번 헤아려 보면서 당신은 자연스럽게 삶에 이로운 다양한 감각들을 기르게 될 것입니다. 호오포노포노 정화법으로 내면을 고요한 상태로 만든 후에 한다면 더욱 효과적이겠지요.

" 나는 삶을 복기해 봄으로써 인생의 흐름을 본다"

상황에 대한 판단에 우리는 저마다 자신만의 감정적 습관을 지니고 있습니다. 대체로 인생을 성공적으로 이끌어가는 부류의 사람들은 '안 좋을 때는 조금 더 좋게, 좋을 때는 조금 덜 좋게' 보려는 습성이 있고, 그 반대 부류의 사람들은 '안 좋을 때는 더 안 좋게, 좋을 때는 더 좋게' 보려는 습성이 있습니다. 전자는 평정심을 유지하려는 의도이고, 후자는 감정이 쉽게 요동치는 경향이 있습니다.

많은 사람이 조금만 힘들면 기운이 빠져서 스스로 구덩이를 파고 들어가는데, 그중에는 실제 상황이 그리 나쁘지 않은 경우가 허다합니다. 이런 경우 상황을 나쁘게 해석하고 나쁘게 받아들이는 것은 상황의 진실이 그렇다기보다는 자신의 욕심과 상황이 일치하지 않거나 자신의 감정이 쉽게 요동을 치기 때문입니다.

상황을 있는 그대로 보는 것은 매우 중요합니다. 이성의 눈은 그리해야 합니다. 그러나 감정의 눈은 달라야 합니다. 어두울 때는 밝음을 볼 줄 알아야 하고, 밝을 때는 어두웠을 때를 떠올릴 줄 알아야 합니다.

상황을 어떻게 판단하느냐에 따라서, 감정, 생각, 마음이 달라지고, 그에 따라 계획과 방법이 달라집니다. 인생길이 달라지지요. 감정의 눈이 흐려지면 이성의 눈은 당연히 멀어집니다. 감정의 눈을 정화하십시오. 미리미리 정화하십시오. 호오포노포노를 통해서 얻을 수 있는 이점이기도 합니다.

" 나는 안정된 감정의 눈으로 본다 "

일상생활이 상식적이지 않은 사람들이 있습니다. 매일 술을 마시는 사람, 유흥가를 자주 찾는 사람, 그릇된 행동을 일삼는 사람, 쇼핑을 지나치게 즐기는 사람, 비도덕적인 행동을 일삼는 사람 등 비정상적인 일상을 보내는 사람들은 우리의 예상이나 우리의 '설마' 보다 훨씬 더 많습니다.

행복 지수는 갈수록 낮아지고 불행 지수는 갈수록 높아지며 빈부 격차가 갈수록 커지는 이유는 비정상적인 일상을 보내는 사람들이 점점 더 늘어나고 있기 때문입니다.

비정상적인 하루하루를 살아가는 사람들은 '행복하기' 에 필요한 모든 가치들에서 점점 더 멀어지게 됩니다. 그들은 돈에게서 점점 더 멀어지고, 정상적인 사람에게서 점점 더 멀어지며, 좋은 에너지에게서 점점 더 멀어지고, 신에게서 점점 더 멀어지게 됩니다. 설령 매일 교회에 나가, 혹은 매일 절에 가서 기도한다고 해도 그렇습니다. "길이 아니면 가지 말라", 이 진리는 비정상적인 삶을 살지 말라는 뜻입니다. 길이 아니기에 올바른 인생길에서 점점 더 멀어질 뿐입니다. 정상적인 일상을 위해 호오포노포노를 실천하세요.

"나는 정상적인 하루하루를 살아간다"

모든 유혹의 씨앗은 사람이 뿌립니다. 열매 또한 사람이 거둡니다. 유혹에서 씨앗은 한 사람이 뿌리지만, 열매는 두 사람이 거두게 됩니다. 씨앗을 뿌린 자와 씨앗을 받아서 자신의 인생에서 발아시킨 자.

한 사람의 인생에는 무수히 많은 유혹의 시간과 계기가 있지만, 유혹 앞에서 매번 그것을 이겨내기란 무척 어려운 일입니다. 우리가 일상에서 마음을 방치하는 일이 없다고 해도 그것은 쉽지가 않습니다.

당신을 유혹에서 지킬 수 있는 최선의 방법은 '사람에 대하여 방심하지 않는 것'입니다. 당신 주변의 모든 사람은 잠재적 유혹 인자입니다. 언제 어느 때 당신의 인생에 유혹의 씨앗을 뿌리게 될지 모르는 이들이지요. 그리고 당신도 당신이 아는 사람들에 대하여 똑같은 의미로 존재합니다.

사람은 사람에게 언제나 잠재적 유혹 인자입니다. 사람으로 인하여 곤란함에 빠진 후에 하는 완벽한 정화보다는 미리 조심하는 것이 진짜 완벽한 정화입니다. 유혹 앞에서 당신의 마음을 먼저 보세요. 언제나 호오포노포노가 갈

살아서, 살아서 행복하라

등보다 먼저 쓰이도록 하세요. 유혹의 자리에 언제나 호오포노포노가 있게 하세요.

"나는 늘 내 마음을 본다"

생각은 하는 게 아니라 '나는 것' 입니다. 생각은 하는 게 아니라 '나는 것' 이라서 종종 우리를 애태웁니다. 아무리 생각을 해도 필요한 생각이 좀처럼 나오지 않는 때가 참 많습니다. 어떻게 해야 할까요? 생각은 자신이 자신의 의식 속에 집어넣은 것들을 기본 재료로 하여 나오게 됩니다. 그러므로 우리는 평소에 의식 속에 집어넣는 것을 잘해야 합니다. 보는 것, 듣는 것, 느끼는 것, 말하는 것 등 육체적, 정신적, 감정적 모든 경험을 경계해야 합니다. 그 모든 행위가 정보를 생성하고 흡수하고 저장하는 것이기 때문입니다.

생각이란 내 안에 전혀 없는 것이 나오는 게 아니라, 내 안에 있는 것들 중에서 나오는 법이기에 좋은 생각을 나게 하려면, 먼저 좋은 재료들을 섭렵하는 것이 중요하며, 이는 정화 이전의 정화입니다.

"나는 생각의 재료를 늘 좋은 것으로 담는다"

맹자는 "인간은 본래 선하다" 며 성선설을 주장했고, 순자는 "인간의 본래 성품은 악하다" 며 성악설을 주장했습니다. 무엇이 정답일까요? 둘 다 정답입니다. 보는 각도에 따라서 인간은 제각기 다르고, 상황에 따라서 인간은 '선'을 선택하기도, '악'을 선택하기도 합니다.

그러므로 "인간은 본래 선과 악을 동시에 지니고 있다" 가 정답입니다. 우리가 본래 지니고 있는 양면의 성품을 우리의 마음이 상황에 따라, 이해관계에 따라, 다양한 조건에 따라 '꺼내 씀이 다를 뿐'이지요.

당신의 인생에 있어서 가장 큰 훼방꾼은 바로 당신 자신이며, 그 안에 당신의 마음이 있습니다. 시시때때로 배신을 일삼고 줏대 없는 당신의 마음, 엉뚱한 순간에 고집을 피우는 마음, 그것을 정화하세요.

"나는 마음이 제 기능을 하도록 한다"

삶의 변화를 위해서는 목적지를 확고히 해야 하고, 매일 꾸준히 그곳을 향하여 나아가야 합니다. 그리고 자신만의 철학을 마련해야 합니다. 그것들을 잘 해내기 위해 반드시 챙겨야 할 것이 순서와 방향입니다. 호오포노포노의 요체는 당연한 것이 당연히 내 안에 있게 하는 것과 순리를 어기지 않는 데에 있습니다.

모든 일에서 우선해야 하는 것은 언제나 '급한 것'을 가장 먼저 하는 것입니다. 그다음에는 '중요한 것'을 해야 합니다. 이러한 방식이 당연함과 순리에 입각한 일처리 방식입니다.

사람을 움직이게 하는 명령은 감정에서 내려오기도 하고, 자신의 인생에 관한 대의명분에서 내려오기도 합니다. 감정의 지시를 받으면 '하고 싶은 것'이 생겨나고, 대의명분의 지시를 받으면 '해야만 하는 것'이 생겨납니다. 이 부분에서 성공이나 풍요와 거리가 먼 많은 사람은 '하고 싶은 것'을 먼저 하는 쪽으로 움직이고, 성공하고 풍요를 거머쥐는 소수의 사람들은 '해야만 하는 것'을 먼저 하는 쪽으로 움직입니다. 호오포노포노 정화법의 지시는 당연히 후자입니다.

살아서, 살아서 행복하라

당신이 원하는 삶, 그것은 당신의 1차 목적지가 됩니다. 온 힘을 다하여 가는 것은 당연한 정성입니다. 그러다 가끔 당신은 당신의 힘을 다른 곳에 사용하기도 할 것입니다. 사람이니까요. 그럴 수 있습니다. 가끔은 온 힘을 기울이지 않을 수도, 못 할 수도 있습니다. 그러나 거기까지는 괜찮습니다. 숨을 고른 후에 다시 힘을 낼 수 있으니까요. 다만 잠시 힘은 빠지더라도 최소한 자신이 가야 할 목적지와 다른 방향으로는 가지 않아야 합니다. 호오포노포노 정화법은 정도에서 벗어나지 않는 것입니다.

"나는 올바른 순서와 방향으로 간다"

누구나 좋은 것을 받고자 하고, 나쁜 것을 받지 않으려 함은 인지상정입니다. 그러나 '받은 것을 잘 쓰는 일'에는 서툴기만 하고, 어쩔 수 없이 받아야 하는 나쁜 것을 인생에서 소화해내는 것을 잘하는 사람은 많지 않습니다.

좋은 것을 받았을 때, 그것이 내 인생에서 잘 쓰임 될 수 있도록 해야 나쁜 것이 왔을 때 인생이 타격을 적게 받을 수 있고, 나쁜 것을 받았을 때 그것을 잘 소화해 내야 좋은 것이 내 인생으로 오는 것이 수월해집니다.

호오포노포노를 실천한다고 해서 인생에 좋은 것들만 방문하는 것이 아닙니다. 혹시 그런 착각을 당신이 하고 있다면 지금 바로 버리는 것이 좋습니다. 존재의 법칙은 서로 반대되는 가치가 공존함으로써 가능합니다. 호오포노포노가 존재의 법칙을 바꿀 수는 없으므로, 당신의 인생에 나쁜 것이 오는 현상은 당연합니다.

호오포노포노는 반드시 와야 할 나쁜 것을 못 오게 하는 데에 사용할 수 있는 것이 아니라, 나쁜 것이 왔을 때 대응을 잘할 수 있는 사람이 되기 위해 사용을 하고, 그럼으로써 다음에 올 나쁜 것들을 정화할 수 있게 됩니다.

" 나는 잘 쓰고 잘 소화해낸다"

모든 게 다 마찬가지지만, 시간이란 귀하게 생각하는 게 중요한 것이 아니라, 귀하게 쓰는 것이 중요합니다. 시간에 대한 정화는 시간을 유용하게 잘 쓰는 것입니다. 할 바는 제대로 하지 않으면서 방 안에 가만히 앉아서 입으로만 정화 언어를 중얼거리는 것은, 시간을 살리는 것이 아니라 시간을 죽이는 것입니다.

당신은 가만히 있는데 시간이 당신에게로 와서 시간이 모든 것을 다 알아서 해 주는 것이 아닙니다. 벌떡 일어서서 당신이 직접 시간 속으로 들어가서 해내는 것이지요. 시간 속에 들어가면 그곳에는 언제나 기회가 기다리고 있습니다. 호오포노포노는 늘 당신이 지금 당장 시간 속으로 들어가기를 권합니다.

" 나는 시간을 잘 사용한다"

기회는 오는 것이 중요한 게 아니라, 오는 기회를 알아보고, 오는 기회가 가기 전에 잡는 것이 중요합니다. 어떻게 해야 할까요? 늘 깨어있는 삶이어야 합니다. 그래야 오는 기회를 볼 수 있습니다. 기회는 언제나 시간을 타고 옵니다. 그리고 시간보다 더 빠른 속도로 사라져 갑니다. 그러므로 시간을 잘 사용해야 합니다. 그래야 기회가 사라지기 전에 잡을 수 있습니다. 또한 사람을 귀하게 여기고 귀하게 대해야 합니다. 기회는 언제나 사람의 등에 업혀 오기

살아서, 살아서 행복하라

때문입니다.

사람들은 기회가 자신의 편이기를 학수고대하지만, 기회는 그저 오고 갈 뿐, 누군가의 편을 들어주지는 않습니다. 기회가 당신의 편이기를 바라기 전에 당신이 먼저 기회의 편이 되기를 시도하십시오.

기회는 정화의 대상이 아닙니다. 정화는 언제나 당신에게 요구되는 것일 뿐, 기회는 언제나 신성하기 때문입니다. 기회는 그저 우주 에너지의 운동성입니다. 그것을 잘 활용하는 사람과 그렇지 못하는 사람이 있을 뿐이지요.

" 나는 기회를 알아보고 기회를 잘 활용한다"

호오포노포노 정화법이 실수를 실수 아니게 할 수는 없습니다. 다만 실수를 줄이는 사람이게 할 수는 있습니다. 실수는 '조심의 실종' 에서 비롯됩니다. 마음과 감정을 정화하여 매사 조심하는 마음으로 임한다면 실수는 자연스럽게 줄어듭니다.

우리는 무슨 일을 목표하거나 계획하거나 실행함에 있어서 어떤 방법으로 할 것인지에 대해서 생각을 하고, 가장 최선의 방법이라고 판단되는 방법을 선택합니다. 하지만 몇 날 며칠 고민해서 마련한 방법이 전혀 맞지 않거나 잘 못되는 경우는 얼마든지 있습니다. 실책, 그렇습니다. 이것은 실책입니다.

행동이 어긋나는 것이 실수라면, 계책이 어긋나는 것은 실책입니다. 실수와 마찬가지로 우리는 언제든 실책을 범할 수 있습니다. 하지만 실책은 실수보다 더 치명적인 경우가 많습니다. 실수는 부분적이지만 실책은 전체적이기 때문입니다. 그러므로 실책에 대해서는 매우 신중해야 하며 쉽게 잊어서도 안 됩니다.

호오포노포노 정화법이 실책을 한 번에 만회해 주지는 않습니다. 하지만 호오포노포노 정화법을 잘 사용하면 다음에 펼치는 계책이 실책이 되지 않게 하는 데에는 도움을 받을 수 있습니다. 계책은 지식과 생각, 마음, 감정 등 내면의 전체 회의에서 최종 결정되니까요.

인생은 실수와 실책의 게임입니다. 얼마나 줄이느냐에 따라 승패가 달라지는 게임이지요. 그러기 위해서는 같은 실수와 같은 실책을 반복하지 않는 것이 중요합니다. 당신이 호오포노포노 정화법으로 내면을 평화롭게 해야 하는 이유는 바로 여기에서도 유용합니다.

"나는 같은 실수와 실책을 되풀이하지 않는다"

오늘을 잘못 살았다면 오늘을 싹둑 잘라버리고, 내일을 완전하게 새로운 날로 살아갈 수 있으면 좋겠지만, 그것은 있을 수 없는 일입니다. 개념적으로 오늘과 내일은 전혀 별개이지만, 공간적으로 오늘과 내일은 동일한 의미를 지닙니다. 오늘 잉태한 것들은 모두 내일로 스며들어 인생의 흐름을 타고 이어지기 때문이지요.

일주일 중 5일을 잘못 보내고, 일요일을 종일 정화하며 보낸다고 해서 인생이 수월해지고 좋은 방향으로 흘러가는 게 아닙니다. 정화를 하지 않더라도 일주일 중 5일을 잘 사는 것이 훨씬 더 인생을 수월하게 하고 좋은 방향으로 흘러가게 하지요. 정화함이 중요한 게 아니라, 일상을 잘 사는 것이 중요하며, 오늘을 제대로 잘 사는 것, 그것이 곧 정화입니다. 일상을 잘 살아내세요.

"나는 언제나 오늘을 잘 산다"

살아서, 살아서 행복하라

옷은 어떠한 결론의 원인이 될 수 있습니다. '옷 입기의 기준'에 있어서, 누군가는 타인을 전혀 의식하지 않고 '나 편한 대로'를 고집하고, 누군가는 타인을 지나치게 의식하여 옷을 선택합니다. 이 중 어느 것이 옳다고 단정할 수는 없지만, 사회적 존재로서의 '옷 입기'는 자신의 사회적 위치와 개인적 상황, 목적을 동시에 충족시킬 수 있는 것이 가장 최선이 아닐까 싶습니다.

타인에게는 나에 대한 자료가 되기도 하고, 어떤 목적은 특정한 옷차림을 요구하기도 하는 등 옷은 다양한 역할과 기능을 합니다. 옷은 나의 의도와 달리 타인에게 전혀 정반대의 판단을 하게 할 수도 있고, 옷에 따라서 실제의 '나'가 얼마든지 왜곡될 수도 있습니다. 그러므로 당신은 '옷 입기'에서 평소에는 보편성을 고집하는 것이 좋고, 특수한 상황에서는 그 상황에 맞게 '전략적 옷 입기'를 시도하는 것이 좋습니다. 이것이 옷을 정화하는 방법입니다. 당신의 인생에서 옷이란, 당신을 떠나서는 아무 이유도, 아무 목적도, 아무 기능도 갖지 못하기 때문입니다.

" 나는 언제나 알맞은 옷 입기를 한다"

뜻밖의 행운을 거머쥐었던 대부분의 인생들을 보면, 요행은 화의 근원이 되고 불행의 씨앗이 됨을 알 수 있습니다. 우주 안의 모든 작용은 정확하게 인과의 법칙을 따르고 있는데, 요행은 우주의 법칙에 맞지 않는 오류이기 때문입니다.

요행을 바라는 마음을 버리십시오. 그것이 곧 정화입니다. 요행을 바라는 마음은 '열심'을 다하지 않게 하고, 삶에 온전하게 집중하는 것을 방해하며, 노력하여 충분히 얻을 수 있는 것을 못 얻게 방해하는 훼방꾼입니다.

요행에 대한 기도를 멈추십시오. 요행을 기도하는 것은 삶에 참된 복이 오지 않게 해달라고 기도하는 것과 같습니다. 요행은 인생을 한 방에 날려버리는 폭탄과 같은 것, 당신 안에서 가장 급하게 버려야 하는 마음이 있다면 그것은 바로 요행을 바라는 마음일 것입니다. 요행의 부정적인 위력은 호오포노포노 정화법을 아무리 잘한다고 해도 감당할 수 없습니다. 왜냐하면 그것은 우주의 법칙이 아니기 때문입니다.

" 나는 요행을 바라지 않는다"

매일 아침 큰 소리로 웃으며 시작하고, 하루 중에도 자주 큰 소리로 웃어주는 것, 시시때때로 웃음 스위치를 켜는 것, 그것은 무엇보다 강력한 정화입니다. 당신의 처지가 어떠하든, 당신의 문제가 무엇이든, 당신의 고민이 무엇이든, 일단 웃고, 무조건 웃고, 반드시 웃는 일상이 된다면 그것은 인생을 위한 그 어떤 훌륭한 방법보다도 더 훌륭하며, 그 어떤 실천법보다 더 위대한 실천법이며, 그 어떤 정화보다 더 확실한 정화입니다.

매일 웃음 스위치를 켜십시오. 웃음 스위치를 켜는 것이 자연스러워지고, 계속될 수 있다면 당신 안에서는 엄청난 긍정의 에너지가 생성될 것입니다. 이것은 인생을 밝게 하는 생동감 넘치는 정화입니다. 당신이 먼저 웃어야 당신의 인생이 웃게 됩니다.

" 나는 매일 웃음 스위치를 힘차게 켠다"

살아서, 살아서 행복하라

먼 길을 가는 자는 당연히 곳곳의 위험 요소를 파악해야 하고, 공격을 하려는 자는 먼저 내 편의 위험 요소를 줄여 놓아야 하듯이, 인생길을 가면서 당신은 위험 요인을 줄이는 방식의 삶을 사는 게 좋습니다. 이것은 인생 운영의 기본 원칙입니다.

위험으로부터 나를 안전하게 지키는 최선의 길은 위험한 상황이 일어날 확률을 줄여 가는 것입니다. 특히 위험한 시간에, 위험한 장소에서, 위험한 사람들과, 위험한 무언가를 하는 것은 당신이 절대적으로 하지 말아야 할 일입니다. 그로 인한 결과를 호오포노포노가 없던 일로 해 줄 수는 없습니다. 일상을 관리하세요. 일상을 정화하세요. 당신의 모든 환경을 정화하세요. 그것을 잘할 때 당신의 인생은 위험으로부터 멀어질 확률이 높아집니다.

" 나는 위험 요소를 잘 관리한다 "

한 번쯤 고장 안 나는 인생은 없습니다. 고장 났으나 못 고칠 인생 또한 없습니다. 다만 조건이 맞아야 합니다. 조건이 맞아서 고장이 났듯이 조건이 맞아야 고칠 수 있는 것이지요. 인생이 고장 나는 원인은 대개 유연함의 상실에서 기인하는 경우가 태반입니다. 삶을 대하는 자세나 인생에 가해져 오는 자극에 대한 반응, 그리고 삶을 운용하는 기술에 유연함이 사라지면 인생이 고장 날 확률은 그만큼 높아집니다.

'태강즉절太剛則折'이라는 고사성어가 있습니다. 너무 세거나 뻣뻣하기만 하면 꺾어지기 쉽다는 뜻이지요. 유연한 사고와 융통성 있는 자세를 지니세요. 당신의 마음을 정화하여 스스로 부드러움의 위대함을 갖출 수 있도록 하세요. 너무 잦은 고장이나 너무 크게 고장 난 인생은 회복이 불가능할 수도 있습니다. 호오포노포노가 시간을 이길 수는 없으니까요.

" 나는 내면도 외면도 유연하다"

먹는 행위는 단순하게 육체적 건강이나 정신적 즐거움, 그것만이 다가 아닙니다. 먹는 행위는 삶에서 더 높은 차원의 영향력입니다. 그중에서 당신이 명심해야 할 것은 음식이 물질적인 부분에까지 영향력을 행사한다는 점입니다.

귀하게 여길 것, 적당히 먹을 것, 감사히 여길 것, 전체적 존재로서 음식을 대할 것, 식탐을 경계할 것, 이것은 당신이 음식에 대하여 당연히 지녀야 할 태도이며, 이러한 마음가짐이야말로 음식에 대한 참 정화입니다.

" 나는 음식을 같은 존재로서 대한다"

밝고 행복하고 풍요롭고 기쁜 삶을 원한다면 노래를 듣는 것에도 까다로워야 합니다. 당신은 감정이 휘두르는 칼에 맞서 싸워 이길 수 있는 무기가 없기 때문입니다. 감정이 당신을 한없이 슬픈 나락으로 밀어 떨어뜨릴 때, 호오포노포노가 손을 내밀어 건져 올려 주기란 결코 만만치 않습니다.

슬프고 어둡고 한스러운 노래는 '미용고사'와 반대되는 부정적 에너지입니다. 그러므로 당신은 아무리 멋지고 감동적이며 명곡이라 하여도 슬픈 음악은 멀리하는 것이 좋습니다.

음악은 음식과 같은 것, 슬픈 음악은 몸을 아프게 하는 상한 음식과 같은 것입니다. 먹으면 탈이 나지요. 슬픈 음악을 가까이하면 인생에 어두운 그림자가 드리워집니다. 호오포노포노로도 거두기 어려운 짙은 그림자입니다. 멀리하는 것이 최고의 정화이지요.

"나는 밝은 음악을 좋아한다"

내 안에는 스스로 우울하고, 스스로 슬프고, 스스로 외롭고, 스스로 괴롭게 하는 것을 즐기는 '못된 나'가 있고, 평온함을 선택하고 기쁨을 선택하고 행복을 선택하고 편안함을 선택하려는 '밝은 나'가 있습니다.

못된 나는 틈만 나면 감정을 어두운 쪽으로 몰아가려 하고, 못된 나는 그것을 즐기면서 '전체의 나'가 그 부정적 상황에서 빠져나오지 못하도록 부추깁니다. 마치 그것이 당연한 것처럼.

대부분의 경우 못된 나는 밝은 나보다 더 강하고 더 끈질기고 더 빠릅니다. 그래서 우리는 자주 쉽게 부정적 감정 상태에 빠지고, 한 번 그 상태에 빠지면 한참의 시간이 지나도록 무기력함에서 벗어나지 못하며, 나중에는 스스로 그 상황이 편안해지기까지 합니다. 그렇게 부정적 에너지에 익숙해져 가며, 그렇게 인생은 어두운 에너지들을 불러들이게 됩니다.

정화하세요. 당신 안의 '못된 나'를 정화하세요. '못된 나'가 더 이상 기고만장해지지 않도록 당신 안에 사랑과 밝은 빛을 가득 채우는 작업을 멈추지 마세요. 호오포노포노가 도울 것입니다.

"나는 못된 나를 이해하고 용서한다"

모든 삶은 문제를 포함하여 구성됩니다. 삶에서 문제는 당연한 것이지요. 잘나가는 사람이든 못 나가는 사람이든 부자이든 빈자이든 나이가 많든 적든, 누구의 인생에나 문제는 발생합니다. 문제의 발생은 살아있음의 증명입니다.

불평만 하거나, 회피하거나, 팔을 걷어붙이고 나서거나, 사람들은 문제 앞에서 다양한 모습을 보이지만, 진짜 문제는 문제를 못 푸는 데 있는 것이 아니라, 문제를 아예 풀려고 하지 않는 것, 문제를 회피하고 문제에서 도망치는 데 있습니다.

문제는 불평한다고 저절로 해결되지 않습니다. 외면하거나 회피하는 것은 문제를 더 문제답게 만드는 최악의 행위입니다. 문제는 가만히 앉아서 호오포노포노 정화 언어만 읊조린다고 풀리지 않습니다. 문제에 대한 진짜 정화는 답을 찾아 나서는 것입니다. 해결하려는 의지를 품고 몸을 일으켜 답을 찾아 나서는 것, 그것이 진짜 호오포노포노이며 문제를 해결할 수 있는 최적의 방식입니다.

" 나는 문제 앞에서 도망치지 않는다 "

모든 생명은 우리가 과학적으로 액체라 부르는 '물의 도움'으로 존재합니다. 물은 만물에 대하여 근원의 힘이며 절대 요소입니다. 지구의 70%가 물이고, 인체의 구성 또한 그 정도의 양이 물로 되어 있음은 결코 우연이 아닙니다. 물의 질이 곧 지구의 질을 좌우하고, 물의 질이 곧 인체와 인생을 좌우합니다. 왜냐하면 인간은 세포의 조합인데, 세포 또한 거의 대부분이 물로 구성되어 있기 때문입니다.

살아서, 살아서 행복하라

'나' 안의 물이 달라지면, '나'가 달라지고, '나의 인생'이 달라질 수 있다는 것을 과학은 말하고 있으며, 실제로 물에 대한 여러 증명은 많은 전문가들에 의해 속속들이 이루어지고 있습니다. 다만 그것을 인생에까지 확장시켜 연결하지 못할 뿐이지요.

호오포노포노에서는 물을 이용하는 정화법으로 블루 솔라 워터를 권하고 있습니다. 그러나 블루 솔라 워터보다 더 좋은 것은, 그 물이 어떤 물이든 상관없이 물을 마실 때마다 물에게 좋은 말을 해 주는 것입니다.

"사랑해", "고마워"라는 기본적인 사랑의 말도 좋고, "내 몸을 부탁해", "나에게 힘을 줘" 등 목적을 담은 말을 해 줘도 좋습니다. 과학적으로 당신은 물이라 해도 지나치지 않습니다. 물을 마실 때마다 물에게 당신의 사랑을 전하세요. 그것은 세포까지 정화할 수 있는 놀라운 시도입니다. 당신은 물이 아니라 사랑을 마십니다. 용기를 마시고, 풍요에너지, 행복에너지를 마시는 겁니다.

"나는 물을 마실 때마다 물에게 사랑을 전한다"

당신에게 가방은 무엇입니까? 물건을 담는 도구입니까? 아니면 멋을 부리기 위한 장식입니까? 인간에게 가방은 무엇입니까? 만약 가방에게 이 질문을 한다면 가방은 뭐라고 대답을 할까요? 그 대답은 딱 한 가지입니다. "인간에게 가방은 인생이다"

가방은 비싸고 명품인 것이 중요한 것이 아니라, 그 안의 '에너지 상황'이 중요합니다. 가방에는 자연적으로 여러 물건이 담기지만, 가방은 단순히 물건을 담는 역할만 하는 것이 아닙니다. 가방 안의 에너지와 그 주인의 삶 에너지는 서로 닮아갑니다. 더불어 가방 안의 상태와 그 주인의 인생 상태도 닮아갑니다.

가방에는 그 사람의 마음, 그 사람의 정서, 그 사람의 생각, 그 사람의 일, 그 사람의 에너지가 고스란히 담기고, 그 모든 것의 종합은 가방 안에 고유한 에너지를 생성하며, 그것은 곧 그 주인의 인생에 깊이 관여를 하게 됩니다.

가방을 정리하세요. 자주 그리하세요. 그것은 당신의 독서만큼 중요하고, 당신의 엉뚱한 노력보다 더 대단한 효과를 보장합니다. 호오포노포노의 사랑을 당신의 가방에게 전달해 보는 것은 어떨까요?

" 나의 가방은 언제나 정리가 잘 되어 있다"

사람은 자신도 모르게 무의식적으로 상대방을 살피고 판단하고 점수를 매깁니다. 또한 자신의 감각을 이용하여 상대방에 대하여 일정한 느낌을 형성합니다. 이렇게 해서 얻어진 자신의 판단과 느낌에 근거하여 상대방을 대합니다.

물론 이해관계에 따라 대하는 것이 달라지기도 하지만 그것은 특수한 경우에 해당하고, 대체로 사람은 자신의 판단 기준에 의해 상대방을 대하기 마련입니다. 문제는 이것이 다분히 주관적일 수 있다는 점입니다. 그러므로 당신은 사람에 대한 판단의 확정을 최대한 늦추는 것이 좋습니다.

어떤 사람에 대하여 한 번 생성된 선입견이나 편견은 좀처럼 바꾸기 어렵고, 이는 자칫 내게 은인이 될 사람을 적으로 돌리는 우를 범할 수 있습니다. 인간관계를 정화하는 첩경은 '사람에 대한 올바른 판단과 응대' 라고 할 수

살아서, 살아서 행복하라

있습니다. 사람에 대한 판단을 유보하는 것은 대부분 유리한 작용을 합니다.

" 나는 사람에 대한 판단을 함부로 하지 않는다"

부자들을 만나면 질문을 던져 봅니다.

"원칙이 있다면 무엇입니까?"

대답이 사람마다 약간의 차이가 있기는 하지만, 공통된 원칙이 하나 있습니다.

"재수 없는 사람을 멀리한다"

부자들은 사람에 대해서 민감하고 철저하며 소홀하지 않습니다. 그들은 보편적으로 잘 풀리지 않는 사람, 운이 나쁜 사람, 하는 일마다 실패하는 사람과는 되도록 멀어지려 노력합니다. 밥 한 끼, 술 한 잔 마시는 것도 그들은 사람을 가려가며 합니다. 사람은 사람에게서 가장 많은 영향을 받기 때문이지요. 당신은 어떻습니까?

일상의 관리가 바로 인생을 정화하는 가장 훌륭한 방식입니다. 사람에 귀천을 두라는 것이 아닙니다. 사람은 누구나 귀한 존재라는 것은 변할 수 없고, 절대 변해서도 안 되는 귀중한 진리입니다. 다만 인생을 운용함에 있어서는 사람에 대한 관리가 중요하다는 것입니다. 사람은 곧 에너지이기 때문입니다. 사람에게 사람이 가장 큰 영향력이기 때문입니다. 인생이 밝은 흐름에 있는 사람을 가까이하는 것, 호오포노포노의 사용이 그곳에서 행해지도록 한다면 당신의 삶 또한 밝음을 향해 갈 것입니다.

" 나는 사람에 대해 늘 깨어있는 사람이다"

채움과 비움, 이것은 존재의 법칙입니다. 그런데 사람들은 음식에서만 이 법칙을 지키고, 나머지 부분에서는 이 법칙을 위반하고 '채움'만 더 하려 합니다. 바로 이것이 삶을 탈 나게 하고, 세상을 탈 나게 하는 이유인데도 말이지요.

몸이든 마음이든 감정이든 음식이든 돈이든 지식이든 기쁨이든 슬픔이든 물건이든, 당신 인생 안의 모든 것은 '채움과 비움의 법칙'에서 벗어날 수 없습니다. 채움과 비움을 균등하게 하십시오. 그러기 위해서 당신은 '비움 하기'를 늘려야 합니다. 돈을 버는 것은 채움의 행위이고, 내가 아닌 다른 대상을 위해 비용을 지불하는 것은 비움의 행위입니다.

'비움'은 호오포노포노 정화의 핵심입니다. 사람들은 비우려 하지 않은 채 정화라는 말을 입에 달고 살아가지만, 비움 없는 정화는 실현 불가능한 계획임을 당신은 알아야 합니다. 무엇보다 '비움'을 잘해야 '채움'이 풍성해집니다.

" 나는 비움 하기를 잘하는 사람이다 "

사랑은 진짜로 곁에 있어 주는 것입니다. 몸만 함께 있는 것이 아니라, 마음도 영혼도 함께 있는 것이 사랑입니다. 사랑은 '지금 함께 있는 것'입니다. 몸은 현재에 있으면서 생각은 과거의 후회나 미래의 걱정으로 향한다면 그것은 지금 사랑하는 것이 아닙니다. 당신이 지금의 시간에 없는데 어떻게 사랑할 수 있으며, 당신이 곁에 없는데 어떻게 사랑을 줄 수 있으며, 당신의 마음이, 당신의 영혼이 딴 곳에 가 있는데 어떻게 온전한 사랑이 가능하겠습니까?

또한 사랑은 집중입니다. 돋보기와 같이 집중된 힘, 사랑은 그래야 합니다.

마음이 집중하고, 몸이 집중하고, 생각이 집중해야 합니다. 집중이 아니면 당신은 절대 사랑을 줄 수도, 받을 수도 없습니다.

사랑은 끝까지 하는 것입니다. 사랑은 누구나 할 수 있고, 많이 사랑하는 것도, 깊이 사랑하는 것도 누구나 할 수 있습니다. 그러나 그것을 끝까지 하기는 아무나 할 수 있는 것이 아닙니다. 오직 진짜 사랑을 하는 사람만이 가능한 일이지요. 진짜 사랑을 하세요. 그것을 끝까지 하세요. 당신의 인생 안에서 그리 하세요. 호오포노포노의 요체는 사랑입니다.

"나는 진짜 사랑을 한다"

가끔 당신의 소비 형태를 점검하세요. 돈이든 시간이든 마음이든 몸이든 어떤 가치든 어떤 에너지든 소비 형태를 살피세요. 낭비는 '쓰임을 함부로 하는 것', 그것은 예의가 아닙니다. 내 주머니에 있는 돈에 대한 예의가 아니고, 내게 주어진 시간에 대한 예의가 아니며, 내 마음에 대한, 내 몸에 대한, 내 인생에 대한 예의가 아닙니다. '잘하는 소비'를 하세요. 잘하는 소비는 곧 현실에 대한 정화입니다. 소비 후에 행하지 말고, 소비 전에 호오포노포노를 하세요.

매우 드물기는 하지만, 때때로 우리는 영감적 소비를 해야 하는 순간이 있습니다. 높은 차원의 지시에 의한 이러한 소비는 대부분 큰 행운을 가져오거나, 결정적 역할을 하는 소비가 되지만, 이때 잠시라도 망설이면 어느새 의식이 침견해서 그 기회를 날려 버리는 경우가 대부분입니다. 영감적 소비의 순간이 오면 망설이지 마십시오. 결코 쉽지 않은 이것을 당신이 해낸다면 당신은 큰 기회를 얻게 될 것입니다. 당신의 올바른 소비는 정화의 역할이 되고,

당신의 그릇된 소비는 정화를 필요로 하는 부정된 역할이 됩니다.

" 나는 올바르고 잘하는 소비를 한다 "

인생은 '움직임의 결과' 입니다. 눈이 움직이고, 입이 움직이고, 손이 움직이고, 발이 움직이는 등 '몸 움직임' 의 결과가 반복되는 것, 그것이 곧 인생입니다.

몸의 움직임은 '내면의 설정' 에 의해 작동의 유무가 달라집니다. 예를 들면 "나는 콩이 싫다" 는 설정이 되어 있는 사람은 콩이 들어간 밥은 물론 콩으로 만든 반찬은 아예 손도 대지 않고, "돈을 버는 데 있어서는 수단과 방법을 가리지 않아야 한다" 는 설정이 되어 있는 사람이라면 과정은 크게 개의치 않습니다.

지식, 마음, 생각, 감정, 감각 등 내면의 다양한 기능들은 서로 유기적으로 정보를 교환하면서 하나의 결론을 만들어 내는데, 그 밑바닥에는 미리 정해져 있는 '설정' 이 있으며, 내면의 기능들은 그 설정에 의해 각기 다른 반응을 보이는 것이지요.

그렇다면 '내면의 설정' 은 어떻게 만들어지는 것일까요? 우리 안의 설정은, 무언가에 대한 자신의 '이해와 믿음을 토대로' 형성됩니다. 인간은 자신이 이해하지 못하고, 인정하지 못하는 것에 대해서는 믿음을 갖지 않습니다. 그러므로 당신은 무엇이든 제대로 이해하고 난 다음에 그것에 대한 믿음을 갖는 것이 중요합니다.

내면의 설정은 움직임을 결정하고 조종하는 프로그램이라고 할 수 있습니다. '진실을 제대로 정확히 아는 것' , '제대로 정확히 이해하는 것' , '그 후

살아서, 살아서 행복하라

에 믿음을 갖는 것' 이것은 내 안의 프로그램에 대해 정화하는 것이며, 호오
포노포노를 통하면 더 수월해집니다.

" 나는 정확히 알고 이해한 후 믿음을 갖는다"

많은 것들이 시간과 더불어 성장합니다. 성장과 시간은 대부분 비례하지
요. 그러나 '삶의 질'은 다릅니다. 시간이 지날수록 삶의 질이 성장하는 경
우도 있지만, 그보다 더 많은 인생에서 시간이 지날수록 삶의 질이 거꾸로 향
하고 있습니다. 이유는 많습니다. 하지만 대부분 회복 가능한 이유들이지요.

'성장하기'를 소망하십시오. '성장하는 삶'을 지향하십시오. 시간이 지
날수록 삶의 질이 더 나아지는 삶을 완성하세요. 살아갈수록 더 나은 삶, 살
아갈수록 더 좋아지는 삶을 완성해 나가세요.

마음이 성장하고, 영혼이 성장하고, 인생이 성장하는 오늘을 살아가세요.
그저 그렇게 살다오라고 신이 당신에게 생명의 숨을 불어넣은 것이 아닙니다.
그것은 신의 의도가 아닙니다. '부디 행복하게 잘 살다오라', 당신에 대한 신
의 마음은 바로 그것이었습니다. 호오포노포노의 필요는 '존재의 성장'에 있
습니다.

" 나는 매일 성장한다"

나에 대하여, 나의 인생에 대하여 세상이 이해해 주기를 바라는 마음, 인
간의 내면 저 깊은 곳에는 그러한 기대 심리가 잠재되어 있습니다. 그때마다
"그렇지는 않을 것이다", 어렴풋이 우리의 내면에서 진실이 들려오지만, 우리

는 차마 그 진실 앞에 나설 용기가 없습니다. 그리고 어느 날 그것이 아니라는 것을, 세상은 매우 원칙적이라는 것을 확인하는 순간 우리는 상처를 받습니다. 미리 알았으면서도 애써 외면했기 때문입니다.

바로 그것을 당신은 정화해야 합니다. 세상의 법칙에 순응하지 못해 나약해지고 자주 상처받는 당신의 자아를 정화해야 합니다. 산다는 것은 세상의 원칙과 법칙을 무작정 거슬러서 잘해낼 수 있는 것이 아닙니다.

성화는 삶을 잘 해내기 위함입니다. 세상에 대한 진실을 먼저 봐야 하고, 세상에 대하여 내 안에 정립되어 있는 개념들과 원칙들을 새롭게 정화해야 함을 의미하는 것, 그것이 호오포노포노의 역할입니다. 당신의 인생이 펼쳐지는 세상이라는 무대에 대한 사실적 인정과 당신만의 원칙을 마련하는 것, 그것이 지금 호오포노포노를 통해 당신이 해야 할 일입니다.

인간이란 내 안에 정립되어 있는 다양한 개념들을 원칙으로 하여 움직이는 존재입니다. 내가 의식을 하든 그렇지 않든, '나'는 내 안에 정립되어 있는 다양한 개념들이 상호유기적인 작용을 함으로써 움직이게 됩니다. 무의식적 반응으로 보이는 반사적인 행동들도 자신의 내면에 정립되어 있는 개념들을 바탕으로 하여 일으켜집니다. 세상에 대한 당신 내면의 개념들을 정화하세요. 당신 안에서 새롭게 정립되는 개념들이 만나게 될 세상을 정화하세요.

" 나는 사실에 입각하여 사고하고 움직인다"

"시대를 잘못 만나…" "시대를 잘못 타고 태어나서…", 우리는 실패한 영웅에게 위와 같은 말을 합니다. 이 말이 어찌 영웅에게만 해당할까요? 아닙니다. '시대를 잘못 만나' 실패한 이들은 우리 주변에도 얼마든지 많습니다.

살아서, 살아서 행복하라

'시대'는 큰 환경입니다. 시대는 큰 무대입니다. 그 환경에 적응하는 자는 성장하고, 그 환경에 적응하지 못하는 자는 퇴보합니다.

어느 시대를 막론하고 그 시대에는 그 시대만의 고유한 문화가 형성됩니다. 문화란 다수의 욕망이 지향하는 방향이며 결과이지요. 그렇다면 무엇을 해야 합니까? 시대의 문화에 알맞은 사람이 되려는 시도를 해야 합니다. 여기서 알맞다는 것은 무작정 그 시대의 문화에 편승하라는 것이 아닙니다. 적절히 조화하라는 것이지요. 시대의 흐름과 조화하지 못하고 무작정 고집만 부리고 있는 낡은 의식을 정화해야 합니다.

" 나는 시대의 흐름과 조화를 이룬다"

우리에게 '실천 불가능한 절제'는 많지만, '절제 가능한 욕망'은 많지 않습니다. '제어 불가능한 욕망'은 많아도, '제어 가능한 욕망'은 많지 않습니다. 욕망을 잘 사용하기란 매우 어려운 일입니다. 욕망은 풍요를 이루는 훌륭한 도구이면서, 가난을 부르는 추악한 도구입니다. 욕망은 행복의 재료이면서, 동시에 불행의 재료입니다. 욕망을 잘 다루십시오. 욕망을 잘 다룬다는 것은, 무작정 억누르는 것이 아닙니다. 말 그대로 잘 사용하는 것을 의미합니다.

아무 욕망이 없는 청년, 욕망을 놓지 못하는 노인, 이 둘의 공통점은 많은 사람을 슬프게 한다는 점입니다. 욕망을 잘못 사용하기 때문이지요. 욕망은 세상에 대하여 알맞은 기능과 역할이 있는 법입니다.

욕망을 잘못 사용한 결과는 호오포노포노의 뛰어난 정화법으로도 쉽게 정화할 수 없습니다. 아무리 뛰어난 의술로도 죽은 자를 살릴 수는 없듯이, 호오포노포노 정화법이 아무리 뛰어나다고 해도 마찬가지입니다. 욕망의 쓰임 이전에 사용돼야 하는 것, 그것이 욕망에 대한 호오포노포노의 올바른 사용입니다.

" 나는 욕망을 잘 사용하는 사람이다"

몸의 흉터는 그 크기에 따라, 그 흉함에 따라, 그 드러남에 따라 나에 대한 사람들의 판단을 움직이게 되고, 그들과 나의 관계에 영향을 줍니다. 마음의 흉터는 그 깊이에 따라, 그 강도에 따라, 그 드러남에 따라 인생에 대한 에너지의 흐름을 움직이게 되고, 감정을 흔들어 대며, 인생과 나의 관계에 영향을 줍니다.

몸의 흉터는 드러나 있지만 가릴 수 있고, 마음의 흉터는 드러나지 않지만 가릴 수가 없습니다. 그러므로 되도록 마음에 상처를 내는 경험을 줄여 가는 노력을 해야 합니다. 또한 이미 생긴 마음의 흉터와 영혼의 흉터가 있다면 덧나지 않고 곪지 않도록 평소에 자주 살피고 치유해 주어야 합니다.

인생에서는 강하고 깊게 경험된 것이 자주 되풀이되면 될수록 그에 알맞은 기운이 형성되는 법인데, 그것이 부정적인 것이면 인생에 밝은 빛이 깃들기란 굉장히 어렵게 됩니다. 흔히 말하는 '기구한 인생'은 그렇게 시작되고 굳어집니다.

마음과 영혼에 흉터가 남는 것을 경계하십시오. 마음과 영혼에 새겨지는 흉터가 선명하면 선명할수록, 강하면 강할수록, 인생은 점점 더 어둡고 막막해지며, 어지간한 의지와 노력으로 인생을 회복시킬 수 없게 됩니다. 상처받을 일에서 멀어지는 것, 그것은 정화 이전의 정화입니다.

호오포노포노를 흉터가 생긴 후에 흉터에 바르는 약처럼 사용하기보다는,

살아서, 살아서 행복하라

흉터가 생길 일을 줄이는 데 사용되도록 하는 것, 그것이 가장 바람직한 사용법입니다.

" 나는 흉터를 만들지 않는다 "

어떤 음식을 수용하느냐에 따라 몸의 형태와 질이 결정되고, 어떤 진리와 지식, 그리고 정보를 수용하느냐에 따라 인생의 형태와 질이 결정됩니다.

태어나서 영아기, 유아기, 어린 시절까지 인간은 오직 수용적 인간으로 성장을 합니다. 그 시기에 인간은 오로지 '받아들임에 전념' 할 뿐이며, 그것은 거부할 수 없는 수용입니다. 자신도 모르게 자신의 사고와 행동에 지대한 영향을 미칠 정보들을 거의 무차별적으로 수용을 하며 성장을 하지요. 그때는 불가항력이었습니다. 하지만 어른이 된 지금은 달라야 합니다. 수용을 조절할 줄 알아야 합니다.

수용된 것은 그것이 무엇이든 다시 밖으로 나오는 법, 수용이란 사고와 행동의 기초가 되는 작용입니다. 수용의 종류와 방식에 마음을 기울이기 바랍니다. 독을 수용하면 몸이 죽고, 부정한 정보를 수용하면 인생이 죽게 됩니다. 이는 정화 이전에 실행되어야 하는 것으로 정화를 예방하는 다른 방식의 정화입니다.

독을 먹은 후에는 아무리 훌륭한 해독약이라고 해도 완전한 재생을 보장할 수 없습니다. 인생의 일도 마찬가지입니다. 호오포노포노는 수용 단계에서 미리 사용하는 게 좋습니다.

" 나는 차별적 수용을 한다 "

정화가 필요한 상황들 중 그 원인이 '쉼'에서 비롯된 경우는 의외로 많습니다. 휴식이 주어지는 시간을 잘못 보내는 사람들이 꽤 많습니다. 술이나 유흥, 기타 올바르지 않는 방식의 쾌락 등으로 쉼의 시간을 잘못된 즐거움으로 소비하는 사람들이 있습니다. 쉬는 날에 옳지 않은 무언가를 하느라 에너지를 다 소모하고, 쉼의 시간이 끝난 후에 더 절실하게 쉼이 필요한 상태가 되는 사람들, 그 삶이 과연 평온할 수 있을까요?

쉼이 지나치면 일상이 따분해지고 권태로워집니다. 권태는 재미에 쉽게 유혹되거나 반대로 어떤 것에서도 재미를 느끼지 못하게 되는데, 어느 쪽으로든 결과가 좋지 않기는 매한가지입니다. 이렇듯 쉼이 권태를 낳고 권태는 유혹을 낳고 유혹은 불행을 낳는 인생은 우리 주변에서 얼마든지 볼 수 있습니다.

쉼이 쉼의 역할을 못 하고 부작용을 낳는 경우는 의외로 많습니다. 쉼은 대충 보내도 좋은 것이 아닙니다. 잘못 보내도 괜찮은 것은 더더욱 아니지요. 삶을 더 잘하기 위해 에너지를 충전하는 것, 그것이 바로 쉼입니다.

더 잘 해야 할 때를 대비해서 좋은 에너지를 만드는 시간, 그것이 바로 쉼의 시간입니다. 쉼을 잘하는 것, 그것은 정화가 필요한 상황을 줄이는 예방 차원의 정화입니다.

" 나는 쉼의 시간을 온전한 쉼으로 보낸다"

우리의 내면에는 움직임을 좌우하는 여러 스위치가 있습니다. 평소 내면의 스위치에 관심도 없고 방치하게 되면, 꺼져야 할 스위치가 켜지고, 켜져야 할 스위치는 켜지지 않는 일이 자주 발생합니다. 내버려 두니까 스위치가 켜졌다

살아서, 살아서 행복하라

꺼졌다 마음대로 작동하게 되고, 뒷수습은 오롯이 우리 인생의 몫으로 남게 됩니다.

깨어 있지 않고 의식을 지금에 두지 않으면 스위치는 제멋대로 켜졌다 꺼졌다 반복하게 됩니다. 인생이 수월해지려면 각각의 스위치가 켜져야 할 때 켜지고, 꺼져야 할 때 꺼져야 합니다. 스위치를 조절하세요. 상황에 맞게 꺼져야 할 스위치는 꺼지고 켜져야 할 스위치는 켜질 수 있도록 스위치를 조절하세요. 이것은 내면에서 몸의 움직임을 조절하는 의식적 정화입니다.

"나는 언제나 알맞은 스위치가 알맞게 켜진다"

어느 인생에나 시련은 있게 마련입니다. 지극히 당연한 현상입니다. 시련을 만나게 되거든 불평하거나 좌절하기 전에 일단 멈추는 것이 좋습니다. 그리고 물어야 합니다. "이 시련은 내 인생에 어떤 역할을 하기 위함인가?", 그 물음에 대한 답을 기초로 하여 호오포노포노를 실행하고, 동시에 현실이 요구하는 행동을 하면 됩니다. 시련은 도저히 정복 불가능한 까마득히 높고 먼 고지가 아니라, 그저 삶의 한 작용일 뿐입니다. 우리가 하기 나름인 것이지요.

"나는 시련을 기회로 본다"

몸과 마음에 싱그러운 아침 햇살을 스며들게 하는 것, 숲에서 나무와 꽃들이 발산하는 향기를 양껏 들이마셔서 보는 것, 눈을 감고 새소리, 바람 소리를 세포들에게 들려주는 것, 두 팔을 벌리고 파란 하늘을 품어 보는 것, 비 내리는 날 흙냄새에 취해 보는 것, 화초의 살랑거리는 몸짓을 느껴보는 것, 부지런히 짐을 지고 오가는 개미떼들을 한참 물끄러미 바라보는 것, 세상에서 가장 맛있는 맛은 물맛임을 알아보는 것, 몸을 움직여 땀을 흘리고 성취와 보람을 경험해 보는 것, 이러한 경험들을 자주할 수 있는 당신이라면, 한때 잃어버렸던 신의 성품, 신의 마음을 다시 회복하게 될 것입니다. 이는 굉장한 것으로 당신이 꼭 해 보기를 권합니다. 당신은 본래 신의 마음을 품은 신을 닮은 존재였습니다.

" 나는 본래 신이었음을 안다 "

'인사人事' 가 '만사萬事' 입니다. 사람의 일에 사람만큼 중요한 역할을 하는 존재는 없습니다. 우리는 모두 서로에게 '쓰임의 존재' 입니다. 누군가는 내 인생에 쓰임이 되고, 나는 누군가의 인생에 쓰임이 됩니다. 좋은 쓰임을 하고 좋은 쓰임이 되세요.

인간은 사회적으로 다양하게 기능하는 존재이기 때문에 사람은 서로의 삶에 중요한 역할을 담당하고 있습니다. 그러므로 우리는 사람을 '씀' 에도 '쓰임' 에도 신중하고 지혜로워야 합니다.

인간 사회에서 일어나는 모든 일은 결국 사람이 주체입니다. 사람의 일에서 답은 언제나 사람에게 있습니다. 그래서일까요? 많은 사람들이 사람을 사람으로 대하지 않고, 그저 이해관계의 대상으로 간주합니다. 사람을 귀하게 여기세요. 다만 사람을 사람으로 대하세요. 그것이 관계에 대한 가장 향기로운 정화입니다.

타인을 내가 직접적으로 정화할 수는 없습니다. 아니 정화해서도 안 되겠지요. 왜냐하면 우리는 모두 서로가 서로에게 기능하는 존재니까요. 다만 사

살아서, 살아서 행복하라

람을 사람으로 대하세요. 그것이 사람에 대한 가장 아름다운 정화법입니다.

" 나는 사람을 늘 사람으로 대한다"

10일이든 20일이든 가끔 작정하고 '우연 일기 써 보기'를 권합니다. 우연히 만난 사람, 우연히 가게 된 장소, 우연히 떠오른 생각 등 우연히 발생한 이야기를 기록해 보는 거지요. 우연이란, 나를 둘러싼 보이지 않는 운세의 작용입니다. 우연히 일어난 일들을 살펴본다는 것은 현재의 내 운세 흐름을 객관적으로 살펴볼 수 있는 좋은 자료입니다.

운세의 흐름이 좋을 때는 우연히 만나는 사람도, 우연히 가게 되는 장소도, 우연히 일어나는 상황도, 우연히 떠오르는 생각도 다 좋게 다가옵니다. 운세의 흐름이 나쁠 때는 그와 반대입니다.

당신이 우연을 살펴야 하는 또 다른 중요한 이유는, 모든 우연은 결국 필연이 되기 때문입니다. 우연을 살피는 것은 보이지 않는 제3의 힘을 정화하는 차원 높은 정화입니다. 당신에게 아주 이로운 실천법이지요. 우연한 일에 대해 호오포노포노를 실행해 보는 것은 해볼 만한 시도입니다.

" 나는 우연을 살피고 기쁘게 수용한다"

당신의 눈에 보이는 당신보다 세상의 눈에 보이는 당신, 우주의 눈에 보이는 당신의 모습이 물질계에서는 더 중요한 가치를 지니게 됩니다. 당신에 대한 평가는 당신의 눈금이 아닌 우주의 저울에 기준을 두는 것이 좋습니다.

당신이 자신을 아무리 후하게 점수 매긴다 하더라도 우주가 매기는 점수

가 형편없다면 당신의 삶은 형편없어집니다. 당신은 언제나 에너지이며, 우주
는 언제나 그 에너지에 맞는 에너지대로 당신의 삶을 조종하려 합니다.

당신이 경험하는 모든 현상은 전부 에너지의 작용으로 일어나고, 모든 에
너지의 정점에는 우주 에너지가 있습니다. 가끔은 우주의 눈이 되어 자신을
바라보세요. 그리고 정화하세요. 우주 에너지와의 거래는 측량할 수 없는 크
기입니다.

" 나는 우주의 눈으로 나를 본다"

운이 좋다는 것은 잘 풀리고, 잘 통하고, 수월하다는 뜻입니다. 운이 나쁘
다는 것은 노력한 만큼 결과가 나오기는커녕 오히려 헛수고가 되기 십상이
고, 곤란한 일, 복잡한 일, 안 좋은 일이 겹쳐서 일어나며, 상황이 꼬이고 꼬이
기만 할 뿐 좀처럼 활로가 보이지 않는 흐름을 의미합니다. 이때는 사람도 일
도 상황도 모든 것이 다 안 좋은 쪽으로만 연결됩니다. 이렇게 운세의 흐름이
나쁠 때는 운동부터 시작해 보기를 권합니다. 인생의 주체인 나, 내 몸의 에
너지 순환부터 좋게 해 보기를 권합니다. 운동을 하면 혼란스러웠던 감정도
평온해지고 안정이 됩니다. 바로 여기서부터 차츰 좋은 흐름을 만들어가고
그것을 확장해 나간다면 비록 좋지 않은 흐름이라고 해도 피해는 최소화할
수 있습니다.

위기에 처했거나, 운세의 흐름이 하향 곡선을 벗어나지 못하고 있는 사람이
가장 먼저 해야 할 것은 바로 '운동'입니다. 호오포노포노와 운동이 손을
잡는다면 당신의 인생 수레는 분명 힘차게 구를 것입니다.

살아서, 살아서 행복하라

- 막히면 운동을 하라
- 운이 나쁠 때는 운동을 하라

운동을 하면 운세의 흐름이 전환됩니다. 운세의 흐름이 하향세에서 벗어나지 못할 때, 운동은 큰 힘이 될 수 있습니다. 운이 좋아야 할 당신, 부자가 되어야 할 당신, 성공해야 할 당신에게 강력하게 권합니다. 운동을 하세요. 운동은 운세의 흐름을 정화하는 최고의 비법입니다.

"나는 매일 운동을 하고 매일 운이 좋아진다"

일관되게 지켜야 하는 기본적인 규칙이나 법칙, 바로 '원칙'입니다. 원칙은 이치를 기본으로 하며, 목적을 달성해가는 데에 필요한 요소입니다. 당신의 꿈은 무엇입니까? 당신이 바라는 인생은 무엇입니까? 원칙을 마련하세요. 당신의 꿈은 현실이 되고, 당신은 그것을 더 빨리 더 완전하게 경험할 수 있을 것입니다.

정화하는 것보다 정화할 필요가 없는 것이 더 좋습니다. 정화를 해야 할 상황이라는 것은 '좋지 않은 상황'이라는 것을 의미합니다. 그것보다 정화할 필요가 없는 상황이 훨씬 더 편안하고 행복하겠지요. 원칙을 마련하고 원칙을 실행하는 삶에는 정화가 필요한 상황보다 정화가 필요하지 않는 상황이 더 많게 됩니다.

모든 성공자들은 자신만의 원칙을 세우고 그것을 철저하게 지키려고 노력합니다. 원칙을 세우세요. 그리고 그 원칙을 반드시 지키세요. 당신의 삶은 멋지고 아름다울 것입니다. 그 전에 호오포노포노에 대한 원칙부터 마련하는 것은 어떨까요.

"나는 나만의 원칙을 지킨다"

어느 인생에나 위기의 순간은 잠재되어 있습니다. 어느 누구나 위기를 자초하는 실수를 한 번쯤은 범하기 마련입니다. 위기에 대하여 호오포노포노 정화법은 책임을 자신에게 두고, 위기를 있게 한 내면의 이유들을 사랑으로 보듬으라고 말합니다.

위기에 빠진 사람에게 가장 급하고 중요한 것은 그 상황에서 '딱 한 발을 빼는 것'입니다. 이는 행동적 정화입니다. 위기 상황에서 호오포노포노식 사랑을 품고, 해야 할 행동을 취한다면 최대한 빠른 시간 안에 빠져나올 수 있게 됩니다. 당연히 피해는 최소화할 수 있습니다.

모든 위기 속에는 기회의 씨앗이 심어져 있기에, 위기는 사용하기에 따라 성장의 동력이 됩니다. 어쩌면 지금 당신은 그 갈림길에 서 있을 수도 있습니다. 망설이지 말고 시도하세요.

호오포노포노 정화법을 사용하면서, 행동으로 '딱 한 발 빼기'를 시도하면 위기는 점차 해결의 흐름으로 돌아섭니다. 그 길에서 당신은 만나게 될 것입니다. 더욱 성장해 있는 또 다른 자신을.

"나는 위기를 성장의 동력으로 사용한다"

잘 몰라서 잘못된 길에 들어서고, 알기는 알았는데 어쩌다 보니 잘못된 길에 들어서고, 잘 가고 있었는데 잠시 한눈을 파는 사이에 잘못된 길에 들어서

살아서, 살아서 행복하라

고… 인간으로서 인간의 길을 제대로 잘 가기란 참으로 어렵습니다.

우리의 목적지는 진리, 사랑, 행복, 평화, 자유 등으로 이루어진 따뜻하고 밝은 빛의 마을입니다. 그런데 우리는 자주 그곳이 아닌 다른 곳으로 향하는 길에 들어섭니다. 그대로 계속 가다 보면 빛의 마을과 정반대의 마을에 도착할 길을 말이지요.

우리는 언제든 길을 잃을 수 있습니다. 우리는 언제든 정반대의 길에 들어설 수 있습니다. 그렇지만 우리는 언제든 돌아설 수 있는 기회를 만나게 됩니다. 다만 그 기회에서 돌아설 수 있는 용기를 발휘하기가 쉽지 않을 뿐이지요.

돌아설 수 있는 용기를 내세요. '유턴하기'를 감행하세요. 당신은 의외로 자주 길을 잃을 수도, 잘못된 길을 갈 수도 있지만, 그때마다 유턴을 시도한다면 당신은 반드시 빛의 마을에 도착할 것입니다. 인생길에 대한 정화는 그런 것입니다. 돌아설 줄 아는 것, 바로 그 결단과 시도가 인생길을 정화하는 시작입니다.

" 나는 언제든 유턴할 수 있다"

권리와 의무의 불균형이 개인의 삶 곳곳에서 말썽을 일으키고, 사회 곳곳에서 시비와 다툼을 낳게 됩니다. 먹을 권리만 누리고 쌀 의무를 다하지 않으면 몸이 병드는 것처럼, 권리만 누리고 의무를 다하지 않으면 인생이 병들고 사회가 병들게 됩니다. 존재의 법칙은 몸이나 마음이나 세상이나 다르지 않습니다. 우리는 모두 의무적 인간입니다.

누리는 권리만큼 의무를 다하는 삶을 지향하세요. 그러한 삶의 방식은 세상을 정화합니다. 호오포노포노의 정신은 사랑과 책임입니다. 책임은 곧 권리에 대하여 의무를 다하는 것입니다.

" 나는 누리는 권리만큼 의무를 다하는 사람이다"

행복한 사람, 좋은 장소, 부자인 사람, 밝은 음악, 좋은 기운이 서린 물건, 올바른 습관 등 원하는 삶을 이루기 위해서는 좋은 에너지를 지닌 것들에 익숙해져야 합니다.

부자가 되고 싶다면서 부자하고 있으면 왠지 불편함을 느끼는 것, 가난한 사람들의 공통적인 특성 중 하나입니다. 바로 이 점을 당신은 잘 이해해야 합니다. 부유함과 익숙해지지 않기 때문에 당신의 인생이 부유함 속으로 가지 않는 것이니까요.

정화하세요. 원하는 것과 익숙함의 불일치함을 정화하세요. 익숙해져야 당신이 경험할 확률이 높아집니다.

당신이 원하는 삶, 그것에 당신의 체질이 익숙해지고, 당신의 기질이 익숙해지고, 당신의 감정이 익숙해지도록 하세요. 익숙하지 않은 것을 선뜻하려고 하는 사람은 없습니다. 익숙한 것은 중독성이 있습니다. 술에 익숙한 사람이 알코올 중독자가 되는 것처럼 말이지요. 당신은 무엇에 익숙한 사람입니까? 가난, 정체, 불화, 불편 이런 것들은 갈수록 낯설고, 부자, 순리, 화목, 편함 이런 것들은 갈수록 익숙해질 수 있도록 당신의 감정에 호오포노포노를 투입하세요.

" 나는 풍요롭고 행복한 사람이 편하고 익숙하다"

살아서, 살아서 행복하라

한 인생에 대해서, 운명의 목적은 범위에 제한을 두지 않고 인과율의 법칙을 그대로 실현함에 있고, 우주의 목적은 우주의 질서와 법칙을 그 삶에 철저하게 적용하려 함에 있습니다. 한 사람의 삶은 운명의 힘과 실재하는 우주 에너지 안에서 펼쳐집니다. 때로는 그 목적이 서로 충돌하기도 하고, 그 목적이 서로 먼저 임무를 다하고자 세력 싸움을 하기도 합니다. 삶에서 행복을 목적하였으나, 운명의 힘이 인과율의 법칙으로 방해하기도 하고, 우주 에너지가 우주의 법칙으로 방해하기도 합니다. 당신의 운명을 정화하세요. 당신의 인생에 대하여 우주의 뜻을 정화하세요.

" 나는 운명과 우주의 뜻을 정화한다"

장기적으로 인생을 목표하고 계획하고 살펴보는 일 따위에는 아무 관심도 없이, 하루하루 그저 살아지는 대로 살아가면서, 아주 형편없이 삶을 운용하면서, 입으로 매일 "사랑합니다, 미안합니다, 용서하세요, 고맙습니다" 정화하면 바라는 대로의 인생이 될까요? 당신은 정녕 그렇게 믿고 있습니까? 만약 그렇다면 당신은 지금 당신의 인생에게 대단히 큰 잘못을 하고 있는 중입니다. 그러한 방식으로는 결코 당신의 인생에 풍요함, 평온함, 행복함 등을 있게 할 수는 없을 테니까요.

인생이라는 것은 길고 긴 강을 따라 흘러가는 것과 같습니다. 물살의 속도는 어디에서 어떻게 달라질지, 강의 형태는 어디에서 좁아지고 넓어질지, 어느 지점에서 다른 물줄기를 만나고 그로 인해 흐름은 또 어떻게 될지, 바다에 잘 도달하려면 무엇을 어떻게 해야 할지, 언제쯤 바다에 이르게 될지 등에 대해서 미리 유추해 본다면 한결 수월할 테지요.

가끔은 인생 전반에 대하여 사색하는 시간을 마련하세요. 그 시간은 인생 전체를 위한 정화의 시간이 됩니다. 인생을 길게 살펴보는 이러한 시도는 막연하게 입으로 "사랑합니다, 미안합니다, 용서하세요, 고맙습니다" 하는 것보다 훨씬 더 이롭습니다.

인생의 한 지점에서 잠시 멈춰 인생에 대하여 사색해 보는 시간, 무엇보다 성스럽고 창조적이며 경이로운 시간입니다. 사라진 신성이 되살아날 수 있는 시간입니다. 호오포노포노와 함께 한다면 더욱 신성한 시간이 되겠지요. 사색하는 인생, 그것은 깨달음으로 가는 지름길이기도 합니다.

" 나는 인생을 사색한다"

어쩌면 운이 좋지 않아서였겠지만, 당신이 호오포노포노를 알게 된 것은 인생이 뜻대로 잘 풀리지 않아서였을 것입니다. 하지만 호오포노포노와 인연이 되었으니 결과적으로 당신은 운이 좋은 편입니다.

호오포노포노 정화법을 당신이 사용하려고 하는 것은 운을 좋게 하고 싶어서라고 할 수 있습니다. 하던 일이 잘되고, 인생이 술술 잘 풀리고, 원하는 일이 뜻대로 되게 하려는 마음인 것이지요. 호오포노포노는 당신의 그러한 마음을 충분히 만족시켜 줄 수 있습니다.

호오포노포노 정화법을 실천하면서 당신의 사고 패턴, 행동 방식, 인간관계, 습관 등 일상에 변화를 준다면 운은 분명 달라질 수 있습니다. 운을 좋게 하려면 먼저 변화를 주어야 합니다. 좋은 운이 와서 인생을 변화시켜 주기 전에 당신이 먼저 변화를 시도해야 합니다.

살아서, 살아서 행복하라

당신이 정화할 것은 '변화하지 않으려는 당신' 자신입니다. 새로운 운이 와서 당신을 변화시켜 주기를 기다리지만 말고, 당신이 먼저 변화를 시도하세요. 몸으로 변화된 행동을 하면서 마음으로 호오포노포노와 함께하세요. 그러면 흐름이 바뀝니다. 당신의 인생 안에서 좋은 운의 흐름이 형성되는 것이지요.

"나는 변화를 시도한다. 나는 운이 좋아진다"

본래 인간은 즐거움을 추구하는 존재입니다. 즐거움은 인생에서 행복 나무를 키우는 거름과 같습니다. 좋은 양분인 것이지요. 다만 올바른 즐거움이어야겠지요. 즐거움은 분명 행복인자입니다. 하지만 옳지 않은 즐거움을 찾는 사람들이 늘어나고 있는 것은 매우 걱정스러운 일입니다. 우리를 즐겁게 하는 것은 수도 없이 많지만, 그중 가장 강력한 즐거움은 '유흥'입니다. 아주 위험하고 치명적인 즐거움이지요.

자신이 알고 있는 방법 중에서 유흥이 스트레스 풀기에 최고라고 생각하는 사람들이 너무나 많습니다. 과연 그럴까요? 유흥이 정말 스트레스를 날려버리는 최고의 수단일까요? 대부분 그렇지가 않습니다. 유흥은 또 다른 스트레스, 더 극심한 스트레스를 자신의 인생으로 끌어들이는 결과로 이어진다는 것을 그들은 모르거나 잊고 있을 뿐입니다.

유흥을 인생에서 긍정적인 역할을 하게 하는 사람은 거의 찾아보기 어렵습니다. 유흥의 시작은 기쁨이지만, 보이지 않는 곳에서 동시에 슬픔이 시작되기 때문이지요. 유흥을 스트레스 해소나 인생의 활력소로 사용하기란 대단히 어렵고, 그럴 수 있는 사람은 그리 많지 않습니다. 유흥의 결과는 대부분 불행인자로 나타나기 십상입니다.

유흥은 습관이 됩니다. 유흥은 다분히 감각적인데 모든 감각적인 것은 때가 되면 싫증이 나고, 그래서 유흥이 습관이 되면 계속 다른 유흥을 찾게 된다는 점에서 스트레스를 풀기 위해 유흥을 선택하는 것은 매우 위험하고 어리석은 일입니다.

하지만 유흥이 진짜 무서운 이유는, 유흥을 즐기다 보면 숨겨져 있었던 부정적 기질들이 잠에서 깨어나게 된다는 점입니다. 그때는 호오포노포노로서도 말릴 수가 없게 됩니다. 최선은 그러한 경험을 사전에 차단하는 것뿐입니다. 일상에서 유흥을 멀리하는 것이지요.

유흥을 멀리하세요. 단 한 번의 경험도 허용하지 말아야 할 것이 바로 유흥에 의지하는 것입니다. 유흥은 시작 전이 아니면 정화의 힘으로도 막을 수가 없습니다. 호오포노포노도 어쩔 도리가 없게 되지요.

" 나는 유흥을 방편으로 삼지 않는다"

살다 보면 뜻하지 않은 이익이 발생할 때가 있습니다. 사람들은 이때 단순하게 기분이 좋아지고, 기분을 내는 것으로 뜻밖의 이익을 가볍게 사용해 버리지만, 이는 매우 안타까운 일이 아닐 수 없습니다.

뜻밖의 이익은 예정에 없었던 것으로 행운입니다. 행운이 발생했다는 것은 곧이어 그 반대의 것이 내 인생을 방문할 징조라 할 수 있습니다. 불운은 거듭돼도 행운은 거듭되지 않습니다. 당연히 대비하고 준비를 하는 것이 옳은

살아서, 살아서 행복하라

자세입니다.

이익이 생기거든 가장 먼저 해야 할 것은 베풂이요, 가장 중요한 것은 나중을 위해 아껴 쓰는 것입니다. 흐름상 이익의 다음 순서는 손해일 확률이 높기 때문입니다.

사람들은 이익이 생기면 대부분 한턱내는 것을 가장 먼저 하는데, 베풂과 한턱내는 것은 전혀 다른 성질의 소비입니다. 어느 인생에도 계속적으로 이익이 발생하지는 않습니다. 경제의 잣대로 보면 인생이란 이익과 손해의 반복 현상입니다. 뜻밖의 이익은 뜻밖의 손해를 가정하고 있는 일시적 현상입니다. 잘 사용하면 이익으로 남고 잘 사용하지 못하면 더 큰 손해로 이어지게 되는 것이지요.

사람들은 대체로 손해일 때는 호오포노포노를 열심히 하고 이익일 때는 호오포노포노에 대한 생각을 아예 하지도 않지만, 이는 호오포노포노를 굉장히 잘못 사용하고 있는 것이라 할 수 있습니다. 뜻밖의 이익이 당신의 인생에서 생겨난다면, 그 순간은 어느 시기보다도 더 호오포노포노가 요구되는 때입니다. 이것을 잘하는 사람이 결국 더 큰 이익을 얻게 됩니다.

"나는 이익이 생기면 바로 호오포노포노를 한다"

한 사람의 생에 대하여 우주는 잉태의 순간부터 그 마지막 순간까지 매우 정교하고 강한 힘으로 관여를 합니다. 우주는 모든 존재의 어머니이자, 모든 시작의 근원이며, 모든 존재를 지배하는 절대의 힘입니다.

인간은 자극과 반응의 존재이며, 우리 인간에 대하여 우주의 자극은 단 한 시도 동일한 방식, 동일한 크기, 동일한 성질로 주어지지 않습니다. 자연으로는 봄에서 겨울까지를 반복하는 환경적 자극으로 우리 인간의 삶에 관여하고, 그와 같은 에너지 흐름의 법칙으로 개인의 삶에 영향을 미칩니다. 그것을 우리는 '운명'이라고 부릅니다.

당신의 삶에 대한 우주의 뜻을 당신이 바꿀 수는 없습니다. 다만 우주의 뜻과 조화할 수는 있습니다. 당신 인생의 계절을 살피세요. 그 계절에 맞는 마음의 옷을 입고, 그 계절에 맞게 움직이세요. 그것이 당신의 인생에 대한 우주의 뜻을 정화하는 방식입니다.

" 나는 우주의 뜻과 조화를 이룬다"

"응원합니다"

주변 사람들을 응원해 주세요. 당신의 응원이 포기를 결심했던 마음을 돌리는 한마디가 되고, 절망에 빠진 사람에게 희망의 불씨가 되며, 잘하고 있는 사람이 더 잘하는 원동력이 됩니다.

"응원합니다"

자신에게 자주 들려주세요. 당신 안에서 '한 번 더 해 보자'는 오기가 생겨나고, 당신은 지금까지의 자신보다 더 잘 해내는 사람이 됩니다.

응원은 정화가 갖고 있지 못한 현실적·감정적 힘을 가지고 있습니다. 응원하세요. 호오포노포노 정화법이 위대한 것은 의심의 여지가 없지만, 응원의 작용력까지 대신할 수는 없습니다. 응원하세요. 호오포노포노를 응원하세요. 당신을 응원하세요. 당신의 인생을 응원하세요.

" 나는 나를 응원하고 타인을 응원한다"

잡념은 없애는 것이 아닙니다. 잡념은 지금 이 순간에 온전히 깨어 있지 못하고, 지금 이 순간의 삶에 집중하지 못하여 생각이 제멋대로 설치도록 방치하기 때문에 일어나는 현상입니다. 그러므로 의식을 오로지 지금 이 순간에 두고, 지금 이 순간의 삶에 집중하며, 지금 이 순간의 나, 지금 이 순간의 일, 지금 이 순간의 삶에 생각을 붙들어 두면, 잡념은 '일념—念'으로 바뀝니다.

잡념이 일념으로 전환되지 않으면 호오포노포노 정화법은 제대로 실행되지 못합니다. 잡념을 다스리세요. 진정으로 깨어 있기를 시도하세요. 지금 이 순간에, 지금 여기에 당신의 생각을 집중시키세요. 정화는 그때 가능한 실천법입니다.

"나의 생각은 늘 나의 삶, 지금에 집중한다"

가장 절망적인 것은 절망하기를 서둘러 결정해 버리는 것입니다. 버텨 보고, 길을 찾아보기를 그만하려는 상태야말로 진짜 절망해야 할 상태입니다. 아무리 스피드 시대라고 해도 절망만큼은 늦으면 늦을수록 좋습니다.

바라볼 것이 있으면 희망, 바라볼 것이 끊어지면 절망, 바라볼 것을 새롭게 설정하면 그만입니다. 절망도 자주 하면 습관이 됩니다. 다시 일어서기도 자주 하면 습관이 됩니다. 전자는 패자의 습관, 후자는 승자의 습관이지요.

상황이 어려워지거든 서둘러야 할 것은 절망이 아닙니다. 꺼진 불 속에 보이지 않는 불씨가 남아 있을 수 있는 법, 꺼진 불은 언제나 다시 볼 가치가 있습니다. 호오포노포노는 절망하기 이전에 사용해야 좋습니다. 하지만 절망 중에도, 절망 후에도 호오포노포노는 여전히 유효합니다. 끝까지 호오포노포노는 희망이기 때문입니다.

" 나는 어떤 상황에서도 절망하지 않는다 "

　직업이 무엇이든 당신의 직업을 사랑하세요. 직업이 무엇이든 당신의 직업에 자부심을 갖고, 직업에 감사하며, 직업을 존중하고, 직업에 최대한 예의를 다하세요. 호오포노포노는 언제나 있는 그대로에서 출발합니다. 있는 그대로를 소중히 여기며, 있는 그대로 그 자리에서 기쁨으로 출발합니다.

　지금의 직업을 사랑으로 기쁨으로 행복으로 감사함으로 대하면, 당신은 점차 더 나은 직업을 만나게 되거나, 지금의 직업 안에서 최고의 성장을 하게 됩니다. 이것이 호오포노포노가 당신에게 전달하고자 하는 직업에 대한 메시지입니다.

" 나는 나의 직업을 사랑한다. 존중한다. 예를 다한다 "

　"짜증나" 소리를 입에 달고 사는 사람들이 있습니다. 이들은 매일 짜증이 납니다. 이상하게 짜증 날 일이 많습니다. 내면의 주파수가 '짜증'에 맞춰져 있기 때문이지요. 짜증 나는 상황을 빨리 감지해 내고, 빨리 접속하기 때문에 짜증 나는 상황에 쉽게 반응하게 됩니다.

　짜증은 짜증을 부릅니다. 입에 '짜증 나'를 달고 사는 사람이 시간을 따로 마련해서 '미용고사'를 하면 삶이 평화로워질까요? 쉬운 일은 아니지만 가능합니다. 이럴 경우는 풍요나 평화를 위한 정화를 하기보다는, 먼저 '짜증 반응'을 진정시켜야 합니다. 호오포노포노의 실천을 '짜증 반응 해소'에 중

　　　　　　　　　살아서, 살아서 행복하라

점을 두는 것이 좋습니다. 상황을 재해석하는 습관을 갖도록 노력하면서 호오포노포노를 하면 그리 어려운 일만은 아닙니다.

짜증이 일상화되어 있는 내면 환경의 소유자라면, 설령 부자가 되고 성공한다고 해도 내면의 상황은 더욱 악화될 수 있습니다. 더 큰 화를 부를 수도 있습니다. 그러므로 외적 성장에 집중하기보다는 내적 안정을 먼저 이루는 것이 좋습니다.

" 나는 모든 상황에서 긍정을 발견한다 "

실수, 잘못된 선택, 실패한 인내, 견디지 못한 유혹 등 오류의 결과를 당연한 마음으로 책임지기 전에는 인생에서 온전한 변혁을 기대할 수 없습니다. 살아가면서 우리는 종종 인생을 혼란케 하고, 올바른 길을 가로막는 운명의 훼방꾼을 만납니다. 그때마다 우리가 확인하는 것은 그 방해꾼이 우리들 자신이라는 사실입니다.

내가 아는 것으로 잘못 선택을 하고, 내 생각이 나를 혼란케 하며, 내 감정이 나를 절망케 하고, 내 마음이 나를 가로막고 있다는, 그래서 더 곤란하고 더 아플 수밖에 없는 상황에 빠지게 됩니다. 그러나 우리는 그때마다 책임을 내가 아닌 다른 것들에 전가하고, 그것을 빌미로 변명을 합니다. 그리고 그러한 무책임하고 비겁한 방식의 대처는 우리의 인생을 더욱 곤란하게 합니다.

먼저 인정하세요. 그리고 선언하세요. "모든 것은 나의 책임이다", "나는 기꺼이 책임을 지겠다", 그리고 실제로 책임을 지세요. 그것이 설령 뼈를 깎는 고통이라고 하더라도 책임지기를 머뭇거리지 마세요. 그것이면 됩니다. 그랬을 때 당신의 인생에서는 빛이 자라고 새로운 희망의 에너지가 태동합니다.

풍요, 행복, 평화 등 높은 가치는 언제나 책임감을 요구합니다. 책임감이 없는 사람은 그 가치를 획득하기 어렵습니다. 권리는 의무를 다할 자세가 되어 있는 사람에게 주어집니다. 호오포노포노를 제대로 행하려면 책임져야 마땅한 것을 책임지려는 마음부터 지녀야 합니다.

"나는 책임을 온전히 책임진다"

자수성가한 사람들은 평범한 삶을 살아가고 있는 이들보다 훨씬 더 열악한 상황에서 처음을 시작한 이들이 많습니다. 그렇지만 그들은 강했습니다. 죽을 만큼 힘든 상황에서도 결코 포기하려는 나약한 마음을 먹지 않았고, 주머니에 돈 한 푼 없고 빚쟁이들이 독사처럼 달려드는 상황에서도 징징대거나 엄살 부리지 않았습니다. 그들은 진정 강했습니다.

그들은 비참하고 절박한 상황 속에서 늘 외쳤습니다. "버텨야 한다!", "그러면 기회는 반드시 오게 될 테니까!" 그들은 실제로 버텨냈습니다. 성공자와 실패자의 가장 큰 차이는 바로 이것입니다. 이것이 그들을 진정 강하게 했고, 이것이 그들을 어떤 상황에서도 굴복당하지 않을 수 있게 했습니다. 그들은 참으로 강했습니다.

당신은 어떻습니까? 혹시 엄살을 부리고 있는 건 아닌지, 행여나 아직도 징징대고만 있는 건 아닌지, 냉철한 눈으로 자신을 볼 필요가 있습니다. 호오포노포노는 이때 더욱 빛이 납니다.

강자가 되세요. 진정 강한 사람이 되세요. 진정 큰 삶을 살아가세요. 당신은 충분히 할 수 있는 사람입니다. 당신을 아는 모든 사람이 당신은 충분히 할 수 있는 사람이라고 말하는데, 이 세상에서 단 한 사람, 오로지 당신만이

살아서, 살아서 행복하라

스스로를 믿지 못하고 있습니다.

정화하세요. 스스로를 불신하는 그 나약함을 정화하세요. 당신 안에 잠들어 있는 강자의 기질을 깨우세요. 호오포노포노를 거기에 투입하세요. 당신은 분명 승자의 삶을 얻게 될 것입니다.

" 나는 엄살을 부리지도, 징징대지도 않는다"

모든 공간에는 고유한 에너지가 형성되어 있으며, 그 공간에 머무는 존재는 그 공간의 에너지를 고스란히 받아들이게 됩니다. 우리는 알게 모르게 공간과 에너지로 교류를 합니다. 그러므로 당신은 당신의 집에 좋은 에너지가 흐르도록 해야 합니다.

집 청소와 정리는 당신의 인생에 매우 중요합니다. 집을 청소하고 정리하세요. 이는 집의 에너지를 정화하는 방법입니다. 당신에게, 당신의 인생에게 아주 유익한 정화이지요. 특히 정리는 매우 중요합니다. 에너지의 흐름을 좌우하기 때문입니다.

사람들은 대부분 보이는 것도 치우지 않으면서 보이지 않는 것을 정화하겠다고 합니다. 보이는 것도 정화하지 못하는 사람이 보이지 않는 것을 어떻게 정화하겠다고 하는 것인지, 참으로 안타까운 일입니다. 보이는 부분부터 잘 치우고 잘 정리하는 것, 진짜 정화는 그렇게 시작할 수 있습니다.

" 나는 집에 좋은 에너지가 흐르게 한다"

사실 '미용고사' 는 오로지 나를 중심에 두고 있는 말입니다. 나에게 이로움을 주겠다는 의도가 먼저인 것이지요. 하지만 "축복합니다", 이 말은 이익을 나에게서 타인에게로 돌리는 언어이며, 이 말을 타인에게 들려주는 것은 타인을 먼저 위하는 이타적 행위입니다.

축복하세요. 복은 경제적 가치를 목적으로 두기 때문에, 축복한다는 것은 타인의 주머니를 채워 주는 '덕의 행' 입니다. 축복은 다른 사람의 복을 빌어 주는 '큰 사랑' 입니다. 축복은 더 큰 힘과 거래하는 '큰 행위' 입니다.

"축복합니다" 는 훌륭한 정화 언어 도구가 될 수 있습니다. 이 도구는 타인에게 사용할 수도 있고, 자신에게도 사용할 수 있습니다. "축복합니다" 이 말을 정화 언어 도구로 삼아 보기를 권합니다. 당신이 타인을 축복하기를 즐겨 하면, 당신에 대한 축복은 우주와 신이 해 줄 것입니다.

" 나는 매일 축복한다"

평온한 표정은 사람을 끌어당기는 힘이요, 평온하지 않은 표정은 사람을 밀어내는 힘입니다. 평온한 표정은 행운을 끌어당기는 힘이요, 평온하지 않은 표정은 불운을 끌어당기는 힘입니다.

평온한 나가 평온한 환경을 만나는 것, 그것은 최고의 실력을 가진 선수가 최고의 컨디션으로 경기에 임하는 것과 같습니다. 평온한 나는 비록 평온하지 않은 환경을 만난다고 해도, 크게 흔들리거나 무너지지 않습니다. 평온함은 나와 내 삶을 온전히 바로 세울 수 있는 튼튼한 기반이 됩니다.

평온은 행복을 부릅니다. 평온은 풍요를 부릅니다. 평온하세요. '평온하기' 를 의도하세요. 평온하기를 시도하세요. 평온하기를 노력하세요. 평온하기는 또 다른 정화 행위입니다. 평온함은 조용하지만 엄청난 위력이 잠재되어 있는 정서적 가치입니다. 호오포노포노를 거듭하여 평온함을 얻기 바랍니다.

" 나는 늘 평온하다"

'한결같음' 은 큰 힘입니다. 한결같음은 큰 도움이 필요하거나 큰일을 목표로 했을 때 더 대단한 위력을 발휘합니다. 한결같음은 우주와 신의 마음을 움직일 수 있는 위대한 작전입니다. 하지만 아무나 쉽게 사용할 수 있는 계책이 못 되고, 긴 시간을 필요로 한다는 점은 한결같음이 지니고 있는 단점이기도 합니다. 그럼에도 불구하고 한결같음은 시도해 볼 가치가 넘치고도 남습니다. 굳은 신뢰, 꾸준한 에너지의 축적은 분명 인생에서 빅뱅을 이룰 수 있는 강력한 재료니까요.

한결같지 못해서 사랑이 깨지고, 한결같지 못해서 성공하지 못하고, 한결같지 못해서 부자 되기가 어려운 법인데, 영원한 사랑을 원하고, 성공을 원하고, 부자 되기를 원하면서 한결같기는 하지 않으려 합니다. 힘들기 때문이지요. 하지만 한결같기가 아무리 힘들고 어렵기로서니 가난하고 실패한 인생을 견뎌내는 것만큼 힘들까요?

사람들은 말합니다. 작심삼일도 어려운데 어떻게 한결같을 수 있느냐고. 그렇습니다. 한결같음은 거의 불가능합니다. 하지만 그렇기에 더 위대한 것입니다. 그만하고 싶을 때마다, 작심삼일의 유혹이 있을 때마다 호오포노포노의 도움을 받으세요. 나약해지려는 마음, 게을러지려는 마음, 유혹에 끌려가려는 마음을 정화하세요. 그것이 올바른 호오포노포노 사용법입니다.

" 나는 한결같기를 즐겨 하는 사람이다"

자신도 모르게 습관적으로 한숨이 나오는 것을 더 이상 방치하지 마세요. 그것은 부정적 에너지를 자신도 모르게 내 삶 속으로 끌어들이는 부정적 행위입니다. 습관적인 한숨은 정말로 한숨을 쉬어야 할 상황을 끌어오는 법이어서, 한숨은 쉬면 쉴수록 한숨 쉴 일이 늘어나게 됩니다. 한숨을 쉬면 일단 숨이 트이는 긍정적인 면이 없지는 않으나, 운세 흐름을 고려했을 때 한숨은 결코 이롭지 않습니다.

한숨이 나오려고 하면 일단 멈추고, 호흡을 깊고 길게 해 보는 쪽으로 시도해 보세요. 그리고 점차 감정을 평온하게 하고, 생각을 긍정적으로 하면서 호흡을 깊고 길게 해 보세요. 천천히 호흡을 깊고 길게 하다 보면 몸도 마음도 긍정적인 에너지를 얻게 됩니다.

한숨의 순간에 호오포노포노를 실천해도 좋습니다. 한숨이 나오려고 하면 잠시 멈추고, 호오포노포노 정화 언어를 되뇌 주는 것이지요. 그렇게 함으로써 내면의 환경은 점차 밝아지고 평화로워집니다.

"나는 한숨 대신에 호오포노포노를 한다"

성장한다는 것은 '또 다른 힘듦'을 맞이하게 됨을 의미합니다. 빨리 세게 달리면 부딪혀 오는 바람의 강도 또한 빠르고 거센 것처럼, 물질이든 정신이든 더 나아진다는 것은 그만큼 '더 강한 저항'을 마주한다는 것을 의미합니다. '힘듦'은 누구에게나 어느 인생에나 없을 수가 없습니다. 그것을 어떻게 받아들이고 어떻게 소화하느냐의 차이만 있을 뿐이지요.

성공이나 부유함 등 지금보다 더 높이 올라가려고 하는 사람들이 모르거나 착각하고 있는 것이 바로 이 부분입니다. 남들보다 높이 올라가면 힘들지

살아서, 살아서 행복하라

않을 것이라는, 남들보다 부자가 되면 힘들지 않을 것이라는, 남들보다 성공하면 힘들지 않을 것이라는 잘못된 믿음.

사람들은 남들보다 더 나아지면 남들보다 덜 힘들 거라는 믿음을 갖지만, 그것은 완전히 틀린 믿음입니다. 남들보다 삶이 더 나아진다는 것은 남들보다 더 힘들어진다는 것을 의미합니다. 다만 그 힘듦의 종류가 달라질 뿐입니다.

사람들은 지금보다 힘들지 않을 것이라는 기대를 품고 더 나아지는 삶을 꿈꿉니다. 완전하게 틀린 생각이지요. 힘듦의 종류만 달라질 뿐, 힘듦이 오는 방향만 달라질 뿐, 인생에서 힘듦은 완전하게 소멸되지 않습니다. 오히려 성장할수록 더 나은 삶이 될수록 힘듦은 더 강해지는 법이지요. 그러므로 힘들지 않기 위한 이유로 삶을 더 나아지게 하려는 생각은 애초에 갖지 않는 게 좋습니다.

힘들지 않기 위해서 부자를 꿈꾸지 마세요. 힘들지 않기 위해서 성공하려 하지 마세요. 그러면 그럴수록 삶은 더 힘들어집니다.

힘듦의 시기란 좀 더 많은 에너지가 투입되어야 하는 상황일 뿐입니다. 그러므로 당신은 힘듦을 당연한 인생의 구성 요소로 인정해 버리는 편이 훨씬 더 이롭습니다.

무엇을 정화해야 합니까? '힘듦'이 아니라, '힘듦'을 '힘듦'으로만 받아들이는 감정의 오류를 당신은 정화해야 합니다. 당신이 힘듦이라 여기는 그것은 인생을 구성하는 중요한 재료일 뿐이니까요. 힘듦을 힘듦으로 붙들고 있으면 삶은 진짜 힘듦 속에 빠집니다.

" 나는 힘듦을 힘들어하지 않는다"

직접적으로 혹은 간접적으로 인간에게 영향을 주는 자연적 조건이나 사회적 상황 등을 일러 '환경'이라고 합니다. 시간적 환경, 공간적 환경, 관계적 환경, 정서적 환경, 직장 환경, 가정환경, 경제적 환경, 정신적 환경, 사회적 환경, 국가적 환경, 시대적 환경 등 인간은 만물의 영장인 까닭에 삶에 다양한 종류의 환경이 형성됩니다.

환경 중에는 내가 만들어 내는 환경이 있는데 그 환경은 내가 직접 수정하거나 관리가 가능하지만, 외부에서 나른 요인에 의해 만들어지는 환경에는 내가 거부하거나 적응하는 것 둘 중의 하나의 방법으로 교류할 수 있습니다.

당신도 이미 알고 있는 것처럼, 모든 존재는 환경의 지배를 받으며 살아가지만, 다양한 요인들에 의해 그 펼쳐짐이 달라지는 우리의 인생은 특히 환경에 더 민감할 수밖에 없습니다.

매일 밤 당신의 내면에게 정화의 언어를 들려주세요. 그리고 평소에 감정을 평온하게 유지하기를 의식적으로 노력하세요. '나'라는 에너지가 맑으면 환경에 따라 알맞은 조화를 이룰 수 있기 때문입니다. 그 후에 당신을 둘러싼 환경을 정화하세요. 언제나 당신이 먼저 정화되는 것이 좋습니다.

" 나는 유리한 쪽으로 환경과 교류한다"

당신에게는 강하고 빠른 '회복력'이 요구됩니다. 상처를 입으면 최대한 빠른 시간 안에 회복하려는 의지와 행동이 인생을 더 나은 방향으로 이끌어 줍니다. 상처는 누구나 입을 수 있습니다. 그러나 회복은 누구나 잘할 수 있는 것이 아닙니다. 삶에 대한 진정한 사랑과 열정 없이는 잘 안 되는 부분이지요.

회복력을 갖추세요. 회복력은 삶의 또 다른 면을 정화하는 힘입니다. 산다는 것이 전쟁과 같다는 것은 인생에서 상처는 당연하다는 의미가 됩니다. 결국 회복력이 좌우하게 됩니다. 강하고 빠른 회복력을 지니도록 하세요. 삶의 아픔이 오래가면 영혼까지 아프게 됩니다. 회복력은 영혼을 보살피는 정화일 수 있습니다.

그러나 보다 더 좋은 삶은, 상처를 덜 주는 삶, 상처를 덜 받는 삶을 사는 것입니다. 왜냐하면 모든 상처는 흉터를 남기고, 인생에 모든 상처는 흔적을 남기기 때문입니다. 흔적을 없애기 위해 사용하는 것보다, 흔적을 만들지 않기 위해 사용하는 것이 더 지혜로운 호오포노포노 사용법입니다.

" 나는 강하고 빠른 회복의 소유자다 "

삶이 추락하는 와중에 희망마저 놔 버리면, 견딜 수 있는 힘과 다시 해 보려는 이유까지 상실하게 됩니다. 이 상태가 되면 마음 안에서 빠르게 절망이 싹트는 법. 희망과 절망의 거리는 그다지 멀지 않아서, 우리의 마음은 희망의 마을에 있다가도 금방 절망의 마을로 이동합니다. 당신이 호오포노포노의 도움을 받아 마음에 힘을 불어넣어야 하는 이유이지요.

'꺼진 불도 다시 보자', 이 표어는 대한민국 국민이면 누구나 알고 있습니다. 꺼진 불을 왜 다시 보라고 하는 것일까요? 그렇습니다. 꺼진 불 속에는 숨어 있는 불씨가 남아 있을 확률이 높기 때문입니다. 삶의 희망도 이와 같습니다.

큰불의 시작이 꺼진 불에서 시작되듯이, 꺼진 희망 속에 아직 희망이 남아

있을 것이라는 믿음에서 성공은 시작됩니다. 완전하게 불꽃이 다 꺼져버렸다고 하더라도 한 번 더 살펴보는 집념, 그것은 희망입니다. 벼랑 끝에서도 포기하지 않는 자세, 벼랑을 뛰어내리면서도 살기를 포기하지 않는 집념, 그것이 진짜 희망입니다.

손자병법의 36계 중 제14계는 '차시환혼借屍還魂'입니다. 주검을 빌려 영혼을 찾아온다는 뜻으로, 아무리 쓸모없는 것이라고 해도 그것을 잘 이용하면 내가 원하는 것을 이룰 수 있다는 뜻이지요. 무에서 유를 창조하는 전술인데, 무에는 유의 씨앗이 반드시 내재되어 있기 때문입니다. 모든 희망이 소멸된 곳이라고 해도 생각의 각도를 바꾸고, 생각을 모으면 희망의 불씨가 될 만한 것이 보이는 법, 당신의 인생에도 충분히 적용해 볼 가치가 있는 진리입니다. 살아있는 한 희망은 언제나 유효합니다. 절망 속에

" 나는 어떤 경우에도 희망을 놓지 않는다"

푸념은 일종의 정화 행위입니다. 감정에 정서적 찌꺼기가 너무 많이 쌓이면 숨이 막혀 오고, 그 불편함을 해소하기 위해 하는 행위가 바로 푸념입니다. 푸념은 감정을 정화하는 훌륭한 수단이 될 수 있습니다. 다만 조건이 있지요. 이해와 사랑으로 격의 없이 들어 줄 대상에게 적당한 시간 동안 하고, 반드시 웃으며 홀홀 털어버리는 결말로 마무리하는 것, 그렇게 하면 푸념은 아주 훌륭한 감정 정화법이 될 수 있습니다.

푸념을 억지로 참으려 하지 마세요. 다만 긍정적 푸념의 조건에 맞게 하세요. 푸념은 실용적 정화법이 될 수 있습니다. 물론 마음공부가 깊어져서 푸념이 저절로 일어나지 않으면 더욱 좋겠지요.

살아서, 살아서 행복하라

상대방이 푸념을 한다면 잘 들어주는 사람이 되세요. 그것은 꽤 유용한 사회적 능력이 될 수 있습니다. 염두에 둘 것은 그 시간이 길지 않도록 조절하고, 자신의 감정이 고요한 상태를 유지할 수 있도록 조절하면서, 상대방이 웃으며 좋은 말로 마무리할 수 있게 도와줘야 한다는 점입니다.

" 나는 넋두리가 아닌 정화로 푸념을 한다"

"로마에 가면 로마의 법을 따르라", 이 말은 로마 제국이 번성하던 시절에 로마 주변국들이 로마의 힘에 굴복한 것을 빗대어 탄생한 말이기는 하지만, 오늘날 '처세훈'으로 삼기에 전혀 부족함이 없는 말입니다.

국가는 국가대로, 도시는 도시대로, 시골은 시골대로, 어느 사회든 그 사회가 금지하는 사항과 요구하는 사항이 있게 마련입니다. 그것은 조직이나 개인도 마찬가지입니다. 개인도 자신만의 금지 사항과 요구 사항이 있고, 조직도 크건 작건 요구하는 사항과 금지하는 사항이 있습니다. 이것은 세상의 법칙 중 하나입니다. 이는 무엇을 의미하는 것일까요? '적응'의 필요성과 중요성을 말하고 있습니다. 잘 적응하는 사람과 적응하지 못하는 사람, 그 둘의 인생행로는 상당한 차이를 보이기 마련입니다. 적응은 존재의 특성이자 숙제입니다.

세상이 허용하는 것과 세상이 금지하는 것, 그것에 대한 융통성과 적응의 결과에 따라 삶은 천차만별로 달라집니다. 세상 그 어디에서도 모든 것을 다 허용하지는 않습니다. 오히려 허용하는 것보다 금지하고 요구하는 것이 훨씬 더 많지요.

허용과 금지는 때때로 충돌하고 일상생활에서 오류의 주범이 되기도 합니다. 인간 사회에서 허용의 범위와 금지의 범위가 일률적으로 적용되지 않기 때문이지요. 그러므로 우리는 융통성과 적응력을 동시에 사용할 줄 알아야 합니다. 이것은 어쩌면 호오포노포노와 하등 관계가 없을 수도 있습니다. 그러나 호오포노포노의 실천이 일상으로 되어 있다면 허용과 금지에 대한 융통성과 적응은 분명 수월할 것입니다.

" 나는 허용과 금지에 잘 적응한다"

헤르만 헤세는 이렇게 말했습니다.

"새는 알 속에서 빠져 나오려고 싸운다."
"알은 세계이다."
"태어나기를 원하는 자는 하나의 세계를 파괴하지 않으면 안 된다."

당신의 현재는 '에너지의 법칙'과 '인과율의 법칙'에 의해 현상되고 있습니다. 그 법칙의 한복판에 당신이 서 있습니다. 당신은 스스로 기존의 세계를 깨뜨리지 않으면 새롭게 태어날 수가 없습니다.

아무리 매일 정화하고, 매일 확언하고, 매일 주문을 외운다 하여도 당신이 '나'라는 에너지를 과거와 같이, 지금과 같이 그대로 둔다면, 당신의 현실은 절대 원하는 만큼 바뀌지 않습니다.

새로운 탄생은 언제나 '기존의 것을 파괴하는' 고통을 견뎌낸 자에게 주어지는 특권입니다. 지금까지의 삶이, 지금의 삶이 마음에 안 드나요? 그렇다면 '기존의 나'를 깨뜨릴 각오를 하세요. 그리고 실천하세요. '나'라는 에너지에 덕지덕지 달라붙어서 인생을 좀먹고 있는 기생충과 같은 부정한 에너지

살아서, 살아서 행복하라

들을 떼어내는 작업, 호오포노포노가 당신의 인생에서 할 일입니다.

"나는 매일 새롭게 태어난다"

보고 듣고 느끼는 모든 것에 대하여 우리는 자신도 모르게 해석의 절차를 거칩니다. 약속된 공식이나 답이 정해져 있는 수학이라면 해석과 정답이 일치하겠지만, 삶에 관계되는 것들은 늘 살아 움직이고 복잡하게 얽히고설키기 때문에 삶에서 해석은 자주 오류를 일으킵니다. 심지어 보편적 진리마저도 우리는 각자 해석을 달리할 수밖에 없습니다. 그것은 각자 처한 환경이 다르기 때문이지요.

지식에 대한 것이든, 가치에 대한 것이든, 사람에 대한 것이든, 상황에 대한 것이든, 해석은 곧 행동을 결정짓는 요인이 됩니다. 어떤 가치나 상황에 대한 해석에 따라 우리는 자신의 다음 행동을 결정하게 되는데, 우리가 즐겨 하는 주관적 해석의 방법으로는 올바른 해답을 도출하기가 쉽지 않습니다. 자신의 지식이나 사상, 감정의 상태 혹은 이해관계 등 자신의 현재에 주어진 틀 내에서 해석이 이루어져 언제나 주관적일 수밖에 없기 때문이지요. 그러므로 우리는 타인에게 묻기를 주저하지 않아야 합니다. 타인의 해석을 종합해 보면 최대한 정답에 가까운 해석을 얻을 수 있습니다.

올바른 해석에 대한 부분은 호오포노포노 정화법에 의존하는 것보다는 타인에게 묻기를 많이 하는 것이 훨씬 더 현명하고 이롭습니다. 이때의 호오포노포노 또한 주관적으로 행해질 수밖에 없으니까요.

"나는 타인에게 묻고 올바른 해석을 한다"

확인의 기능은 때때로 성패를 좌우하지만, 큰일일수록 '확인하기'가 절대 빠뜨려서는 안 되는 중요한 과정이라는 것을 인식하고 있는 사람은 많지 않습니다.

역사적으로 '확인'을 제대로 하지 못하여 실패한 대업이 수도 없이 많았고, 확인만 했더라면 일어나지도 않았을 사고는 시도 때도 없이 발생합니다. 확인은 사고를 미연에 방지하는 가장 확실한 부적이요, 성공을 확정해 주는 승리의 주문입니다. 확인은 더욱 완전하게 해 주는 행동적 기술입니다.

틀림없이 그러한가를 알아보는 작업, 틀림없다고 확신하는 것을 한 번 더 살펴보는 고급 기술, 확인은 승자의 기술입니다. 확인은 작은 틈도 허용하지 않으려는 근성입니다. 확인은 꼭 해내고야 말겠다는 성공에 대한 의지입니다. 확인은 전진의 습관입니다. 확인이 허술하면 실수가 늘어나고 실수는 앞으로 나아가는 것을 방해하는 요인이 됩니다. 확인은 부분적으로는 속도를 더디게 하지만 전체적으로는 훨씬 빠르다는 것을 결과가 증명합니다. 확인의 과정에 호오포노포노가 함께한다면 확인은 더욱 확실해집니다.

"나는 확인하기를 꼭 확인한다"

호오포노포노에서는 인생의 모든 경험을 '기억의 재생'으로 정의하고, "미안합니다, 용서하세요, 고맙습니다, 사랑합니다"라는 정화 언어를 도구로 하여 기억을 정화하라고 합니다. 이 주장이 인생을 결정하는 단 하나의 요소라고 확정할 수는 없지만, 기억이 우리의 생각이나 행동에 많은 영향을 미치는 것은 의심할 수 없는 사실입니다. 그런데 많은 사람들이 호오포노포노 정화법을 실천하면서 놓치고 있는 것은, 이미 만들어진 기억에만 초점을 맞추고

살아서, 살아서 행복하라

있다는 점입니다. 마치 오래전에 만들어진 기억만이 전부인 것처럼 말이지요.

우리는 매일 기억을 만들어 내고, 우리의 기억 창고에는 날마다 새로운 정보들이 쌓이고 있으며, 그 모든 기억들이 우리의 인생에 영향을 미치고 있습니다. 기억이라고 하는 것이 오래전 언젠가 만들어 놓은 것이 다라면, 그 기억을 정화하는 것으로 우리는 충분히 인생을 새롭게 창조할 수 있습니다. 그러나 기억 창고의 사정은 매일 달라집니다.

우리가 매일 경험하는 것을 우리의 뇌 안에서 '해마'가 다시 정리하여, 중요한 경험은 장기 기억 보관소로 보내 기억 정보로 남기고, 중요하지 않은 경험은 금방 잊어버리게 해서 소멸시킵니다. 이와 같이 우리는 매일 기억을 생산하는 것이지요. 그러므로 인생을 새롭게 재창조하려면, 매일 하는 경험들을 잘해야 합니다. 왜냐하면 우리의 경험들은 우리가 잠든 사이에 기억 창고에 저장이 되고, 그 기억 정보는 인생에 다시 관여하기 때문이지요.

그렇다면 해마가 중요한 정보와 하찮은 정보를 구별하는 잣대는 무엇일까요? 그 잣대는 경험을 하는 중에 감정이 어떤 강도의 반응을 하느냐와, 그 경험을 얼마나 반복하느냐에 있습니다. 해마는 경험 중에 감정의 강도가 약한 것은 중요하지 않은 것으로 인식하여 그 경험을 정보화하지 않기로 결정을 하고 바로 폐기 처분합니다. 반면에 감정의 강도가 강한 경험은 중요한 정보로 인식하여 장기 기억 창고에 저장합니다. 또한 해마는 비록 감정의 강도가 약한 경험이라고 해도, 반복되는 경험은 중요한 정보로 인식을 하고, 반복되지 않는 경험은 중요하지 않은 것으로 인식하여 바로 폐기 처분합니다.

우리는 흔히 '생각을 하는 것'으로 알고 있지만, 사실 '생각은 나는 것'입니다. 뇌 안의 장기기억 창고에 있는 정보들 중에서 우리는 그때그때 필요한 것을 찾게 되는데, 생각이라고 하는 것은 바로 이 기억 창고에서 정보가 나오는 것을 의미합니다. 그러므로 우리는 매일매일 일상을 잘 해내야 합니다. 일상의 모든 경험 중에서 어떤 경험이 기억 창고에 저장이 될 지는 자기 자신마저도 장담할 수 없으니까요.

" 나는 늘 일상을 잘해낸다"

우리가 무엇을 기억하고 있는지는 삶에서 매우 중요합니다. 기억은 우리의 반응을 결정하기 때문이지요. 그래서 우리는 가끔 기억을 조절할 필요가 있습니다. 그리고 그것은 몸의 도움을 받아서 가능합니다. 몸에게 반복적으로 경험하게 하는 것, 그것은 오롯이 기억 창고에 저장됩니다. 몸이 기억하게 하세요. 필요한 것이 무엇이든 몸이 기억하게 하세요.

목표, 성공, 풍요, 사랑, 무엇이든 당신이 바라는 그것을 당신의 몸이 기억하게 하세요. 경험이 반드시 직접적이어야 할 필요는 없습니다. 당신의 현재가 허락하는 한도 내에서 얼마든지 당신의 몸에게 당신이 원하는 것을 당신은 경험시킬 수 있습니다. 직접적이든 간접적이든. 몸이 기억을 하면 그 정보는 생명력을 얻게 됩니다.

" 나는 몸에게 내가 원하는 것을 기억시킨다"

어떤 곤란함과 위기 중에도 포기하거나 절망하지 않아야 되는 이유, 어떤 기쁨과 잘 풀리는 중에도 자만하거나 방심하지 않아야 되는 이유, 그것은 '의외성' 때문입니다.

욕심에 비해 한참이나 짧게 살다 가고, 원하지 않는 일은 너무나 자주 발생하고, 부정적 유혹은 시시때때로 우리를 곤란케 하고, 그럼에도 불구하고 인생이 살아볼 만한 매력이 있는 이유는 '의외성' 때문입니다.

전혀 엉뚱한 곳에서 전혀 예측하지 못했던 기회를 만나고, 절대 불가능해 보였던 일들이 의외의 인연으로 가능해지기도 하는, 가늠하기 어려운 수많은 변수가 잠재되어 있는 것, 인생의 묘미는 바로 거기에 있습니다.

삶의 원리 중에는 '의외성'이라는 것이 있습니다. 신의 한 수와도 같은 이 것은 미리 알아서 마중을 나가거나 대비할 수 있는 것은 아니지만, 의외성이 어떠한 가능성이라는 것은 분명한 사실입니다. 그러므로 당신은 무엇을 해야 합니까? 모든 순간에 고요한 마음으로 정화하는 것. '의외성'이 긍정적인 방향에서 긍정적인 현상으로 찾아들기를 소망하면서, 일상을 정성으로 잘 해내는 것을 당신은 해야 합니다. 의외성을 내 편으로 만드는 방법이지요.

"나는 의외성을 내 편으로 만든다"

당신의 마음은 어디에 기대어 있습니까? 우리에게는 각자 자신만의 의지처가 있습니다. 우리는 모두 서로에게 '의지의 존재'입니다. 우리는 서로 의지가 되기 때문에 견디기 힘든 슬픔과 고통 속에서도 삶을 계속해 나갈 수가 있습니다.

당신에게 의지처는 대단히 중요합니다. 당신의 인생이 기대고 있는 의지처의 안정은 당신에게 긍정의 힘이 되지만, 만약 당신의 의지처가 흔들리면 그 혼란은 당신의 인생에 부정적 영향을 미치게 됩니다. 그러므로 당신은 자신이 의지하고 있는 대상-그 대상이 사람이든 동물이든 물건이든 무형의 가치이든-에 충분한 사랑을 주어야 합니다. 의지처에게 자주 안부를 묻고 안녕을 기원하고 사랑을 주세요. 호오포노포노를 가끔 거기에 사용해도 좋겠지요.

가장 좋은 것은 자신이 스스로 자신의 의지처가 되는 것입니다. 하지만 그것은 매우 어려운 일이며, 우주 전체적으로 보면 모든 존재가 다 스스로 의지처가 되는 것이 바람직하다고 자신할 수는 없습니다. 우리는 모두 연결된 존재니까요.

" 나는 의지처에 대해 정화를 한다"

어제는 오늘의 원인, 오늘은 내일의 원인, 오늘은 어제의 결과, 내일은 오늘의 결과, 과거는 현재의 원인, 현재는 미래의 원인, 현재는 과거의 결과, 미래는 현재의 결과… 이처럼 산다는 것은 '인과의 법칙'이 되풀이되는 과정의 연속입니다.

시간적으로 '인'은 언제나 앞의 상황이고, '과'는 언제나 뒤의 상황이지만, 엄밀히 말하면 '인과因果'는 동시에 작용합니다. '현재'는 언제나 '인'이면서 '과'입니다. 다만 우리가 인식하기를 '인'하고 '과'를 별개로 할 뿐이지요.

우리가 하는 모든 경험은, 그것을 있게 한 원인이 있고, 또 다른 결과에 대한 원인이 됩니다. 그런데 사람들은 대부분 '과果'의 상황에서 '과'에 대한 정화만을 합니다. 미리 '인因'을 정화했더라면 '과'가 달라졌을 것을, 우리는 늘 '과'에 이르러서야 호오포노포노를 떠올립니다.

무슨 일이 벌어졌을 때, 곤란한 상황이 되어서 뒤늦게 정화하기를 시도하는 것, 이것은 '과'에 대한 정화입니다. 평소에 일상으로 정화하는 것, 그것이 바로 '인'을 미리 정화하는 방식이며, 이는 엄밀히 말하면 '인과'를 동시에 정화하는 가장 훌륭한 정화 방식입니다.

" 나는 일상적으로 정화를 한다"

인생에게 미안할 짓을 줄이며 사는 것, 영혼에게 미안할 짓을 줄이며 사는 것, 그것은 존재함에 대한 예의입니다. 찰나에 충실하기를 거듭하면 인생이 평탄하고, 영혼에게 미안할 짓을 완전하게 하지 않을 수 있으면 '영원한 평화'를 기약할 수 있습니다.

당신은 하염없는 존재의 여행을 하는 영혼, 현생이란 영혼이 잠시 머무는 간이역과 같은 것, 언제 다시 올지 모르니 미안해해야 할 짓을 삼가는 삶을 살아가세요. 간이역에서 저지른 잘못은 용서를 구할 기회마저도 쉽지 않기 때문입니다.

정화하세요. 오늘을 무심코 대하는 당신의 안일함을 정화하세요. 부정성의 에너지는 방심하는 찰나의 틈을 놓치지 않고 침범해 들어오는 법입니다.

" 나는 모든 순간에 집중한다"

우리는 언제나 시작이 가능한 지점에 서 있고, 우리는 언제나 이미 시작된 것의 진행 중에 있으며, 우리는 언제나 결과의 날에 서 있습니다. 우리가 맞이하고 있는 오늘은 늘 시작이며, 늘 진행 중이며, 늘 결과의 날입니다. 당신은 오늘 다시 시작할 수도 있고, 당신은 오늘 진행을 더 잘할 수도 있으며, 당신은 오늘 더 좋은 결과를 얻을 수도 있습니다.

필요한 것은 '살핌' 입니다. 내가 나에게서, 내 관심이 내 오늘에서 떨어져 나와 고요히 바라보는 '살핌'. 가끔은 그래야 합니다. 나의 삶을, 나의 일을, 나의 욕망을, 나의 현재를, 그리고 나 자신을, 가끔은 아무런 사사로움 없이 살펴보아야 합니다.

니의 눈이 아닌 다른 눈으로 나를, 나의 잣내가 아닌 다른 잣대로 내 삶을 바라봐야 합니다. 당신은 때때로 그리해야 합니다. 그래야 집중의 방향을 올바르게 설정할 수 있습니다. 시작에 집중할 것인지, 진행에 집중할 것인지, 결과에 집중할 것인지 말이지요. 방향이 바르지 않은데 온 힘을 다하면 결과는 참담할 것이요, 방향은 바른데 온 힘을 다하지 않으면 결과는 미진할 것입니다. 호오포노포노와 함께하는 살핌의 시간은 자주 마련될수록 좋습니다.

" 나는 살핌의 시간을 자주 갖는다"

인간은 '관계의 존재' 입니다. 민족으로, 가족으로, 이성으로, 친구로, 동료로, 사랑으로, 일로, 취미로 등 우리의 삶은 '관계와 관계함으로' 완성됩니다. 인생이란 모든 시간에 늘 누군가 관계되어 있습니다. 당신의 인생, 그 모든 것에 누군가가 관계됩니다. 인연을 정화하세요. 삶을 바꾸는 절대의 힘, 그것은 '인연' 입니다. 그 날, 그곳, 그 시간에 그 사람과 인연이 되어 있다는 것은 결코 사소하지 않습니다.

인연은 항상 어떠한 목적을 품고 삶을 방문합니다. 그것은 현재의 삶을 다른 곳으로 데려가기 위해 문을 두드립니다. 모든 인연은 변화의 싹입니다. 그

곳이 어디이고, 그 모습이 어떨지는 알 수 없지만 인연은 삶을 변화시키는 힘입니다. 새로운 인연은 어떤 식으로든 '변화의 요인'이 되고, 인연의 결과는 '지금과 다름'입니다. 당신이 새로운 인연에 신중해야 하는 이유입니다.

인연이란 싫지만 거부하기 힘든 인연이 있고, 좋은데 맺어지기 힘든 인연이 있습니다. 인연에 맞게 나를 조절해야 할 때도 있다는 뜻입니다. 인연이란 내게 이로운 인연이 있고, 해로운 인연이 있습니다. 오는 인연의 성격을 잘 살펴야 할 필요가 있다는 뜻입니다. 인연은 자연스럽게 생겨나는 인연이 있고, 계획된 인연이 있습니다. 때로는 인연을 수단으로 활용할 수도 있다는 뜻입니다.

가장 어리석고 위험한 것은 아무 생각 없이 인연을 맞이하는 것입니다. 인연을 살피세요. 인연을 점검하세요. 인연을 관리하세요. 이것은 인연에 대한 정화입니다. 당신이 인연에 대하여 정화를 해야 하는 이유는, 행운도 불운도 사람의 등에 업혀 오기 때문입니다. 인연 따라 오고 가는 것은 사람만이 아닙니다.

" 나는 인연을 살핀다"

자신감은 자신을 믿는 마음입니다. 할 수 있다는 믿음, 할 수 있는 존재라는 믿음, 그것이 자신감입니다. 성공하고 싶거나, 부자가 되고 싶거나, 괜찮은 인생을 꿈꾸는 사람에게 자신감은 선택 사항이 아니라 필수 덕목입니다.

툭하면 눈에서 총기가 사라지고, 하루에도 열두 번씩 어깨가 처지고, 자꾸만 도망치고 싶어지고, 자꾸만 움츠러드는 것, 이제 그만하세요. 당신은 지금껏 '과소평가 받은 존재'였을 뿐, 당신은 충분히 할 수 있는 존재입니다.

없는 자가 있는 자가 되려면 더 강한 자신감으로 무장해야 합니다. 바닥에서 위로 올라가려는 현실적 목표가 있는 사람은 더 굳건한 자신감을 쥐고 있어야 합니다. 자신감은 부정적이고 패배적인 기운이 감히 가까이할 수 없게 하는 힘이 있습니다. 자신감은 할 수 없는 것을 할 수 있게 하는 힘이 있습니다. 승자는 자신감입니다. 강자는 자신감입니다. 부자는 자신감입니다. 성취와 풍요와 행복은 자신감의 산물입니다.

지신감의 효력 중 가장 큰 것은 우주에게 신에게 사람에게 신뢰를 준다는 점입니다. 우주와 신과 사람이 당신을 신뢰하니 당신에게 더 큰 일을 안심하고 맡기게 됩니다.

내가 나를 믿지 못하는데 어찌 타인이 나를 믿을 수 있으며, 세상이, 우주가, 신이 어찌 나를 믿을 수 있을까요? 자신을 믿으세요. 당신의 인생을 믿으세요. 당신의 운명을 믿으세요. 굳게 믿으세요. 그것이 진짜 자신감입니다. 자신감은 인생길을 정화하는 최고의 덕목입니다.

" 나는 자신감이 충만하다"

듣기란 무엇일까요? 말 그대로 소리를 듣는 것입니다. 우리는 모든 순간에 '듣기'를 합니다. 심지어 자는 동안에도 우리는 듣기를 합니다. 우리는 단 한 순간도 듣기에서 자유로울 수 없고, 듣기는 내 안의 정보에 영향을 미치고, 상대의 마음에 영향을 미칩니다. 그리고 그 결과는 감정으로 듣기, 정보로 듣기, 감성으로 듣기, 형식적으로 듣기, 목적으로 듣기 등 방법이나 상황에 따라 다른 작용을 합니다. 왜냐하면 듣기란, 들려오는 소리에 나름의 의미를 부여하고 이해하는 기능이기 때문입니다.

살아서, 살아서 행복하라

들기는 즉시적 의사소통 행위이기 때문에 들은 정보에 대하여 종합하고, 분석하고, 비교하고, 비판하고, 감상하는 등의 인지적 사고 과정 또한 즉시적입니다. 또한 들기는 실체에 대한 확인이 불가능하기 때문에 보는 것보다 덜 믿음직스럽고, 보는 것보다 더 진실에서 멀어질 확률이 높습니다.

인간은 듣는 것으로부터 지배를 받고, 진실이 아닌 것을 타인에게 우기기에는 들려주기 만한 것이 없으므로, 나쁜 목적을 가진 무리들에게는 상당히 유용한 수단이 되기도 합니다. 들기는 형태에 대하여 상상하게 만들고, 실제와 다른 결론의 상상이 얼마든지 가능하니까요. 반면에 들기는 나를 알리는 기능이기도 합니다. 듣는 태도, 표정, 반응 등에 따라서 상대방은 나의 인격, 사회성, 예의, 성격 등을 판단합니다. 그러므로 우리는 들기를 잘해야 합니다.

유태인들의 경전이라 할 수 있는 탈무드에는 들기에 대하여 세 부류로 정의해 놓았는데, 첫째는 스펀지 형으로서 무슨 말이든지 그대로 다 받아들이는 사람이고, 둘째는 터널 형으로서 한 귀로 듣고 한 귀로 흘러버리는 사람이며, 셋째는 체형으로서 말을 거르고 걸러서 중요하고 이로운 말만을 흡수하는 사람입니다.

인간은 언제나 무언가를 듣고, 들은 것은 인생의 여러 일에 영향을 미칩니다. 들기를 잘하세요. 그것은 인생의 일에 대하여 미리 하는 정화가 됩니다. 참고로, 들기는 그 정보가 머물지 못하고 순간적으로 흘러가 버리기 때문에, 잘 들기에는 메모의 도움을 받는 것이 좋습니다. 호오포노포노가 잃어버린 기억을 되살려 주지는 않으니까요.

" 나는 듣기를 잘하는 사람이다"

잠은 또 다른 삶입니다. 몸과 의식은 비록 '쉼'의 상태에 들어 충전의 시간을 보내게 되지만, 그래서 더욱 중요합니다. 잠들기 전에 당신이 무엇을 하느냐가 말이지요. 되도록 잠들기 전에는 아무것도 하지 않는 것이 좋고, 그저 평온함 속에서 잠으로 들어가는 것이 좋습니다. 이때 호오포노포노를 한다면 아무 소망도 판단도 감정도 없는 상태로 하는 것이 좋습니다. 잠은 당신의 뇌와 영혼과 무의식에게 매우 중요한 시간입니다. 당신은 그 시간을 최대한 방해하지 않는 것이 좋습니다.

" 나는 잠들기 전에 고요하다 "

부자가 되겠다, 성공하고 말겠다, 이런 물질적 목표를 가진 사람에게 호오포노포노는 어떻게 사용되어야 옳은 것일까요? 그저 부정적 기억만 지우면 다 되는 것일까요? 그저 마음을 평화롭게만 하면 되는 것일까요? 아닙니다. 절대 그렇지 않습니다.

전투력을 강화해야 합니다. 부자가 된다는 것, 성공한다는 것은 경쟁에서 이기겠다는 것입니다. 부자와 성공을 향해 가는 길에 경쟁을 피해갈 수는 없습니다. 그러므로 당신은 전투력 강화에 힘써야 하고, 호오포노포노는 그 부분에도 쓰임이 되어야 합니다. 호오포노포노는 수단이요, 도구입니다. 당신 안의 나약한 성품을 강한 전투력으로 탈바꿈시키는 작업을 충분히 할 수 있지요.

" 나는 승리의 유전자를 가지고 있다 "

절약은 부자를 꿈꾸는 가난한 사람이 반드시 장착해야 할 생활적 무기입니다. 그러나 절약이 인색으로 변질되어서는 그 또한 부의 길을 가로막는 방해꾼이 됩니다. 절약은 유형의 사물이나 무형의 가치를 사용함에 있어 절도 있게 하는 것을 의미합니다. 써야 할 때는 크기에 상관없이 쓰고 아껴야 마땅할 때는 아무리 하찮은 것도 함부로 쓰지 않는 것이 절약입니다. 무작정 안 쓰는 인색과는 전혀 다른 것이지요.

절약은 어떠한 원칙을 두고 그에 맞는 한계를 설정함으로써 올바른 경제적 기능을 합니다. 쓰되 필요에 의해 조절하고 귀하게 여기며 알맞게 쓰는 것이지요. 절약의 기능을 호오포노포노가 대신할 수는 없습니다. 절약하지 않으면서 그 손해를 정화법으로 메우려 한다면 그것은 불가능하다는 뜻입니다. 하지만 절약이 실행될 수 있는 내면의 환경을 조성하기에는 호오포노포노가 아주 적합한 수단이 될 수 있습니다. 절약은 내면에서부터 시작되고 행동으로 표면화되기 때문이지요.

"나는 잘 쓰는 것을 잘한다"

절박한 순간에는 오직 한 생각밖에 없습니다. 기적의 힘이 생기는 순간이지요. 어느 분야에서든 '절박함'은 기적을 낳습니다. 절박함은 정신을 강하게 하는 촉매제입니다.

이 시대는 자신이 가진 능력에 비해 엄살이 심한 사람들이 늘어나고 있는 시대입니다. 자신의 처지에 비해 사람들은 너무 자주 엄살을 부리고, 너무 쉽게 주저앉습니다. 약한 정신력 때문이지요. 강한 정신의 소유자에게 더 유리한 세상이 되어가고 있다는 뜻입니다.

당신의 정신을 정화하세요. 절박함이 기적을 일으키는 것은 강한 정신력이 얼마나 위대한가를 증명해 줍니다. 당신의 나약한 정신력을 강화하세요. 당신은 당신이 알고 있는 것보다 훨씬 더 강한 사람이며, 당신의 인생은 당신이 알고 있는 것보다 훨씬 더 절박한 상태일지 모릅니다. 당신의 정신계를 정화하세요. 당신의 물질계가 정비됩니다.

" 나는 간절함으로 해낸다"

비뚤어지고, 어긋나고, 더러워지고, 다양한 형태로 진행되고 있는 오류의 상황들을 바로 잡는 것, 이것이 호오포노포노입니다. 놀랍고 위대한 방법입니다. 쉽고 간단하며 감정 친화적이기까지 합니다. 그러나 호오포노포노를 세상에서 가장 뛰어난 방법이라 정한다고 해도 호오포노포노 실천이 가장 위대하지는 않습니다.

한 번 고장 난 것은 아무리 잘 고쳐도 처음의 성능을 뛰어넘을 수는 없습니다. 더러워진 것을 아무리 깨끗하게 한다고 해도 처음보다 더 깨끗할 수는 없습니다. 한 번 상처 난 마음을 아무리 잘 치유한다고 해도 처음의 평온함을 다 복원시킬 수는 없습니다.

무엇이든 훼손이 되면, 아무리 잘한다고 해도 본래의 가치가 완전하게 회복되지는 않습니다. 아무리 호오포노포노 실천법이 위대하다고 해도, 처음의 가치가 지켜지는 일보다 더 위대할 수는 없습니다.

몸이, 마음이, 감정이, 의식이, 영혼이 한 번 상처를 당하면, 아무리 잘 치유한다고 해도 처음의 온전함이 다 회복되지는 못합니다. 정화가 필요한 상태를 최대한 덜 만드는 것, 즉 원래의 것을 잘 지키는 것, 그것보다 더 위대한 정화법은 세상에 없습니다. 일상을 잘 살아내세요. 그것이 가장 위대한 정화법입니다.

" 나는 본래의 것을 잘 지킨다"

몸의 자세가 비뚤어지면 몸이 고장 나고, 마음의 자세가 흐트러지면 인생이 고장 납니다. 몸의 자세에 따라 몸의 형태와 건강이 달라지듯이, 마음의 자세에 따라 인생의 형태와 질이 달라집니다.

살아가는 일, 모든 것에서 자세는 굉장히 중요하며, 자세에 따라 과정은 물론 결과까지 달라집니다. 살아가는 일에 대하여 자세는 무기이며, 자세는 기세氣勢입니다. 자세는 인생의 전략입니다. 몸이든 마음이든 정신이든 바른 자세를 취하도록 하세요. 자세를 바르게 교정하는 것은 인생에 대하여 가장 기본적인 정화입니다.

" 나는 언제나 바른 자세를 갖는다"

당신에게는 장점과 단점이 항상 함께 있습니다. 다만 그 발현됨은 늘 함께이지 않습니다. 당신 안에서 장점과 단점은 늘 공존 상태이지만, 그 쓰임은 대부분 따로따로 이루어집니다.

승리를 목적으로 하거나, 목표 달성을 우선으로 하거나, 어떠한 물리적 성취를 위해서는 장점에 더 집중하는 것이 좋고, 원만한 인간관계, 정신적 성장, 무난한 삶을 위해서는 단점을 보강하는 것이 좋습니다.

당신은 자신이 지니고 있는 장점과 단점을 때에 맞게 상황에 맞게 잘 꺼내 써야 할 필요가 있습니다. 또한 당신이 꼭 알고 있어야 할 것은, 절대로 장점과 단점에 대해서 확정하지 말라는 것입니다.

장점이나 단점은 기준이 어디에 있느냐에 따라 서로 얼마든지 자리바꿈을 합니다. 느긋함이 장점인 사람은 속도전을 펼쳐야 하는 상황에서는 장점이 단점으로 둔갑하고, 메마른 감성이 단점인 사람이라도 승부를 펼쳐야 하는 상황에서는 그것이 오히려 장점으로 작용합니다. 이처럼 장점과 단점은 공간과 상황, 그리고 대상에 따라 얼마든지 서로 바뀔 수가 있습니다.

장점은 그 자체로 장점이 될 수 없고, 단점은 그 자체로 단점이 될 수 없습니다. 장점과 단점은 어떠한 작용에 개입되느냐에 따라 그 정의가 달라지게 마련이니까요. 장점이 언제까지나 모든 곳에서 장점의 역할을 할 수 있는 것이 아니고, 단점이 언제까지나 모든 곳에서 단점이 될 수는 없습니다. 그러므로 당신은 자신 혹은 타인의 장점과 단점에 대해서 유연성을 지니고 있어야 좋습니다. 다만 보편성의 기준에 의한 장점과 단점은 잘 알고 있는 것이 좋고, 사회적 관점에서의 장점과 단점도 잘 파악하고 있는 것이 좋겠지요.

우리는 흔히 단점은 정화의 대상이 되고, 장점은 있는 그대로 두어도 괜찮다고 생각을 하지만, 그렇지가 않습니다. 장점과 단점, 그 둘 모두 나를 나타내는 특성이고, 그 둘은 언제든 서로의 처지가 바뀔 수 있기 때문에 우리는 둘 다에 호오포노포노를 적용해야 합니다. 어떠한 경우에도 정화에 차별을 둘 수는 없습니다.

" 나는 장점과 단점을 적절하게 잘 사용한다"

살아서, 살아서 행복하라

해마다 새해가 되면 우리는 새로운 계획을 세우고, 새로운 각오를 다짐합니다. 그러나 불과 몇 주 지나기도 전에 각오는 흐려지고 계획은 실행되지 않는 상태가 됩니다. 벌써 몇 년째 이런 못난 모습을 보이고 있는지 모릅니다. 그러나 여기까지는 괜찮습니다. 어차피 우리는 '작심삼일이 습관화된 인간'이니까요. 정작 심각한 문제는 작심삼일로 무너진 흐름을 한 해가 다 가도록 그대로 유지한다는 데에 있습니다. 유지해야 할 새해의 각오는 금방 중지되고, 유지하지 않아야 할 작심삼일은 끝까지 유지하니, 한 해가 늘 만족스럽지 못하게 됩니다. 행복할 수가 없는, 반드시 수정되어야 할 삶의 오류인 셈이지요.

어떻게 해야 할까요? '재결단'을 사용하면 됩니다. 재결단은 부정적으로 흘러가고 있는 인생을 수정할 수 있는 탁월한 기능을 지니고 있습니다. 우리는 언제든 느슨해질 수 있습니다. 반대의 방향으로 다른 길을 갈 수도 있습니다. 그리고 우리는 실제 그와 같은 상황에 자주 빠집니다. 거기까지는 그래도 절망적이지 않습니다. 재결단을 하고 다시 제대로 해내면 되니까요.

재결단은 일탈했던 나를 다시 제자리로 돌아오게 하는 희망의 손짓입니다. 재결단은 다시 출발하는 신호입니다. 재결단은 다시 뛰게 하는 힘이며, 삶을 새롭게 창조하는 창조력입니다. 재결단은 삶의 갈등을 해소하고, 일상의 여러 혼란을 불시에 잠재울 수 있는 강력한 무기이며, 마음에 들지 않는 인생을 확 바꿀 수 있는 결정적인 계기를 마련해 줍니다.

삶 중에 몇 번이라도 우리는 재결단하기를 시도해야 합니다. 궁핍하거나 불행하거나 불편한 인생은 우리에게 요구합니다. 재결단하기를.

당신의 삶은 당신에게 요구합니다.

"재결단하라"

삶을 더 잘 해내고 싶은 사람일수록 재결단을 더 잘 사용해야 합니다. 그것은 인생의 목표를 위한 발전적 정화 행위입니다. 재결단을 사용하면 우리는 인생을 얼마든지 잘해낼 수 있습니다. 재결단을 사용하세요. 호오포노포노를 재결단에 사용하세요. 그것은 삶을 성장시키는 정화법입니다.

" 나는 필요하면 언제든 재결단을 한다"

우리는 청소를 하지 않고 살아갈 수 없는 존재입니다. 왜 그럴까요? 더러움은 미관상 아름답지 않을뿐더러 더럽고 어지러운 환경은 정서적으로 우리를 불안정하게 하고, 건강에도 이롭지 않기 때문입니다.

그렇다면 에너지의 기준으로는 어떤 청소법이 우리에게 더 유리할까요? 쓸고 닦는 것보다 정리하는 것이 더 에너지 정화력이 뛰어난 청소법입니다. 집이든 방이든 책상이든 자동차든 가방이든 언제나 정리가 우선입니다.

정리는 공간 에너지의 흐름을 좌우합니다. 물건의 놓임, 그 형태에 따라 그 공간의 에너지 생성과 구성, 에너지 흐름이 달라집니다. 만약 당신이 어떤 방에 들어갔는데 바닥은 먼지 하나 없이 깨끗한데 물건들이 여기저기 널려 있다면 어떨까요? 당신의 기분은 그리 좋지 않을 것입니다. 짜증이 날 수도 있겠지요. 이유는, 그 방의 에너지 구성과 흐름이 당신에게 부정적으로 작용하고 있기 때문입니다.

마음의 청소도 마찬가지입니다. 생각의 정리, 감정의 정리가 가장 급하고 가장 중요합니다.

흐트러지거나 혼란스러운 상태에 있는 것을 가지런히 하여 원래의 질서를 회복하는 것이 정리의 개념입니다. 정리는 우리의 내면과 외면에 다 필요하니다. 우리의 내면과 외면 양쪽 모두의 환경은 자주 혼란스러워지고 자주 더러워지기 마련이니까요.

정리는 본래의 좋은 에너지를 복원하는 일입니다. 정리는 에너지의 생성과 흐름을 최상으로 하는 좋은 방법입니다. 정리는 일이 잘되게 하는 복된 행위입니다. '정리하기'는 당신의 손으로 할 수 있는 일 중 반드시 습관화되어야 할 몇 안 되는 중요한 일입니다. 정리는 내면의 환경, 외부의 환경 양쪽 모두를 정화하는 아주 훌륭한 방법이니까요.

" 나는 내면도 외부도 정리를 잘하는 사람이다"

생김새를 비롯하여 인간은 서로 많은 것들이 다른 존재입니다. 인생 또한 저마다 다른 양상을 띠게 마련입니다. 상황도, 목적도, 이유도, 관계도, 흐름도, 상태도, 인생에서는 다 다릅니다. 그래서 처방이 필요한 것이지요. 처방에 오류가 나면 낫기는커녕 더 심한 부작용을 일으킵니다. 인생의 치유에서도 마찬가지입니다. 인생에는 각자 자신에게 알맞은 치유 방식이 있습니다. 우리는 그것부터 제대로 이해한 후에 어떠한 방법론을 사용해야 합니다.

당신에게는 당신에게 알맞은 처방이 있습니다. 당신은 다른 사람과 다른, 다른 인생과 다른 당신만의 처방을 마련하는 것이 좋습니다. 당신의 인생에 알맞은 처방전을 마련하고 그에 맞는 방식으로 시도해야 합니다. 당신은 그래야 합니다. 막연한 정화는 결코 올바른 처방이 될 수가 없습니다. 당신에게 먼저 필요한 것은 이 부분에 대한 정확한 이해입니다.

" 나는 알맞은 처방을 마련한다"

"TV를 즐겨 보는 자는 TV에 조종당한다", 이 말을 당신이 잘 이해하고 잘 기억하기를 부탁합니다. 당신이 더 풍요하고 더 나은 삶을 살기로 작정했다면 말이지요. TV를 멀리해야 하는 이유는 TV를 가까이해도 좋을 이유보다 훨씬 더 많습니다. TV가 우리에게 미치는 부정성은 TV가 우리에게 미치는 긍정성에 비해 몇십 배 더 강하고 다양합니다. TV는 일방적으로 주입하고 우리는 일방적으로 수용하게 되는데, 오늘날 TV 내용 중에 우리에게 긍정적 역할을 할 내용은 그다지 많지 않고, 무엇보다 TV를 자주 보다 보면 습관이 되고 중독이 됩니다.

TV에서 나오는 것이면 죄다 진실인 것으로 받아들이기 쉬운데, 자신이 스스로 생각하고 고려하고 판단하여 정보화하는 것이 아니라 일방적 수용 상태에서 무작위로 우리 안에 저장됩니다. TV를 보면서 개인이 그 내용을 낱낱이 해부하거나 조종할 수는 없습니다. 우리의 뇌가, 우리의 의식이, 우리의 마음이, 우리의 정신이, 우리의 생각이, 우리의 감정이 TV에 조종당하고 세뇌당하는 것이지요.

생각할 틈이 없고, 따져 볼 틈이 없으며, 보면 볼수록 육체적·정신적·사회적 능력이 훼손됩니다. TV를 즐겨 보면 당신이 지니고 있는 많은 능력이 상실됩니다. TV를 즐겨 보면 당신의 정신세계가 혼돈에 빠지게 됩니다. TV를 켜면 뇌의 불은 꺼지고 뇌는 작동을 멈춥니다. TV를 끄세요. 뇌가 켜지고 작동을 시작합니다.

물론 TV가 우리에게 이로운 역할을 할 때도 분명 있습니다. 그러나 그것은 극히 제한적이고 미미합니다. 가까이해서 얻는 이로움에 비해 손해가 훨씬 더 크고 심각합니다.

살아서, 살아서 행복하라

TV를 즐겨 보는 것은 내 돈 들여 내가 나를 망치는 행위입니다. TV는 당신에게서 호오포노포노의 활동도 방해합니다. 그것은 곧 더 나은 인생을 창조하는 것을 방해한다는 것을 의미합니다. 당신은 TV를 멀리할 용기를 일으켜야 합니다. 지금 당장!

" 나는 TV를 가까이 하지 않는다 "

우리는 살아가면서 누군가에게 '폐'를 끼칩니다. 정도의 차이는 달라도 누구나 가끔은 다른 대상에게 폐를 끼칠 수밖에 없습니다. 문제는 그것이 지속될 때입니다. '인생이 곧 폐'인 경우의 사람은 우리 주위에 의외로 많습니다.

폐는 일차적으로는 상대가 수고하고, 상대가 손해보고, 상대가 괴로운 상황이 되지만, 결국 내 인생이 더 수고하는 방향으로 흐르게 되고, 내가 더 손해 보며, 내가 더 괴로운 상황을 맞이하게 됩니다. 그러므로 나로부터 시작되는 폐, 내가 누군가에게 끼치는 폐는 최대한 줄여야 합니다.

폐를 끼치며 사는 인생에는 호오포노포노도 통하지 않습니다. 호오포노포노의 기본 정신은 사랑과 책임인데, 폐는 사랑이 아니며, 폐를 끼친다는 것은 스스로 책임져야 할 일을 정면으로 마주하지 못하고, 책임을 회피한 반증이기도 하니까요. 부자가 되고 싶은가요? 운이 좋은 사람이 되고 싶은가요? 먼저 폐를 끼치며 사는 사람이 되지 않도록 노력하기 바랍니다.

" 나는 남에게 폐를 끼치지 않는다 "

당신은 운전을 하며 도시 한복판을 달리고 있습니다. 가속 페달을 밟고,

핸들을 돌리고, 방향 지시등을 켜고, 브레이크를 밟는 등 멈추고 달리는 모든 일련의 과정들을 자연스럽게 하고 있습니다. 이때 마음은 다른 곳에 가 있고, 생각이 다른 곳에 가 있어도, 당신의 몸은 필요한 행위들을 알아서 척척 해내고 있습니다.

"자, 이제 가속 페달을 밟아. 자, 이제 오른쪽으로 핸들을 돌려. 자, 이제 브레이크를 밟아. 자, 이제 좌회전 방향 지시등을 켜.", 이렇게 당신이 의식적으로 자신에게 명령하기 전에 이미 당신은 필요에 맞는 운전 조작을 하고 있습니다. 이럴 때 우리는 '무의식적으로' 라는 표현을 합니다. 그렇습니다. 모든 사람들은 운전을 할 때 자신이 애써 의식적으로 하지 않아도 몸이 알아서 제때에 맞는 조작을 하고 있습니다.

"무의식적으로 나도 모르게 그랬다", 우리는 이러한 경험을 자주 합니다. 그래서 어떤 사람들은 인간의 행위는 무의식이 주관한다고까지 이야기합니다. 그리고 그것을 바탕으로 나름의 치유 방식을 주장하기도 합니다. 그렇다면 의식은 삶에 대하여 그다지 중요한 역할을 하지 않는 것일까요? 삶에 있어서 무의식이 주체 세력일까요? 그래서 무의식에 관한 정화만 하면 되는 것일까요? 아닙니다.

무의식적으로 하는 행위가 비록 많다고는 하지만, 삶의 주체 세력은 여전히 의식입니다. 모든 무의식은 의식의 자식입니다. 모든 무의식은 한때 의식이었습니다. 의식을 정화하세요. 의식을 개혁하세요. 무의식은 의식이 정화되면 자연스럽게 정화됩니다. 의식을 먼저 사랑하세요. 의식이 먼저 사랑이게 하세요.

" 나는 의식을 정화한다"

살아서, 살아서 행복하라

행동이 수정되면, 마음이 수정되고, 생각이 수정되고, 감정이 수정되고, 의식이 수정됩니다. 삶에 대한 수정은, 내면을 수정하여 외면을 수정하는 방식으로 시도할 수도 있지만, 거꾸로 외면을 수정하여 내면을 수정하는 방식이 더 절실한 경우가 많습니다.

행동의 기저에는 마음이나 생각, 의식, 감정 등의 작용이 있지만, 내면의 환경과 상관없이 행동을 먼저 목적에 맞게 조종함으로써 원하는 목적을 이룰 수도 있습니다. 그리고 이러한 방식이 더 효과적일 때가 많습니다. 특히 움직임의 필요성이 많이 사라진 현대의 생활 문화에서는 더 유용한 방식이기도 합니다.

삶에 대한 진정한 정화는 행동이 수정되지 않으면 불가능합니다. 삶에 대한 노력의 기준은 행동의 변화에서 알 수 있고, 더 나은 삶을 이루기 위해 기울이는 정성의 증명도 행동이 변화되어야만 가능합니다.

마음이 움직일 때까지 기다리다가 세월만 보내는 사람들이 너무나 많습니다. 내면의 환경을 수정해서 인생을 변화시키려다 나이만 들어버리는 사람들이 너무나 많습니다. 먼저 행동하세요. 행동을 먼저 하세요. 행동을 수정하여 내면을 수정하고 인생을 수정하세요. 행동이 수정되면 내면의 정화는 저절로 됩니다. 인생 역시 그러합니다.

" 나는 일단 행동한다 "

누군가는 직장을 구하지 못해 머리를 싸매고, 누군가는 직장이 있으나 불만과 스트레스로 머리를 쥐어뜯습니다. 누군가는 직장에 들어가기 위해, 누군가는 직장에서 벗어나기 위해 사투를 벌입니다. 직장 안과 밖에서는 매일 이러한 일들이 벌어집니다.

인생에 대하여 직장의 역할은 출세나 돈만이 전부가 아닙니다. 한때 당신의 가슴을 설레게 했던 가슴 벅찬 성전이었고, 시름이 될 많은 것들을 품어주던 든든함이었습니다. 직장은 당신을 보호했습니다. 그 품에서 당신은 희망을 보았고 기쁨을 맛보았습니다.

당신은 지금 직장에 대한 당신의 마음을 정화해야 합니다. 당신이 직장에게 허락을 구하는 중이든, 직장에게 불만을 터뜨리고 있는 중이든, 당신은 직장에 대하여 정화해야 합니다. 직장이 아닌, 직장에 대한 당신의 마음을.

" 나와 직장은 아주 좋은 관계다 "

'일 안 하는 삶'을 목적으로 하지 마세요. 일하기를 즐겨 하세요. 당신의 의식에 일을 좋은 것으로 다시 설정하세요. 정화하세요. '일 안 하는 삶'을 좋아했던 당신의 잘못된 감정들, 잘못된 설정들을 정화하세요. 그랬을 때 당신은 부자도, 성공도 이룰 수 있게 됩니다.

호오포노포노는 일 안 하는 삶을 만들기 위해 필요한 것이 아닙니다. 일을 즐겁게 하는 사람이 되기 위해 호오포노포노를 사용하는 사람이 되세요. 일 안 하는 삶은 죽은 삶이나 마찬가지입니다. 일을 안 하겠다는 것은 행복하기를 포기하겠다는 뜻과 같습니다.

일에 대한 생각을 바꾸세요. 일에 대한 마음가짐을 바꾸세요. 노예로 일하지 말고 주인으로 일을 하세요. 호오포노포노가 당신의 인생에서 그런 쪽으로 쓰여야 당신은 행복할 수 있습니다.

살아서, 살아서 행복하라

당신에게 일의 동기는 무엇입니까? 아마도 돈이겠지요. 물론 다른 가치의 동기도 함께이겠지만, 일의 1차적인 동기는 돈에 있을 것입니다. 그렇다면 당신에게 돈의 동기는 무엇입니까? 망설이거나 머리를 긁적이며 당신은 몇 가지 단어들을 나열하겠지만, 결론은 하나입니다. '행복'. 당신에게 돈의 동기는 행복입니다. 그러므로 당신은 일 자체가 행복이어야 합니다.

" 나는 일하는 것이 좋다"

누구에게나 충분한 시간은 주어지고, 어느 인생에나 좋은 운은 찾아옵니다. 그러나 대부분 시간은 낭비하기를 일삼고, 좋은 운은 엉뚱한 방면으로 써버립니다. 아끼지 못한 시간은 기회까지 잃게 만들고, 엉뚱한 방면으로 쓰여버린 좋은 운은 나쁜 운을 재촉하는 계기로 작용됩니다.

이러한 방식으로 살아가는 사람이 시크릿을 하고 호오포노포노를 한다고 해서 풍요하고 행복한 삶으로 변화될까요? 당신도 그럴 수 있다고 생각하나요? 단언컨대 그와 같은 일은 일어나지 않습니다.

일상을 잘 살아내세요. 시간을 낭비하지 마세요. 좋은 운을 제대로 쓰세요. 그 안에서 호오포노포노를 하세요. 그것이 당신이 원하는 삶을 가장 빠르게 얻는 비결입니다.

" 나는 시간을 아끼고 좋은 운을 제대로 쓴다"

일희일비―喜―悲함을 경계해야 합니다. 기분 좋으면 세상 다 얻은 듯 과장되게 감정이 치달았다가 조금만 안 좋으면 세상 다 잃은 듯 감정의 구덩이를 파는 것, 당신은 감정이 급격하게 요동치는 것을 경계해야 합니다. 정화하세요. 요동치는 감정을 정화하세요. 평정심은 위기일수록 위력이 발휘되는 승자의 성품입니다.

" **나는 평정심을 유지한다**"

자연은 '저절로 그러함' 입니다. 나무와 꽃, 새들과 숲, 물과 흙, 하늘과 구름, 눈과 비, 바람과 서리, 강과 바다, 자연의 모습은 가장 조화롭고 가장 평화롭고 가장 완전하고 가장 위대합니다.

해가 뜨고, 해가 지고, 눈이 오고, 비가 오고, 바람이 불고, 봄과 여름과 가을과 겨울, 모든 것이 저절로 되는 자동 시스템입니다. 가장 순조로운 흐름이며, 가장 훌륭한 완성이며, 가장 믿을 수 있는 약속, 자연의 작용력은 언제나 정확하고 언제나 완벽합니다.

자연은 가장 순수하고, 가장 신성하고, 가장 풍요롭고, 가장 평화로우며, 가장 완전한 사랑, 가장 위대한 능력입니다. 전부 다 알 수도 없고, 설명할 수도 없으며, 언어로 완전하게 정의하거나 표현할 수 없는 '측량할 수 없는 힘' 입니다. 자연을 가까이하세요. 몸과 마음이 자연의 품에 안기기를 자주 하는 것은 세상에서 가장 완벽하고 가장 위대하고 가장 경이로운 정화입니다.

" **나는 자연을 가까이하는 자연인이다**"

자신을 사랑하고 존중하는 마음이 결여된 인생은 어둡고 부정적인 방향으로 흐르기 쉽습니다. 자존감의 부족이나 상실은 올바른 인간관계 형성을 방

살아서, 살아서 행복하라

해하고, 삶에 좋은 의미를 부여하지 못하게 하며, 사회생활 전반에 걸쳐서 정상적인 활동을 못 하게 하는 원인이 됩니다.

실수하거나 잘하지 못한 자신을 용서해 주기, 상황을 긍정적으로 해석하기, 자주 자신을 격려해 주기 등은 자존감 회복에 매우 중요한데, 이는 호오포노포노가 추구하는 바와 일맥상통합니다. 호오포노포노의 사용은 자존감을 높여 주는 훌륭한 시도가 될 수 있습니다.

"나는 나를 존중한다"

삶이 가능하려면 두 가지 자연적 조건이 동시에 충족되어야 합니다. '시간과 공간'이 그것으로, 무형의 조건인 시간과 유형의 조건인 장소가 없다면, 현재의 삶은 성립될 수가 없습니다.

이 중 장소는 우리에게 활동의 무대를 제공해 주는 기능을 하고, 우리는 곳곳의 장소에서 생명적, 사회적, 존재적 활동을 하며 삶을 향유해 가는데, 그 모든 과정에서 우리는 장소마다에 형성되어 있는 에너지의 영향을 받고 있습니다.

장소에는 그곳 본래의 에너지와 오가는 사람들의 에너지, 설치물과 물건들, 식물들 등 그곳의 모든 것이 함께 어우러져 만들어내는 고유한 에너지가 형성되어 있습니다. 장소에는 장소마다 특정한 에너지가 발현되고 있으며, 우리는 그 에너지로부터 결코 자유롭지 않습니다. 장소로부터 받는 에너지도 인생에 대하여 좋은 작용을 하는 것과 나쁜 작용을 하는 것이 있습니다. 그러므로 우리는 자신이 가는 장소에 대하여 결코 가벼이 할 수 없습니다.

또한 우리 인간도 모든 장소에 대하여 어떠한 영향력입니다. 장소 입장에서 보면 모든 사람이 다 반가울 수 없습니다. 누군가는 긍정 에너지를 주고, 누군가는 부정 에너지를 주기 때문입니다.

우리가 장소에 대하여 한 그대로 장소는 우리에게 되돌려 주게 됩니다. 장소와 인간은 에너지로 거래하는 것이지요. 그러므로 당신은 어디를 가든 '좋은 영향력'을 주는 사람이 되려는 의도를 지녀야 하고, 실제로 그리해야 합니다. 장소에 대하여 알고, 되도록 좋은 장소를 가며, 가는 장소에 좋은 영향력을 주는 사람이 되는 것, 이는 세상을 이롭게 함입니다.

" 나는 장소와 서로 좋은 에너지로 교류한다"

자신이 맡아서 해야 하는 것에 대해 중요함을 갖는 마음, 자신이 하는 일에 대하여 책임지는 마음, 이러한 마음을 책임감이라고 합니다. 일상에서 책임감을 가지고 임하느냐 책임감 없이 임하느냐는 굉장히 중요합니다.

사랑에 책임감이 주어지지 않으면 우리는 진짜 사랑을 할 수 없고, 일에 책임감을 갖지 못하면 우리는 열정을 쏟을 수가 없으며, 자신의 인생에 대하여 책임감을 갖지 못한다면 우리는 참다운 인생살이를 할 수 없게 됩니다.

책임감은 온 마음을 다하게 합니다. 책임감은 진짜이게 합니다. 책임감은 더 나은 존재로 가기 위해 반드시 요구되는 성품입니다. 무엇을 하든 책임감으로 하세요. 특히 당신의 인생에 대하여, 당신의 영혼에 대하여 책임감을 지니기 바랍니다. 당신의 존재함은 오롯이 당신의 책임이기 때문입니다. 호오포노포노는 책임감 안에서 가능한 수단입니다.

" 나는 책임감으로 산다"

웃기는 상황, 편안한 상황, 좋은 상황, 이럴 때 웃는 것은 아무나 할 수 있습니다. 곤란함에 처했을 때, 시련이 계속 되고 있을 때, 출구가 보이지 않는 깜깜한 터널에서도 웃을 수 있는 것, 그것이 진짜 긍정입니다. 진짜 긍정인은 상황이나 처지에 상관없이 웃을 줄 아는 사람입니다. 그의 가슴에는 더 강한 힘과 더 강한 의지와 더 뜨거운 열정이 흐르고 있기 때문이지요.

세상 모든 근심을 다 짊어지고 있는 사람의 얼굴을 좋아하는 사람은 없습니다. 세상 다 산 사람의 얼굴을 좋아하는 사람은 없습니다. 그런 종류의 사람은 우주도 싫어합니다. 그런 사람은 신도 멀리합니다. 그런 사람은 호오포노포노도 어찌해 볼 도리가 없습니다.

내가 먼저 웃고 있어야 웃을 일이 생기는 법입니다. 행운의 여신은 어두운 표정의 사람보다 밝은 사람을 더 좋아합니다. 위기의 상황에서도 얼굴에 미소를 담을 수 있는 사람, 그는 강한 사람입니다. 그는 행운을 거머쥘 자격이 있는 사람입니다. 어떤 상황에서도 마음에 태양을 띄우세요. 큰 소리로 힘차게 웃기를 즐겨 하세요. 그것은 엄청난 파워를 지닌 살아있는 정화입니다.

" 나는 웃으며 산다"

저축자의 돈을 맡아서 관리하고, 대출자와의 거래를 통해서 이익을 발생시키는 곳이 은행입니다. 사람들이 은행에 가는 이유는 돈을 맡기기 위해서, 맡긴 돈을 찾기 위해서, 대출을 하기 위해서입니다. 은행에 가야 할 이유는 매일 발생하지 않습니다. 그러나 만약 당신이 지금보다 더 부자가 되어야 한다면, 그리고 그 크기가 보통을 넘어서는 것이라면, 자주 은행에 가기를 권합니다.

은행을 구성하는 요소는 크게 사람과 돈으로 압축할 수 있습니다. 은행의 특징을 꼽으라면 '은행에는 늘 돈이 있고, 늘 돈이 오고 간다' 는 것입니다. 즉, 돈이 있고, 돈의 흐름이 멈추지 않는 곳이 은행입니다. 돈의 기운이 강하게 형성되어 있는 곳이지요.

은행은 다른 어느 곳보다 '돈 에너지' 의 크기가 크고, 돈 에너지의 흐름이 왕성한 곳입니다. 당신은 자주 은행에 가서 돈의 에너지를 느끼고, 돈의 에너지와 친해지기를 시도할 수 있습니다. 돈을 거래하기 위한 방문이 아닌, 돈의 에너지와 교류하기 위한 방문을 하세요. 자주 그리하세요. 당신의 감정에 변화가 일어나고, 당신의 생각, 당신의 행동에 변화가 일어날 것입니다. 돈이 당신의 인생 속으로 끌려오는 기분 좋은 변화가 말이지요. 은행에서 조용히 정화 언어를 되뇌어 보는 것도 좋겠지요.

" 나는 은행에서 돈 에너지와 교류한다"

당신의 머리가 세상의 모든 지식을 다 섭렵했다 하더라도, 당신의 몸이 행하지 않으면 아무 소용없고, 당신이 아무리 좋은 생각, 착한 마음을 품었다 하더라도, 당신의 몸이 나쁜 행동을 한다면 당신은 나쁜 사람이 되며, 당신의 감정이 아무리 평온해도, 당신의 몸이 술독에 빠지고 유흥가를 기웃거린다면 당신의 인생은 결코 평온할 수가 없습니다.

'몸의 쓰임' 을 살피세요. 좋은 생각, 착한 마음, 고요한 감정이라고 해서 몸이 늘 좋은 행동, 착한 행동, 안정된 행동을 하는 것은 아닙니다. 그러므로 당신은 자신의 몸이 어떻게 쓰이고 있는지에 대해 살펴야 합니다. 자주 그리해야 합니다. 인생이라고 하는 것은 몸의 쓰임으로 완성되기 때문입니다. 몸의 쓰임을 살피세요. 호오포노포노를 당신 몸의 쓰임에 사용하세요. 그것은 인

살아서, 살아서 행복하라

생을 위한 정화입니다.

" 나는 자주 몸의 쓰임을 살핀다"

나이가 같거나 비슷한 사람과 친하게 되면 우리는 스스럼없이 친구라고 합니다. 가깝게 오래 사귄 사람, 이것은 친구의 정의이면서 조건인데, 현실에서 이에 딱 들어맞는 친구는 그리 많지 않습니다. 나의 친구는 나 아닌 다른 누군가의 친구이기도 하다는 사실, 그것은 친구의 의미가 그리 대단하지 않을 수도 있다는 것을 말해 주고 있습니다.

아무리 친한 친구도 친구는 친구일 뿐, 친구가 나일 수는 없습니다. 나와 나 사이에도 때때로 거리가 있는데 하물며 타인과 나 사이의 거리는 어떨까요? 하지만 그럼에도 불구하고 친구는 여전히 소중한 존재입니다.

친구는 친구 아닌 타인보다 훨씬 가깝고 끈끈함이 있는 존재입니다. 현대 사회에서 친구의 가치가 많이 훼손되기는 하였지만, 그래도 친구는 결코 가벼운 존재가 아닙니다. 친구는 나에 대해서 다른 타인보다 더 강력한 영향력을 미칠 수 있는 존재라는 것, 그러한 이유로 친구는 다른 타인보다 더 조심스러운 존재입니다.

당신은 현실적으로 친구와의 관계를 지혜롭게 함과 동시에, 친구에 대해서, 친구와의 관계에 대해서 정화하기를 바랍니다. 나를 위해서 혹은 친구를 위해서.

" 나는 가끔 친구를 위해 정화한다"

행운은 준비가 기회를 만난 것일 뿐이라고 합니다. 결국 일상에서 제 할 일을 충실히 다 하면서 순리에 따르는 방식의 삶일 때 행운을 기대해 볼 수 있다는 뜻입니다. 세상의 모든 현상은 조건이 충분히 갖추어졌을 때 일어나는 법인데, 행운도 마찬가지입니다. 조건을 채워 줘야 내게 오는 것이지요.

행운은 지난 시간들에 대한 보상으로 오는 경우가 있고, 앞날에 대한 시험으로 오는 경우가 있습니다. 전자는 당연한 결과라고 볼 수 있지만, 후자는 행운을 가불하는 것과 같아서 빚입니다. 행운이 오기 전보다 더한 정성을 보여 줘야 하는 것이지요. 하지만 사람들은 행운이 오면 거기에 도취되어 그 상황을 올바로 해석하지를 못하게 됩니다. 그리고 그 결과는 대부분 참혹합니다.

호오포노포노 실천은 행운의 여신이 좋아하는 환경을 조성합니다. 행운이 인생에서 끝까지 행운의 기능을 하게 하려면 행운을 잘 살펴보고 그 진의를 잘 파악해서 사용해야 합니다. 행운이 불행의 씨앗이 되는 경우를 우리는 주변에서 어렵지 않게 볼 수 있습니다. 행운은 오게 하는 것보다 온 이후가 더 어렵고 더 중요한 법입니다.

" 나는 행운을 잘 관리한다"

자존심이 약한 사람은 성취의 크기 또한 작지만, 시비가 적고 안전성은 높아지는 장점이 있습니다. 자존심이 강한 사람은 성취의 크기는 크지만, 단점으로는 시비가 많고 위험성도 더 높아집니다. 인생에 대하여 기능적으로 어느 쪽이 더 좋다 나쁘다 단정할 수는 없습니다. 각자의 가치관에 따라 중요도가 달라질 수 있고, 인생의 형태에 따라 얼마든지 다른 기능을 할 수 있기 때문입니다.

"자존심이 밥 먹여 주나?", 그렇습니다. 자존심이 밥 안 먹여 줍니다. 그러나 자존심이 없이는 밥을 손에 넣기가 만만치 않습니다. 밥이 없는데 어떻게 밥을 먹을 수 있을까요? 자존심의 사용에는 알맞은 때와 장소, 대상이 있는 법입니다.

자존심은 나를 지탱하는 정신적 도구입니다. 고정불변한 것이 아니라 얼마든지 변화시켜 사용할 수 있고, 실제로 그렇게 사용할 때 가장 빛날 수 있는 가치입니다.

자존심은 감정에서 발현되는 경우가 있고, 이성에서 발현되는 경우가 있습니다. 당신이 인생을 지혜롭게 운용해 가려면 자존심의 뿌리가 감정에 있어서는 불리합니다. 감정은 예측하기 어려울 만큼 들쑥날쑥하기 때문입니다.

어떤 경우에든 자존심이 다른 소중한 가치를 훼손시켜도 좋은 경우는 없습니다. 하지만 매번 자존심에 상처를 입히면서까지 가치를 지키는 것 역시 권할 만한 방식은 아닙니다. 다만 경중에 따른 조절이 있을 뿐입니다.

상처 난 자존심을 호오포노포노가 어느 정도 치유해 줄 수는 있지만, 완전한 회복은 쉽지 않습니다. 당신이 할 수 있는 최선은 감정을 잘 정화하여 자존심이 상처 나는 것을 예방하는 것입니다.

" 나는 자존심을 현명하게 잘 사용한다"

선한 마음, 다방면의 깊은 지식, 차분한 감정, 옳은 생각, 빠르고 정확한 두뇌 회전까지, 완벽해 보이는 유형의 사람은 세상에 많습니다. 그리고 그들 중 삶을 실패하는 이들도 많습니다. 무슨 이유일까요? 능력이 전력화되지 못했기 때문입니다. 능력이 안에서 밖으로 나오지 못해서, 능력이 세상이라는 무대에 제대로 발휘될 수 있는 기회를 만들지 못한 것이지요.

내 안에 무엇을 가지고 있느냐는 중요합니다. 그러나 더 중요한 것은 당신의 마음이, 당신의 지식이, 당신의 감정이, 당신의 생각이, 당신이 알고 있는 것이 얼마나 전력화될 수 있느냐, 바로 그것입니다.

당신은 삶에 관한 훌륭한 재료들을 많이 가지고 있습니다. 꺼내세요. 안에 꽁꽁 숨겨 두지 말고 밖으로 꺼내세요. 아무리 뛰어난 것도 밖으로 나오지 못하면 결코 쓰임이 되지 못합니다. 그것은 일종의 낭비입니다. 훌륭하게 쓰일 수 있는 것을 쓰지 않는 것은 세상의 낭비입니다. 당신 안에 있는 좋은 재료들을 전력화하세요. 완성은 그렇게 시작됩니다. 호오포노포노가 균형을 잡아 준다면 더욱 좋을 것입니다.

" 나는 내가 가지고 있는 것을 다 전력화한다"

칭찬에 관해서는 누구나 잘 알고 있습니다. 그러나 누구나 다 '칭찬하기'를 잘하지는 않습니다. 받으려고 하는 사람은 많고, 하려고 하는 사람은 드문 것이 칭찬입니다.

어쩌면 지금 당신은 칭찬하기에 심혈을 기울여야 할 때인지도 모릅니다. 어쩌면 당신의 인생에서 풍요의 결핍은 칭찬의 결핍에서 비롯되었을 수도 있다는 생각을 해 봐도 좋을 것입니다. 돈은 사람의 등에 업혀 오고, 칭찬은 사람을 내 편으로 돌려세울 수 있는 최고의 기술이니까요.

칭찬은 메아리와 같아서 당신에게 그대로 돌아옵니다. 당신이 평소 칭찬하기에 인색하지 않는다면, 당신은 위기 때마다 누군가가 내미는 손을 잡게 될 것이며, 당신이 모르는 곳에서 당신을 위한 행운의 싹이 자라게 되는 신나는 일도 있을 것입니다.

살아서, 살아서 행복하라

칭찬은 타인으로부터 들어야 더 좋은 법이니, 칭찬은 자신에게보다 타인에게 더 많이 사용하면 좋습니다. 물론 나 자신에 대한 칭찬도 소홀히 해서는 안 되겠지요.

칭찬은 관계를 정화하는 최고의 정화법입니다. 없는 것을 칭찬하기보다는 있는 것을 칭찬하고, 안 보이는 것을 칭찬하기보다는 보이는 것을 칭찬하고, 상대가 이해할 수 있는 것을, 상대가 이해할 수 있는 방식으로 해 보세요. 칭찬은 마음의 기술입니다. 마음에 울림을 주어야만 진짜가 되는 것이지요.

칭찬은 높이 평가해 주는 기술이므로 잘하는 것을 더욱 잘하게 하며, 효율을 극대화할 수 있는 상생의 작업입니다. 또한 칭찬은 평가에 대한 결과이므로 반드시 말로 하는 표현이 따라야 합니다. 칭찬하기를 즐겨 하세요. 당신의 인생이 맑고 향기롭게 정화될 것입니다.

" 나는 칭찬 기술자다 "

우리를 슬프게 하고 힘 빠지게 하는 이유들은 얼마든지 많습니다. 사람이, 일이, 사랑이, 물건이, 상황이, 꿈이, 현실이, 우리를 힘들게 하고 좌절하게 하며, 그때마다 우리는 늘 약하고 초라한 존재가 됩니다.

우리는 모두 격려가 필요한 존재입니다. 당신에게는 자주 격려가 필요합니다. 자신을 격려하세요. 당신이 타인을 격려하는 것은 좋은 일입니다. 하지만 우리는 타인을 격려할 줄은 알면서 자신을 격려하기에는 왜 그리 무심한 것일까요?

잘하지 못해도 포기하지 않게 하는 기술, 실패했어도 절망하지 않게 하는 기술, 한없이 초라하고 비참함 속에서도 다시 일어설 수 있게 하는 기술, 삶에 대하여 용기와 의욕이 다시 솟아나도록 하는 기술, 기운을 다시 북돋워 주는 기술, 격려는 마음에 밝고 힘찬 에너지를 불어넣는 마음의 기술입니다. 당신의 인생에 자주 적용하면 좋을 방법이지요.

격려는 나를 온전히 인생의 편에 서게 하는 힘입니다. 격려는 귀와 눈으로 먹는 강력한 효력을 지닌 영양제입니다. 당신의 마음과 감정은-심지어 몸까지도-자주 격려를 필요로 합니다. 당신의 영혼은, 그리고 당신의 인생은 격려를 바라고 있습니다. 격려해 주세요. 자신에게 그리고 인생에게. 물론 가까운 타인에게도 때에 따라 사용하면 좋습니다. 격려는 삶의 의지를 강화해 주는 강력한 응원 도구이며 사랑입니다.

" 나는 훌륭한 격려자다"

인생에서 자연재해를 제외한 '화禍'는 대부분 '절제의 붕괴'에서 옵니다. 평화, 행복, 사랑, 풍요 등 좋은 가치들을 인생에서 사라지게 하는 주된 원인은 대체로 '절제의 상실'에 있습니다.

편안하고, 평온하고, 행복하고, 아름다운 인생은 '절제의 유지'가 있어야만 가능합니다. 절제는 균형입니다. 절제는 정도를 걸을 수 있는 힘이므로 모두에게 요구되지만, 절제를 잘하는 사람은 그리 많지 않습니다. 절제는 능력이 되고 경쟁력이 됩니다. 절제가 성공의 조건이요, 행복의 기본 재료가 되는 것이지요.

절제에 대한 공격은 유혹으로부터 시작되는데, 지금은 다양한 유혹이 다양한 곳에서 다양한 방식으로 우리의 영혼을 흔들어대는 시대입니다. 지나치게 유혹이 많은 시대입니다. 유혹이 많은 세상을 내가 어떻게 해 볼 수는 없

살아서, 살아서 행복하라

습니다. 그러나 유혹이 많은 세상에 있는 '나'를 조절할 수는 있습니다.

가만히 두면 누구나 절제하기를 잘해낼 수 있는데, 시시때때로 유혹이 방해합니다. 내 안에서 스스로 내가 나를 유혹하고, 내가 가는 모든 곳에서, 내가 만나는 모든 사람들이 유혹을 합니다.

당신에게는 '돌아설 용기'가 필요합니다. 유혹 앞에서 과감하게 돌아설 수 있는 용기가 당신에게 있어야 합니다. 그랬을 때 당신의 삶은 맑고 밝고 향기로울 수 있습니다. 유혹 앞에서 당신은 자신에게 물어야 합니다.

"도대체 지금 내가 나에게 무슨 짓을 하려 하는가?"

절제의 힘을 갖지 못한 인생에서는 아무리 정화를 잘해도 원하는 것을 얻을 수 없습니다. 절제가 붕괴된 삶은 호오포노포노로도 어찌할 수가 없습니다. 절제를 못 하면 정화해야 할 일들만 더 늘어날 뿐이지요. 절제하세요. 그것은 행복하기를 위한 필수 덕목입니다.

" 나는 유혹 앞에서 돌아설 줄 아는 사람이다"

인생이 궁극적으로 지향해야 할 가치는 올바르고 알맞은 '행복'입니다. 당신이 좋아하는 돈, 당신이 도달하고자 하는 성공 지점, 당신이 더 높이고 지키고자 하는 명예, 당신의 사랑, 당신의 계획, 당신의 목표, 당신이 하고 있거나 하려고 하는 모든 것들은 그렇게 했을 때 행복할 수 있으리라는 무의식적 믿음을 기반으로 합니다.

이 무의식적 믿음은 잘 맞아떨어지기도 하고 때로는 오히려 그 반대의 결과를 초래하기도 하지만, 중요한 것은 당신이 그러한 방식을 결코 쉽게 놓지 않을 거라는 점입니다. 대부분의 사람들이 생이 끝나는 때까지 그러한 방식으로 살아가는 것처럼 말이지요. 당신의 무의식적 믿음을 정화해야 합니다. 그것만으로도 당신은 행복의 근원에 한발 가까이 다가서게 될 것입니다.

" 나는 무의식적 믿음을 정화한다"

경망스럽고 야단스러운 행동을 우리는 '호들갑' 떤다고 합니다. 호들갑의 긍정적인 측면은 분위기를 띄우는 것이고, 부정적인 측면은 경망스러운 사람으로 낙인이 찍힌다는 것입니다. 호들갑은 의도하여 전략적으로 쓰일 때 상당한 효과를 기대할 수 있는 수단이 됩니다. 대단하지 않은 것을 대단한 것으로 착각하게 만들려는 목적으로 행해질 때 호들갑은 충분히 위력적입니다. 또 호들갑은 주의를 끌어야 할 필요가 있을 때 자연스럽게 사용할 수 있는 수단이 됩니다. 과장하여 큰일로 만들려는 의도에서 행해지는 호들갑은 꽤 유용한 전략이죠.

호들갑은 진실이 아닌 것을 진실이게 할 수 있고, 별일 아닌 것을 특별한 일로 둔갑을 시킬 수도 있습니다. 이러한 호들갑은 상황을 흔들어서 새로운 변수를 발생시키는 신의 한 수가 될 수도 있습니다.

때로는 호오포노포노보다 더 빠르고 더 쉬운 행동적 수단이 필요할 때도 있는데, 목적에 따라서는 호들갑이 뛰어난 역할을 해낼 수도 있습니다. 필요에 따라서는 호들갑을 떨어도 좋습니다. 그것이 결정적인 한 수가 될 수도 있으니까요. 호들갑이 당신에게 분위기 반전의 열쇠가 될 수도 있습니다. 당신

살아서, 살아서 행복하라

은 호오포노포노와 호들갑을 동시에 사용할 수도 있습니다. 프로는 무엇이 든 도구화할 줄 아는 사람입니다.

" 나는 모든 것을 도구화한다"

우주 안의 모든 것은 흘러야 그 생명력을 유지할 수가 있습니다. 채우기만 하고 내보내지 않는 상태, 즉 변비는 '정체'입니다. 정체는 흐름이 오류를 일 으켜 생기는 것으로, 몸의 정체는 몸을 병들게 하고, 정체의 결과는 언제나 생명 에너지의 소멸입니다. 그것은 비단 우리 몸 안의 일뿐이 아닙니다. 마음 의 정체, 감정의 정체, 생각의 정체, 행동의 정체, 모든 정체는 인생의 정체를 부르고, 인생의 정체는 결국 운명을 정체하게 만들지요.

정체의 특징은 정체를 바로 해소하지 않으면 그 정체는 스스로 더 가중된 다는 점입니다. 그러므로 당신은 평소 무엇이든 정체됨을 경계해야 하며, 정 체가 시작되면 '바로 해소하기'를 결행해야 합니다. 이는 인생에서 흐름의 오 류를 정화하는 행위입니다. 삶을 순탄하게 하기 위한 것이지요. 정체를 푸는 최고의 방법이 호오포노포노입니다.

" 나는 정체를 바로 해소한다"

우주에는 '리듬'이 있습니다. 봄에서 겨울까지 시간의 리듬에서, 산골짜기 의 물이 바다에 이르는 자연의 리듬, 태어나서 죽음에 이르는 생명의 리듬, 돈 이 들어오고 나가는 돈의 리듬, 감정의 리듬, 신체의 리듬 등 모든 곳, 모든 것 에는 일정한 리듬이 있습니다.

당신 삶에도 일정한 리듬이 있습니다. 일상에 리듬이 있습니다. 리듬을 자기 속도에 맞게 끌고 가는 것은 대단히 중요합니다. 리듬을 무리 없이 잘 끌어가고 유지하는 것은 굉장히 유리한 고지를 점령하는 것과 같습니다. 리듬이 흐트러지거나 리듬을 빼앗기면 당신은 매우 불리한 처지에 놓이게 됩니다. 당신의 리듬을 살펴보는 것도 삶을 잘 운용할 수 있는 좋은 방법입니다.

호오포노포노를 통하여 우리가 얻을 수 있는 이로움 중 하나가 바로 이것입니다. 내면을 정화하고 평온하게 하여 리듬을 잘 관리할 수 있는 것, 호오포노포노는 그런 면에서 아주 탁월한 효과를 거둘 수 있습니다.

" 나는 리듬을 유리하게 끌고 간다 "

아주 오래전에는 책이 귀하던 시절이 있었습니다. "아는 것이 힘"인 시절이 있었습니다. 책이 귀하고 많이 배운 사람이 드물던 시대에는 그랬습니다. 그러나 사실 책이 아주 귀한 옛날에도, 아는 것이 힘이라고 외치던 때에도 진짜 힘은 따로 있었습니다. '함', 아는 것을 실천으로 옮기는 행동력이야말로 '진짜 힘'이었습니다. 아무리 많이 안다고 한들 그것이 머리에만 머물러서는 아무 소용이 없기 때문입니다.

성공하지 못하고, 부자가 되지 못하는 것은 몰라서가 아닙니다. 정보에 대한 갈증을 언제든 해소할 수 있는 이 시대에는 특히 더 그렇습니다. 몰라서 성공하지 못하는 것이 아닙니다. '하지 않아서' 성공하지 못하는 것입니다. 몰라서 부자가 못 되는 것이 아닙니다. 아는 것을 '함'으로 승화시키지 못해서 부자가 못 되는 것입니다.

'앎'이 문제가 아니라 '안 함'이 문제입니다. 앎이 답이 아니라 '함'이 답

살아서, 살아서 행복하라

입니다. 움직이세요. 실천하세요. 아는 것을 행동으로 하세요.

'함의 위력'은 위대합니다. '함의 철학'은 모든 가치의 원동력입니다. 할 바를 하지 않고 정화만 하는 것은 우주의 원칙에 어긋나는 방식입니다. 할 바를 하지 않고 얻을 수 있는 것은 없습니다. 할 바를 하는 것, 그것은 정화의 능력을 뛰어넘는 위대한 힘입니다. 하지만 할 바를 다 하면서 하는 호오포노 포노는 더 위대한 힘이 됩니다.

"나는 할 바를 하는 사람이다"

사람은 '적응'이 뛰어난 존재입니다. 수많은 변수가 도사리고 있는 인간 사회에서 적응은 또 다른 사회적 능력입니다. 하지만 적응이라는 것이 무분별하고 광범위하게 적용되고 있는 것은 인간이 지니고 있는 커다란 불행이 아닐 수 없습니다.

늦은 밤 유흥가를 돌아다니는 일이 처음부터 익숙했던 사람은 없을 것입니다. 술이 그렇고, 도박이 그렇고, 옳지 않으며 위험한 모든 것이 그렇습니다. 한 번 두 번 반복하다 보니 적응하게 된 것이지요. 우리에게는 적응하지 않아야 좋을 것들이 참으로 많습니다. 당신의 삶은 어떨까요? 당신은 어떤 종류의 것들에 적응하고 있을까요? 잘하는 적응은 아무것에나 무작정 잘 적응하는 것이 아니라, 적응해야 좋을 것에 적응하는 것을 의미합니다.

잘못된 적응이 저질러 놓은 뒤치다꺼리를 하기 위해 호오포노포노를 사용하기보다는, 잘못된 적응을 하지 않기 위해 호오포노포노를 사용해야 합니다.

"나는 적응해서 좋을 것만 적응한다"

정서가 통해야 거부감이 들지 않고, 정서가 통해야 가까워지기 쉽고, 정서가 통해야 함께하기 쉽고, 정서가 통해야 그 관계가 오래갈 수 있습니다. 이것이 '정서의 법칙'입니다. 당신이 누군가와 좋은 관계를 오래도록 맺고 싶다면 정서의 법칙에서 크게 벗어나지 않는 것이 좋습니다.

부자와 가까운 사이가 된다면 부자 되기에 유리한데, 부자에게 다가가고 부자와 친해지고 부자와 좋은 관계를 오래 유지하려면, 부자의 정서를 이해하고 부자의 정서를 익히는 것이 좋습니다. 다른 이유, 다른 사람이라 해도 정서의 법칙은 같은 효과를 나타냅니다.

정서는 독특한 내적 환경이며, 정서의 특징은 한 번 형성되면 어지간해서는 바뀌지 않는다는 것입니다. 호오포노포노와 당신의 정서가 조화로울 수 있도록 하세요. 우리는 정서를 바탕으로 하여 반응하는 존재입니다.

우리는 각자의 내면에 형성되어 있는 정서에 따라 일정한 반응 패턴을 보이기 때문에, 비슷한 정서를 지닌 사람끼리는 쉽게 융화됩니다. 인간은 누구나 고유한 정서의 세계를 이루고 있고, 그 대상이 누구이든 정서의 법칙은 유효합니다. 설령 사람이 아닌 동물 혹은 식물이라 하더라도 말이지요. 호오포노포노의 정화 언어 도구가 통용될 수 있는 것은 정서의 역할이 절대적이라 할 수 있습니다.

" 나는 정서의 법칙을 잘 이해하고 잘 활용한다"

입으로만 중얼거리면 정화가 저절로 다 되는 것인가, 아닙니다. 절대 아닙니다. 그것은 당신의 마음 안에서만 그럴 뿐입니다. 다들 정화, 정화하는데 진짜 정화하고 있는 것 맞습니까? 혹시 정화의 낱말 뜻만 알고 개념은 모른 채

살아서, 살아서 행복하라

정화하고 있는 건 아닌지요?

감정이, 세포와 함께하는 호오포노포노를 하세요. 이는 몸의 수고로움을 통하여 가능합니다. 그리고 몸의 경험을 통하여 가능합니다. 인생에서 지금 당신을 곤란하게 하거나 당신이 바라는 모든 것은 결국 몸의 경험에 관한 것입니다. 만약 당신의 몸이 지금껏 전혀 움직이지 않았다면 당신의 삶이 가능했을까요? 앞으로 당신의 몸이 전혀 움직일 수 없다면 당신은 지금 가지고 있는 계획이나 목표를 마련했을까요? 이렇듯 삶은 몸이 해내고 있는데, 정화는 왜 입으로만 하려고 합니까?

몸을 수고롭게 하는 것은 굉장한 힘입니다. 책임, 증명, 사랑, 열망, 실천 등이 함축되어 있는 것이 몸의 수고로움입니다.

몸과 함께 하십시오. 몸을 수고롭게 하고, 몸이 기억하게 하고, 몸에게 좋은 경험을 하게 해 주세요. 그것이 인생에 관한 진짜 정화입니다. 호오포노포노는 입으로만 해서 되는 것이 아닙니다. 마음으로만 해서 되는 것도 아닙니다. 삶은 몸이 해내는 것이기 때문입니다. 현생은 몸이 해내는 것이기 때문입니다.

"나는 몸과 함께 호오포노포노를 한다"

부분만 보면 우리의 삶은 못나고 마음에 들지 않으며 기운 빠지는 경우가 허다합니다. 전체적인 흐름에서 부분은 언제나 느리고 미미하며 약해 보이기 마련입니다. 우리가 쉽게 포기하고 쉽게 절망하는 이유이기도 하지요.

부분은 언제나 전체로 가는 길목입니다. 부분은 언제나 결과로 가는 과정입니다. 부분에 크게 일희일비하지 않는 것은 인생을 경영함에 있어서 매우 긍정적인 자세입니다.

부분만 보고 전체에 대한 결정을 해서는 안 되는 것인데, 어떤 사람들은 부분만 보고 섣부른 결정을 한다든지, 부분만 보고 포기하거나 절망합니다. 그리고 대부분 후회합니다. 완성된 퍼즐은 아름답고 흠이 없지만, 퍼즐이 완성되기 전에는 모든 부분에서 볼품없고 허술하기 짝이 없습니다. 부분만으로 판단하면 인생은 대부분 낮은 평가를 받게 됩니다.

그림을 전체적으로 보려고 노력하세요. 인생을 전체적으로 경영하는 것은 부분을 잘 해내면서 부분을 전체라고 착각하지 않는 데 있습니다. 인생은 짧지만 한편 긴 호흡이기도 합니다.

호오포노포노를 사용하여 단편적이고 근시안적인 시야를 확장시키면 당신은 좀 더 성장할 수 있을 것입니다. 부분적 인간이 아닌 전체적 인간이 되면 또 다른 인생의 묘미를 맛보며 살아가게 됩니다.

"나는 전체적 인간이다"

사람들은 대체로 현실에 대한 평가를 제대로 못 합니다. 조금 힘들 때는 실제보다 더 부정적인 평가를, 조금 좋을 때는 실제보다 더 긍정적인 평가를 하는 등 사람들은 언제나 '실제보다 더한 평가'를 합니다. 안 좋으면 더 안 좋은 쪽으로, 좋으면 더 좋은 쪽으로.

그것의 결과는 무엇일까요? 실제보다 더 안 좋은 평가는 우리를 지치게 하고, 우울하게 하고, 절망케 하면서, 스스로 운을 깎아 먹게 하죠. 반면 실제보다 더 좋은 평가는 우리를 자만하게 하고, 무리하게 하고, 들뜨게 하면서 스스로 화를 자초하는 빌미를 제공하게 합니다.

살아서, 살아서 행복하라

이 모든 평가의 오류는 감정에서 비롯됩니다. 감정을 잣대로 삼아 평가를 하기 때문에 늘 오류가 나는 것이지요. 당신이 호오포노포노를 통하여 감정을 평온하게 해야 할 이유입니다.

"나는 감정의 잣대로 평가하지 않는다"

일상을 아무렇게나 살아가면서 호오포노포노를 실천한다면 그 삶이 온전할 수 있을까요? 일상을 대충대충 보낸다든지, 일상을 엉망으로 망치고도 호오포노포노만 실천하면 다 되는 것일까요? 일상을 소홀히 하고, 일상을 함부로 하고도 호오포노포노만 실천하면 성공하고 풍요하고 행복한 삶을 얻을 수 있을까요? 아닙니다. 그런 일은 절대 일어나지 않습니다.

무엇을 해야 하고 무엇을 하지 말아야 할지에 대해 스스로 자주 질문하세요. 더러워진 것을 깨끗하게 정화하는 것보다 더 위대한 것은 더러워지는 것을 미리 예방하는 것입니다. 정화의 필요성을 줄이는 것, 그것을 잘해야 '더 나은 인생', '원하는 삶'에 가까워집니다.

일상을 잘 보내는 것, 그것이 정화할 일을 줄이는 최선의 방법입니다. 그것이 원하는 것을 더 빨리 더 완벽하게 손에 쥘 수 있는 방법입니다. 더러워진 것을 깨끗하게 씻는 행위만이 정화가 아니라, 더러워지지 않도록 미리 잘하는 것, 그것이 진짜 위대한 정화입니다.

"나는 일상을 잘하기 위한 호오포노포노를 한다"

우리는 모두 '가진 자' 입니다. 많이 가진 자와 적게 가진 자가 있을 뿐, 세상에 아무것도 가지지 못한 자는 없습니다. 그러므로 당신은 '기부가 가능한 사람'입니다. 무엇이 되었든 당신이 가지고 있는 것을 가끔이라도 조금이라도 기부하세요.

우리는 모두 봉사할 수 있는 사람입니다. 무엇이 되었든 봉사할 기회가 되거든, 그리고 당신이 할 수 있는 일이거든 봉사하기를 외면하지 마세요.

기부와 봉사는 특별한 사람들이 하는 특별한 일이 아닙니다. 누구나 아무나 할 수 있고, 누구나 아무나 해야 하는 지극히 평범한 일입니다. 당신도 충분히 할 수 있고, 당신이 해야 하는 일입니다.

기부와 봉사는 운명을 정화하는 높은 차원의 정화입니다. 이는 호오포노포노의 영역을 넘어서는 정화입니다. 당신의 것이 타인의 삶으로 가고, 당신의 힘이 타인에게 쓰이지만, 결국 그 이로움은 당신에게로 돌아옵니다. 더 큰 선물로.

" 나는 기부와 봉사를 한다"

가족에 대하여, 사회에 대하여, 나라에 대하여, 세상에 대하여, 지구에 대하여, 우주에 대하여, 우리는 모두 '영향력을 행사하는 존재'입니다. 그것은 우리가 아무 행동을 하지 않을지라도 마찬가지입니다.

'나'가 하는 그 어떤 행위도 '나의 일'로만 끝나지 않습니다. 내가 슬프면 그 슬픔이 나에게만 머물지 않습니다. 내가 기쁘면 그 기쁨은 나만 기쁘게 하고 소멸되는 것이 아니라, 다른 대상에게도 기쁨의 에너지로 작용이 됩니다. 내 인생이 사고가 나면 그 사고는 다른 이들의 인생에 부정적 영향을 주고, 내 인생이 성공과 풍요와 행복이라면 다른 이들의 인생에도 성공과 풍요와

살아서, 살아서 행복하라

행복을 있게 합니다.

모든 존재는 과학적으로 '영향력을 지닌 에너지'이며, 우리는 사회적으로 '영향력을 미치는 존재'입니다. 살아서도 죽어서도 우리는 영향력을 미치는 존재입니다. "아무리 작은 생각이나 몸짓도 전 우주에 영향을 미친다"고 했던 붓다의 말처럼 우리의 모든 생각, 모든 행위는 세상에 영향을 미칩니다.

그러므로 우리는 함부로 살지 않아야 합니다. 그러므로 잘 살아야 합니다. 그러므로 행복해야 합니다. 나의 일이 나의 일로만 끝나는 것이 아니라, 나의 일이 내 인생의 울타리를 넘어 다른 존재에게 어떠한 영향력을 미치게 되기 때문입니다. 내 인생은 언제나 타인의 인생에 어떠한 영향력입니다.

당신이 행복하면 당신은 '행복의 영향력'이 되고, 당신이 슬프면 당신은 '슬픔의 영향력'이 됩니다. 당신은 세상에 대하여 언제나 빛이거나 어둠입니다. 되도록 밝은 영향력을 주는 '빛의 존재'로 살아가기 바랍니다.

"나는 세상에 밝은 영향력의 존재이다"

조금만 더 힘을 내고, 조금만 더 웃고, 조금만 더 움직이고, 조금만 더 참고, 조금만 더 계속하고, 조금만 더하기를 거듭하다 보면 반드시 더 빠른 성장, 더 많은 소득, 더 높은 상승을 이루게 됩니다. '조금만 더하기'는 정화를 몸으로 하는 것과 같습니다. '조금만 더'는 '더 나음'으로 가는 확실한 약속의 힘입니다. 더 나은 삶을 간절히 꿈꾸는 당신에게 권합니다. '조금만 더'를 조금만 더 하십시오! '한 번만 더'를 한 번만 더 하십시오!

"나는 '조금만 더'를 잘하는 사람이다"

학교 우등생이 사회에 나가 열등생이 되는 사례는 많아도, 학교생활에서 개근상을 꼬박꼬박 받은 학생이 사회에 나가서 불성실할 확률은 그리 높지 않습니다. 사회 열등생이 될 확률이 낮다는 뜻이지요.

개근상은 공부를 잘해야 타는 상이 아닙니다. 하지만 인생이라고 하는 경주에서 개근상은 우등상보다 더 위대한 힘을 발휘합니다. 인생은 짧지만 단거리 경주가 아니기 때문입니다. 공부를 못하는 것보다 더 나쁜 것은 결석을 자주 하는 것입니다. 공부를 못해도 학교는 끝까지 다녀야 학교가 주는 사회적 자격을 획득할 수 있듯이, 일이든 사랑이든 무엇이든 삶에서는 성실성과 지속성이 가치를 획득하고 자격을 유지할 수 있게 합니다.

인생에서는 잠시 발휘되는 뛰어난 실력보다 실력은 조금 못하지만 지속되는 우직함이 더 빛을 발하게 됩니다. 잘하는 것보다 더 중요한 것은 끝까지 하는 것이요, 일에서도, 사랑에서도, 그 무엇에서도 이치는 같습니다. 누구나 잠시 잘할 수는 있습니다. 누구나 한 번쯤은 잘할 수 있습니다. 그러나 아무리 그래도 '꾸준함'을 이길 수는 없습니다.

에너지의 빅뱅은 개근상과 같은 것입니다. 쉬지 않고 꾸준히 반복되는 것은 물리적 세계에서 강력한 힘입니다. 학교에서의 개근상은 교장이 주지만, 인생에서의 개근상은 우주가 줍니다. 그 상은 언제나 인간의 계산보다 대단하지요.

" 나는 끝까지 한다"

치포트 스티커, 블루 솔라 워터 파란 물병, 보틀팜 나무 화분 등 호오포노포노에는 여러 도구들이 있습니다. 그리고 그것만 있으면 모든 문제가 해결되

살아서, 살아서 행복하라

고, 원하는 모든 것들이 다 이루어질 것으로 믿는 사람들이 많습니다.

"치포트 스티커를 지갑에, 주머니에, 노트에, 차에, 거울에 사방에 붙여 놓았는데 왜 효과가 없나요?"

"블루 솔라 워터를 시도 때도 없이 마시고, 매일 그 물로 샤워까지 하는데 왜 문제는 해결이 안 되나요?"

"보틀팜 나무 화분을 현관이랑 거실에 놔두고 방마다 뒀는데 인생에 변화는 왜 안 오나요?"

가끔 이런 종류의 질문들을 받곤 합니다. 그럼 대답합니다. "그걸 왜 제게 물어보세요? 그렇게 하라고 시킨 사람한테 따지든가, 스티커한테, 물병한테, 화분한테 물어보세요."라고.

인생이 그렇게 쉬운 것이었다면 예수도 부처도 진리도 온갖 방법론도 탄생하지 않았겠지요. 스티커 하나로 다 해결될 정도로 쉬운 것이 인생이라면 말입니다. 제발 허상에서 깨어나십시오. 세상에 수많은 방법론이 난무하고 있다는 것은 인생이 그만큼 쉽지 않다는 반증입니다. 치포트 스티커, 블루 솔라 워터, 보틀팜 나무 화분 등 호오포노포노에 여러 도구들이 있다는 사실이야말로 그 도구들이 인생을 구할 수 없다는 증거입니다.

빈손으로 시작해서 자수성가한 많은 부자들이 "미안합니다, 용서하세요, 고맙습니다, 사랑합니다"에 의지해서 부자가 되었을까요? 그들이 정말 '끌어당기기'의 능력으로만 부자가 되었을까요? 그들이 정말 종교가 주장하는 기도에만 의지했을까요? 그들이 만약 그러한 방법으로 부자 되기를 시도했더라면 그들은 어쩌면 대부분 망상주의자가 되었을 것이고, 부자는 결코 되지 못했을 것입니다. 시크릿, 호오포노포노에 의지하고 있지만 여전히 곤란하고 고통 중에 있는 무수히 많은 가난한 사람들처럼 말이지요.

종교, 시크릿, 호오포노포노, 잠재의식 그 외 수많은 방법과 도구들은 하나같이 위대하고 훌륭합니다. 그것은 사실입니다. 그러나 그 어떤 것도 당신의 삶을 직접적으로 바꿔 주지 않습니다. 바뀔 수 있도록 도움을 줄 뿐.

시크릿이 뭔지도 모르고, 호오포노포노가 뭔지도 모르고, 잠재의식이 뭔지도 모르지만 성공하고 부유한 사람들, 그들의 인생은 무엇을 말하고 있습니까? 가난하고 고단한 삶을 살아가는 이들이 너무나 잘 알고 있는 시크릿이나 호오포노포노를 그들은 전혀 알지도 못하는 데 왜 성공하고 부자가 된 것일까요? 정답은 그곳에 없음을 그들의 삶이 말하고 있는 것은 아닐까요?

자기 계발에 관한 책을 수백 권 읽고, 각종 방법에 대해서도 엄청난 지식을 섭렵했음에도, 그리고 매일 실천하고 있는데도 왜 그렇게 많은 이들이 가난에서 벗어나지 못하고, 고통에서 허우적거리고 있을까요? 무엇일까요?

아직도 치포트 스티커가 당신에게 많은 돈을 벌어다 주고, 당신의 소원을 들어줄 것으로 굳게 믿고 있는 당신, 아직도 어떠한 방법론이 당신의 모든 소망을 다 현실로 만들어 주리라고 굳게 믿고 있는 당신, 아직도 종교에서 하라는 대로 하는 기도가 내 소원을 다 들어줄 것이라고 굳게 믿고 있는 당신, 허상에서 깨어나십시오! 인생에 대한 정답은 그곳에 있지 않습니다. 정답을 풀어 가는 데 훌륭한 힌트를 제공할 뿐이지요.

호오포노포노를 인생 치유의 주요 수단으로 사용한다는 가정하에서 가장 이상적인 방식은 일상과 호오포노포노가 손을 잡게 하는 것입니다.

호오포노포노와 함께하는 일상, 인생의 '정답은 내가 나의 일상을 잘 해내는 것'에 있습니다.

제7장

살아서, 살아서
행복하라

현재의 삶에서

그대가 할 일은 오직 그것이다.

살아서 행복하기.

우리는 모두 우주의 자녀, 빛의 존재입니다.

당연한 사랑,
당연한 진리,
당연한 풍요,
당연한 기쁨,
당연한 행복,

당신이 누려 마땅한 가치들이
당신의 인생에 늘 함께할 것을 축복합니다.

우주는 당신을 창조했으니
당신은 '행복창조자'로서 삶을 잘 해내기 바랍니다.

언제 행복에서 멀어지기 시작했는지
그 처음을 당신은 기억하는가!

그것은 행복을 밖에서 찾으려고 당신이 문밖을 나서기 시작할 때였습니다. 내 안에 없는 것을 찾아서, 내 인생에 없는 것을 찾아서, 나를 떠나, 내 인생을, 내 영혼을 떠나 먼 길을 떠나기 시작했을 때, 당신은 행복에서 멀어지기 시작했습니다. 이미 내 안에, 이미 내 인생에 있었음을 보지 못해서 저지른 최악의 실수였지요. 행복에 필요한 요소들은 본래부터 당신 안에 있었습니다. 이미 당신은 행복 동산에 있었습니다. 행복을 찾아 애써 문밖을 나설 필요는 없었던 것이지요.

데카르트는 동물과 인간을 구분 지어서 사색하는 것을 즐겨 하였는데, 동물은 본능에 따라 살지만 인간은 이성에 의해 산다고 해서, 그는 인간을 만물의 영장이라고 하였습니다.

"인간은 만물의 영장이다!"

우주적인 잣대로는 틀려도 한참 틀린 주장, 인간을 만물의 영장이라고 하는 이유는 기능적으로 다른 동물들보다 뛰어나다는 이유, 딱 그거 하나입니다. 그러나 우주심으로 바라보면 어떨까요? 상처받고 다치는 것을 좋아하는 존재는 없습니다. 우주의 마음 또한 그렇습니다.

기능적으로 월등한 인간이 우주 안의 많은 것들을 변형시켜갈 때 우주는 상처를 받습니다. 모든 존재물은 상처받는 걸 싫어합니다. 하물며 우주가 상처받는 걸 좋아할 리가 없습니다. 발견하고, 발명하고, 발전하고, 그 어떤 명분을 들이댄다 하더라도 우주 입장에서는 상처일 뿐입니다.

모든 생명 중에서 기능이 가장 우수하다며 만물의 영장이라 스스로 자칭한 인간을, 그 뛰어난 기능으로 수많은 악행을 저지르는 인간을, 다른 생명들보다 더 나은 기능을 가진 것으로 다른 생명들보다 나쁜 짓을 더 많이 저지르고 있는 인간을, 어쩌면 우주는 측은하기 짝이 없는 눈으로 우리를 바라보고 있을지도 모릅니다.

아시나요? 우주를 닮았다고 우기면서 우주와 전혀 다른 짓을 일삼고 있는 인간의 우스운 꼴을. 인간은 소우주라면서 우주가 바라지 않는 짓을 끝없이 하고 있는 인간의 그릇된 욕망을 당신은 혹시 아시나요? 우리가 행복에서 점점 멀어지고 있는 이유가 바로 여기에 있습니다. 내 안의 우주심을 깨우는 시간을 마련해야 하는 이유이기도 하지요.

당신이 당신의 인생에서 만물의 영장임을 증명할 필요는 없습니다. 다만 당신은 우주를 등지는 방식이 아닌 우주와 공생하는 방식으로 행복의 존재임을 증명하는 삶이면 됩니다.

지금 당신의 처지가 어떠하든지, 지금 당신의 문제가 무엇이든지, 당신의 인생은 충분히 행복이 가능합니다. 살아있다는 것, 그것은 물리적으로 희망이 있다는 증거이며, 정화한다는 것, 그것은 희망 에너지이며 가능성의 증거입니다.

당신의 소망, 포기하지 마십시오. 당신의 행복, 성급하게 포기하지 마십시오. 당신의 인생을 차디찬 바닥에 두지 마십시오. 당신이 세상에 이로운 사람이 되려면 당신의 소망은 이루어져야 옳고, 당신이 올바른 존재함을 경험하려면 당신은 행복해야 옳으며, 당신이 하염없는 존재의 여행을 잘 해내려면 당신은 살아서 행복해야 합니다.

살아있는 지금, 해야 당연한 것을 당연히 하십시오. 살아있는 지금, 정화하기를 거듭하십시오. 살아있는 지금 행복하십시오. 살아있는 지금이 언제나 '행복 중'이기를, 당신이 그러하기를 사랑담은 마음으로 기도합니다.

게으름, 미룸, 무성의, 무계획, 유흥 등 그저 그렇게 하루를 보내거나, 살아가는 일에 건성이거나, 옳지 않은 쾌락에 빠져 있는 삶은 평온할 수도 행복할 수도 없습니다. 그것은 제아무리 돈이 많아도 그렇습니다. 이러한 삶의 방식은 인생을 갈수록 허망하게 할 뿐입니다. 몸도 마음도 영혼도 행복과는 거리가 먼 삶이지요.

어렵게 시작하여 쉽게 포기하고, 쉽게 흔들려 어렵게 중심을 잡더니 다시 쉽게 흔들리고, 게으름은 편하고 부지런함은 불편하고, 유혹을 이겨내는 건 어색하고 유혹에 무너지는 건 익숙하고, 머리로 아는 것은 좋아하고 아는 것을 몸으로 행하는 것은 싫어하고, 하지 않아야 좋을 것은 잘하고 해야만 좋을 것은 못하고, 그런 당신이라면, 당신에게서 당신은 결코 안전하지 않습니다.

그런 당신이라면 당신에게서 당신의 인생은 언제나 바람 앞의 촛불입니다. 정화하세요. 당신이 잘하고 못 하는 것 모두를 정화하세요. 그렇게 했을 때 당신과 당신의 인생은 당신에게서 안전할 수 있습니다. 그렇게 했을 때 당신은 행복 속에 머물 수 있습니다. 잊지 마세요. 당신의 행복을 가장 자주 가장 많이 위협하는 것은 언제나 당신입니다.

'지금까지의 나'를 그대로 두고 새로운 인생을 창조할 수는 없습니다. 그런데 사람들은 '나'를 바꾸는 것에 대해서는 생각도, 시도도 전혀 하지 않으면서 새로운 인생을 만들어 내려 합니다. 더러워진 내 몸을 그대로 둔 채 깨끗한 옷을 입으려는 방식, 그것이 정화라고 여기는 사람들이 참 많습니다.

정과 망치를 들고 불필요하고 부정적인 요인들을 떼어 내고, 떼어 내고 또 떼어 낸 후에야 비로소 작품을 완성시키는 석공처럼, 정화란 그런 것입니다. 지금까지의 나에게 덕지덕지 달라붙어 있는 부정적인 요소들을 떼어 내고, 떼어 내고 또 떼어 내는 것, 그것이 정화입니다. 그것이 호오포노포노입니다. 오랜 세월 찌들고 찌든 불행 인자들을 떼어 내고, 떼어 내고 또 떼어 내야 당신은 밤늦도록 한숨 쉬고 잠 못 드는 삶에서 탈출할 수 있습니다.

나를 변화시키지 않고는 인생에서 풍요하고 행복한 변화를 기대하기 어렵습니다. 지금까지의 나를 그대로 두고 행여 우연히 얻게 되는 행운이 있다면, 그 행운은 머지않아 더 큰 불행을 잉태하는 불행의 인자가 됩니다.

시련은 어느 인생에나 방문합니다. 그리고 그것은 대부분 예측하기 어려운 때, 예측하기 어려운 곳에서, 예측하기 어려운 방식으로 찾아옵니다.

하지만 시련의 시기는 기회와 위기의 경계점에 서 있게 되는 상황입니다. 이겨 내면 새로운 기회, 새로운 시작, 새로운 반전의 흐름으로 가고, 무릎을 꿇으면 비참하고 슬프고 고단한 흐름으로 가게 되는 갈림길과 같은 것이 시련입니다. 어떤 식으로든 시련은 변화를 불러옵니다. 더 나아지거나, 더 나빠지거나.

어떤 이는 시련 속에서 기회의 길로 접어들고, 어떤 이는 시련 속에서 위기의 길로 접어들고, 간혹 드물게 파멸의 길로 접어드는 이들도 있습니다. 시련에 굴복하여 인생을 망치는 사람이 되지 마세요. 시련을 핑계 삼아 풍요하기를 행복하기를 포기하는 사람이 되지 마세요. 시련의 바람은 버겁고 두렵고 혼란스럽지만, 그 바람에는 행운의 씨앗도 함께 실려 오는 법입니다.

난세에 반드시 영웅이 나오는 것은 모든 혼돈 속에 기회의 싹이 깃들어 있기 때문입니다. 시련에 무릎 꿇고 호오포노포노를 하는 사람, 그런 사람이기보다는 시련을 견뎌내고 이겨내는 과정에서 호오포노포노를 하는 사람이 되세요.

어떤 상황에서도 행복하기를 포기하지 마십시오. 세상 모두가 당신에게서 등을 돌리더라도, 신마저 당신을 외면하더라도 당신만은 당신을 믿어 주고, 당신만은 당신을 응원해 주고, 당신만은 당신을 축복해 줘야 합니다. 끝까지 그래야 합니다. 자기 자신을 낮게 평가하고 스스로 희망을 차단하는 데 너무 많은 시간을 사용하지 않기 바랍니다. 당신이 끝까지 그럴 수 있기를 응원합니다.

삶에서 가장 중요한 것은 '행복하기' 입니다. 세상과 개인의 삶, 그 관계에서 중요한 것은 '세상에 이로움을 주는 삶' 이 되는 것입니다. 개인의 삶이 행복을 실현하고, 그 행복이 세상에 이로움으로 작용되고, 그 비율이 높아지면 높아질수록 세상은 평화로워지고 안전해집니다.

만일 곤란한 여러 문제들과 지독한 궁핍함이 오래도록 해결되지 않고 있다면, 그래서 인생이 밑바닥을 헤매고 있다면, 그것은 세상에 해로움을 주는 삶입니다. 그러므로 우리는 먼저 자신의 인생을 행복의 평지에 올려놓기를 서둘러야 합니다.

세상에 이로움이 되는 삶을 살겠다는 대승적인 소망을 품기 바랍니다. 그에 알맞은 하루하루를 살아가기 바랍니다. 당신이 행복하기로 결심하고, 그 결심을 매일 행동으로 지속할 수 있다면 당신은 세상에 이로운 삶을 완성할 수 있습니다.

당신은 그저 그런 존재로 현생을 소비해서는 안 됩니다. 당신의 존재함은 '위대한 의미'가 될 수 있고 '이로움'이 될 수 있으니, 당신은 그렇게 해야만 합니다. 서둘러야 할 것은 '나를 바로 세우는 작업'입니다. 나를 바로 세우는 작업은 부정적인 습관을 이겨 냄으로써 가능해집니다. 나를 바로 세우는 작업은 인생을 새롭게 바꿔 줄 빅뱅 에너지를 자라게 하며, 더불어 당신의 삶이 세상에 이로운 쓰임이 될 수 있는 길로 향하게 합니다.

행복하기와 세상에 이로운 삶을 동시에 이룰 수 있는 길은 '나를 바로 세우는 것'에서부터 출발합니다. 당신의 인생은 우주가 인간 세상을 낙원으로 만들어 가기 위해 마련한 최고의 계획입니다. 행복하기와 세상에 이로운 삶을 당신이 해낸다면 우주의 계획은 대성공입니다. 우리는 모두 우주의 계획입니다.

매일 아침, 당신에게는 '기회의 날'이 열립니다. 돈, 일, 인간관계 등 해결해야 할 것들에 대한 고민과 수많은 상념들이 당신의 뇌를 점령하고 있는 채로 아침을 맞이한다고 해도, 당신의 아침은 분명 '기회의 문'을 열고 있는 중입니다. 우리가 누려야 할 것은 행복이며, 우리에게 의무로 주어진 것도 행복이며, 우리가 우리의 영혼에게 경험하게 해야 할 것 또한 행복입니다. 당신은 행복해야 마땅한 귀하고 귀한 존재입니다. '귀함을 지켜가는 일상' 그렇게 오늘을 살아가세요. 당신이 하는 모든 생각, 당신이 하는 모든 행동을 귀한 존재에 어울리도록 하세요.

오래고 오랜 어느 날, 우주가 당신의 영혼에게 숨을 불어넣던 때, 근원의 속삭임이 당신의 기억 속에는 있습니다. 우주는 당신에게 당부했었지요.

행복하라!
살아서 행복하라!

우주의 모든 것을 닮은, 우주의 자식으로 지구별 여행을 시작하려는 당신을 안고 우주는 속삭였습니다.

행복하라.
살아서, 살아서 행복하라.
부디 행복한 여행을 하고 오라!

우주가 당신에 대해 염려한 것은 오직 그것이었고, 우주가 당신에게 바라는 것도 오직 그것뿐이었습니다.

행복하기!
존재하는 내내 행복하기!

좋은 것들이 당신 안에서 무럭무럭 자라나 당신의 현생이 평온하게 흐르고, 그 흐름 속에서 당신이 행복하게 살아가는 것, 그것을 위해 당신은 이 세상에 왔습니다.

기쁨의 전령이 당신을 향해 달려오고 있는 속도보다 훨씬 더 성급한 당신이라서 가끔 의기소침해지고, 가끔 일탈의 유혹에 흔들리고, 가끔 살아가는 일이 막막할 수도 있을 당신, 하지만 믿으십시오. 당신 자신을 믿고, 당신의 인생을 믿고, 당신의 운명을 믿으십시오!

당신이 이 세상에 온 것은 행복을 찾아 방황하기 위해서 온 것이 아닙니다. 행복을 증명하기 위해서 지금의 세상으로 온 것입니다. 행복의 증명은 행복을 경험하는 것이며, 행복의 경험은 행복의 증명입니다.

지금 행복을 경험하십시오!
이 세상에
당신의 행복을 증명하십시오!

단 한 순간도 당신에게서 눈을 떼지 않고 있는 우주에게, 신에게, 조상에게, 세상에게

"나 행복하다!"
"살아있음이 가슴 뛰게 행복하다!"

행복을 증명하는 하루하루를 살아가십시오! 당신에게 주어지는 오늘, 그 안에 당신이 무엇을 담든 우주는 묵묵히 시곗바늘을 돌릴 것이고, 모든 신들의 눈은 당신이 하는 바를 그저 조용히 지켜볼 것입니다.

우주가 당신이 행복하기를 바라는 마음은 간절할 것이나 자신의 본분을 잃을 수는 없는 것, 신이 언제나 당신의 편이 되어 주고 싶겠지만 세상에는 높은 차원의 질서와 법이 있는 법, 그래서 우주는, 그리고 신은 당신을 응원하고 지켜보면서 제 할 바를 다하기 위해, 당신의 삶에서 당신이 보낸 일상, 그에 맞는 것을 당신의 삶에 끌어다 놓습니다. 그것이 기쁨의 인자이든, 슬픔의 인자이든. 당신이 어디에서 무엇을 하며 오늘을 보내든 그러합니다. 행복하십시오! 살아서, 살아서 행복하십시오! 그러기 위해 당신은 '오늘' 을 어떻게 보내야 할지에 대해 자주 생각해야 합니다.

행복이라는 감정, 행복이라는 경험, 행복이라는 가치는 엄청난 비밀을 지니고 있습니다. 행복 속에 머무는 시도를, 행복 속에 머무는 연습을, 행복하기를 매일 모든 순간에 하기 바랍니다. 행복하기는 존재적 능력입니다. 행복하기는 가장 완전한 존재로 가는 지름길입니다. 존재함에 대한 최고의 정화는 '지금 행복하기' 입니다.

행복하기는 언젠가는 할 수 있는 미래의 일이 될 수 없습니다. 행복하기는 언젠가 이루고 말 면 미래의 소망이 될 수 없습니다. 행복하기는 언제나 '지금 당장의 일' 입니다. 행복하기는 모든 순간, 모든 상황에서 누릴 수 있는 일상의 당연한 가치입니다. 생각의 방향을 바꿀 수만 있다면 당신은 모든 순간을 행복 속에 머무는 존재가 됩니다. 행복이 없는 곳에서 행해지는 호오포노포노는 불완전하고 무의미합니다. 어쩌면 시도해서는 안 되는 것이기도 하지요.

당신의 삶, 그곳에는 언제나 행복의 조건이 다 갖추어져 있습니다. 지금 행복해야 나중에도 행복할 수 있고, 멋진 옷을 입지 않았을 때도 행복해야 멋진 옷을 입었을 때도 행복할 수 있습니다. 당신은 늘 행복 중일 수 있고, 그것을 시작하는 때는 언제나 '지금'입니다.

호오포노포노가 당신을 행복하게 해 주는 것이 아니라, 행복한 당신이 호오포노포노를 행하는 것입니다. 정화해야 행복해지는 것이 아니라, 행복한 당신이 정화하는 것입니다. 행복하세요. 그리고 그 행복을 살아있는 존재들과 나누세요. 그러한 삶의 방식이야말로 영혼까지 행복을 얻을 수 있는 비결입니다.

'살아서 행복하기'에 가장 기본적이며 절대의 조건은 무엇일까요? '온전함'입니다. 내가 없는 인생은 있을 수가 없고, 내가 온전하지 못한데 잘 살아낼 수는 없는 법, 내 몸이 온전해야 무엇이든 할 수 있고, 내 마음이 온전해야 무엇이든 해 보고 싶은 생각을 할 수 있으며, 내 인생이 온전해야 욕망도, 행복도 가능하기 때문입니다.

'살아서 행복하기'에 요구되는 또 다른 조건은 '건강함'입니다. 육체적으로, 정신적으로, 사회적으로, 관계적으로, 그리고 영적으로 건강해야 우리는 행복을 경험할 수 있게 됩니다.

'살아서 행복하기'의 또 다른 요구로, '큰 죄를 짓지 않는 것'은 대단히 중요한-그러나 목적 지향형의 사람들이 간과하기 쉬운-조건입니다. 큰 죄는 누군가에게 큰 상처를 주게 되고, 원한이나 증오의 빌미가 됩니다. 이는 언젠가는 대가를 치러야 할 '잠재적 불행 인자'입니다.

'살아서 행복하기'를 내 인생의 일로 하려면, 욕망을 알맞게 조절할 줄 알아야 합니다. 때로는 제어하고, 때로는 더 강하게 발현하는, 시의적절한 욕망 조절은 인생 경영에 있어서 매우 중요한 작업이 됩니다.

'살아서 행복하기'를 경험하기 위해서는 방법에 있어서 되도록 올바름을 추구하는 것이 좋습니다. 우주 안의 모든 곳에서는 인과의 법칙이 철저하게 적용되고, 옳지 않은 방법을 지나치게 행하게 되면 훗날 반드시 그에 상응하는 대가가 따르기 마련이지만, 사람들은 이것이 당장 피부로 와 닿는 것이 아니기 때문에 무시하기 쉽고, 이러한 자세는 우주의 법칙을 더 많이 거스르게 하는 요인이 됩니다.

'살아서 행복하기'의 삶에서 '사람'을 빼놓고는 그 어떤 것도 가능하지 않습니다. 그러므로 당신은 사람을 귀하게 여기고, 사람과의 관계에 정성을 쏟아야 하며, 사람에 대한 살핌을 게을리 해서는 안 됩니다. 사람이 사람을 떠난 자리에는 행복이 자라지 않습니다. 무엇보다 사람은 사람과 좋아야 다른 것들에도 좋을 수 있는 법이지요.

멋스럽게 보이기 위함이 창문을 내는 목적의 전부가 아닙니다. 창문의 기능은 안에 있는 것을 밖으로 내보내고, 밖의 것을 안으로 들이는 것에 있습니다. 또한 밖을 내다보고 그 상황에 맞게 움직이려는 의도가 있습니다. 그러므로 창문은 밖이 잘 보여야 하고, 더 중요한 것은 열려야 할 때는 열리고, 닫혀야 할 때는 닫혀야 합니다. 인간의 내면에는 이와 같은 기능과 역할을 담당하고 있는 마음의 창문이 있습니다. 다만 우리가 활용하지 않을 뿐이지요.
마음의 창문을 때에 맞게 열고 닫을 줄 아는 것, 그것은 행복하기를 지향하는 당신에게 꼭 필요한 일입니다.

'살아서 행복하기'는 알맞은 충만함이 있어야 하고, 충만함의 조화가 있어야 행복이 오래 유지될 수 있습니다. 인생 안에서 정신계와 물질계가 적당히 충만해 있어야 오래도록 '행복하기'가 '나'의 경험이 됩니다. 가장 이상적이고 최고의 행복한 삶을 가능하게 하는 가치 요인을 네 가지로 압축하자면, 사랑, 풍요, 보람 그리고 영적으로 충만한 것입니다.

少年易老學難成	소년이로학난성
一寸光陰不可輕	일촌광음불가경
未覺池塘春草夢	미각지당춘초몽
階前梧葉已秋聲	계전오엽이추성

소년은 늙기 쉽고 학문은 이루기 어려우니
찰나의 시간이라도 헛되이 보내지 말라
연못가의 봄풀이 채 꿈에서 깨기도 전에
계단 앞 오동나무 잎이 가을을 알린다

주자의 '권학문勸學文'이라는 시입니다. 인생에서 자신이 진정으로 바라는 것은 참으로 이루기 어렵지만, 그에 비해 시간은 너무나 빠르게 흘러감을 경계한 것이지요. 시간은 빠르고 더구나 세상은 내일을 기약할 수 없는데, 그래서 하루하루 당연히 기특하게 보내야 하지만, 우리의 잠재의식 속에 숨어 있는 못된 습관 하나,

"오늘 한 번 쯤이야!"

"내일부터 잘하자!"

"딱 한 번만! 오늘만!"

한 치의 오차도 없이 시곗바늘을 돌리고 있는 우주의 손을 무시하는, 이것 때문에 사람들에게 오늘을 잘 살아내기는 늘 어려운 숙제로 다가옵니다. 사람들은 '내일'이 '오늘'과 분리된 시간으로 인식하고 있고, 잘못된 그 인식 때문에 사람들은 오늘 기특하지 못함을 별것 아닌 것으로 여깁니다.

오늘과 내일, 글자가 다르다고 해서 성질까지 다를 수는 없습니다. 오늘은 내일로 가는 길목이며, 오늘은 어제의 연속이며, 내일은 오늘이 낳은 자식이므로, 부모를 닮지 않은 자식이 없듯이 오늘을 닮지 않은 내일은 없습니다. 당신이 오늘을 잘 살아야 하는 이유입니다.

부모와 닮지 않은 자식을 본 적이 있으십니까? 오늘과 내일을 칼로 싹둑 잘라 전혀 별개의 삶이 되게 할 수 있습니까? 당신은 정녕 그런 재주를 지닌 사람입니까? 오늘 기특하지 않는데 어떻게 내일이 좋을 수 있단 말입니까? 제발 당부하건대 "내일부터!", "오늘만!", "딱 한 번만!" 이런 안일함부터 버리십시오!

성공자들은 오늘 잘하기를, 오늘 유혹에서 이겨내기를, 오늘 기특하기를 잘했기 때문에 부귀영화를 얻을 수 있었습니다. 성공자의 부귀영화는 부러워하면서, 그들이 견뎌 온 고통과 인내와 노력의 수고는 하지 않으려는 당신, 도대체 왜 움직이지 않는 것입니까?

'살아서 행복하기'의 삶이 오래도록 가능하기 위한 필수 덕목은 '비움'입니다. '채움'이 적정선을 넘어설 때 그것을 비움으로 전환할 줄 알아야 비로소 조화로운 삶이 되고, 안전해지며 아름다워질 수 있는 것이지요. 비움이란 무엇일까요? 물질로는 베풂이요, 정신으로는 진리를 향함이며, 육체로는 행行과 식食의 조절이요, 마음으로는 욕망의 조절이며, 행동으로는 양보요, 영적으로는 쉼의 상태입니다.

채움과 비움이 알맞게 작동되어야 당신은 '살아서 행복하기'를 온전하게 오래도록 경험하며 살아갈 수 있습니다. 우주의 법칙에 근거하는 삶을 살아가세요. 우주의 법칙에 근거해서 조절하는 삶을 살아가세요. 진짜 살아있는 정화란 입으로 몇 마디 중얼거림에 있는 것이 아니라, 일상에서의 행동이 우주의 방식을 따르는 데에 있습니다.

당신이 이 세상에 첫발을 내디딜 때, 우주는 당신의 귓가에 이렇게 속삭였습니다.

부디 행복하게 살다 오라! 살아서, 살아서 행복하라!
부자가 되어도 좋다.
다만
그것을 살아있는 다른 존재와 나누라.
행복하라.
일상에서 그리하라.
그대의 인생 안에서 그리하라.

그때가 언제이든 존재의 여행 중, 어느 지점에서 "그때의 생이 가장 행복한 경험이었다"라고 회상할 수 있는 지금을 살아내세요.

살아서, 살아서 행복하라

당신에게는 영혼이 평온함 속에 머물게 할 존재적 의무가 있습니다. 당신에게는 부모와 형제 그리고 자식에게 짐이 아닌, 그들의 짐을 덜어주는 삶이어야 할 가족으로서의 의무가 있습니다. 당신에게는 인연되는 소중한 이들에게 걱정과 근심이 아닌, 안심과 기쁨을 줘야 할 관계적 의무가 있습니다. 당신에게는 이 세상을 살아가는 보답으로, 세상에게 이로운 무언가를 남기는 삶이어야 할 사회적 의무가 있습니다. 당신에게는 이외에도 우주 구성원으로서의 의무를 비롯하여, 당신이 누리는 모든 권리만큼이나 다양하고 복잡한 의무가 주어져 있습니다. 그것은 존재자의 의무입니다.

이것과 저것의 적절한 조화로 우주가 아무 탈 없이 존재하듯이, 인간의 삶 또한 권리와 의무가 조화를 이룰 때 온전할 수 있습니다. 어떤 삶이 의무를 다하는 삶일 수 있을까요? '올바른 행복을 얻은 삶'이면 가능합니다. 당신의 인생이 행복 에너지로 가득 찰 때, 당신은 세상에 '밝은 영향을 주는 존재'일 수 있으니까요. 행복하십시오. 반드시 행복하십시오. 그리고 그 행복을 반드시 세상에 베푸십시오. 그러한 삶은 자동 정화 장치가 가동되는 것과 같은 아름답고 맑은 삶입니다.

길을 물어 옵니다. 어떻게 해야 원하는 길을 갈 수 있는 것이냐고. 길을 알려 줍니다. 어떻게 하면 원하는 길에 들어설 수 있는지를. 누군가는 바로 움직임을 일으키고, 누군가는 내일부터, 다음에 하겠노라 하고, 누군가는 그럴 마음조차 일으키지 않습니다.

움직임을 일으킨 이들 중에는 묵묵히 꾸준하게 그 길을 가는 이들이 있고, 얼마 가지 않아 열정이 식어 되돌아오는 이들이 있습니다. 날이 갈수록 처음에 함께 출발했던 이들의 숫자가 줄어 갑니다. 그들은 처음 출발해서 얼마 지나지 않은 시점에서부터 다시 물어오기를 반복합니다. "이 정도 했으면 이제 내가 원하는 길을 만나야 되는 거 아니냐?"라고. 답을 합니다. 운명이라는 것이, 삶이라는 것이 그렇게 쉬운 것이라면 우리는 군이 선의 입장에 서러 애쓸 필요도 없고, 더구나 진리 따위는 세상에 있을 필요도 없었을 거라고.

수행을 시작하여 꾸준히 행하면 그 과정 속에서 작은 변화들을 체험하게 되지만, 원하는 크기만큼의 복덩어리를 단 한 방에 얻기는 쉽지 않은 일입니다. 그러나 단 한 방에 삶이 원하는 만큼 변화되기는 쉽지 않지만, 조금씩, 조금씩 삶 곳곳에서 변화가 이루어집니다. 그 에너지가 충분히 축적이 되고, 그 에너지가 어떠한 계기를 만나게 되면 비로소 삶은 빅뱅의 순간을 맞이하게 됩니다.

어떠한 실천법을 행한다는 것은, 낭떠러지에 떨어져 다치거나 죽을 사람이 바닥에 닿기 전에 나뭇가지를 만나 다시 살아날 기회를 얻는 것과 같은 이치입니다. 수행을 시작한다는 것은, 봄은 비록 아직 멀었으나 한겨울에 난로를 얻게 되는 행운을 만나는 것입니다.

수행한다는 것은, 한겨울에 들어와 있는 삶이 봄을 향하여 점점 그 속도에 힘을 가하고 있는 것을 의미하고, 그냥, 그냥 살아간다는 것은 삶이 겨울을 벗어나기 어렵다는 것을 의미합니다.

최악으로 나빠질 수 있었던 환경이 밝음을 향하여 돌아섰다는 것 자체가 큰 기쁨이며, 큰 희망입니다. 더 나빠지지 않는 것도 얼마나 다행스러운 일입니까? 비록 아직은 멀지만 따뜻한 봄이 기다리고 있는 삶이란 얼마나 가슴 설레는 일입니까? 물질계를 위한 것이든, 정신계를 위한 것이든, 당신의 조급함보다는 훨씬 더 늦게 봄을 맞이할 수도 있겠지만, 봄이 기약되어 있는 길을 당신이 매일 한 발 한 발 가고 있다는 것은 얼마나 행복한 일입니까?

살아서, 살아서 행복하라

인간의 삶이란, 영혼이 가고자 하는 길을 몸은 싫다고 고집하고, 마음이 가리키는 길을 몸은 싫다 하여 자꾸만 봄에서 멀어지려 하기 일쑤입니다. 영혼이 가고자 하는 길, 몸이 욕망하는 길, 마음이 소망하는 길, 인생에서는 이 모두가 엇갈리기 일쑤여서 늘 봄에서 멀어지기 십상입니다. 그럼에도 불구하고 당신이 수행을 통하여, 느리지만 봄을 향하여 가고 있다는 것은 얼마나 다행스럽고 안심할 일입니까?

조급해하지 마세요. 에너지의 흐름으로는 변화가 이루어지고 있음이 분명하며, 조금씩, 조금씩 삶은 밝음으로 가고, 당신의 긴 인생길에 비해 그리 늦지 않은 시점에 당신은 원하는 길 위에 서 있게 될 것입니다.

실천하십시오! 조급증이 올라와 답답해 미칠 것 같은 중에도 당신은 실천하기를 절대 멈추어서는 안 됩니다. 머리가 아닌 당신의 몸이 느끼고, 머리가 아닌 당신의 마음이 깨우치기를 거듭하는 중에 당신의 삶에서는 예상하지 못했던 많은 것들이 이루어지게 될 것입니다.

정신계를 위한 것이든, 물질계를 위한 것이든 정화한다는 것은, 그리고 수행한다는 것은 삶에서 긍정적인 작용을 일으키고, 당신은 반드시 당연한 기적을 경험하게 됩니다.

쓸고, 쓸고 또 쓸고, 우리의 마음 마당에는 쓸어내야 할 것들이 참으로 많습니다. 당신이 행복하기를, 당신이 살아서 행복하기를 온 마음으로 기도합니다.

기쁨을 추구하라. 행복을 추구하라.
다만
기특함의 범위 안에서 그리하라.

호오포노포노가 효과 좋은 치료제라면 일상은 매일 먹어야 하는 밥입니다. 세상 그 누구도 밥 대신 치료제만 먹고 살 수는 없습니다. 가장 훌륭한 보약은 밥이듯이 가장 훌륭한 삶의 방식은 일상을 잘 해내는 것입니다. 밥을 먹지 않고 약만 먹으면 탈이 나듯이 일상을 잘하지 못하고 호오포노포노만 잘하면 인생은 탈이 납니다. 일상을 잘해냄이 인생의 보약입니다.

행하는 모든 것에 대하여, 먼저 하든 나중에 하든 우주와의 계산은 반드시하게 되어 있습니다. 다른 곳이 아닌 당신의 인생에서 말이지요. 그러므로 우리는 일상에서 기특하기를 끊임없이 추구하고, 일상의 기특함을 위해 호오포노포노가 늘 곁에 머물도록 해야 합니다.

살아서 행복하려면 지금 현재를 잘 해내야 합니다. 지금 현재에 깨어 있어야 하고, 지금 현재에 집중해야 하며, 지금 현재 기특해야 합니다. 지금 현재는 곧 일상입니다. 일상이 답입니다. 일상이 호오포노포노와 함께한다면 평화와 행복은 현실이 됩니다.

우리는 일상에서 충분히 기특해진다면 언제나 모든 시간에 풍요할 수도 행복할 수도 있습니다. 살아서 행복함, 행복하게 살아감, 선택하세요. '행복하기' '살아서 행복하기'

행복은 영혼을 정화하는 가장 좋은 방식입니다. 빈곤도, 미움도, 갈등도 멈추고 행복하기를 오래 거듭하면 우리의 영혼은 서서히 정화가 됩니다. 우리가 인생에서 반드시 해내야 하는 일이지요. 우리는 영혼으로 영혼을 정화합니다. 영혼의 뜻에서 크게 위배되지 않는 일상을 보냄으로써 그것은 가능합니다.

일상을 대하는 당신의 생각과 행동을 통째로 바꾸세요. 그래야 합니다. 그래야 당신은 사랑 안에서 풍요해지고 행복할 수 있습니다. 일상을 기특하게

살아서, 살아서 행복하라

보내세요. 그 길에 평온함이 있고 행복함이 있으며, 그 길을 따라가는 인생이 평온함과 행복함을 누리게 될 것입니다. 당신의 영혼은 그렇게 존재의 여행을 합니다. 하염없는 존재의 여행을.

언제나 늘,
지금은 당신의 의식을 정화할 시간,
정화하세요.
당신의 의식이 맑아지면 인생이 맑아집니다.

언제나 늘,
지금은 당신의 무의식을 정화할 시간,
정화하세요.
당신의 무의식이 밝아지면 인생이 밝아집니다.

언제나 늘,
지금은 당신의 감정을 정화할 시간,
정화하세요.
당신의 감정이 평온해지면 인생이 평온해집니다.

언제나 늘,
지금은 당신의 기억을 정화할 시간,
정화하세요.
당신의 기억이 좋아지면 인생도 좋아집니다.

언제나 늘,
지금은 당신의 에너지를 정화할 시간,
정화하세요.
당신의 에너지가 충만해지면 인생이 충만해집니다.

언제나 늘,
지금은 당신의 일상을 정화할 시간,
정화하세요.
당신의 일상이 완전하면 인생이 완전해집니다.

언제나 늘,
지금은 당신의 영혼을 정화할 시간,
정화하세요.
당신의 영혼이 행복해지면 인생이 행복해집니다.

정화하고 수행하는 삶에서 사랑은 저절로 생겨나고, 좋은 에너지는 끝없이 솟아나며, 마음은 늘 평화롭고, 감정은 늘 평온하니, 그러한 일상이 거듭될수록 사랑과 좋은 에너지는 축적되고, 그 축적된 에너지는 풍요의 빅뱅을 일으킵니다.

정화의 삶, 수행의 삶에서 풍요와 평화는 당연하며, 정화의 삶, 수행의 삶 중에 있는 사람은 좋은 것들을 얼마든지 받을 자격이 충분한 인생입니다. 정화하세요. 수행하세요. 매일 그리하세요. 호오포노포노를 수행의 한 방편으로 삼고 '수행이 삶이요, 삶이 수행인 삶'을 지향하세요.

살아서, 살아서 행복하라

사람들은 무언가를 내 것으로 많이 하는 것이 인생을 잘 살아내는 것이고, 행복한 것이라고 생각을 합니다. 그 견해에 대한 절대적인 믿음으로, 사람들의 관심은 온통 '내 것을 많이 만들고 늘리는 일'에만 치우쳐 있습니다.

사람들은 어떻게 하면 더 빨리 갈 수 있을까에 정신이 팔려 있을 뿐, 그 길의 상태는 어떤지, 수렁은 없는지, 있다면 어디에 있는지, 있다면 어떻게 해야 하는지에 대한, 존재함의 가장 기본에 해당하고 가장 중요한 부분에 대해서는 관심조차 두지를 않습니다.

평온이 없는 곳에, 행복이 없는 곳에, 빛이 없는 곳에 영혼을 내버려두는 짓을, 그런 잔인한 짓을 당신은 이제 그만 멈춰야 합니다. 부자만 되면 나머지는 저절로 다 괜찮으리라고 착각하는 당신, 풍요함이 저절로 평온함과 행복함을 불러오지는 않습니다. 오히려 더 멀리 내쫓는 경우가 허다하지요. 돈과 출세가 인생의 최고 가치가 되었을 때, 우리는 행복에서 멀어지게 됩니다. 욕망이 돈과 출세로, 인생을 오직 이익 추구로 몰아가지 않도록 하세요.

반드시 부자가 되십시오. 반드시 행복하십시오. 그리고 어떤 식으로든, 반드시 세상을 이롭게 하는 삶을 살아가십시오. 세상에 기여자가 되십시오. 세상을 이롭게 하는 사람이 되십시오. 당신의 삶이 세상에 이로움으로 작용되게 하십시오. 그것은 현생의 기회와 무대를 제공해 준 세상에 대한 예의입니다.

당신의 인생을 응원하고 축복합니다.

살아서, 부디 살아서 행복하기를.

사랑합니다.

- 인간은 자극과 반응의 동물이다.
- 인생은 자극과 반응의 결과물이다.

- 무의식도 한때는 의식이었다.
- 무의식은 의식의 자식이다.

- 생각은 하는 게 아니라, 나는 것이다.
- 생각이 나는 존재, 그 이름이 곧 인간이다.

- '산 자'의 형태로 살아라.
- 산 자의 특징은 움직인다는 것이다.

- 결과에 의한 호오포노포노를 하지 마라.
- 원인을 위한 호오포노포노를 하라.

- 살아서, 살아서 행복하라.
- 살아서 행복하지 못한 자 다음 생에서도 행복하기 어렵다.

- 일상이 답이다. 일상이 곧 인생이다.
- 수행이 삶이요, 삶이 수행인 삶을 살아라.